本书系国家社会科学基金项目"'三权分置'背景下农村土地经营权信托的风险控制与法律构造研究"(编号:17BFX200)的成果

西南政法大学新时代法学理论研究丛书

Risk Prevention and
Legal Structure of Rural Land
Management Rights Trust

农村土地经营权信托的风险控制与法律构造

曹泮天 著

社会科学文献出版社
SOCIAL SCIENCES ACADEMIC PRESS (CHINA)

西南政法大学新时代法学理论研究丛书
编辑委员会

主　　任：樊　伟　林　维

副 主 任：李　燕

委　　员：刘　革　赵　骏　张晓君　周尚君　王怀勇
　　　　　胡尔贵　石经海　张　力　张吉喜　张　震
　　　　　陈　伟　陈如超　赵　吟　段文波　徐以祥
　　　　　黄　忠

主　　编：林　维

执行主编：李　燕　周尚君　张　震

总　序

党的二十大报告指出，"深入实施马克思主义理论研究和建设工程，加快构建中国特色哲学社会科学学科体系、学术体系、话语体系，培育壮大哲学社会科学人才队伍"。哲学社会科学是推动历史发展和社会进步的重要力量。习近平总书记在哲学社会科学工作座谈会上的讲话谈道："人类社会每一次重大跃进，人类文明每一次重大发展，都离不开哲学社会科学的知识变革和思想先导。"法学学科作为哲学社会科学的重要组成部分，承担着培养法治人才、产出法学成果、服务经济社会发展的重要职责。法学学科建设离不开法学理论研究的高质量发展。中共中央办公厅、国务院办公厅《关于加强新时代法学教育和法学理论研究的意见》提出要"创新发展法学理论研究体系"，这是新时代对法学理论研究工作提出的要求，也是广大法学工作者投身理论研究事业的使命。

作为新中国最早建立的高等政法学府之一、全国法学教育研究重镇的西南政法大学，自 1950 年成立以来，一直将法学理论研究作为事业发展基础，并取得了丰硕的研究成果。法学理论研究是推动中国法学教育发展的事业，是服务中国法治实践的事业，也是丰富中国特色哲学社会科学体系建设的事业。在党中央、国务院的坚强领导下，尤其是党的二十大以来，西南政法大学始终坚持以习近平新时代中国特色社会主义思想为指导，深入贯彻党的二十大精神和党中央决策部署，深学笃用习近平法治思想、总体国家安全观，全面贯彻党的教育方针，坚持扎根重庆、服务全国、放眼世界，坚持立德树人、德法兼修，发挥法学特色优势，不断健全科研组织、壮大科研队伍，通过各个学院和各大研究机构团结带领本校科研骨干围绕中心、服务大局，在实施全面依法治国战略、新时代人才强国战略、创新驱动发展战略等方面持续做出西政贡献。

为深入贯彻党的二十大精神和习近平总书记在哲学社会科学工作座谈会上的重要讲话精神，具体落实中办、国办《关于加强新时代法学教育和法学理论研究的意见》要求，西南政法大学组织动员本校法学科研优秀骨干，发挥法学专家群体智慧和专业优势，编撰出版了"西南政法大学新时代法学理论研究丛书"。这套丛书具有四个鲜明特点：一是，自觉坚持把对习近平法治思想的研究阐释作为首要任务，加强对习近平法治思想的原创性概念、判断、范畴、理论的研究，加强对习近平法治思想重大意义、核心要义、丰富内涵和实践要求的研究；二是，紧紧围绕新时代全面依法治国实践，切实加强扎根中国文化、立足中国国情、解决中国问题的法学理论研究，总结提炼中国特色社会主义法治具有主体性、原创性、标识性的概念、观点、理论，构建中国自主的法学知识体系；三是，着力推动中华优秀传统法律文化创造性转化、创新性发展；四是，注重加强外国法与比较法研究，合理借鉴国外有益经验，服务推进全面依法治国实践。

出版这套丛书，希望能够为中国自主法学知识体系建设贡献西政智慧、西政方案、西政力量。2016年5月17日，习近平总书记在哲学社会科学工作座谈会上指出："一个没有发达的自然科学的国家不可能走在世界前列，一个没有繁荣的哲学社会科学的国家也不可能走在世界前列。坚持和发展中国特色社会主义，需要不断在实践和理论上进行探索、用发展着的理论指导发展着的实践。在这个过程中，哲学社会科学具有不可替代的重要地位，哲学社会科学工作者具有不可替代的重要作用。"2022年4月25日，习近平总书记在考察中国人民大学时深刻指出："加快构建中国特色哲学社会科学，归根结底是建构中国自主的知识体系。"这一重要论断深刻说明，对于构建中国特色哲学社会科学来说，建构中国自主知识体系既是根本基础又是必由之路。法学是哲学社会科学的重要支撑学科，是经世济民、治国安邦的大学问。西政是全国学生规模最大、培养法治人才最多的高等政法学府，师资队伍庞大、学科专业门类齐全，有条件、有义务、有使命走在中国自主法学知识体系建设的第一理论方阵。

是为序。

林 维

2024 年 7 月

目 录

绪 论 / 1
  一 研究现状及价值 / 2
  二 逻辑架构和研究方法 / 12
  三 可能的创新和不足之处 / 16

第一章 "三权分置"下农村土地经营权信托的正当性理据 / 18
  一 内在动因：农村土地经营权信托的优势 / 18
  二 制度基础：农村土地经营制度的变迁与发展 / 39
  三 现实逻辑：农村土地经营权信托的积极意义 / 51

第二章 "两权分离"下农村土地信托的实践考察 / 65
  一 早期"平台型"农村土地信托实践 / 65
  二 新型"金融化"农村土地信托实践 / 77
  三 早期"平台型"实践模式与新型"金融化"实践模式的比较 / 91

第三章 "三权分置"下农村土地经营权信托结构的基本要素 / 106
  一 信托主体：委托人、受托人及受益人 / 107
  二 信托财产：土地经营权 / 123
  三 信托设立行为：意思表示和土地经营权转移 / 135
  四 信托目的：合法性的约束 / 143

第四章 "三权分置"下农村土地经营权信托的风险研判 / 148
  一 风险理论与农村土地经营权信托风险的一般认识 / 148
  二 农村土地经营权信托之个体风险：信托要素配置失衡 / 161
  三 农村土地经营权信托之个体风险：农业经营主体经营失败 / 170
  四 农村土地经营权信托之整体风险：地方政府角色失当 / 177
  五 农村土地经营权信托之整体风险：农地"非粮化""非农化" / 183

第五章 风险分配视角下农村土地经营权信托之个体风险的法律应对 / 191
  一 合理配置农村土地经营权信托要素 / 192
  二 对农业经营主体进行倾斜性金融财税支持 / 236

第六章 风险调控视角下农村土地经营权信托之整体风险的法律应对 / 254
  一 调适农村土地经营权信托中地方政府的角色定位 / 254
  二 农地"非粮化""非农化"风险的"内外协力"应对 / 276

结　语 / 293

参考文献 / 299

后　记 / 317

绪　论

　　农业、农村和农民问题，始终是一个关系我们党和国家全局的根本性问题。党的十八大以来，党中央坚持把解决好"三农"问题作为全党工作的重中之重。在某种意义上，农村土地问题始终是解决"三农"问题的关键。因为，在相当长的一段时期内，土地仍然是农民赖以生存和发展的最基本保障，是农业现代化的最主要根基，是农村经济发展的最基本条件。

　　改革开放以来，国家陆续出台了一系列政策和法律法规，以维护农村土地承包经营关系的稳定，通过立法明确了土地承包经营权的法律性质及地位，并不断发展和完善土地承包经营权的权能。在探索土地承包经营权实现方式的过程中，先后有互换、转让、出租（转包）、入股、抵押等多种形式。2001年，浙江绍兴试水农村土地信托流转方式，引起了广泛关注和讨论，被全国多地借鉴。各地结合实际情况，对农村土地信托流转进行了相应的改造和适用。

　　自2014年中央一号文件《中共中央、国务院关于全面深化农村改革加快推进农业现代化的若干意见》正式提出农村土地"三权分置"以来，学界结合农村土地信托实践，在更大范围内展开了一系列的研究，形成了许多高质量的研究成果。在某种程度上，制度实践的生命力取决于该项制度良好的风险控制能力。因此，作为"放活经营权"重要实践的农村土地经营权信托要得到可持续性的发展，就必须审视其可能面临的风险，并从法律上构造完善的风险治理规则。

一 研究现状及价值

（一）国内研究现状

综合现有文献资料，关于农村土地信托的成果大体上可以从以下三个方面进行梳理和总结。

1. 从研究时间节点来看，大体可分为两个阶段

（1）2001~2013年。这一阶段研究成果相对较少，主要围绕2001年浙江绍兴、2008年湖南益阳等地的农村土地信托试点，对农村土地信托的意义、模式、效果及存在的问题进行探讨。[①]（2）自2014年中央一号文件《中共中央、国务院关于全面深化农村改革加快推进农业现代化的若干意见》提出农村土地"三权分置"至今。这一阶段，研究成果较为丰富。主要围绕中信信托有限责任公司（以下简称中信信托）、北京国际信托有限公司（以下简称北京信托）及中建投信托股份有限公司（以下简称中建投信托）等多家信托公司自2013年开始在各地推出的土地信托项目，对"三权分置"背景下农村土地信托的价值、模式及可能存在的障碍等问题进行跟踪评价及理论分析。关于2014年后的，由于下文已集中体现相关文献，故此处不详细展开讨论。

2. 从研究视角上来看，主要分为三类

（1）从比较法的视角进行研究。国内学者主要介绍了美国、日本等国

[①] 参见浙江大学农业现代化与农村发展研究中心、浙江省农业厅联合调查组《农村土地流转：新情况、新思考——浙江农村土地流转制度的调查》，《中国农村经济》2001年第10期，第11~18页；吴兴国《从农村土地信托制度的构建看"三农"难题的破解》，《浙江经济》2004年第4期，第29~30页；邬晓波、王秀兰《我国农村集体土地信托模式初探》，《理论月刊》2004年第4期，第167~168页；陆松福《浙江农村土地流转的主要模式》，《浙江经济》2005年第11期，第56~57页；刘志仁《我国农村土地信托保护的组织形式选择》，《中南大学学报》（社会科学版）2007年第5期，第562~567；文杰《土地信托制度：农地承包经营权流转机制的创新》，《商业研究》2009年第7期，第188~190页；陈瑶、钟朝晖《湖南益阳试水土地信托流转》，《农村经营管理》2011年第8期，第32页；翟理铜《新探索如何延续——湖南省益阳市土地信托流转调研报告》，《中国土地》2012年第11期，第46~48页；阮小莽《农村土地信托流转中的金融创新及配套安排——以福建省沙县为例》，《福建金融》2013年第2期，第53~57页。

家的土地信托制度与实践。①（2）从土地流转制度创新的视角进行研究。如陈敦认为土地信托是深化农村土地制度改革的有效途径。②（3）从构建我国农村土地信托相关制度的视角进行研究。如苗绘讨论了我国农村土地集合信托模式的创新与保障机制问题；③房绍坤、任怡讨论了新承包法视阈下土地经营权信托的理论证成问题；④文杰讨论了"三权分置"视阈下农地信托法律规则的构建问题；⑤徐卫就土地信托的构建逻辑与制度设计展开了研究；⑥庞亮、韩学平对土地信托内在机制和配套制度等方面进行了探讨。⑦

3. 从研究内容来看，主要集中在五个方面

（1）对各地农村土地信托试点的模式介绍、经验总结及评价。如王克强等通过实证分析，研究了土地流转信托对农业生产效率的影响。土地信托能够提高农户的生产积极性，为农业生产提供技术支持并促进资源高效配置，发挥规模经济效应，有效提高农业生产效率和土地净利润，因此，应当完善土地信托的法律法规和配套制度以支持其持续发展。⑧苗绘、王金营研究了我国农村土地流转信托的模式创新与机制问题，梳理了我国土地信托的主要实践模式及面临的制约因素，包括政府主导、市场力量弱、

---

① 参见岑剑《美国土地信托的制度起源、基本架构及现实思考》，《世界农业》2014年第8期，第119~122页；岳意定、刘志仁、张璇《国外农村土地信托：研究现状及借鉴》，《财经理论与实践》2007年第2期，第14~18页。

② 参见陈敦《土地信托与农地"三权分置"改革》，《东方法学》2017年第1期，第79~88页。

③ 参见苗绘《中国农村土地流转信托模式创新与机制研究》，河北大学博士学位论文，2021。

④ 参见房绍坤、任怡《新承包法视阈下土地经营权信托的理论证成》，《东北师大学报》（社会科学版）2020年第2期，第33~43页。

⑤ 参见文杰《"三权分置"视阈下农地信托法律规则之构建》，《法商研究》2019年第2期，第40~52页。

⑥ 参见徐卫《土地承包经营权集合信托模式的构建逻辑与制度设计——契合土地流转目标的一种路径》，《暨南学报》（哲学社会科学版）2015年第2期，第50~59页。

⑦ 参见庞亮、韩学平《构建我国农村土地信托制度的法律思考》，《科学社会主义》2012年第5期，第135~137页。

⑧ 参见王克强、许茹毅、刘红梅《土地流转信托对农业生产效率的影响研究——基于黑龙江省桦川县水稻农户信托项目的实证分析》，《农业技术经济》2021年第4期，第129~130页。

受托人资质与数量有限、信托机构经营动力欠缺且职能受限等，针对性地提出了横向联合、纵向延伸的创新路径和政府、金融机构等多主体协力共建的保障机制，以促进农业现代化发展。[1] 黄燕芬等从交易费用理论视角出发，跨学科研究了具有代表性的农村土地信托模式，包括统一治理结构、双方治理结构和三方治理结构等模式在我国土地信托中的应用，通过对经典案例的分析，探讨了农地信托中农户、政府与信托机构的互动关系及优化路径。[2] 王方等通过比较我国土地信托流转的实践模式，研究了土地流转模式的变化趋势以及对农民利益产生的影响。进而指出我国农村土地流转大致呈现由自发流转向规模经营发展的走向，土地信托相较于传统土地流转模式更具规范性与法律性、产品定价更加符合市场规律、更有利于保障农民利益，但是应关注土地信托存在的结构问题，重视农户利益的保护和对农地用途的持续追踪。[3] 蒲坚则结合我国和域外土地流转制度的发展历史，较为全面地介绍了中信信托在安徽宿州开展的土地信托项目。[4] 姜雪莲以中信信托安徽"宿州模式"为研究对象，通过考察其相关操作流程，讨论了土地承包经营权信托流转中财产的权属，农户、村委会、镇政府等各主体之间的法律关系，信托财产范围确定等问题，提出应重建土地信托的内容，以土地承包经营权的租赁权作为土地信托的财产，进而厘清信托流转中的各方法律关系，提高农地信托的流转效率。[5] 从现有研究成果来看，对各地试点模式的探讨，主要集中在运行机制、信托结构、操作流程等方面。

虽然多数学者对农村土地信托的意义予以积极肯定，但也有部分学者对此持谨慎态度或批判观点。如李昌金指出靠政府主导、财政扶持的土地信托实践，即便进展顺利，也只能是特例，而不具有可复制的

---

[1] 参见苗绘、王金营《中国农村土地集合信托模式创新与保障机制研究》，《宏观经济研究》2021年第7期，第129~132页。
[2] 参见黄燕芬、张志开、张超《交易费用理论视角的中国农村土地信托模式研究》，《公共管理与政策评论》2020年第5期，第73~86页。
[3] 参见王方、沈菲、陶启智《我国农村土地信托流转模式研究》，《农村经济》2017年第1期，第44~47页。
[4] 参见蒲坚《解放土地：新一轮土地信托化改革》，中信出版社2014年版。
[5] 参见姜雪莲《农村土地承包经营权流转信托的法律问题——以中信安徽宿州农村土地承包经营权信托为中心》，《北方法学》2014年第8期，第27~31页。

典型性。① 叶檀指出土地信托在土地确权、农民收益保障和就业等问题上面临重重困境，企业逐利的特性与农业发展所牵涉的社会工程是一个难以解决的悖论。② 杨家才则认为土地信托的尝试不仅需要扎实的理论研究作为支撑，而且需要信托公司具备完善的治理和责任机制，并以诗句"此花不许凡夫采，留与蟾宫折桂人"来间接表明他对土地信托的谨慎态度。③

（2）开展农村土地信托的必要性及可行性分析。诸多学者从理论支撑、制度依据和实践基础等方面讨论了农村土地信托的必要性与可行性。如苗绘等从农村土地信托的实践价值出发，通过与传统土地流转方式进行比较分析，详尽地讨论了农村土地信托的比较优势；④ 房绍坤以2018年修正的《农村土地承包法》为依据，讨论了土地经营权的法律属性，认为这奠定了土地经营权信托的法理基础，并通过对信托法律关系的分析，阐释了土地经营权信托具备现实可操作性；⑤ 杨得兵从我国农村土地信托的当代价值出发，提出了加快推进土地信托的思考和建议；⑥ 蔚霖等从农村土地本身存在问题出发，分析了农业资金投入中的问题，最后落脚于农民权益，阐述了农村土地信托的必要性；⑦ 蒲坚认为新一轮土地信托化改革，具有再一次"解放土地"的重大意义，并结合中信信托在安徽宿州的实践，详细地讨论了土地信托的必要性和可行性问题；⑧ 李钊从土地信托的

---

① 参见李昌金《创新还是翻新？——评中信信托等机构的"土地信托"实验》，中南财经政法大学基层法治研究所网站，https://jcfzw.zuel.edu.cn/jcfzyjw-jcfzyjw_xsyj/jcfzyjw_cont_news/details-30453.html，最后访问日期：2022年5月10日。
② 参见叶檀《没有"新土改"护航 土地信托中看不中用》，经济参考网，http://jjckb.xinhuanet.com/opinion/2014-03/27/content_497541.htm，最后访问日期：2022年5月10日。
③ 参见杨家才《用治理和责任机制构筑信托业百年发展的基石》，《中国银行业》2014年第12期，第13页。
④ 参见苗绘、王金营、李海申《乡村振兴视角下土地流转借助信托模式融资分析》，《金融理论与实践》2021第10期，第101~109页。
⑤ 参见房绍坤《土地经营权入典的时代价值》，《探索与争鸣》第2020第5期，第12~14页。
⑥ 参见杨得兵《农地信托流转：制度理念、当代价值与发展建议》，《福建金融》2020第8期，第15~18页。
⑦ 参见蔚霖、郭鑫、汤义鹏《农村土地信托流转模式差异性研究》，《江西农业学报》2020第32期，第125~130页。
⑧ 参见蒲坚《解放土地——论土地信托机制对农地流通的重要意义》，《经济导刊》2014第10期，第42~48页。

首次尝试——中信信托的成功实践经验中分析了土地信托的现实可行性。①

（3）关于农村土地信托具体制度的探讨方面，成果较为丰富。第一，在信托主体方面，不少学者深入讨论了委托人、受托人及受益人等主体问题。如江钦辉、魏树发梳理了农村土地信托中相关主体的疑难问题，指出农户作为土地信托的委托人，其权利的行使方式与是否建立农村集体经济组织密切相关；通过分析学界关于受托人资格的主要观点，指出商业信托公司是最为合适的受托人主体；关于受益人权益保障，应从民主参与和专业监督两个角度着手建设保障制度。② 李航等则从信托主体的博弈关系角度，通过函数模型分析了土地信托对相关利益主体的影响机理及其实现机制问题，指出土地信托的规模与农户的收益率成正比、与农业经营公司的收益率则成反比，农村土地报酬与农户、农业经营公司的收益同样呈现上述规律，因而，完善土地信托的机制能够有效提升各主体的参与积极性。③ 马建兵、王旭霞专门研究了农村土地信托中的受托人主体及其立法选择问题，指出处于相对弱势地位的自然人不宜作为受托人，确定合适的受托人对实现信托目的有重要作用，应当根据信托目的创设多元的土地信托模式及受托人选择机制，并明确不同模式中受托人的主体性质和地位亦有所区别。④ 张军建否定了只有信托公司可作为农村土地信托中受托人的观点，指出可从民事信托和商事信托两个方面界定受托人是否适格。⑤ 第二，在信托财产的界定方面，学者的观点随着我国农村土地制度的改革而发生变化。自农村土地"三权分置"以来，多数学者认为农村土地信托中的信托财产应界定为土地经营权，土地经营权作为新型用益物权，能够促进农村

---

① 参见李钊《构建中国农村土地流转的信托机制》，《学术交流》2014 第 5 期，第 135~139 页。
② 参见江钦辉、魏树发《〈民法典〉背景下农地经营权信托流转法律构造中的主体疑难问题》，《新疆社会科学》2022 年第 1 期，第 92~99 页。
③ 参见李航、秦涛、潘焕学《农村土地信托利益主体的影响机理与实现机制研究》，《北京联合大学学报》（人文社会科学版）2020 年第 4 期，第 110~117 页。
④ 参见马建兵、王旭霞《农村土地信托受托人主体性分析及立法选择》，《社会科学家》2018 年第 12 期，第 136~145 页。
⑤ 参见张军建《农村土地承包经营权信托流转法律研究——信托流转与农地规模化、农业产业化和农村金融》，中国财政经济出版社 2017 年版，第 121 页。

土地的有序流转。而徐卫则认为现行法律制度中不存在土地经营权，土地承包经营权是法定且可转让的财产权利，信托财产应该为土地承包经营权；① 姜雪莲基于对土地信托法律风险和信托财产性质的分析，指出应以土地承包经营权的租赁权作为信托财产。② 显然，学者们的观点变化与农村土地制度从"两权分离"向"三权分置"的变迁紧密相关。第三，在法律构造、具体规则、登记制度、农民权益保障等方面，主要有周春光、房绍坤、于霄、文杰、袁泉、王萍、高圣平等学者的研究文献。周春光、余嘉勉从信息不对称理论和公共利益理论出发，认为应倾斜性保护农民的权益，明晰农民在土地信托中的法律地位，并提出了加强法律规范的衔接、优化受托人激励机制、建立协作监管体系等完善路径，以期助力土地信托的法律规则构造；③ 房绍坤、任怡结合法律的具体规定进行理论分析，证成了土地经营权在不同形态下的法律属性及土地经营权信托的可行性，并立足土地经营权权利客体的区别构造了土地经营权信托的差异化流程；④ 于霄专门讨论了农村土地信托中受托人的管理权问题，在借鉴域外理论及实践经验的基础上，提出土地信托应遵循"两权分离"的核心原则，妥善界定受托人的管理权边界，进而合理保护土地信托运行中相关主体的权益；⑤ 文杰结合农村土地信托在实践中面临的设立亟待规范、受托人权利义务模糊、农户权益缺乏保障等困境，较为全面地讨论了农村土地信托中委托人、受托人、受益人、信托财产等法律规则的构建问题；⑥ 袁泉集中分析了信托文化、受托人的义务、受益人的权利及信托登记等问题，认为

---

① 参见徐卫《土地承包经营权集合信托模式的构建逻辑与制度设计——土地承包经营权实现方式的变革》，上海交通大学出版社2016年版。
② 参见姜雪莲《农村土地承包经营权流转信托的法律问题——以中信安徽宿州农村土地承包经营权信托为中心》，《北方法学》2014年第8期，第25页。
③ 参见周春光、余嘉勉《农地商事信托中农民利益保障规则的构造》，《农村经济》2021年第4期，第51~54页。
④ 参见房绍坤、任怡《新承包法视阈下土地经营权信托的理论证成》，《东北师大学报》（社会科学版）2020年第2期，第33~43页。
⑤ 参见于霄《农地信托中的管理权保留问题论析》，《温州大学学报》（社会科学版）2019年第6期，第103~114页。
⑥ 参见文杰《"三权分置"视阈下农地信托法律规则之构建》，《法商研究》2019年第2期，第40~52页。

应整合相关法律规则并建立协同制度，从而对土地信托进行体系化的规制；① 另外，袁泉还从信托设立的要素方面讨论了土地经营权信托的理论构建问题，认为农地信托应采用登记生效主义，应围绕信托合同、土地经营权让与、信托登记等关键要素完善农地信托制度；② 王萍则专门研究了农地信托财产权登记制度的问题，从登记的范围、登记的主体以及登记的效力等角度进行制度构建，认为采取登记生效主义更加符合我国农村土地的特殊性，未来需要制定明确的法律规则对土地信托加以规范；③ 高圣平结合我国农地信托的现有实践，梳理了农地信托涉及的理论问题，集中分析了农村土地信托中的信托财产及委托人、受托人、受益人等主体的资格问题，提出农地信托的发展需要政策与法规的协同作用，从而实现农户与信托公司的双赢。④

（4）关于农村土地信托可能存在的问题或障碍方面，徐铭泽、陈强、南光耀、秦勇、李蕊、林少伟、张占锋、常冬勤等学者对此展开了相应的研究。徐铭泽认为基于弥补监管漏洞而在农地信托中引入的信托监察人制度仍存在尚需解决的问题；⑤ 陈强认为我国农村土地信托发展存在诸多问题，应积极采取措施应对；⑥ 南光耀等专门研究了政府信用背书下农村土地信托可能存在的经济、政治、社会等方面的困境；⑦ 秦勇、夏雨鸿认为当前我国法律存在一定的障碍，不利于农地信托的发展，应借鉴域外国家的先进经验，清除相关法律障碍，以促进农地信托发展；⑧ 李蕊从土地股

---

① 参见袁泉《中国土地经营权信托：制度统合与立法建议》，《重庆大学学报》（社会科学版）2018年第6期，第118~119页。
② 参见袁泉《土地经营权信托设立的理论构建——以"三权分置"为背景》，《西南政法大学学报》2017年第2期，第115~120页。
③ 参见王萍《农地信托财产权登记的制度构建》，《农业经济》2018年第11期，第83~84页。
④ 参见高圣平《农地信托流转的法律构造》，《法商研究》2014年第2期，第28~32页。
⑤ 参见徐铭泽《农地信托监察人之理论反思与制度建构》，《金融与经济》2023年第11期，第86~95页。
⑥ 参见陈强《当前发展农村土地信托面临的主要问题及完善建议》，《经济研究导刊》2021年第25期，第28~30页。
⑦ 参见南光耀、诸培新、王敏《政府背书下土地经营权信托的实践逻辑与现实困境——基于河南省D市的案例考察》，《农村经济》2020年第8期，第83~89页。
⑧ 参见秦勇、夏雨鸿《我国农地信托的法律障碍及完善进路——以新〈农村土地承包法〉为背景》，《广西政法管理干部学院学报》2020年第6期，第43~48页。

绪 论

份合作社的法律地位、受托人的激励机制、信托登记制度、信托监管等方面研究了农村土地信托实践存在的法律障碍;① 林少伟认为在农村土地信托监管方面缺乏区别于一般信托类型的特别规定,法律监管漏洞会阻碍农地信托制度的发展;② 张占锋则以安徽和湖南的土地信托实践为例,讨论了地方政府角色问题;③ 常冬勤、蒲玥成认为土地信托流转实施范围存在局限且实行的农村地区存在特殊性,导致我国农村土地信托流转存在流转风险较高、投资吸引力不足等问题。④

(5) 关于农村土地信托可能面临的风险及其控制方面,研究成果则较少。通过 CNKI 检索,仅有数篇论文,主要是陈志、赵吉文、杨钊、瞿理铜、郑海峰等学者的文献;另外,有些学者从"三权分置"的角度,间接讨论了农村土地信托的风险问题,如高飞等学者。陈志、梁伟亮在研究中虽然讨论了土地信托中的风险问题,但并没有对农村土地信托风险进行类型化总结和分析;⑤ 赵吉文认为土地信托可能存在法律、成本-效益、融资等方面的风险;⑥ 杨钊主要讨论了农业经营风险及风险控制问题;⑦ 瞿理铜通过研究湖南益阳的土地信托模式,认为可能会存在租金拖欠、用途管制、流转定价、收益分配等方面的风险问题;⑧ 郑海峰认为我国农村土地

---

① 参见李蕊《京津冀农业产业协同发展信托机制的法律构造》,《中国政法大学学报》2018年第1期,第144~155页。
② 参见林少伟《我国农地信托之困境检视及出路探索》,载刘云生主编《中国不动产法研究》(第2辑),社会科学文献出版社2019年版,第154~158页。
③ 参见张占锋《土地经营权实践中的政府角色——以安徽和湖南省土地经营权信托为例》,《世界农业》2017年第1期,第210~216页。
④ 参见常冬勤、蒲玥成《我国农村土地流转信托的现状、问题及对策》,《农业经济》2016年第1期,第92~93页。
⑤ 参见陈志、梁伟亮《土地经营权信托流转风险控制规则研究》,《农村经济》2016第10期,第25~33页。
⑥ 参见赵吉文《我国土地流转信托探析——以中信信托1301期项目为例》,《企业改革与管理》2016第3期,第42~43页。
⑦ 参见杨钊《新型农村土地承包经营权信托方式探索研究》,《农村金融研究》2014第11期,第64~67页。
⑧ 参见瞿理铜《益阳市土地信托流转风险防控机制建设研究》,《中国国土资源经济》2015年第5期,第24~26页。

信托可能存在信托主体风险、操作风险和系统性风险；[1] 高飞认为"三权分置"制度实施可能存在农民集体主体错位、流转主体利益受损和耕地"非农化""非粮化"等风险。[2] 总体上，现有关于农村土地信托风险及其控制方面的研究成果较为零碎，缺乏系统性的研究成果。

（二）国外研究现状

国外关于土地信托的研究，主要集中在以下三个方面。

1. 关于土地信托的作用和目的

根据西方国家的经验，土地信托就是出于保护土地资源和公众利益的目的而用于实践的。Donald M. Mcleod 等指出，土地信托被认为是目前美国土地保护最为有效的形式；[3] Julie Ann Gustanski 基于伦理经济学政策模式在土地信托保护方面的分析，得出土地使用方式是深层次政治、经济和文化结构反映的结论。[4]

2. 关于土地信托中私人与政府政策之间的关系

关于土地信托中私人与政府政策之间的关系，代表性的理论有三种。一是互补理论，即私人信托与政府政策之间是相互补充的关系，土地信托能在一定程度上实现政府的土地保护目标，在促进土地用途的稳定性和长期性方面也具有积极作用；土地信托作为一种市场机制可以综合考虑到各种因素，有效地促进土地流转。[5] 二是代替理论，即研究政府土地政策与土地信托组织之间是否存在挤出效应的关系，通过对土地信托需求建立模

---

[1] 参见郑海峰《我国农村土地信托的风险及其防范》，《时代金融》2014 第 20 期，第 47~48 页。

[2] 参见高飞《承包地"三权分置"制度实施风险及其防范》，《地方立法研究》2022 第 1 期，第 12~26 页。

[3] Donald M. McLeod, Jody Woirhaye and Dale J. Menkhaus, "Factors Influencing Support for Rural Land Use Control: A Case Study," *Agricultural and Resource Economics Review*, Vol. 28, No. 1, 1999, pp. 44-56.

[4] Julie Ann Gustanski, "The Ethics-economics-policy Paradigm: The Foundation for an Integrated Land Trust Conservation Decision-Support Model," *Urban Ecosystems*, Vol. 3, 1999, pp. 83-111.

[5] Susannah Bunce and Farrah Chanda Aslam, "Land Trusts and the Protection and Stewardship of Land in Canada: Exploring Non-Governmental Land Trust Practices and the Role of Urban Community Land Trusts," *Canadian Journal of Urban Research*, Vol. 25, No. 2, 2016, pp. 23-34.

型从而分析美国联邦土地计划对私人土地信托行为的影响,指出政府的土地政策会减少私人土地信托对相同设施的提供。① 三是双重理论,即根据特定地区的土地信托市场发展情况,私人土地信托与政府政策之间可能表现为代替或者互补的关系,通过构造实证模型研究土地信托运作中对于土地信托机构的需求,阐明私人土地信托与政府政策之间的双重关系。②

3. 关于土地信托的运作模式和组织形式

对于土地信托的研究源于 Charles Eliot 于 1891 年建立的"公共托管",土地信托模式随着经济发展变得多样化,如美国的社区土地信托模式;Meagan Roach 从比较分析视角探究了土地信托模式的改进。按照土地信托组织设置的目的,可以将土地信托组织分为两种:土地信托组织和社区信托组织(CLTs),前者的目标为保护生态资源,后者的目标则是建设住房或者保护公共资源。③ 土地信托的具体执行机构分为两种类型,一类为已有的实体组织,主要被英美国家采用,如教区组织、住房协会等;另一类是土地信托银行或者由银行参与土地信托业务,以日本为代表的东亚国家更多采用这种类型。④

虽然域外国家或地区的土地信托的产权基础是土地私有制,但其针对土地信托的运作模式、激励机制及风险控制规则等方面的研究成果,对我国农村土地信托的研究与实践仍具有一定借鉴意义。

(三)研究的理论价值及实践意义

2016 年 10 月 30 日,中共中央办公厅、国务院办公厅印发的《关于完善农村土地所有权承包权经营权分置办法的意见》为农村土地经营权通过包括土地信托流转在内的方式进行优化配置,进一步扫清了政策上的障

---

① Dominic P. Parker and Walter N. Thurman, "Crowding Out Open Space: Federal Land Programs and Their Effects on Land Trust Activity," *AAEA Short Paper Tuesday*, Vol. 3, 2004.

② Albers Heidi J. and Amy W. Ando, "State-Level Variation in Land Trust Abundance: Could it Make Economic Sense," *Resources for the Future*, Vol. 10, 2001, pp. 1-36.

③ Campbell Marcia Caton, Salus and Danielle A., "Community and Conservation Land Trusts as Unlikely Partners? The Case of Troy Gardens, Madison, Wisconsin," *Land Use Policy*, Vol. 14, No. 3, 1997, pp. 215-229.

④ University of Salford, *The Community Land Trust Model*, https://creativecommons.org, 2005.

碍。但对于农村土地经营权信托可能存在的风险及其治理问题，学界关注还不够。在某种程度上，农村土地经营权信托的"风险治理"决定了农村土地经营权信托的实效及生命力。故本研究具有一定的理论价值和实践意义。

1. 理论价值

本书通过分析农村土地经营权的内涵、结构及实现方式等基本理论问题，为农村土地所有权、承包权及经营权的有效分离提供思路；在此基础上，系统回答农村土地经营权信托的信托要素，研判农村土地经营权信托的风险及其类型，进而提出风险治理的法律应对策略和举措，从而推动农村土地经营权信托理论研究的深入发展，为完善我国农村土地经营权信托相关制度提供理论支持。

2. 实践意义

本书总结各地农村土地信托试点中的实践经验，梳理试点中的法律、法规及政策依据，审视各地试点中的风险控制规则，正视试点中存在的主要问题，系统梳理农村土地信托的主要风险类型，力图构造完善的农村土地经营权信托风险治理法律应对框架，从而促进农村土地的有效流转，实现农村土地的规模化、集约化、资本化运营，提高土地经营效率和农业现代化程度。

二　逻辑架构和研究方法

（一）逻辑架构

本书以"三权分置"下农村土地经营权信托正当性的理论基础和实践依据为切入点，在考察"两权分离"下各地农村土地信托试点的基础之上，结合信托机理讨论了农村土地经营权信托结构中各信托要素的实然和应然配置；借鉴风险及风险社会理论对"三权分置"下农村土地经营权信托风险问题展开了研判，并提出了各类风险的治理逻辑；基于风险治理的视角，讨论了"三权分置"下农村土地经营权信托风险的法律应对之策。各章具体内容如下。

绪　论

第一章"'三权分置'下农村土地经营权信托的正当性理据"旨在通过从内在动因、制度基础、现实逻辑等视角论证农村土地经营权信托的正当性基础。就内在动因而言，本书结合信托原理，从理论上阐释农村土地经营权信托所具有的特殊功能，并通过与其他土地流转方式的比较，彰显农村土地经营权信托的特点，从而总结农村土地经营权信托的功能优势。就制度基础而言，本书从制度变迁与发展的视角，主要回顾我国农村土地经营制度从集体所有集体经营，到集体所有家庭承包经营，再到集体所有家庭承包下的经营权分置这一历史变迁轨迹，论证"三权分置"改革为农村土地经营权信托提供的制度空间。就现实逻辑而言，本书总结农村土地经营权信托在实践中的积极意义，从而为"三权分置"下农村土地经营权信托的正当性提供实践依据。

第二章"'两权分离'下农村土地信托的实践考察"则聚焦近年来全国各地开展的土地信托试点。经过对实践的考察，将我国农村土地信托试点模式大体分为两类：一是早期"平台型"农村土地信托模式，主要由政府设立的信托机构发挥中介作用，向土地流转的供需双方提供媒介服务，相关主体之间的关系并非依信托机理构建的信托关系；二是新型"金融化"农村土地信托模式，由专业化的信托公司作为受托人，依照信托机理构建农村土地信托法律关系，通常都设计了融财产权信托和资金信托为一体的复合结构。这两类模式在背景、机理、结构、影响等诸多方面都存在较大的差异。

第三章"'三权分置'下农村土地经营权信托结构的基本要素"的主旨则在于，通过信托法理的运用，逐一讨论并分析农村土地经营权信托结构的构成要素，包括信托主体、信托财产、信托设立行为、信托目的四个方面，并结合实践评析农村土地经营权信托结构中各要素的实然和应然配置问题。就农村土地经营权信托主体而言，涉及委托人的主体资格及选择、受托人的主体资格及选任、受益人的确定等。就农村土地经营权信托财产而言，广泛的共识是"三权分置"下的信托财产应为土地经营权；"两权分离"下的农村土地信托之信托财产则存在争议，主流的观点是土地承包经营权。就农村土地经营权信托设立行为而言，则包括信托设立的意思表示行为和财产转移行为两个方面，体现在信托合约的达成和土地经营权的转移及其登记规则问题上。就农村土地经营权信托目的而言，多数观点将其归于私益目的一类，但本研究主张应重塑农村土地经营权之信托目的。

第四章"'三权分置'下农村土地经营权信托的风险研判"则基于农村土地信托的实践及现行农村土地信托相关制度的缺漏，借鉴风险及风险社会理论，梳理农村土地经营权信托中可能存在的风险，并依据公共性程度，将这些风险进行类型化划分；在此基础之上，针对农村土地经营权信托的风险问题，从风险治理的视角，提出以风险分配和风险调控为核心的风险治理整体框架。具体来说，农村土地经营权信托风险大体分为两类：一是个体风险，主要包括信托结构要素失衡风险和农业经营主体经营失败风险；二是整体风险，主要包括地方政府角色定位失当风险和农地"非粮化""非农化"风险。在风险治理的整体框架中，个体风险主要依靠风险分配机制来应对，因为作为客观存在的风险，只有考量谁来承担风险、承担哪些风险以及承担多少风险的问题，才能在治理过程中更好地界定各利益相关主体的权利与义务，并对此构建相应有效的激励或惩罚机制，使相关方在应对风险时找到自己的位置，在法律上一般是通过私法达到风险分配的效果；整体风险则主要依靠风险调控机制来应对，风险调控的目标是规避、预防或减少风险，在风险发生前需要考虑的是如何规避、预防风险，而风险一旦发生，所采取的措施就只能是尽可能地减少风险；而要从整体上控制风险的蔓延，一般需要采取具有普遍管制性和约束力的公法手段，如通过对主体资格、行为方式等进行管控从而达到调整和控制风险的效果。

第五章"风险分配视角下农村土地经营权信托之个体风险的法律应对"乃是基于前文论述的风险治理整体框架中风险分配机制在法律上的适用，而构建的农村土地经营权信托之个体风险的法律应对策略及举措。就信托结构要素配置失衡风险的法律应对而言，应从厘清信托主体资格、优化信托主体的权利义务配置、构建农村土地经营权信托登记制度、重塑土地经营权信托之信托目的等方面着手。就农业经营主体经营失败风险的法

绪　论

律应对而言，应树立给予农业经营主体倾斜性金融财税支持的理念，倾斜性金融支持应坚持政策性金融支持与商业性金融支持的协同策略，优化信托计划、信贷、融资担保、农业保险等金融支持举措；倾斜性财税支持应秉持财政与税收协同的策略，进一步完善财政补贴和税收优惠等财税支持措施。

第六章"风险调控视角下农村土地经营权信托之整体风险的法律应对"则是基于风险治理整体框架中风险调控机制在法律上的适用，探求农村土地经营权信托之整体风险的法律应对之策。就地方政府角色定位失当风险的法律应对而言，应结合农村土地信托的实践，探寻地方政府角色定位的评判标准，在此基础上提出地方政府应作为农村土地经营权信托中"公共物品"提供者的应然定位，地方政府应充分尊重和保障土地承包经营权主体的意思自治，不能成为土地经营权信托法律关系中任何一方当事人。就农地"非粮化""非农化"风险的法律应对而言，主要从内外部因素着手，形成信托内部规则优化和信托外部制度完善的合力。

（二）研究方法

总体上，本书主要采取了以下几种研究方法：第一，历史分析法。主要体现在通过回顾新中国成立以来农村土地经营制度的变迁和发展，阐述农村土地从短期土地私有基础上的家庭经营，到集体所有集体统一经营的体制，再到集体所有家庭承包经营的双层经营体制，以及集体所有家庭承包经营的经营权分置这一波澜壮阔的变迁之路，从而揭示土地经营权分置是我国农业现代化的必然要求，并奠定了农村土地经营权信托的制度基础。第二，实证分析法。农村土地信托不仅是理论的争鸣，而且是鲜活的社会实践。自2001年浙江绍兴试水"土地信托"以来，全国多地的土地信托实践在类型、规模、机理、影响等诸多方面或多或少存在一些差异，因此有必要对此进行较为全面、系统的考察及分析，以提高研究的现实可操作性及针对性。第三，规范分析法。农村土地信托涉及诸多领域的法律、法规及政策文件等制度规范，因此有必要对这些制度规范文本进行较为全面、系统的梳理和解读，并结合研究主题予以阐释，分析其中存在的不足，进而提出相应的完善对策。第四，比较分析法。信托是从域外国家移植过来的制度，其在我国生成和发展的历史较为短暂；加之从土地信托的角度看，虽然土地制度存在根本性差异，但域外发达国家或地区已有较为成熟的实践经验，故在一定程度上亦可为我国农村土地信托相关制度的完善提供启示或借鉴；此外，农村土地信托是一个开放性论题，自其实践以来，已吸引了经济学、管理学、社会学、政治学等诸多社会科学领域相关学者的关注、讨论及研究，也形成了一些具有特色的研究成果，因此，在研究过程中有必要借鉴以上诸多学科的研究方法和研究成果。

三　可能的创新和不足之处

（一）可能的创新

第一，在研究内容方面，本书借鉴风险社会理论，较为系统地阐释了农村土地经营权信托风险的认识逻辑和治理框架。基于风险的公共性程度，本书将农村土地经营权信托的风险分为两大类：一是个体风险，包括信托要素配置失衡风险和农业经营主体经营失败风险；二是整体风险，包括地方政府角色定位失当风险和农地"非粮化""非农化"风险。针对不同类别的风险，本书提出了相应的治理逻辑，即个体风险主要通过风险分配机制来实现治理，在法律上主要运用私法工具界定各利益相关主体的权利与义务，并建立相应有效的激励或惩罚机制；整体风险主要通过风险调控机制来实现治理，在法律上主要采取具有普遍管制性和约束力的公法手段，如通过对主体资格、行为方式等进行管控从而达到调整和控制风险的效果。在此基础之上，本书强调应构建农村土地经营权信托风险治理的系统性框架，即风险分配机制和风险调控机制应有机融合，不可偏废。

第二，在具体观点方面，本书运用信托要素理论，较为全面、系统地分析了农村土地经营权信托的信托结构，包括信托主体、信托财产、信托设立行为、信托目的等内容，并提出了一些可能较为新颖的观点，如摒弃将农村土地经营权信托目的认定为私益目的之观点，而认为应重塑农村土地经营权信托的信托目的，将其定性为社会性目的，即兼具私益目的和公益目的，从而增强农村土地经营权信托的理论和实践解释力。

第三，在研究视角上，区别已有研究中农村土地流转制度创新的单一视角，本书将土地经营权信托纳入"三权分置"改革的背景和制度体系中研究。

(二) 不足之处

农村土地信托问题涉及诸多领域，具有相当的研究难度，故本书可能存在以下两个方面的不足。

第一，实地调研不足，一手数据样本较少。虽然农村土地信托实践在全国多处落地，但受新冠疫情影响，本课题在研究过程中想要开展广泛的实地调研可谓困难重重，因而在实证分析方面，主要依赖的是二手资料；加之近年来理论和实务界对农村土地信托实践的关注和研究热度有所下降，关于各地土地信托实践的最新进展和持续效果的公开信息极其有限，这可能导致对各地农村土地信托实践的考察及分析不够全面和具体，甚至可能存在偏颇之处。

第二，理论研究的深度有待进一步挖掘、广度有待拓展，部分对策建议的系统性和针对性有待加强。农村土地信托问题的研究涉及法学、经济学、社会学、政治学等诸多学科领域的理论和知识，囿于研究者的研究能力和研究篇幅，部分理论问题的阐释，如农村土地经营权信托风险的治理逻辑还有待进一步深化和拓展。在风险的法律应对方面，由于涉及信托法、民法、农村土地承包法、金融法、财税法、行政法等诸多领域的法律制度，这些制度如何优化才能在农村土地经营权信托风险防范方面发挥积极作用，是一个非常复杂的问题。本书虽然力图将相关思考成果呈现出来，但由于所涉甚多，很难做到面面俱到，甚或有谬误之处，故无疑还需要进一步深化，并提出更有针对性的完善建议。

第一章 "三权分置"下农村土地经营权信托的正当性理据

伴随我国农村土地制度改革与创新的历程，农村土地流转实践也在不断推进和深化。农村土地信托作为一种新型的土地流转机制，已在我国一些地区落地生根，并取得了一定的成效。在某种程度上，农村土地信托流转在推动农村土地集约化和规模化经营、提高农民收入以缩小城乡收入差距等方面起到了积极作用。但是，发轫于"两权分离"的农村土地信托，在"三权分置"的背景下会发生何种内在结构和外在影响的变化？是否能够进一步彰显其创新的动能？是否具有进一步推广施行的价值和意义？对以上这些问题的回答，其实就是探讨"三权分置"下农村土地经营权信托的理论基础和实践依据问题。根据本书的观点，"三权分置"下农村土地经营权信托的正当性理据主要包括如下几个方面，下文将对此分别讨论。

一 内在动因：农村土地经营权信托的优势

（一）农村土地经营权信托的内涵

探讨农村土地经营权信托相关问题，界定其概念是首要解决的问题。正如有学者指出，"没有限定严格的专门概念，就不能清楚和理性地思考法律问题，没有概念，也无法将我们对法律的思考转变为语言，更无法以一种可理解的方式把这些思考传达给别人"。[①] 对农村土地经营权信

[①] 〔美〕E. 博登海默：《法理学：法律哲学与法律方法》，邓正来译，中国政法大学出版社1999年版，第486页。

第一章 "三权分置"下农村土地经营权信托的正当性理据

托的概念进行界定，是为了取得概念上的同一，因为"概念的同一是讨论得以有效展开的逻辑前提，否则，难以形成真实的思维交集和一致的解决方案"。①

准确界定农村土地经营权信托的概念，具有十分重要的现实意义。原因在于，自2001年浙江绍兴试水"土地信托"以来，农村土地经营权信托虽然引起了学界的广泛关注，并基于不同视角对此展开了相应的研究，但由于我国农村土地制度改革不断深化和发展，在理论研究中，先后出现了"农地信托""农村土地信托""土地承包经营权信托""土地经营权信托"等不同的称谓和表述。因此，有必要对这些概念进行一定的阐释。第一，从《信托法》的视角看，"农地信托"和"农村土地信托"是基于信托财产的载体为"农地"或"农村土地"而提出的概念。在严格意义上，"农地"并不等同于"农村土地"。"农地"通常是农业用地的简称，《土地管理法》第4条第3款②也明确规定"农用地是指直接用于农业生产的土地"；"农村土地"则是从区域的角度得出的表述，其是与"城市土地"相对应的一个概念。在外延上，"农村土地"要大于"农地"。但是，实践中农村领域的信托基本上都集中在农业用地之上，且根据《农村土地承包法》第2条③的规定，农村土地等同于农业用地（农地）。故现有相关的研究成果并没有区分"农地"与"农村土地"的区别，多数情况下"农地信托"和"农村土地信托"是在相同意义上使用。因此，除特别说明外，下文将在同一意义上使用"农地"和"农村土地"概念，即仅指农业用途土地。第二，"土地承包经营权信托"和"土地经营权信托"是基于不同的信托财产而提出的两个概念——前者以"土地承包经营权"④为信托财

---

① 陈甦：《土地承包经营权继承机制及其阐释辨证》，《清华法学》2016年第3期，第60页。
② 《土地管理法》第4条第3款："前款所称农用地是指直接用于农业生产的土地，包括耕地、林地、草地、农田水利用地、养殖水面等；建设用地是指建造建筑物、构筑物的土地，包括城乡住宅和公共设施用地、工矿用地、交通水利设施用地、旅游用地、军事设施用地等；未利用地是指农用地和建设用地以外的土地。"
③ 《农村土地承包法》第2条："本法所称农村土地，是指农民集体所有和国家所有依法由农民集体使用的耕地、林地、草地，以及其他依法用于农业的土地。"
④ 除非特别说明，本书中所涉及的"土地承包经营权"仅指以家庭承包方式取得的土地承包经营权。

产，后者则以"土地经营权"为信托财产。这两个概念直接反映了我国农村土地制度从"两权分离"向"三权分置"的转变。也就是说，在农村土地"两权分离"制度下，多数学者使用"土地承包经营权信托"这一概念；在农村土地"三权分置"制度下，学界对使用"土地经营权信托"这一概念已经达成共识。

纵观学界的研究，在界定"农地信托""农村土地信托""土地承包经营权信托""土地经营权信托"概念时，大体上有三类视角：第一，基于信托的逻辑将其界定为一种民事行为；[①] 第二，将其界定为一种农村土地管理经营的模式、方式或制度；[②] 第三，通过描述土地信托的运作过程，将其界定为一种农村土地管理经营的运行机制。[③] 事实上，以上三类观点并无实质差异，基本的共识都是基于信托的逻辑去阐释和构建，仅在切入点上有所差异。将其界定为一种民事行为，是从微观主体角度的阐释；将其界定为一种制度或运行机制，是从宏观层面的解读，把其纳入农村土地流转的框架中去理解及实践。

对农村土地经营权信托进行界定，就应"借助既有的法律工具概念，以实现农村土地信托流转过程中各主体权利义务的合理配置，从而达到土地的有效利用及信托关系当事人各自利益的实现及平衡"。[④] 因此，在界定土地经营权信托这一概念时，应注意以下几个方面：第一，土地经营权信

[①] 仅列举部分学者，参见吴兴国《构建农村土地信托制度，破解"三农"难题》，《上海经济管理干部学院学报》2003年第3期，第60页；李燕燕《土地信托概论》，中国金融出版社2015年版，第11页；房绍坤、任怡《新承包法视阈下土地经营权信托的理论证成》，《东北师大学报》（社会科学版）2020年第2期，第33页。

[②] 仅列举部分学者，参见岳意定、王琼《我国农村土地信托流转模式的可行性研究及构建》，《生态经济》2008年第1期，第31页；高圣平《农地信托流转的法律构造》，《法商研究》2014年第2期，第28页；杨明国《信托视野下中国农村土地流转研究》，电子工业出版社2015年版，第37页；李蕊《农地信托的法律障碍及其克服》，《现代法学》2017年第4期，第54页。

[③] 仅列举部分学者，参见蒲坚、刘志仁《农村土地流转中的信托机制研究》，湖南人民出版社2008年版，第33页；《解放土地：新一轮土地信托化改革》，中信出版社2014年版，第213页。

[④] 马建兵、王天雁：《农村土地信托法律问题研究——兼谈西部特殊性问题》，知识产权出版社2019年版，第18页。

第一章 "三权分置"下农村土地经营权信托的正当性理据

托与信托属于种属关系,即土地经营权信托是信托业务类型中的一种,属于信托的下位概念,因此,土地经营权信托必须适用信托的基本规则,必须充分体现信托机理;第二,土地经营权信托是土地流转的一种形式,土地经营权信托的目的应当包含土地流转等公共诉求;第三,土地经营权是一种特殊的财产权,不同于传统意义上的"私权",因而要受到农村土地管理制度的约束和限制。

基于此,可将农村土地经营权信托界定为:委托人以其对受托人的信任为基础,将土地经营权委托给受托人,由受托人在遵守农地用途管制等约束的前提下,按照土地经营的市场化需求,以自己的名义对其进行管理和处分,并依法或按照约定将农业经营活动的收益分配给受益人的行为。其基本内涵包括以下几个方面。第一,土地经营权信托是以委托人对受托人的信任为基础。委托人对受托人的"信任"是信托的基础。在现代信托法中,基于"信任"产生的关系,不仅是一种道德义务,而且要上升为法律义务。在土地经营权信托中,基于信托,一方面要求尊重委托人的意愿,不能违反自愿原则,强迫委托人设立土地经营权信托;另一方面要求受托人充分履行受托人的信义义务。第二,土地经营权信托以土地经营权这一信托财产被委托给受托人为前提。信托必须以财产为前提,无财产则无信托。在"三权分置"下,土地经营权已经被法律所确认,因此其作为信托财产已成为学界共识。第三,土地经营权信托以受托人为核心。根据信托法理,受托人以"信托财产所有权人"的名义履行受托职责和义务,受托人的行为关系到委托人意愿的满足、信托目的的实现以及受益人利益的保障。在信托活动中,受托人处于核心地位。因此,在土地经营权信托中,受托人的选择就尤其重要。在某种程度上,选择何种类型或何种身份、性质的受托人,直接决定了土地经营权信托的成效。第四,土地经营权信托要遵循农地用途管制等公法约束。土地经营权信托中的信托财产是一种特殊的财产权。它不同于传统意义上的"私权",故而土地经营权的行使必须受到一定的约束和限制。就我国现实国情而言,农村土地的利用关系着包括粮食安全、土地规模经营、农业现代化等在内的社会公共利益诉求。第五,受益人利益保障是土地经营权信托的重要内容。委托人将土地经营权委托给受托人，其目的不是让受托人取得土地经营权的财产利益，而是为了实现委托人的意愿，赋予受益人信托利益。在土地经营权信托中，从委托人的角度看，其设立信托的目的就是让受益人持续地获得土地经营的收益。因此，受益人之利益保障既是信托目的之要求，也是土地经营权信托的内涵表现之一。

需要特别说明的是，由于我国农村土地信托的实践大多发生在"两权分离"的制度背景下，当时的信托财产究竟是土地承包经营权还是土地经营权，在理论和实践中均存在争议。因此，为避免"两权分离"与"三权分置"下相关概念的混同与杂乱，也便于行文表述，下文有时会使用"农村土地信托"或"农地信托"这两个相对笼统的表述来替代"两权分离"下的"土地承包经营权信托"以及"三权分置"下的"土地经营权信托"。另外，鉴于理论界对"土地经营权"的权源还存在一定的争议，文中所讨论"土地经营权信托"中的"土地经营权"特指派生于土地承包经营权的土地经营权，并不包括直接派生于土地所有权的土地经营权。①

（二）农村土地经营权信托的功能

要完整地理解农村土地信托的功能，尤其是在"三权分置"下以土地经营权设立的信托的功能，就必须从理论上厘清土地承包经营权与土地经营权的关系。

1. 土地承包经营权与土地经营权的关系

总体上，学界对土地承包经营权的性质存在财产权说和二元说两类观点，进而形成了对土地承包权性质的不同认定。第一，财产权说。该类观点认为土地承包经营权是一种纯粹的财产权而不具备身份属性，② 与之对应，土地承包权的性质是成员权，③ 是对集体土地的承包资格，④ 因此转让

---

① 关于土地经营权的权源及性质，下文将根据讨论内容的需要，分别在不同地方述之。
② 参见高飞《承包地"三权分置"制度实施风险及其防范》，《地方立法研究》2022年第1期，第26页。
③ 参见刘俊《"三权分置"视角下农村股份合作社成员财产权完善的现实困境与法律进路》，《学术论坛》2019年第5期，第70页。
④ 参见高飞《土地承包权与土地经营权分设的法律反思及立法回应——兼评〈农村土地承包法修正案（草案）〉》，《法商研究》2018年第3期，第12页。

土地承包经营权不会使权利人丧失继续承包的资格。第二，二元说。该类观点认为土地承包经营权是一种身份属性的用益物权，同时具有身份性和财产性两种属性。同时，由于资格权已由土地承包经营权承接，所以土地承包权相应出现三种性质界定。一是混同论。该观点认为土地承包权就是土地承包经营权或是其内容之一，[1] 立法没有必要专门设置"土地承包权"反映承包方流转土地经营权后的剩余权利。[2] 二是物权论。该观点认为土地承包权是一种单纯的用益物权，令其具有成员权属性将加大村集体对于资格认定的风险并难以为我国现有法律体系所覆盖。[3] 三是收益权论。该观点认为承包权是一种土地收益权，[4] 是占有、使用权能转移给土地经营权人后的土地承包经营权，[5] 其占有、使用权能受限而仅保留收益权能，[6] 作为所有权的实现形式而具备兜底性质。[7]

就土地经营权而言，学界对土地承包经营权性质认识的分歧导致土地经营权在农村土地产权体系中的定位存在一定争议，土地承包经营权究竟是"一束权利"还是"一个权利"，决定了其与经营权是衍生关系还是并列关系，并最终决定土地经营权是次生还是原生权利。第一，次生权利说。该观点认为土地承包经营权为"母权"[8]，土地经营权是其次生权利。该说的逻辑起点是土地承包经营权是"一束权利"[9]，土地经营权产生于承

---

[1] 参见高圣平《农村土地承包法修改后的承包地法权配置》，《社会科学文摘》2020年第1期，第67页。
[2] 参见高飞《"三权分置"下土地承包权的性质定位及其实现研究》，《广西大学学报》（哲学社会科学版）2022年第1期，第173页。
[3] 参见吴迪《宅基地使用权改革进路法治探析——以农地"三权分置"为视角》，《天津法学》2021年第4期，第19页。
[4] 参见朱继胜《论"三权分置"下的土地承包权》，《河北法学》2016年第3期，第45页。
[5] 参见蔡立东、姜楠《农地三权分置的法实现》，《中国社会科学》2017年第5期，第112页。
[6] 参见王颜齐、史修艺《土地托管的形成机制、存在问题及对策建议——基于黑龙江省的实践案例》，《中州学刊》2021年第2期，第38页。
[7] 参见钟晓萍、于晓华、唐忠《地权的阶级属性与农地"三权分置"：一个制度演化的分析框架》，《农业经济问题》2020年第7期，第55页。
[8] 高圣平：《论承包地流转的法律表达——以我国〈农村土地承包法〉的修改为中心》，《政治与法律》2018年第8期，第26页。
[9] 刘守英：《农村土地制度改革：从家庭联产承包责任制到三权分置》，《经济研究》2022年第2期，第25页。

包地流转的特定时点。土地经营权仅在发生流转关系时才有产生的必要，[①]在作为"承包土地的经营权"而从属于农户时，则以土地承包经营权的面目出现。[②] 根据权利发生逻辑又可分为两类关系。一是分解关系。该观点认为在土地集体所有权与承包经营权"两权分离"的基础上，承包权与经营权可在承包经营权向外流转时再次分离，[③] 从而实现"三权分置"即遵循"所有权+承包经营权→承包权+经营权"的逻辑。二是派生关系。该观点认为"权能分离"固化了用益物权的生成方式、侵蚀了所有权的完整性，应当以"权利行使"理论为解释进路。[④] 土地承包经营权并不具有"承包"和"经营"两项内容，土地经营权是派生而非分解出的权利，具体包含两种衍生顺序：一是"所有权→承包权→承包经营权→经营权"，即土地经营权是行使土地承包经营权的结果；[⑤] 二是"所有权→承包经营权→承包权→经营权"，认为承包权和经营权均由承包经营权派生而来，承包权进而衍生出经营权，[⑥] 即经营权是用益物权之上另行设立的次级用益物权。也有学者从建构主义的视角出发，认为三种权利呈"集体所有权→承包经营权→经营权"的依次派生关系，这种三级协同的权利表达是对制度改革所产生"农村土地公有制功能—家庭联产承包责任功能—土地资源优化配置功能"价值功能需求的回应。[⑦] 第二，独立权利说。该观点认为，将土地承包经营权视为"权利束"，与我国物权制度存在龃龉，

---

① 参见刘云生、吴昭军《政策文本中的农地三权分置：路径审视与法权建构》，《农业经济问题》2017年第6期，第20页。
② 参见耿卓《农地三权分置改革中土地经营权的法理反思与制度回应》，《法学家》2017年第5期，第19页。
③ 参见刘士国、陈紫燕《"三权分置"的理论突破与未来方向》，《探索与争鸣》2022年第6期，第101页。
④ 参见蔡立东《从"权能分离"到"权利行使"》，《中国社会科学》2021年第4期，第97页。
⑤ 参见高圣平《农地三权分置改革与民法典物权编编纂——兼评〈民法典各分编（草案）〉物权编》，《华东政法大学学报》2019年第2期，第18页。
⑥ 参见张克俊《农村土地"三权分置"制度的实施难题与破解路径》，《中州学刊》2016年第11期，第39页。
⑦ 参见龙卫球《民法典物权编"三权分置"的体制抉择与物权协同架构模式——基于新型协同财产权理论的分析视角》，《东方法学》2020年第4期，第105页。

第一章 "三权分置"下农村土地经营权信托的正当性理据

易造成实践中的理解混乱。① 且若依照次生权利的观点,土地承包经营权在未流转时为"一个权利"、流转时才成为"一束权利",这种"一词两义"在法律规则逻辑上无法兼容。② 承包经营权应为"一个权利"③,由权能而非"权利"构成,④ 在此基础上的经营权是独立于承包经营权之外的权利,二者并非衍生关系。也有学者从底层逻辑出发,主张重构新型集体土地权利体系。如席志国认为,集体土地使用权(土地承包经营权)具有与传统用益物权不同的性质,应以其独立为逻辑起点,在其上再建构一个独立层次的新型用益物权,即以占有、使用、收益为内容,可自由处分的新型用益物权,⑤ 该种观点下的土地经营权仍为独立权利。

虽然学界对土地经营权究竟是派生于土地承包经营权还是一项独立的权利存在争议,但这并不影响分歧中仍然存在大体的共识。主流观点一般认为土地承包经营权本身具有身份属性,而土地经营权则不再具有身份属性。学者们普遍指出,土地承包权的成员权属性对经营权自由流转形成制约,是其无法成为独立权利的根源,⑥ 应当使土地承包权作为身份性财产权承担原有的保障功能,⑦ 而对于土地经营权则应当通过淡化社员权属性和拓展经营权内涵,⑧ 突出其财产权属性、激发市场活力。⑨ 正是这些理论研究的深化,推动了土地经营权被《农村土地承包法》《民法典》确认的

---

① 参见孙宪忠《中国物权法总论》(第三版),法律出版社 2014 年版,第 153 页。
② 参见陈小君《土地改革之"三权分置"入法及其实现障碍的解除——评〈农村土地承包法修正案〉》,《学术月刊》2019 年第 1 期,第 87 页。
③ 高飞:《寻找迷失的土地承包经营权制度——以农地"三权分置"政策的法律表达为线索》,《当代法学》2018 年第 6 期,第 20 页。
④ 参见丁关良《农地流转法律制度"完善"与"变法"孰强孰弱研究》,《农业经济与管理》2019 年第 1 期,第 31 页。
⑤ 参见席志国《民法典编纂中集体土地权利体系新路径》,《国家行政学院学报》2018 年第 1 期,第 1 页。
⑥ 参见丁文《论"三权分置"中的土地承包权》,《法商研究》2017 年第 3 期,第 17 页。
⑦ 参见马俊驹、丁晓强《农村集体土地所有权的分解与保留——论农地"三权分置"的法律构造》,《法律科学(西北政法大学学报)》2017 年第 3 期,第 146 页。
⑧ 参见覃杏花《农村集体土地经营权流转制约因素及其应对》,《江西社会科学》2020 年第 7 期,第 224 页。
⑨ 参见张广辉、方达《农村土地"三权分置"与新型农业经营主体培育》,《经济学家》2018 年第 2 期,第 80 页。

进程，也为土地经营权作为信托财产奠定了理论基础。

2. 土地经营权信托：兼具财产转移功能与财产管理功能

一般认为，信托不仅是一项关于财产转移的制度，可以产生财产从委托人转移到受托人的效果，而且是一种财产管理制度，可以被广泛应用于财产管理。从历史的角度看，在最早出现信托的中世纪的英国，信托主要作为一种消极的财产转移设计以规避封建法律对财产转移所施加的各种限制。但随着西方封建制度的衰亡，资本主义市场经济的发展及法治原则的确立，原先施加于财产转移上的诸多不合理限制，已被滚滚的历史洪流所淘汰。因而，为适应社会经济的发展，信托的功能有了新的扩展，其已从早期单纯的财产转移功能逐渐发展为财产转移功能与财产管理功能紧密结合，且日益突出财产管理功能。①

第一，土地经营权信托的财产转移②功能。依据信托机理，土地经营权信托具有财产转移的功能。从某种意义上来说，在农村土地信托的实践中，只有以土地经营权为信托财产的土地信托才能更好地彰显信托的财产转移功能。原因在于，在"两权分离"下，土地承包经营权具有强烈的身份属性和社会保障色彩，以其作为财产设立信托，存在财产转移上的法律障碍。但是，"三权分置"下的土地经营权则不再具有强烈的身份属性，而更好地彰显了财产权的特性，故能够在信托中实现财产转移的功能。更为重要的是，土地经营权转移意味着农村土地流转的实现。第二，土地经营权信托的财产管理功能。依据信托机理，委托人设立信托的目的并非将土地经营权转移给受托人——这在某种意义上仅仅是一种手段。委托人的目的是通过信托这种方式，把土地经营权委托给受托人，利用受托人的专业技能管理、运用、处分信托财产，以实现土地经营收益提升，受益人持续获得土地收益。因此，在土地经营权信托中，受托人并非消极的主体，而是通过对自己的专业技能、人才、资金等资源的综合利用，对土地进行积极管理、运用及处分的主体。正如有学者指出，"土地

---

① 参见周小明《信托制度：法理与实务》，中国法制出版社2014年版，第74~75页。
② 关于信托财产转移的要求，将在第三章中详细讨论。

第一章 "三权分置"下农村土地经营权信托的正当性理据

信托的重要优势之一就在于，受托人并非传统意义上的村集体内部成员，受托人的特别之处在于其特有的技术优势或所从事行业的特定性，能使土地在信托期间得到更为专业的管理和使用，大大提高了土地利用的效率和经济效益"。[1]

土地经营权信托之财产转移功能和财产管理功能的实现，是通过信托机理中的制度创新予以保障的。第一，所有权与利益相分离的设计。土地经营权信托一旦有效设立，受托人就取得土地经营权，即土地经营权成为信托财产。在信托法理中，信托财产具有"所有权与利益相分离"[2]的特殊权利性质。因而，土地经营权信托的受托人享有土地经营权这一信托财产的名义所有权，以自己的名义管理和处分信托财产。同时，受托人对信托财产享有的所有权仅是"名义"上的，不能出于自己的利益管理和处分信托财产，其管理和处分行为必须符合信托目的的要求，即为受益人的利益从事管理和处分行为。土地经营权的利益归属于受益人，受益人对土地经营权享有受益权。土地经营权的权利主体与利益主体相分离，正是土地经营权信托区别于其他土地流转方式的特质之一。第二，信托财产的独立性。土地经营权信托一旦有效设立，土地经营权即脱离委托人、受托人及受益人的固有财产而独立运作。从委托人的角度看，委托人一旦把土地经营权转移给受托人，就丧失了对土地经营权的管理、运用及处分的权利，土地经营权不再属于其自身的财产；从受托人的角度看，其虽然取得了土地经营权的管理、运用及处分的权利，但并不能享有该权利所带来的利益，即信托利益并不属于受托人；从受益人的角度看，其虽然对土地经营权享有受益权，但这种受益权主要体现为一种请求权，即受益人对土地经营权并未享有直接的支配权利。信托财产的独立性为信托关系的稳定存续、信托责任的有限性、信托当事人的权益保护奠定了制度基础。土地经营权信托一经有效设立，土地经营权就成为一项独立的财产。原则上信托当事人任何一方的债权人都无法主张以信托财产偿债，因此，

---

[1] 庞亮、韩学平：《构建我国农村土地信托制度的法律思考》，《科学社会主义》2012年第5期，第136页。

[2] 周小明：《信托制度：法理与实务》，中国法制出版社2014年版，第76页。

信托也就有了风险隔离的功能，这对于维护农户的土地权益具有极为重要的现实意义。

3. 土地经营权信托的集合管理功能

一般而言，信托具有财产集合管理的功能，可以把多个委托人的财产集合起来，由专业机构或专业人士进行集中管理。在我国的信托实践中，信托的集合管理主要体现在集合资金信托计划中。依据《信托公司集合资金信托计划管理办法》（2009年修订）第2条的规定，集合资金信托计划是指"由信托公司担任受托人，按照委托人意愿，为受益人的利益，将两个以上（含两个）委托人交付的资金进行集中管理、运用或处分的资金信托业务活动"。将小额的资金汇集起来设立信托，不仅能够在一定程度上降低信托机构的管理成本，而且能满足受托人作为交易相对人的巨额资金需求。另外，在资产证券化信托中，通过把不动产、债权等财产证券化，相当于把财产标准化后再进行分割，分割成小额的信托单位，从而可以动员众多的投资者参与购买信托单位所代表的信托受益权。[①]

在我国信托实践中，虽然信托集合管理功能主要体现在集合资金信托中，但并不能想当然地认定权利类财产不可以实施集合信托。"信托的思想中所需要强调的一点就是自由和创造。就这一点，信托的历史已经给了我们很多教益。在把人们从僵硬的法律制度和国家的规制当中解放出来，创造出对社会和经济有必要的新制度这一点上，信托制度的意义甚为显著。而为了实现这一目的，不能被既有观念所束缚，而需要自由创造之观念。"[②] 在信托法理论中，一般认为信托法最鲜明的特性就在于信托的灵活性。有学者指出，"在集合信托问题上，不应受现有实践或惯例的约束，应该根据实践的需求承认或创造出新的集合信托模式，如果权利等财产有集合信托进行管理的需要，应该承认这类财产同样可以进行集合信托"。[③] 因此，从我国农村土地信托的实践来看，土地经营权集合信托模式体现了

[①] 参见赵廉慧《信托法解释论》，中国法制出版社2019年版，第31页。
[②] 〔日〕能见善久：《现代信托法》，赵廉慧译，中国法制出版社2011年版，第5页。
[③] 徐卫：《土地承包经营权集合信托模式的构建逻辑与制度设计》，上海交通大学出版社2016年版，第46页。

信托的集合管理功能。

在我国农村土地信托的实践中,受托人以自己的名义集中占有、使用、管理或处分在信托关系中转移的土地,并将所得收益归属于受益人。土地信托活动的核心在于受托人对土地进行集合管理,从而提升土地经营的收益,促进土地规模化经营的实现。在传统的农户经营模式中,由于农户的耕作能力有限,随着土地规模的扩大,依据边际效益递减原理,单位耕地的净产出可能会减少,因而农户在规模化经营上存在先天的不足。而在土地信托模式中,规模化程度的效率制约、农业弱质性和风险性的抑制等问题,都能够在一定程度上通过信托机制予以相应解决。

4. 土地经营权信托的金融功能

从历史的角度看,在早期的信托实践中,由于信托财产数量有限、类型单一,主要表现为土地和动产;信托供给和需求尚未形成充分的市场,受托人通常由非营业性的主体担任,受托人管理信托财产的方式也较为单一,通常采取保管、出租、出售等方式,信托财产管理所派生的经济功能较为有限。但是,随着社会经济的发展,财富的类型不断丰富、总量得到巨大的增长,因而信托的供给和需求市场也得以充分发展,财富形态从传统的以土地和动产为主转向现代社会以资金和金融资产为主;受托人从以非营业性主体为主向以营业性主体为主转变。与此紧密相关的是,信托财产管理的方式也逐步发展为以各种融资和投资为核心。因此,现代信托就呈现金融化的典型特征,主要表现为:受托人以专业化的金融机构为主;受托人通过金融化的方式管理信托财产;信托财产以资金或金融资产为主;信托在社会经济活动中发挥重要的资金融通功能。从信托机理上看,信托的金融功能主要体现在两个方面:一是通过信托机制,创设各种融资性信托产品,以满足社会相关主体的融资需求;二是通过信托机制,为社会经济体中资金盈余方的资金搭建投资渠道,以优化资金配置效率、提高效益。简而言之,信托的金融功能主要有两大类:一是融资功能,二是投资功能。[1]

---

[1] 参见周小明《信托制度:法理与实务》,中国法制出版社2014年版,第90~92页。

在"两权分离"下的农地信托中,农地融资的功能极其有限,这与我国关于农地融资的限制有密切关系。就我国而言,"两权分离"下的农地融资,主要是指以农地使用权为信用担保而获取的资金融通行为,具有集聚资金、分散风险和配置土地资源的功能。实践中,农地抵押、土地银行、农地信托等都是典型的农地金融业务,其核心都指向对农村土地承包经营权是否可以流转融资这一问题的回答。从理论上看,土地具有鲜明的经济属性,这是由农地供应稀缺、农地经济价值较高、农地利用高风险性、农地利用具有外部性等特性决定的。[①] 但是,受限于土地公有制和农地的社会保障色彩,原《担保法》明确规定以家庭承包方式取得的土地承包经营权属于不得抵押的财产,因而严重制约了农地金融功能的发挥,尤其是融资功能的发挥。

但是,在"三权分置"下的土地经营权信托中,曾经存续多年的法律障碍将不复存在,原因是土地经营权作为一项重要的财产性权利,已被法律所确认,并且明确赋予了其融资担保的权能。正如有学者指出,赋予土地经营权以融资担保权能,从而为经营主体加大农业投入、增强农业生产的核心竞争力提供便利,是土地经营权制度建构的重要考量因素和价值功能。[②]《农村土地承包法》第47条第1款规定:"承包方可以用承包地的土地经营权向金融机构融资担保,并向发包方备案。受让方通过流转取得的土地经营权,经承包方书面同意并向发包方备案,可以向金融机构融资担保。"由此可以看出,两种情形下的土地经营权均具有融资担保功能。只不过对于承包方据以向金融机构融资担保的财产究竟是土地承包经营权还是土地经营权,学界还存在较大的争议。主张以土地承包经营权为客体的学者认为,承包方设立担保物权时,其对农地的利用仅能基于土地承包经营权,[③] 只有担保物权实现时,才为担保权人派生出土地经营权,此时经

---

① 参见李蕊《中国农地融资创新实践的法律回应》,法律出版社2019年版,第5~8页。
② 参见耿卓《农地三权分置改革中土地经营权的法理反思与制度回应》,《法学家》2017年第5期,第39页;陈小君《土地经营权的性质及其法制实现路径》,《政治与法律》2018年第8期,第4页。
③ 参见单平基《土地经营权融资担保的法实现——以〈农村土地承包法〉为中心》,《江西社会科学》2020年第2期,第30页。

第一章 "三权分置"下农村土地经营权信托的正当性理据

营权的设立方式仍属于"出租、入股或其他方式"而非"担保",① 实际上是以经营权的强制设立保障担保物权的实现。② 主张以土地经营权为客体的理由主要有:一是土地承包经营权具有身份属性,以其为抵押权客体,与"三权分置"的意图相悖且会遭遇抵押权实现的制度障碍;③ 二是承包方的融资担保属于《农村土地承包法》第36条和《民法典》第339条确定的以"其他方式"设立土地经营权;④ 三是根据文本解释,《农村土地承包法》第47条第1款前句的文义极为清晰,即以"承包地的土地经营权"为向金融机构融资担保的财产。⑤ 事实上,上述争议并不影响土地经营权信托中融资担保的财产问题,原因在于土地经营权信托属于土地流转的一种形式,受托人相当于《农村土地承包法》第47条第1款后句中的"受让方",学界对此并无争议。值得注意的是,虽然《农村土地承包法》第47条第2、第3款将土地经营权融资担保定性为"担保物权",但对于土地经营权融资担保的体系定位,学界则存在较大的争议。有学者认为,应该根据土地经营权的定性来判断其担保物权的类别,如果将土地经营权定性为物权,则其上所设立的担保物权可定性为抵押权;且有国家登记制度背书的抵押能够确定权利存在并形成有力的信赖基础,从而具备较强的融资能力。⑥ 如果将土地经营权定性为债权,则应将其上所设立的担保物权定性为质权,实际上,土地经营权收益应视作应收账款,⑦ 故将其

---

① 参见高圣平、王天雁、吴昭军《〈中华人民共和国土地承包法〉条文理解与适用》,人民法院出版社2019年版,第216~217页。
② 参见房绍坤、林广会《解释论视角下的土地经营权融资担保》,《吉林大学社会科学学报》2020年第1期,第17页。
③ 参见张晓娟《三权分置背景下农村土地经营权抵押规则之构建》,《重庆社会科学》2019年第9期,第25页。
④ 参见郭志京《民法典视野下土地经营权的形成机制与体系结构》,《法学家》2020年第6期,第36页。
⑤ 参见宋志红《再论土地经营权的性质》,《东方法学》2020年第2期,第151页;席志国《〈民法典·物权编〉评析及法教义学的展开》,《东方论坛》2021年第2期,第89页。
⑥ 参见于飞《从农村土地承包法到民法典物权编:"三权分置"法律表达的完善》,《法学杂志》2020年第2期,第75页。
⑦ 参见房绍坤、林广会《解释论视角下的土地经营权融资担保》,《吉林大学社会科学学报》2020年第1期,第17页。

担保物权定性为质权更为合理;另外,对流转期限 5 年以下的土地经营权设定权利质押,更契合债权性权利的流转特性、灵活化土地经营权的流转方式。[①] 有学者基于维持《民法典》既有政策选择及降低实践操作中交易风险和交易成本的角度,认为无论将土地经营权定性为物权还是债权,其上所设立的担保物权,均属于抵押权。[②] 在某种意义上,土地经营权上设立担保物权的性质究竟是抵押权、质权抑或其他担保物权,并不会直接影响土地经营权信托的融资功能。对于土地经营权信托而言,土地经营权是否可以作为融资担保的财产,方是问题的关键。至于融资担保的具体方式及其规则,则是另外一个需要讨论的问题。在"三权分置"之下,土地经营权作为融资担保财产的法律障碍已不复存在,因而,土地经营权信托的融资功能就能够更好地发挥作用。

在土地经营权信托中,除土地经营权本身的融资功能外,更为重要的是信托机制具有的投融资功能。因为,仅依靠土地经营权本身向金融机构进行融资,可能无法有效地满足农地信托流转后规模化经营的资金需求。而土地经营权信托,以专业化的信托公司为受托人,利用信托机制,撬动社会资本,在社会资本和农村土地利用之间搭建桥梁,为社会资本进入农地规模化经营奠定基础,从而一方面解决农业规模化经营的融资需求问题,另一方面丰富了社会资本的投资渠道和方式。具体来说:第一,通过受托人为专业化信托公司的设计,信托公司可凭借金融机构的优势,依法发行各类信托产品,聚集社会资金,为土地经营权信托项目提供各种资金支持,包括为收益分配提供流动性支持以规避农业生产收益较慢且短期波动性较大的风险。事实上,2013 年之后的农村土地信托实践[③],大多采用了财产权信托和资金信托的复合信托模式,也就是作为受托人的信托公司通过发行集合资金信托计划产品,募集社会资金,并将其引流至土地信托项目中,以提供全方位的金融支持。第二,依据信托机理,将农民的土地权利进行金融化和资本化改造,土地经营权信托中受益人的受益权可以依

---

① 参见陈耀东、高一丹《土地经营权的民法典表达》,《天津法学》2020 年第 3 期,第 8 页。
② 参见高圣平《土地经营权登记规则研究》,《比较法研究》2021 年第 4 期,第 14~15 页。
③ 关于农村土地信托实践中信托机制金融支持功能的彰显,将在第二章中展开论述。

第一章 "三权分置"下农村土地经营权信托的正当性理据

法转让或偿债,从而可以拓宽农户的资金融通渠道,保障以农民为主体的"人的城镇化",实现持续增加农民财产性收入等目标。第三,由于土地经营权信托项目通常期限较长,可在土地经营权信托项目运行后,通过并购重组、股权投资、夹层融资以及资产证券化等多元化的形式引入资金支持以完成现代农业产业链的升级。农业现代化需要先进的农业装备设施进行规模化、机械化生产,需要新型科学技术的支持,需要先进和发达的物流体系等要素资源,[①] 这些农业现代化要素的配置都离不开充裕的、持续的资金支持,信托则在一定程度上提供了资金支持渠道。

(三) 相对其他土地经营方式的比较优势

本质上,土地经营权信托是农村土地经营的方式之一。要全面地认识土地经营权信托这种经营模式的优势,就不能仅从其自身来研判,还应该通过与其他土地经营方式进行比较,才能更为全面、充分、准确地认识到土地经营权信托的比较优势。正如有学者指出的,"无论什么事物,若是仅就它的本身去观察,那是看不出它有什么特殊之处的"。[②] 通过与农户个体经营、土地托管、土地租赁与转让、土地入股等相关农地利用模式的比较,土地经营权信托具有明显的规模化、专业化、市场化、社会化及金融化等特质。

1. 相较于农户个体经营的规模化和专业化

农户种植结构的决策是通过比较要素投入的利润得出的,而在农业劳动力结构性短缺的背景下,劳动力将对种植成本产生刚性约束,并影响不同作物种植的相对利润。[③] 相较于个体经营,土地经营权信托的优势体现在规模化和专业化的经营方式,并最终通过用工成本的节约促使农产做出"趋粮化"决策。

在规模化方面,学者通过门槛效应研究模型证实了经营规模与种植结

[①] 参见英大国际信托有限责任公司课题组《土地信托产品设计》,经济管理出版社2017年版,第164~165页。
[②] 吴经熊:《法律哲学研究》,清华大学出版社2005年版,第114页。
[③] 参见钱龙、蔡荣、汪紫钰、杜志雄《雇工成本对家庭农场规模扩张的影响》,《中国人口·资源与环境》2019年第12期,第87页。

构呈现非线性的相关关系,并以家庭劳动力禀赋为临界点。当家庭劳动力供给足以满足规模耕种需求时,农户以"户"为耕种单位能够节约雇工成本,进而倾向于种植产出率较高的经济作物,即存在"非粮化";而当种植规模超过家庭容纳量的临界点时,劳动密集型经济作物的种植将呈现边际效益递减的趋势,粮食种植将引起获得收益而具有更大的比较优势。①由此可见,要素的合理流动将引起生产结构的正向调整,通过农地信托集中土地经营权、进行适度规模经营,能够对种植结构中的粮食占比起到不降反升的促进作用。在专业化方面,标准化、社会化的机械服务对人工劳动存在显著的替代效用,②并能够通过服务单价优惠降低粮食生产的用工成本,此时投入非粮化经营存在较高的转换成本和机会成本,因此经营者必然会主动利用社会分工的经济因素,以生产环节分工程度更高的农作物为种植选择。农地信托的专业化优势能够发挥深化农业分工、优化生产布局的作用。

2. 相较于土地托管的市场化

土地托管是指农户将农业生产的部分环节交由专业合作社、社会化服务组织统一生产,农民维持其土地经营权和收益主体地位不变,并向托管方支付服务报酬的方式。③其在农户和托管方之间成立委托—代理法律关系,本质上是一种土地流转之外的农业社会化服务的模式。④而这种由第三方主体为委托人利益活动的模式,实现了经营权限的社会化剥离与经营收益的最终保有,却往往由于受托人裁量权受限而使得土地的经济效益不能得到充分发挥:在代理的场合,委托人仍保留财产的实质控制权,由委托人和代理人共同对财产进行管理处分,代理人除了受到代理权限的限制,还受到委托人的指示,其行为的法律后果和责任直接归属于委托人。一方

---

① 参见毕雪昊、周佳宁、邹伟《家庭劳动力约束下经营规模对农户种植结构选择的影响》,《中国土地科学》2020年第12期,第68页。
② 参见罗必良、仇童伟《中国农业种植结构调整:"非粮化"抑或"趋粮化"》,《社会科学战线》2018年第2期,第39页。
③ 参见于海龙、张振《土地托管的形成机制、适用条件与风险规避:山东例证》,《改革》2018年第4期,第110页。
④ 参见李崇峰《乡村振兴战略下小农户与现代农业发展有机衔接的路径探析——以大连为例》,《农业经济》2022年第6期,第37页。

面，土地托管中的委托人是农户，不具备经营上的专业知识，且有较高的风险敏感性和保守倾向，本人意志对代理活动的过度干扰将导致土地利用效果不佳；另一方面，代理人不承担最终责任，将大大增加其道德主义风险，其可能利用信息逆差从事变更土地用途等违法行为，不当侵害农民利益。

与之相较，土地经营权信托中的受托人则享有更为灵活的裁量权，这是由信托财产的独立性决定的，与信托关系中的三方主体相互分离。一是信托财产独立于委托人。信托设立的要件是委托人必须将信托财产转移至受托人名下，这意味着委托人转出所有权而无权对财产进行直接控制，受托人享有充分的管理权和处分权，行为的法律效果归属于受托人，即使其以信托名义从事行为，仍需对第三人损害直接承担责任。二是信托财产独立于受益人。受益人即使是最终的利益享有者，也无权直接为支配财产而干预受托人的行为。三是信托财产独立于受托人。受托人虽是名义所有人，但该财产仍与其固有财产相区分，其既无权分享财产收益，也无权以其清偿个人债务，从而使财产"悬空"于受托人的经营风险之上。这就意味着土地信托模式在一定程度上能够保障信托财产的安全；同时，受托人可按照信托文件的规定，以自己的名义对土地进行管理、运用及处分，委托人及受益人不得随意干涉受托人的经营管理行为。

3. 相较于土地租赁与转让的社会化

土地租赁、转让等常见的流转方式在根本上均属债之关系，债的相对性意味着债务人对财产的利用只能基于权利的归属，其行为均遵循"利己"的逻辑，追求个人利益的最大化。法律无法通过合同义务要求当事人无私地行事，虽然存在诚实信用的原则性约束，但其仅属于合同的附随义务，从商业道德和交易公平的角度要求当事人适当顾全交易相对人的利益，只能部分缓和而不能使自利性质发生根本改变。经营权的承租方或受让方往往是完全的市场主体，该方式难以控制其基于自利性而从事"非粮化"经营的行为风险。

与之相较，土地信托则因其"利他性"而呈现一定的社会化倾向。信托以信赖为道德基础，受托人必须为了受益人的利益而诚实和公正地行事，不得使自己或他人的任何利益与受益人利益发生冲突和抵触。这意味着受托将作为农民利益的代表者行使土地经营权,能够有效摒除自利性所致的非理性因素,同时回应农民对取得收益的经济诉求以及粮食安全的社会诉求。

4. 相较于土地入股的金融化

一般认为,土地入股是指土地承包经营权人将其享有的土地经营权作为出资标的取得其他经济组织的股份并依法获得红利的一种土地流转方式。土地入股的概念早在20世纪90年代就已提出。1993年11月14日,中国共产党第十四届中央委员会第三次全体会议通过的《中共中央关于建立社会主义市场经济体制若干问题的决定》就提出,"少数经济比较发达的地方,本着群众自愿原则,可以采取转包、入股等多种形式发展适度规模经营,提高农业劳动生产率和土地生产率"。在"两权分离"下,土地入股的标的为土地承包经营权。由于土地承包权的身份属性,土地入股存在一些制度上的限制,如依原《农村土地承包法》第42条的规定,入股的对象限定为农业合作性组织。在"三权分置"下,由于土地经营权不再具有强烈的身份属性,土地经营权入股的制度性约束有所改变,因而理论和实务界对土地入股这一土地流转形式的关注也日益增多起来。

近年来,理论界关于土地经营权入股的讨论主要集中在以下几个方面。第一,土地入股的对象。具体包含三种模式选择。一是股份合作社。该模式认为股份合作社具有20余载的实践基础,且发展出内部互助型、资本嵌入型、资本转换型等多种类型,[1] 是共享式制度改革的重要模式,能够赋予农民更多财产权利、有效放活土地经营权流转。[2] 其不仅在实体和程序上享有政策优惠和操作便利,而且能够使农户和土地经营权人通过占有方式对不动产进行控制经营,[3] 满足其对安全性的行为偏好。[4] 二是农民

---

[1] 参见刘云生《农村土地股权制改革:现实表达与法律应对》,中国法制出版社2016年版,第263页。
[2] 参见刘俊《农村土地股份合作社成员财产权体系与权能》,《江西社会科学》2017年第11期,第170页。
[3] 参见刘云生《土地经营权所涉无权占有类型区分与法律适用》,《法学家》2019年第2期,第138页。
[4] 参见刘云生、吴昭军《农村土地股份制改革中的行为特征》,《求实》2016年第9期,第79页。

专业合作社。该模式认为股份合作社属于地方实践创新，在服务对象、成员构成、盈余分配等方面与农民专业合作社存在显著区别，属于营利法人而非法定合作社类型，① 应以《农民专业合作法》明确规范的农民专业合作社为模式选择。② 三是其他形式。有学者认为"合股共赢型"公司模式具备较为成熟的股份制管理运作机制，是真正适应市场经济的方向所在，农地经营权入股改革应沿着"内股外租型→自主经营型→合股共赢型"的路径，推进递进式发展；③ 也有学者认为，合伙模式广泛存在于实践，且具有简单易行的独特制度优势，从而不能为其他模式所替代。④ 第二，土地入股的利益分配制度。争议的根源在于土地经营权的社会保障功能与一般入股理论的冲突，无论是在《农民专业合作社法》还是《公司法》层面，存在可分配盈余都是分红的前置条件，然而这意味着农民的入股收益缺乏确定性保障，与经营权流转的普惠性质相悖。对土地经营权入股股东的利益分配，学界提出三类机制设计。一是"保底收益"式分配。即无论是否存在经营收益，农民股东均可取得固定收益。这一方面契合农民较弱的抗风险能力和固定收益预期，⑤ 另一方面与已取得广泛认可的制度实践相适应。⑥ 二是"股份分红"式分配。该种设计主要是认为"保底收益"有悖于现行制度下"入股"的法律含义，⑦ 实质属于具有"惠顾债权性质"的土地承包经营权租赁，无须创设新的收益分配形式。⑧ 三是"保底收益+股份分

---

① 参见肖鹏《土地经营权入股的合作社模式研究》，《农业经济》2017年第11期，第92页。
② 参见赵攀奥、陈利根、龙开胜《土地经营权入股合作社的基本内涵、功能价值与制度构建》，《农业现代化研究》2017年第2期，第250页。
③ 参见文龙娇、马昊天《农村土地经营权入股模式比较与路径优化研究》，《农业经济》2020年第11期，第22页。
④ 参见肖鹏《土地经营权入股的合伙模式研究》，《中国土地科学》2017年第5期，第58页。
⑤ 参见宋志红《农村土地制度改革中的效率与稳定问题探讨》，《中国国土资源经济》2016年第4期，第10页。
⑥ 参见王乐君、襧燕庆、康志华《土地经营权入股的实践探索与思考启示》，《农村经营管理》2018年第11期，第10页。
⑦ 参见温世扬、张永兵《土地承包经营权入股农民专业合作社法律问题探析》，《甘肃政法学院学报》2014年第3期，第95页。
⑧ 参见高海《土地承包经营权入股合作社法律制度研究》，法律出版社2014年版，第25~31页。

红"式分配。该种设计认为既要保障土地的基本财产性收益,又要使农民分享更多的增值型收入,[1]应通过合适的概念体系,设计兼容性的制度安排。[2] 第三,土地入股的退出机制。学界聚焦农民退社自由与股东不得抽逃出资的矛盾、农户股东失地风险与公司债权人清偿利益的矛盾如何平衡等问题。业已形成的前提性共识是无论采取何种组织形式,都应遵循法人财产的规定,坚持债务人财产最大化的《破产法》基本原则,[3] 土地经营权应作为公司责任财产对外承担责任,而不可直接退回给农民。进一步,有学者提出以调整同等面积和质量的其他土地为出资额返还的方式,作为经营权直接退出的替代性安排。[4] 另有学者建议设立优先股,在外部债务清偿完毕后,使农户股东获得优先于一般股东的清算优先权。在具体类型选择上存在两种观点：一是累积优先股及不可转化型优先股；[5] 二是非累积优先股和参与优先股。[6] 还有学者着眼于外部制度构建,认为政府应当为农户土地经营权入股公司提供风险保障,如创设经营权入股履约保证保险,[7] 其保费由地方政府、公司及合作社分担,按土地经营权出资时的价格对公司债务承担责任的资金,由保险公司通过保险金形式给付。[8] 此外,风险专项基金也能起到较好的清偿保障作用,应由地方政府组织建立入股风险基金制度,入股公司或合作社需在每一会计年度提取适当比例利润存入基金,作为资金的主要来源,当地区县级政府和农户按一定比例承担相

---

[1] 参见王琳琳《土地经营权入股法律问题研究》,《中国政法大学学报》2020 年第 6 期,第 99 页。
[2] 参见谭贵华《农村土地经营权入股的制度困境与对策》,《嘉兴学院学报》2021 年第 4 期,第 73 页。
[3] 参见刘冰《农村承包土地经营权的破产处置》,《法学》2018 年第 4 期,第 186 页。
[4] 参见任大鹏、吕晓娟《土地经营权入股农民专业合作社的法律问题》,《中国农民合作社》2018 年第 7 期,第 21 页。
[5] 参见于新、薛贤琼《论"空壳社"的破产退出：基于土地经营权入股的考量》,《四川师范大学学报》(社会科学版)2021 年第 4 期,第 87 页。
[6] 参见梁清华、王洲《论土地经营权入股保底收益的法律实现路径》,《宏观经济研究》2020 年第 6 期,第 153 页。
[7] 参见李景刚、王岚、高艳梅《农地流转风险形成机制及评价——以广东省为例》,《中国农业资源与区划》2022 年第 5 期,第 196 页。
[8] 参见文杰《"三权分置"下土地经营权入股公司的法律问题探讨》,《中国土地科学》2019 年第 8 期,第 32 页。

应费用。①

应当承认的是，土地经营权入股作为土地流转的方式之一，具有重要的实践意义。但是，与土地经营权信托流转相比，土地经营权入股这一方式也存在一些不足，尤其是在金融支持方面，土地经营权入股主要依托于土地经营权自身的融资功能发挥，几乎无法广泛地撬动社会资本以对接农地的经营。尤其是入股对象为合作性经济组织时，其所能掌握或利用的金融资源极其有限，很难有效满足农地规模化经营的融资需求。另外，由于入股后的土地经营权的独立性不及信托财产的独立性，故在受益人权益保障方面也存在一些不足。

二　制度基础：农村土地经营制度的变迁与发展

现行农村土地经营权制度与我国农村土地经营制度的变迁和发展紧密相关。因此，要完整地理解现行农村土地经营权制度，就必须考察新中国成立以来的农村土地经营制度。著名制度经济学家诺思曾经指出，历史之所以重要，不仅在于我们可以从历史中获取知识，还在于种种社会制度的连续性把现在、未来与过去联结在一起；我们对当下制度的认识，只有与历史结合起来，才可以得到更符合逻辑的解释。②

根据不同的视角，可将新中国成立以来的农地经营制度分为四个不同的阶段。第一阶段是土地改革时期，农户在农民土地所有制下进行自主经营。第二阶段是社会主义改造和人民公社化运动时期，逐步由农民土地私有基础上的集体经营过渡为土地集体所有制度下的集体经营。第三阶段是改革开放时期，在坚持土地集体所有制的基础上，将土地所有权和经营权进行分离，由农户享有承包经营权，进行自主经营。第四阶段是2013年以来的新一轮农村土地制度改革时期，在"两权分离"的基础上，实施土地

---

① 参见刘阳阳《土地经营权入股有限责任公司的法律困境与出路》，《汕头大学学报》（人文社会科学版）2020年第3期，第77页。
② 参见〔美〕诺思《制度、制度变迁与经济绩效》，杭行译，格致出版社、上海人民出版社2008年版，第1~2页、第138页、第181页。

所有权、承包权、经营权并行的"三权分置",享有承包经营权的农户可以选择将经营权进行流转,将土地交由他人经营。但是,为更好地聚焦对当下农地经营制度的讨论,此处采用"三分法",即分为三个阶段:一是改革开放之前的农地经营时期;二是家庭联产承包责任制下的"两权分离"时期;三是农地"三权分置"时期。

(一)改革开放之前的农村土地经营制度

1. 社会主义改造前

新中国成立初期,国家急需稳定社会秩序、恢复国民经济。中国共产党根据我国"农业产值占国民生产总值的绝对比重、农民是中国人民的绝大多数"[1]的国情,迅速在新解放区进行土地改革运动。1949年,《中国人民政治协商会议共同纲领》颁布,确立了"有步骤地将封建半封建的土地所有制改变为农民的土地所有制"的农村土地制度改革方向。1950年,《土地改革法》颁布,正式确立了新中国实行农民土地所有制,农民作为土地所有者享有自由经营、买卖以及出租土地的权利。基于此,农民拥有了所有权、使用权、处置权和收益权等完整的土地产权。[2] 1952年底,土地改革在我国大部分地区基本完成。一方面,此次改革实现了耕者有其田,极大激发了农民的生产积极性,农业生产迅速发展。同1949年相比,1952年粮食总产量由11218万吨增长至16392万吨,增长了46.1%;棉花总产量由44.4万吨增长到130.4万吨,增长了193.7%;全国农业总产值由326亿元增加到484亿元,增长了48.47%。[3]另一方面,土地改革获得了农民的支持,巩固了新兴政权,这也为此后中国顺利进行农业的社会主义改造奠定了政治基础。

土地改革虽然大力解放了农村生产力,但是由于家庭之间劳动和经营水平的差异,新一轮的贫富差距出现。一部分农民由于劳动和经营水平较高,通过买入或者租种他人的土地,获得了更多的收益;另一部分农民不

---

[1] 郑琳议、张应良:《新中国农地产权制度变迁:历程、动因及启示》,《西南大学学报》(社会科学版)2019年第1期,第51页。

[2] 参见高帆《中国农地"三权分置"的形成逻辑与实施政策》,《经济学家》2018年第4期,第88页。

[3] 参见李伟《新中国成立初期土地改革运动对乡村社会的影响》,《中州学刊》2015年第1期,第137页。

第一章 "三权分置"下农村土地经营权信托的正当性理据

得不出卖自己的土地以维持生计，旧中国出现过的土地兼并、放高利贷等情况可能重新出现。① 此外，在家庭经营背景下，农村的土地、农具相对分散，加之此前战争导致的农村青壮年劳动力缺乏，许多农村家庭的生产和生活困难进一步加剧。同时，农民土地私有制也不符合社会主义经济制度的要求。因此，中国共产党引导农民组织起来，成立互助组，实现劳动互助。1951年，中共中央发布《关于农业生产互助合作的决议（草案）》，提倡农民组织起来，在农民土地所有制的基础上，发展互助组，进行集体劳动，并指出其前途是农业集体化或社会主义化。② 互助组并未改变农民对土地享有的所有权和经营权，而是提倡农民分工协作，通过集体劳动克服家庭单干中分散经营以及生产要素分配不均的弊端，提高生产效率。

2. 社会主义改造时期

1953年，我国确立了过渡时期的总路线和优先发展重工业的战略。但是在农民土地所有制的背景下，小农经济占据主导地位，农民分散经营，农业技术落后，抵御风险能力弱，生产效率低下，无法满足国家发展重工业所需要的资金积累和粮食需求。因此，必须要推进农业合作化，实现集体经营。1953年，中共中央发布《关于发展农业生产合作社的决议》，提出要引导农民联合起来，通过从临时互助组到常年互助组、到农业生产合作社、再到更高级的农业生产合作社的过程，完成社会主义改造。农业生产合作社也称为"初级社"，农民在保持土地所有的前提下，以土地入股，由集体对入股的土地实行统一经营并对生产的产品统一分配，农民可以根据入股的土地和投入的劳动获得分红。③ 基于此，农村土地制度实现了所有权和生产经营权的分离，实现了从家庭个体经营到集体统一经营的转变。农业生产合作社也积累了一些公共财产，成为完成社会主义改造的重要过渡形式。至1955年，农业生产合作社的数量已经达到190万个，加入

---

① 参见赵意焕《中国农村集体经济70年的成就与经验》，《毛泽东邓小平理论研究》2019年第7期，第54页。
② 参见中共中央党史研究室《中国共产党历史》第二卷（1949-1978）（上册），中共党史出版社2011年版，第132~134页。
③ 参见公茂刚、辛青华《新中国农地产权制度变迁研究》，《经济问题》2019年第6期，第13~14页。

合作社的农户占全国农户的 58.7%。①

1956 年,《高级农业生产合作社示范章程》② 发布,要求入社的农民将土地转化为集体所有,由生产队作为基本劳动单位进行集体劳动,同时取消土地入股分红,实现按劳分配。与初级农业生产合作社相比,高级农业生产合作社将农民土地所有转变为集体所有,在土地集体所有的基础上进行统一经营。

从总体上看,社会主义改造时期农村土地实行集体统一经营,但是国家考虑到农民种植蔬菜等需要,允许社员留有小块的自留地。③ 在发展高级农业生产合作社的背景下,自留地的所有权属于集体,但是使用权、收益权等属于农民,实现了所有权与使用权的分离,为此后家庭联产承包责任制的实施提供了经验借鉴。④

3. 人民公社化运动时期

1956 年,我国社会主义改造基本完成,顺利进入社会主义建设时期。为了集中人力、物力,在更大范围的土地上进行统一规划,修建农业基础设施,进一步提高农业生产效率,1958 年,中共中央发布《关于在农村建立人民公社问题的决议》,提出"小社并大社,转为人民公社",实行生产资料公社集体所有制与政社合一。在涉及由社员自主经营的自留地问题时,文件指出:"对自留地……不必急于处理……可能在并社中变为集体经营。"但由于当时较为冒进,不少地方在实践中要求将自留地全部收回由集体统一经营,将农民私有的林木、农具等全部无偿转归公社所有,这使得农村原有的生产关系和生活秩序被打乱。⑤ 同时,由于在实践中难以确定农民付出的劳动量,所以按劳分配难以落实,更多采取的是平均主义

---

① 参见公茂刚、辛青华《新中国农地产权制度变迁研究》,《经济问题》2019 年第 6 期,第 13 页。
② 《高级农业生产合作社示范章程》,中国经济网,http://www.ce.cn/xwzx/gnsz/szyw/200706/04/t20070604_11594366.shtml,最后访问日期:2024 年 10 月 2 日。
③ 参见 1955 年《农业生产合作社示范章程》第 17 条和 1956 年《高级农业生产合作社示范章程》第 16 条。
④ 参见公茂刚、辛青华《新中国农地产权制度变迁研究》,《经济问题》2019 年第 6 期,第 14 页。
⑤ 参见辛逸《"农业六十条"的修订与人民公社的制度变迁》,《中央党史研究》2012 年第 7 期,第 41 页。

的分配方式，农民的积极性和生产效率大幅度下降，1956年、1959年、1961年在一定范围内出现了农民自发实行"包产到户"的现象，但这在当时被认为是走资本主义道路而被压制下去。①

为了改变人民公社时期的农业生产困境，1961年，《农村人民公社工作条例（修正草案）》发布，明确人民公社实行"三级所有、队为基础"的制度，生产资料归人民公社、生产大队、生产队所有，生产队作为基本核算单位。基于此，农村土地的所有权和经营权都归于集体，土地由集体统一经营。同时，《农村人民公社工作条例（修正草案）》恢复自留地，允许留给农民占生产队耕地面积5%~7%的少量自留地，由社员自主经营，取得的收益由社员自主支配，但是自留地不得出租和买卖。这种自主经营的权利实际上极为有限，土地流转被禁止。在人民公社后期，实践中也出现了许多将自留地收归集体统一经营的现象。

（二）农村土地"两权分离"制度的诞生

虽然将人民公社中的公社单一所有制改为"三级所有、队为基础"的制度，但是由于始终实行集体经营，广大农民缺少自主经营权，加之分配激励制度方面存在的问题，农民缺乏生产积极性，土地资源配置效率和生产效率低下，农产品供给不足。同时，随着当时人口高速增长，人地关系愈加紧张，难以解决温饱问题。因此，土地经营制度亟须变革。

改革开放以来，中国农村土地制度的变迁遵循"民间探索、政策先行、立法跟进"的基本规律。② 1978年，安徽省遭遇旱灾，土地无法耕种，凤阳县小岗村的农民自发实行"包产到户"并在当年迎来大丰收，"包产到户"开始在安徽等地兴起。但是这一制度并未在一开始就得到中央的认可，1978年通过的《中共中央关于加快农业发展若干问题的决定（草案）》明确必须坚持"三级所有、队为基础"的制度，"不许包产到户、不许分田单干"。但是随着实践的发展和对"包产到户"性质讨论的进一

---

① 参见胡小平、钟秋波《新中国农业经营制度的变迁》，《四川师范大学学报》（社会科学版）2019年第4期，第51~52页。
② 参见许明月《改革开放40年我国农地制度的变迁与展望》，《东方法学》2018年第5期，第75页。

步深入，对其限制有所放宽。1979年正式通过的《中共中央关于加快农业发展若干问题的决定》要求"除某些副业生产的特殊需要和边远山区、交通不便的单家独户外，也不要包产到户"。1980年，邓小平同志在一次谈话中指出，不必担心"包产到户"会影响集体经济。[1] 同年，中共中央印发《关于进一步加强和完善农业生产责任制的几个问题》的通知，允许在群众对集体丧失信心的边远山区和贫困落后地区，实行"包产到户"或"包干到户"。自此，"包产到户"和"包干到户"在全国范围内广泛开展。

1982年中央一号文件《全国农村工作会议纪要》发布，首次确认了"包产到户"和"包干到户"的合法地位——二者都是社会主义集体经济的生产责任制。1983年中央一号文件《当前农村经济政策的若干问题》进一步肯定了家庭联产承包责任制，强调要处理好统一经营与分散经营之间的关系。截至1982年年底，全国95%以上的生产队都实施了家庭联产承包责任制。[2] 1984年中央一号文件《关于一九八四年农村工作的通知》规定土地承包期一般在15年以上，稳定了农村土地承包经营关系。1986年，《土地管理法》出台，规定集体或个人可以承包集体所有的土地，"土地承包经营权受法律保护"，以法律形式对家庭联产承包责任制予以确认。1993年发布的《中共中央、国务院关于当前农业和农村经济发展的若干政策措施》规定在原定承包期到期后，再延长30年。1998年《中共中央关于农业和农村工作若干重大问题的决定》，正式提出我国实施"以家庭承包经营为基础，统分结合的双层经营体制"，强调要稳定承包关系，切实保障农民的土地承包权、生产自主权和经营收益权。

以家庭承包经营为基础，统分结合的双层经营体制的实施，实现了农村土地经营制度的变革，即在坚持土地集体所有的前提下，实现了土地所有权与经营权的分离，土地的占有、使用、收益、处分权能逐渐由集体让渡给农户。[3]

---

[1] 参见韩长赋《中国农村土地制度改革》，《农业经济问题》2019年第1期，第7页。
[2] 参见刘守英《农村土地制度改革：从家庭联产承包责任制到三权分置》，《经济研究》2022年第2期，第19页。
[3] 参见叶兴庆《集体所有制下农用地的产权重构》，《毛泽东邓小平理论研究》2015年第2期，第2页。

第一章 "三权分置"下农村土地经营权信托的正当性理据

农户与集体之间的承包关系趋于稳定,农民可以在承包的土地上自主经营并处置所得的收益,"交够国家的,留足集体的,剩下的全是自己的",极大地激发了农民的生产积极性,提高了农业产量,促进了农村经济发展。与 1978 年相比,1983 年全国粮食产量增长了 8251 万吨,农村家庭人均纯收入增加了 131.9%。①

虽然 1982 年和 1983 年的中央一号文件承认了家庭联产承包责任制的合法地位,允许农民以户为单位承包土地进行经营,但是当时的经营是严格的农户经营,农民仅享有使用权,国家严格禁止土地的流转。② 实践中不同农户的生产经营水平不同,因此,从家庭联产承包责任制推行开始,就出现了不具备经营能力的农户将自己承包的土地通过转包、出租等方式交由他人经营的情形。③ 基于实践的需求,1984 年起,国家逐渐放宽了对土地流转的限制。1984 年中央一号文件禁止出租和买卖承包地,但是允许农民经集体同意后转包土地。1988 年,《宪法修正案》禁止侵占、买卖或以其他方式非法转让土地,但允许依法转让土地使用权,土地使用权的流转首次在立法上得到认可。20 世纪 90 年代,随着中国经济的迅速发展,农村劳动力大量向城市转移,劳动力的流转进一步增加了实践中对土地流转的需求。④ 1993 年,《中共中央、国务院关于当前农业和农村经济发展的若干政策措施》发布,其中规定农户进行土地所有权转让必须征得发包方同意。1995 年,国务院转批农业部《关于稳定和完善土地承包关系的意见》,首次在官方文件中提出"土地承包经营权流转"的概念,⑤ 对于土地

---

① 参见何国平《"三权分置"的发生与演进——基于交易费用和制度变迁理论的分析》,《云南财经大学学报》2019 年第 8 期,第 6 页。
② 1982 年《全国农村工作会议纪要》规定:"严禁在承包土地上盖房、葬坟、起土。社员承包的土地,不准买卖,不准出租,不准转让,不准荒废,否则,集体有权收回;社员无力经营或转营他业时应退还集体。"1982 年《宪法》第 10 条规定:"任何组织或者个人不得侵占、买卖、出租或者以其他形式非法转让土地。"
③ 参见许明月《改革开放 40 年我国农地制度的变迁与展望》,《东方法学》2018 年第 5 期,第 73 页。
④ 参见高帆《中国农地"三权分置"的形成逻辑与实施政策》,《经济学家》2018 年第 4 期,第 90 页。
⑤ 参见许明月《改革开放 40 年我国农地制度的变迁与展望》,《东方法学》2018 年第 5 期,第 73 页。

承包经营权的流转作出较为详细的规定，允许承包方经发包方同意后，以转包、转让、互换、入股的方式对土地进行流转。2002 年，《农村土地承包法》颁布，明确依法保护农民自愿对土地经营权进行流转的权利，对承包经营权的流转进行了专章规定，并进一步放松了对承包经营权流转的限制——除转让以外，农民采用转包、出租、互换等方式流转的，向发包方备案即可，无须再经其同意。2005 年出台的《农村土地承包经营权流转管理办法》则明确了转让、转包、互换、入股和出租等流转方式的内涵，通过对流转合同、流转方式等的规定进一步规范了土地承包经营权的流转。2007 年颁布的《物权法》，确立了土地承包经营权作为用益物权的法律属性，并在《农村土地承包法》的基础上，以民事基本法的形式对土地承包经营权的设立、流转等内容进一步确认。基于此，我国形成了较为完善的家庭联产承包制度，土地承包经营权也逐步走向成熟和完善。

（三）农村土地"三权分置"制度的创举

土地承包经营权虽然在很大程度上促进了土地资源的有效配置，提高了农民的生产积极性和农业生产效率，但也存在一定弊端。随着城市化的发展，农村人口不断减少，劳动力大量向城市转移，加之精耕细作的小农经济难以满足农业进一步发展的需求，土地流转和实现适度规模化经营成为推动农村自身发展和农业现代化的现实需要。[1] 但是在家庭联产承包责任制下，以转包和出租等方式进行承包经营权的流转并不会导致承包经营权主体的变化，这种流转实质上只是承包经营权人某一部分利益——经营权的转移，并非承包经营权本身的转移。这使得"土地承包经营权的流转"在很多情况下名不副实，[2] 若继续将承包权和经营权混为一体，将会带来法理上的困惑和政策上的混乱，[3] 也难以真正保护承包方和受让方的权益。

---

[1] 参见胡震、朱小庆吉《农地"三权分置"的研究综述》，《中国农业大学学报》（社会科学版）2017 年第 1 期，第 107~108 页。

[2] 参见许明月《改革开放 40 年我国农地制度的变迁与展望》，《东方法学》2018 年第 5 期，第 74~75 页。

[3] 参见叶兴庆《集体所有制下农用地的产权重构》，《毛泽东邓小平理论研究》2015 年第 2 期，第 3 页。

第一章 "三权分置"下农村土地经营权信托的正当性理据

1. 从政策规定到法律确认

2013年12月,中央农村工作会议提出,顺应农民保留土地承包权、流转土地经营权的意愿,把农民土地承包经营权分为承包权和经营权,实现承包权和经营权分置并行。2014年中央一号文件《中共中央、国务院关于全面深化农村改革加快推进农业现代化的若干意见》要求在"落实农村土地集体所有权的基础上,稳定农户承包权、放活土地经营权,允许承包土地的经营权向金融机构抵押融资"。[①] 2016年中央一号文件《中共中央、国务院关于落实发展新理念加快农业现代化 实现全面小康目标的若干意见》提出要完善"三权分置"办法,推进土地承包经营权有序流转。2016年10月30日,中共中央办公厅、国务院办公厅印发《关于完善农村土地所有权承包权经营权分置办法的意见》,其中对"三权分置"格局的逐步形成及其自身的有序实施作出了规划,为加快农村土地制度的改革指明了方向。2017年,党的十九大报告提出要完善土地"三权分置"制度,保持土地承包关系稳定,在第二轮承包期到期后再延长30年。2018年中央一号文件提出要"在依法保护集体所有权和农户承包权的前提下,平等保护土地经营权。农村承包土地经营权可以依法向金融机构融资、担保、入股从事农业化经营"。同年,《农村土地承包法》修正后颁布,明确承包方有流转其土地经营权的权利并专章对土地经营权进行规定,以法律形式明确了发包方、承包方以及受让方(土地经营权人)的权利和义务、土地经营权流转的程序等。2020年颁布的《民法典》则在《农村土地承包法》的基础上对相关内容予以确认。基于此,我国农村土地"三权分置"的制度得以构建并逐渐完善。

2. 农地"三权分置"的内涵

肇始于2014年中央一号文件对农村土地"三权分置"的正式确认,学者们从经济学、法学、社会学、政治学等多学科,以及从基础理论与政策实践等多角度,对农村土地"三权分置"制度展开了广泛的研究。依照

[①] 《中共中央、国务院关于全面深化农村改革加快推进农业现代化的若干意见》,中国政府网,http://www.gov.cn/jrzg/2014-01/19/content_2570454.htm,最后访问日期:2021年10月12日。

观察视角的不同，学界对"三权分置"的内涵主要有以下三种认识。

（1）从功能角度的认识。认为"三权分置"即通过承包权和经营权分离的产权安排，重构产权结构，[1] 使集体土地所有权发挥管理和统领的秩序功能，承包经营权发挥稳定预期和身份保障的公平功能，经营权则通过流转发挥农地适度规模经营的效率功能。[2]

（2）从要素构成角度的认识。主要分为两种学说。第一，"所有权+承包权+经营权"说。如有学者认为"三权分置"即所有权归集体、承包权归农户、经营权归土地经营权人；[3] 也有学者认为"三权分置"是集体所有权、农户承包权、土地经营权三分的农地权利结构；[4] 还有学者认为"三权分置"能够形成集体拥有土地所有权、农户享有土地承包权、各类主体享有土地经营权的格局。[5] 另有学者从政策含义角度出发，认为"三权分置"承袭自"农村土地集体所有、农户承包经营"的"两权分离"架构，[6] 以一系列政策文件为据逐渐完成制度变革，其概念由2016的《关于完善农村土地所有权承包权经营权分置办法的意见》最终明确，[7] 核心要义是"落实集体所有权、稳定农户承包权、放活土地经营权"。[8] 第二，"所有权+承包经营权+经营权"说。如有学者认为土地经营权系土地承包经营权产生的权利。[9]

---

[1] 参见印子《"三权分置"下农业经营的实践形态与农地制度创新》，《农业经济问题》2021年第2期，第26页。

[2] 参见李怀《农地"三权分置"下乡村振兴实现的理论、困境与路径》，《农业经济问题》2022年第2期，第65页。

[3] 参见刘卫柏、顾永昆《"三权"分置中农地适度规模经营剖析》，《理论探索》2018年第3期，第104页。

[4] 参见高帆《中国农地"三权分置"的形成逻辑与实施政策》，《经济学家》2018年第4期，第9页。

[5] 参见刘振伟《关于"三权"分置的法律表达》，《中国人大》2019年第3期，第33页。

[6] 参见刘润秋、姜力月《"变"与"不变"：中国共产党领导农村土地制度百年变革的向度探析》，《福建论坛》（人文社会科学版）2022年第5期，第25页。

[7] 参见龙俊《物权变动模式的理想方案与现实选择》，《法学杂志》2019年第7期，第27页。

[8] 参见管洪彦、孔祥智《农村土地"三权分置"的政策内涵与表达思路》，《江汉论坛》2017年第4期，第29页。

[9] 参见丁关良《土地经营权法律制度存在的疑难问题和解构设想》，《法治研究》2021年第5期，第92页。

第一章 "三权分置"下农村土地经营权信托的正当性理据

（3）从产权制度角度的认识。有学者认为"三权分置"是原有土地集体所有权、土地承包经营权"二元产权结构"向集体所有权、农户承包权和土地经营权"三元产权结构"的变迁，是在坚持土地集体所有的基础上，将土地承包经营权分离为农户承包权与土地经营权的现代农村土地产权制度。① 有学者则从"地权的社会构成"视角出发，认为"三权分置"是以治权、身份权、产权为结构的农村地权系统。②

3. 农地"三权分置"的意义

"三权分置"是我国农村土地制度的又一次变革。将"两权分离"转变为"三权分置"实现了土地承包经营权的社会保障功能和经济效用功能的分离，③ 既稳定了农户经营权，又放活了土地经营权。根据《农村土地承包法》的规定，农户既可以选择自己经营承包的土地，也可以在保留承包权的基础上通过出租、入股等方式流转土地经营权，还可以用土地经营权向金融机构融资担保。而受让方（土地经营权人）则有权在约定时期内占有、使用土地，进行自主经营并获取收益。在经过承包方书面同意和向集体经济组织备案后，受让方还可以将土地经营权再次流转或者向金融机构进行融资担保。此种制度适应了农村土地流转的需要，既解决了农村劳动力转移带来的土地闲置问题，消除了农民将土地交由他人经营的后顾之忧，又有利于土地向"种田能手"集中，提高土地的利用效率，实现适度规模经营，促进农业现代化发展。同时，允许农户用土地经营权向金融机构融资担保，在不动摇土地所有权和承包权的基础上，扩大了农村抵押物和担保物的范围，有利于解决农民的融资难问题。④

第一，"三权分置"是农村要素市场化改革的重要表现。"三权分置"

---

① 参见肖卫东、梁春梅《农村土地"三权分置"的内涵、基本要义及权利关系》，《中国农村经济》2016年第11期，第18页。
② 参见熊万胜《地权的社会构成：理解三权分置之后农村地权的新视角》，《社会科学》2021年第5期，第79页。
③ 参见肖卫东、梁春梅《农村土地"三权分置"的内涵、基本要义及权利关系》，《中国农村经济》2016年第11期，第24~26页。
④ 参见刘颖、唐麦《中国农村土地产权"三权分置"法律问题研究》，《世界农业》2015年第7期，第174页。

着眼于农村弱势群体的利益和机会获取，在巩固土地保障功能的前提下，以放活土地经营权促进土地流转，① 实现土地资源的合理化配置和农业适度规模经营，② 在促进农村劳动力就业和经济结构调整、提升农村资源配置效率、促进农村居民收入增长三方面发挥了积极作用。③

第二，"三权分置"是农地产权制度的重大创新。④ 其权能分离的表征引起的人地关系转变打破了农村社会内部基于成员身份的地权关系，保持了制度的与境性，回应了集体经济市场化发展的现实需要。⑤ "三权分置"既有利于农地产权制度意识形态功能、土地社会保障功能与效率功能的相互协调，⑥ 又实现了"秩序-公平-效率"三重价值目标的有机统一。⑦

第三，"三权分置"是我国农村现代化的制度基础。"三权分置"是深化农村改革的顶层制度安排，⑧ 其能够通过承包权与经营权的分离，形成向外部开放的集体地权体系；通过对承包权与经营权的依法平等保护，促进从乡土中国向城乡中国的转变。⑨

从我国农村土地经营制度的变迁和发展可以看出，姑且不论新中国成立后短期的农村土地私有基础上的农民家庭经营，我国农村土地经营经历了从农村土地的集体所有集体经营、到集体所有下的土地承包经营、再到

---

① 参见洪银兴、王荣《农地"三权分置"背景下的土地流转研究》，《管理世界》2019年第10期，第113页。

② 参见邹亚莎、田青《三权分置问题的理论困境与历史解读——以传统永佃制的比较研究为视角》，《河北大学学报》（哲学社会科学版）2021年第2期，第145页。

③ 参见徐志刚、宁可、朱哲毅、李明《市场化改革、要素流动与我国农村内部收入差距变化》，《中国软科学》2017年第9期，第47页。

④ 参见李曙光《农村土地两个三权分置的法律意义》，《中国法律评论》2019年第5期，第53页。

⑤ 参见曲纵翔、董柯欣《认知观念与制度语境：制度变迁的建构制度主义二阶解构——以农地产权"三权分置"改革为例》，《中国行政管理》2021年第8期，第89页。

⑥ 参见钟晓萍、于晓华、唐忠《地权的阶级属性与农地"三权分置"：一个制度演化的分析框架》，《农业经济问题》2020年第7期，第47页。

⑦ 参见李怀、王成利《中国共产党关于农村土地产权的政策议程与成功经验》，《东岳论丛》2021年第11期，第22页。

⑧ 参见刘守英、高圣平、王瑞民《农地三权分置下的土地权利体系重构》，《北京大学学报》（哲学社会科学版）2017年第5期，第148页。

⑨ 参见刘守英《农村土地制度改革：从家庭联产承包责任制到三权分置》，《经济研究》2022年第2期，第20页。

集体所有土地承包经营下的经营权分离的历史变迁。在这个过程中，为农村土地松绑，逐步放活农村土地经营权是历史变迁的"主旋律"。而正是这种变迁与发展，为农村土地经营权信托提供了操作空间，进而为其生成和发展奠定了坚实的制度基础。

三　现实逻辑：农村土地经营权信托的积极意义

（一）助推中国式现代化的有力举措

党的二十大报告明确指出："中国式现代化，是中国共产党领导的社会主义现代化，既有各国现代化的共同特征，更有基于自己国情的中国特色。"中国式现代化是共性与个性的耦合，要求在"求同"中"存异"，既要融入人类社会全面理性发展的进程，又要立足中国实践、解决中国问题。农地经营权信托，是我国农业农村现代化的重要抓手，对农村土地现代化流转、农业产业现代化经营、农业经营主体现代化转型等子命题，给出了独具中国特色的生动诠释。

当前农业农村发展迈入新阶段，但"大国小农"仍是我国的基本国情、农情，小农户始终是我国农业经营主体中的绝大多数。[1] 而小农户现有的情况是耕地面积小、土地细碎化，这使得他们的农业生产规模相对较小，加之农户们的生产方式较为传统、生产技术相对落后，最终导致土地利用效率低下，土地产出难以适应大规模的市场需求。因此，如何将小农生产引入现代化农业发展轨道，是推进中国式农业农村现代化的关键所在。若要寻求破题，则仍然要回归到市场化的底层逻辑，在坚持农村土地集体所有的基础上，以"三权分置"为制度基础，充分激活我国农地资源的要素禀赋。农村土地经营权信托正是顺应这一逻辑的生动实践，也因此能够成为农业农村现代化的重要抓手。

1. 从降低交易成本的维度

党的十八大以来，国家全面深化农村市场化改革进程，2014 年正式确

---

[1]　参见张红宇《大国小农：迈向现代化的历史抉择》，《求索》2019 年第 1 期，第 68 页。

立坚持土地集体所有权、保障农户承包权和放活土地经营权的"三权分置"制度。①"三权分置"是我国农业农村领域继家庭联产承包责任制后的又一次重大理论突破和制度创新；回应了我国农村土地产权变革的目标，也指明了农村土地市场化改革的方向。② 以此为指引，近年来尽管我国土地流转占比不断提升，但仍然存在质效不佳的问题，其中的难点堵点就在于农地交易成本仍然较高，主要是双方的信息搜寻成本、谈判成本和履约监督成本较高；尤其对于单个农户而言，其在交易中处于天然的弱势地位，与土地利用方之间存在无法弥合的信息鸿沟，很容易由于非规范交易而蒙受损失。畸高的成本投入也降低了农民的交易意愿，使得农地流转改革陷入"负向循环"的僵局。土地经营权信托的流转方式则突破了这一困境。农户将土地经营权委托给信托公司，由其代为管理，通过信托公司的运作，将土地集中向外流转。作为受托人的信托公司替代农户成为交易主体，平衡了土地流转双方不对等的力量对比关系。信托公司分担了农户的缔约成本，同时使"小农户"以一种集体化、专业化的形式进入"大市场"，将有助于土地流转交易的高效和规范化发展。信托法律关系中的强信义义务，也为农户交易意愿的自由表达，以及流转收益的公平分配提供了有力保障，"委托人"的身份免除了其作为交易方的义务，同时保有了其作为土地承包经营权人的收益，能够更好地适应土地经营权流转的制度属性，起到了降低交易成本、激活交易意愿、维持交易秩序的作用。

2. 从适应农业规模化生产的维度

生产分工的精细化和产业经营的规模化是现代化农业的基本特征，经营规模的扩大能够使得生产成本边际递减。作为农村产业的核心要素，农地适度规模经营更是优化土地资源配置、提高生产效率的重要引擎。这就要求我们在充分考虑现实情况的基础上，发展农地适度规模经营的多种形式，以促进小农户和现代农业发展实现有机衔接。而在家庭联产承包责任制条件下，实现农地适度规模经营的唯一路径就是土地流转。转包等传统

---

① 参见朱冬亮《农民与土地渐行渐远——土地流转与"三权分置"制度实践》，《中国社会科学》2020年第7期，第124页。
② 参见陈敦《土地信托与农地"三权分置"改革》，《东方法学》2017年第1期，第79页。

土地流转方式仍然沿袭小户、小规模经营，与之相比，农村土地信托在推动农地适度规模经营方面的优势较为显著。① 在土地信托模式中，信托公司通过与农户签订信托合同将碎片化的土地加以整合，再通过公开招标、拍卖等竞价方式将这些土地交给具有专业农地经营能力的种粮大户、家庭农场、农业合作社或者具备一定规模的农业企业进行经营，这些主体与以家庭为单位的农户不同，他们拥有更雄厚的资金实力、更先进的农业技术，因此在通过信托流转获得大规模耕地之后，他们会更高效地利用这些土地资源。在这些既有技术又有经验的合作对象的运作下，土地的规模化、专业化、现代化经营得以实现，土地资源得到充分利用。土地信托流转实现了土地的集中管理，通过引入大户和企业经营完成了农业生产的规模化、集约化。② 因此，采取信托方式来流转土地，有助于解决我国土地细碎化造成的低效率耕作问题，通过土地的规模化经营，全面提升土地的经营效益，③ 有助于实现农业生产经营的相对集中。④

3. 从回应农民利益诉求的维度

中国式农业农村现代化在根本上是"人的现代化"。人民日益增长的美好生活需要和不平衡不充分的发展之间的矛盾是新时代我国社会的主要矛盾。当前农地耕种基本以个体农户种植为主，而势单力薄的个体农户想要提高农地产量所面临的困难较大。除了用心甄别选择良种、依靠种植经验勤劳耕作、大量施用农药化肥外，个体农户似乎别无良策，只能"靠天吃饭"。个体农户抵御自然灾害的能力相对较弱，面对天灾他们很难迅速调整适应，加之农户的信息渠道相对闭塞，信息不对称的情形使其种植计划难以与市场需求相匹配。诸多问题的存在会造成土地经营管理困难、农

---

① 参见张娟《供给侧改革背景下的土地信托法律关系构造》，《青海社会科学》2017年第1期，第136页。
② 刘卫柏、彭魏倬加：《"三权分置"背景下的土地信托流转模式分析——以湖南益阳沅江的实践为例》，《经济地理》2016年第8期，第139页。
③ 参见朱冬亮《农民与土地渐行渐远——土地流转与"三权分置"制度实践》，《中国社会科学》2020年第7期，第133页。
④ 参见张燕、王欢《土地信托——农地流转制度改革新探索》，《西北农林科技大学学报》（社会科学版）2015年第2期，第32页。

业生产效率低下，最终成为保障农民利益的掣肘。而土地信托流转则能扭转这一不利局面，它在为农业的规模经营创造土地条件的同时，也在很大程度上重塑了农业经营主体，一大批有实力、有技术、有农业生产经营管理经验的规模经营主体应运而生。土地信托流转方式引导土地向种粮大户、家庭农场、农业专业合作社和农业产业化龙头企业流转，这些主体使用新型农业机械对大片待耕土地进行管理，有利于农业机械化、电气化、水利化的普及。[①] 这些主体应用的先进农业生产技术也有利于科学种田模式的形成，能有效地提高农业生产效率，最终实现传统农民向现代农业经营主体的转型发展。同时，土地也不再只是满足农户耕种和基本生活需要，更拓展了其在市场经济中的流通和收益价值，承载了农民增量和多元的经济收益预期。农村土地经营权信托以实现作为受益人的农户的利益最大化为基本目的，在土地规模化经营的公益目的之外兼顾了农业主体的私人利益，实现了土地流转二元价值的统合，体现了"全体人民共同富裕"的价值旨归。市场经济中的交易风险来源众多、难以预测，如果完全遵循"风险自担"的逻辑，不仅不能体现社会主义市场经济的实质公平，而且将背离土地作为农民基本物质利益的根本属性。因此，如果像西方国家一样将土地流转完全放归自由市场，则存在架空农民土地权利的隐患，或将引起"失地农民"的社会问题。因此，农地市场化流转更应当是适度规模化的经营，以维护农民的合法土地权利，以及农地基本经营制度。而作为一种全新的土地流转方式，土地信托流转恰恰能在集体经济下实现农民受益最大化。其并未突破农村土地集体所有这一底线，反而提高了农村土地资源的配置效率和水平，促进了农村集体经济的发展，充分彰显了集体经济的优越性。[②] 除了坚持农村土地归集体所有这一重要前提外，农地信托流转还充分维护了农户对土地的承包权，并在此基础上促进了经营权的流转，是对"三权分置"的遵循和实践。

---

① 参见张军建《农村土地承包经营权信托流转法律研究——信托流转与农地规模化、农业产业化和农村金融》，中国财政经济出版社2017年版，第7页。
② 参见邱敏学、郭栋《土地信托流转方式与马克思主义土地理论的发展》，《毛泽东邓小平理论研究》2016年第2期，第31页。

（二）回应乡村振兴战略的迫切需要

自党的十九大报告首次提出实施乡村振兴战略的重大决策以来，党和政府立足基本国情和现实农情，在农业农村发展上取得了历史性的成就。党的二十大报告将"全面推进乡村振兴"列为"加快构建新发展格局，着力推动高质量发展"的重要内容，中央农村工作会议作出了"全面推进乡村振兴、加快建设农业强国"的战略部署。2023年中央一号文件《中共中央、国务院关于做好2023年全面推进乡村振兴重点工作的意见》强调"举全党全社会之力全面推进乡村振兴"，展现了党中央实现乡村振兴的坚定决心。乡村振兴战略的总要求是"产业兴旺、生态宜居、乡风文明、治理有效、生活富裕"，"五位一体"建成农业强国。实现目标的关键是要回答"何以可能"的问题，制度创新是推进乡村振兴的重要引擎。2023年中央一号文件指出，做好今后一个时期的"三农工作"，要"强化科技创新和制度创新……为全面建设社会主义现代化国家开好局起好步打下坚实基础"。农村土地经营权信托是农村土地制度改革的创新性举措，对于乡村振兴的需求具有特殊的回应能力，能够有效助推乡村振兴的实现。

1. 农村土地经营权信托回应了乡村振兴对于土地产权制度的要求

随着"三权分置"改革的实施，我国的农地产权关系已经基本明晰。"三权分置"改革强调要落实集体所有权、稳定农户承包权、放活土地经营权。在土地确权的基础上，如何开展高效的土地流转成为产权制度要解决的根本性问题。传统的农村土地流转法律规范供给不足，关于土地流转的专门性法律严重缺位，阻碍了土地流转的顺利进行。土地信托借助既有信托法律关系架构，将财产权信托创造性地运用于农地产权，使得土地经营权信托得以直接移植适用较为成熟的信托法律制度，从而将流转过程纳入制度理性的规约之中，既形成了土地经营权流转的全新模式，也构造了土地产权制度的法律秩序。

2. 农村土地经营权信托回应了乡村振兴对于土地利用制度的要求

土地要素资源固化仍然是我国农地利用中的主要问题。随着城镇化不断推进，农村青壮年劳动力转移到城市的数量不断增加，加之人口老龄化程度逐渐加深,"谁来种地"成为农村当下需要解决的难题。[①] 劳动力的单向流动是造成土地被抛荒的一个重要原因,不仅造成了城乡发展不均衡、加剧社会二元结构分化,而且使农地资源长期闲置、无法得到充分利用。如果人们能将土地顺利流转,就能在一定程度上解决土地撂荒的问题,但是由于缺乏中介性的联通机制,商业性经营主体和市场资金在获取农地资源时存在较为严重的信息失灵,供需双方无法有效匹配,阻碍了农地资源合理配置并发挥最大效用。农村土地经营权信托模式很好地统合了"农户、农地资源、金融资本"三大生产要素,串联了全链条的社会资源。从农业产业供应链的角度,农地信托将土地从不再从事农业生产的农户手中释放出来,信托公司基于信义义务和"受益人利益最大化"的约束,对土地流入方的经营意愿和能力进行筛选,保障土地在具有较高生产效益的主体手中得以利用,破除了农村劳动力外流与土地撂荒并存的困局,提高了农地利用效率。农村产业高质量发展不仅需要提高农地利用率,还需要提高农业生产率,这就要求土地的规模化、集约化利用。土地经营权信托归集了农村土地,由信托公司集中向外流转,用于发展农业新型经营模式,适应了土地集约利用、农村产业融合的需要,是农村产业现代化转型的有力抓手。

3. 农村土地经营权信托回应了乡村振兴对于风险防范制度的要求

土地作为我国农村最为重要的基础性资源,不仅具有流通和交换的经济价值,而且承载了农民基本生活保障、耕地保护和粮食安全、农村生态环境保护等多元的社会价值。在其市场化流转过程中,必然会由于商业资本的介入而面临社会价值减损的诸多风险。一是市场化风险。首先是现行法律规范对土地流转中有关农民权益保障的重要事项规定不清晰。[②] 这增加了实际金融运作中的不确定性,给不规范流转行为的发生预留了空间,使得农民权利可能受到侵害。其次是农村土地流转缺乏书面协议,在实践

---

① 参见苗绘、王金营《中国农村土地集合信托模式创新与保障机制研究》,《宏观经济研究》2021年第7期,第128页。
② 参见彭小霞《我国农村土地流转制度的功能检视及其改革路径》,《理论探索》2022年第1期,第123页。

第一章 "三权分置"下农村土地经营权信托的正当性理据

中大部分流转协议都是由村集体内部成员依靠口头约定完成。而缺乏书面协议详细规制的结果是一旦纠纷发生，后续的解决将面临很大困难，这在一定程度上影响了农户流转土地的意愿。最后是农村土地流转大多由地方政府和村集体主导推动，本该是参与主体的农户却没能充分掌握主动权，反而居于弱势地位。农民只能被迫接受结果，相关利益诉求难以实现。[①]这些问题都会降低农户流转土地的积极性，阻碍土地流转进程的推进。二是粮食安全及生态风险。在一些土地流转中，承包人为追求短期利益，大量使用化肥、农药以提高土地产量，最终导致耕地被破坏，土地资源的可持续利用受到影响。在私人利益最大化的驱使下，有限理性的市场主体很容易侵占农用耕地、违法改变土地用途，过度从事农地的非农、非粮生产，导致土地生态价值减损，危及粮食生产和保供能力。农村土地信托的模式则内置了较为科学的风险防范机制。农户可以将自己的土地经营权作为信托财产委托给信托公司，由其进行主导，在农户和土地经营者协商一致的前提下，签订土地信托合同，建立合法的信托关系进行土地信托流转。第三方信托公司的介入既尊重了农户的真实意愿，又平衡了农户与土地经营者地位的不对等，在一定程度上形成对农户利益的倾斜性保护。[②]同时，虽然农村土地信托的期限受土地承包权期限的限制，但相较于其他土地流转方式，农村土地信托的期限相对较长，这在一定程度上降低了受托人"竭泽而渔"的可能性。较长时限的土地信托流转中，受托人能对土地利用做出合理规划，不会因短期利益而大肆破坏土地，信托公司的监督也有助于其更为规范地实施土地利用行为。因此，土地信托流转在促进土地高效利用的同时也实现了对土地的可持续利用。

4. 农村土地经营权信托回应了乡村振兴对于收益分配制度的要求

"生活富裕"是乡村振兴的根本目的，拓展农民的增收致富渠道是农村土地流转的最终目的。农地流转始终面临农民与经营者之间的利益博

[①] 参见张勇、包婷婷《农地流转中的农户土地权益保障：现实困境与路径选择——基于"三权分置"视角》，《经济学家》2020年第8期，第125页。

[②] 参见张雷、白永秀《土地信托流转的适应性：基于陕西省杨陵区的案例分析》，《人文杂志》2017年第2期，第37页。

弈，其中的"农民"表现为两种身份：一是作为"种粮大户"的新型农业经营主体，其利益诉求为"农业经营增效"，即通过适度规模经营取得收益；二是小农户，其利益诉求为"享有更加充分的财产权益"，即通过土地经营权流转取得土地产权之上的财产性利益。二者的利益诉求都可以归结为对土地增值收益的公平分配。而在现实的农地流转实践中，"种粮大户"等新型农业经营主体受制于高昂的土地租金和谈判成本，很难真正受益于农地经营和收益分配；小农户则只能取得权利初次转让的对价，一旦土地经营权流转出去，小农户就失去对土地的控制，更无权分享土地后续的增值收益。这种分配方式不仅违背了产权制度的法律逻辑，也无法体现土地增值收益公平分配的改革初衷。农地经营权信托则突破了这种"释放土地市场价值将损害农民利益"的悖论，改变了土地流出方和流入方之间零和博弈的利益格局。一方面，信托方取得土地经营权之后并不直接参与土地利用，而是转而将其交由有需求的经营者实际经营，增加了新型农业主体的交易机会；另一方面，最终收益由农户、信托公司、经营者三方共享，并且三方都有明确的取得收益的依据——后两者分别基于信托管理费用和经营中的成本投入，而农户则基于信托法律关系中的受益权，在土地转出后的利用过程中仍然保有最终的控制权，并能切实分享土地增值收益。由此，土地经营权信托模式实际创造了一种"帕累托改进"，即"无人受损而至少使一人受益"，在实现农地利用效率跃升的同时，保障了增值收益的公平分配，具有"普惠""共富"的制度特征。

（三）拓展农民土地权益的实现路径

"农，天下之本，务莫大焉"。历史和现实都告诉我们，农为邦本，本固邦宁。[1] 而土地是农民最基本的生产要素，是农民安身立命的根本。费孝通先生曾经在《乡土中国》一书中写道："土地是乡下人的命根，在数量上占着最高地位的神，无疑的是'土地'。"[2] 土地对于农民的重要性自是不言而喻，因此想要保障农民权益就必须先守护好农民的土地权益。

---

[1] 习近平：《坚持把解决好"三农"问题作为全党工作重中之重 举全党全社会之力推动乡村振兴》，《求是》2022年第7期，第6页。

[2] 费孝通：《乡土中国·乡土重建》，北京联合出版公司2018年版，第3页。

第一章 "三权分置"下农村土地经营权信托的正当性理据

2019年11月26日,中共中央、国务院印发的《关于保持土地承包关系稳定并长久不变的意见》指出"坚持家庭承包经营基础性地位,不论经营权如何流转,不论新型农业经营主体如何发展,都不能动摇农民家庭土地承包地位、侵害农民承包权益"。由此可知,农村土地制度变革以不损害农民土地利益为基本目标,这意味着既要流转土地获得收益,又不能令农民失去承包土地的资格。① 因此在土地流转过程中要特别注意对农户承包权的保护。而农村土地信托便能实现这一目的,它流转的是土地的经营权,承包权仍然保留在农民手中。承包权的稳定确保了农民不会失去承包土地的资格,充分保障了农户对土地的最终控制权。并且,基于信托财产独立性的基本原则,一旦土地经营权信托有效设立,土地经营权即与委托人和受托人的固有财产相分离。即使后期出现受托人无法偿还自身债务的情况,其债权人亦没有主张以土地经营权进行清偿的权利,这就解决了农户最大的后顾之忧,即农民将不会因为土地流转而面临失地风险。

农民不会因土地信托流转而失去土地,这是该流转方式给予农民最基本的保障。除了确立这一稳定前提外,土地信托流转还凭借信托法律关系的规范性使农民在流转过程中的收益得到保障。② 为了提高农户的地位,《信托法》提供了受托人义务约束机制与受益人监督机制,这两者分别从法律规范的义务和权利层面对保障农户利益具有重大意义。③ 一方面,为保障农户利益的最大化,作为受托人的农地信托公司要承担注意义务、管理义务等法定义务。如果信托公司违反信义义务侵害农户的合法权益,农户作为委托人可以行使权利,例如撤销权或损害赔偿请求权等,避免自身土地权益受到损害。另一方面,为了保障受托人更好地行使权利,《信托法》也赋予了农户以知情权为核心的多项权利,农户作为土地经营权信托的受益人,在信托运营过程中享有监督权,能够督促信托公司以维护农户

---

① 参见陈敦《土地信托与农地"三权分置"改革》,《东方法学》2017年第1期,第80页。
② 参见王方、沈菲、陶启智《我国农村土地信托流转模式研究》,《农村经济》2017年第1期,第45页。
③ 参见叶朋《农地集合信托与农户利益的法律保障》,《华南农业大学学报》(社会科学版)2015年第4期,第70页。

利益为核心宗旨来管理和处分土地经营权。有了这两重机制，受托人将能够更加尽职尽责地发挥专业优势管理土地，农民在农地经营中的收益也就得到了更好的保障。

农村土地经营权信托流转后，负责经营管理土地的将是更专业的受托人，这能够最大限度地保障农民获得实质性的收益，同时也能使农民从繁忙的土地管理活动中抽身。农民可以根据自身情况选择学习一门新的技能或者外出务工，将有机会赚取额外的收入。换言之，在土地经营权信托流转的情形下，农民可能至少获得三笔持续性的收入：一是土地信托直接收益，农民在流转土地后可以按照土地信托合同获得事先约定的土地租金与土地的分红收益；二是国家惠农补贴；三是劳动报酬，即农民既可以在当地的农业企业、农业基地打工获取劳动收入，也可以通过进城务工或者从事其他行业的工作获得收入。[1] 因此，农地经营权的信托流转不仅使农民获得了较为稳定的信托收益，还为农民多渠道增收创造了基础条件，优化了农民的收入结构。土地是农民的根基和命脉，是农民赖以生存的重要经济来源和主要生产手段。运用信托方式流转土地经营权，既可以使农民通过土地信托管理而享受专业规模经营的益处，又借助信托制度在保护受益人方面的完备经验而确保农民的利益不受损害，最终实现农地流转和农民增收的双重效益。[2]

以往选择进城务工的农民往往会因无暇看管农村土地而心生焦虑，他们需要以既安全又实惠的方式来保持土地经营的状态，而土地信托流转方式就是对农民此种担心的最好回应。[3] 在土地通过信托方式被流转后，农民不仅不会失地，还会因专业人士对其土地的高效管理而获得稳定持续的信托收益。因此农村土地信托能帮助农民从他们赖以生存的土地中解放出来，农民不必为了获得耕地收益而永远驻扎于田埂之侧，这充分释放了农

---

[1] 参见张燕、王欢《土地信托——农地流转制度改革新探索》，《西北农林科技大学学报》（社会科学版）2015年第2期，第33页。

[2] 参见陈敦《土地信托与农地"三权分置"改革》，《东方法学》2017年第1期，第80页。

[3] 参见赵清《土地流转对农村外出劳动力的保障功能——基于合同的视角》，《广西社会科学》2021年第6期，第146页。

村的劳动力。这一流转方式既满足了农民对土地的眷恋之情,实现了农地的保障功能,又能让农民没有后顾之忧地选择新的谋生方式,从事非农经营,从而充分调动了农民进城务工的积极性。进城务工的劳动者在土地信托流转合同的保障下,减少了对土地经营的担忧,能将更多的时间精力投入非农业生产中以获得多元化收入,这有助于他们适应新的环境,提高对城市的融入感。因此农地信托流转有助于推进农村剩余劳动力向城市转移,有助于解决城市发展中劳动力缺乏的社会问题。

(四)促进农村土地金融的创新发展

金融是国民经济的血脉,建设现代化的经济体系必须要有现代化的金融体系与之匹配。2023年的中央金融工作会议指出"金融要为经济社会发展提供高质量服务",要"切实加强对重大战略、重点领域和薄弱环节的优质金融服务",尤其是要做好"普惠金融"的大文章。普惠金融建设中的核心矛盾,在于处理好农业产业适应性和金融适应性之间的关系:前者是指,农业产业发展一方面具有巨大的生产性融资需求,另一方面又缺乏金融创新能力,需要借助切实有效的金融工具拓宽自身融资渠道;后者则是指,农业产业与金融市场的一般逻辑在一定程度上存在差异,农村金融面临服务成本高和收益低的问题,如何在保障金融机构商业可持续性的前提下使金融资源向农业农村领域倾斜,实现激励与约束相容,是关键所在。

我国农村土地流转形式多样化导致土地利用价值没有充分地发挥。但是随着我国农村土地"三权分置"改革的深入推进,承包权与经营权相对独立,农村土地资源在更大范围内的优化配置将得以实现,农村土地的价值也将得到更加全面充分的展现。农村土地经营权信托是在土地经营权之上的突破性金融创新,使得僵化的土地有效流动起来。将农地流转方式与农地金融有机结合起来,不仅能实现土地适度规模经营,也为农业生产提供金融支持,从而展现中国式现代化的金融面向。[①] 农村土地金融立足于

---

① 参见李停《我国土地信托模式的选择与实践》,《华南农业大学学报》(社会科学版)2017年第4期,第39页。

农村土地经营权信托的风险控制与法律构造

土地本体价值之上，利用信托方式对土地进行流转，为土地资产价值的实现创造了条件，是规范农村土地流转行为、健全农村土地金融市场的必然选择。[①] 农村金融的发展情况直接反映了农村地区整体经济的发展水平，因此促进农地信托流转不仅能推动农村土地金融改革，也会在一定程度上带动农村经济发展。

1. 农村土地经营权信托有助于金融资源普惠

随着农村土地"三权分置"改革的深化，尤其是在乡村振兴战略背景之下，我国农业经营方式也随之发生变革。在此变革进程中，农业经营的主要力量将从传统的农户经营，逐步向各种新型农业经营主体经营转变，农业经济向着专业化、社会化、集约化的方向发展已成为不可逆转的趋势。与传统的农业经营方式相比，新型农业经营主体在经营理念、经营方式等方面，都发生了巨大变革，因此对农村金融产生了新的需求。具体来说，新型农业经营主体在金融方面将呈现融资金额扩大、融资期限延长、金融产品和服务多元等新的需求，这是因为农业规模化经营需要在农业经营基础设施、农业生产机械设备、农业科技和人才投入、土地规模化流转等方面投入大量的资金。目前我国普惠金融体系建设日趋完善，农村金融服务覆盖率已经显著提高，但是，其在业务上往往局限于存取款等基本金融服务，缺乏金融产品创新和服务方式创新，难以满足农户、新型农业经营者等涉农主体多元化的融资需求。除了供给规模，"普惠金融悖论"问题在金融创新和服务质量方面仍然突出，农村金融市场供需不均衡状况未能得到根本改善。

农村土地信托是丰富我国农村金融供给、优化农村金融结构、促进农村金融发展的重要探索和举措。其引入专业化的信托公司，使信托得以嵌入农村金融体系中，丰富了普惠金融供给主体。同时，农村土地信托创新性地采用"财产权信托+资金信托"的复合信托结构，既能向作为流出方的农户分配信托产品的财产收益，又通过发行信托计划，为流入方后续的

[①] 参见李航、秦涛、潘焕学《农村土地信托利益主体的影响机理与实现机制研究》，《北京联合大学学报》（人文社会科学版）2020年第4期，第117页。

第一章 "三权分置"下农村土地经营权信托的正当性理据

土地开发利用提供融资渠道，拓展了普惠金融覆盖的维度。此外，农村土地经营权信托也使得涉农主体有机会享受多元的金融服务，并作为委托人或受益人参与金融产品的现实运作而分享利益，有助于增强农业主体的金融实力，为金融可持续发展提供动力，体现了机会公平的理念，实现从"扶贫"向"促发展"的转变。

2. 农村土地经营权信托有助于金融资源配置有效

长期以来，土地只是作为自然资源而存在，农村土地价值更多地表现为实际经营价值，转让价值不高，难以资本化。随着政府管制的逐步放松和政策支持力度的加大，农村土地价值形态趋于多元化，这就为金融要素的进入提供了价值载体。① 根据学界的研究，随着19世纪初德国、英国等欧洲国家农业生产资本的集中，农地的抗风险能力得以提升，以土地为抵押品的借贷活动逐渐具备了市场基础，农地融资制度也逐步建立起来。在农村土地"三权分置"背景下，土地经营权因身份性的弱化，而成为具有特定性、价值性、可流通性的财产权，从而具备作为资金融通活动的信用保证。土地经营权金融化的一种重要表现形式就是土地经营权信托，它将土地经营权作为信托财产，使土地成为农民"可携带的资产"，将农民从土地中解放出来。

相较于传统的出租、入股等土地经营权流转方式，土地经营权信托具备的独特优势使其能够获得较多的财产收益，土地经营权的财产价值也得以更好地展现。通过将土地经营权出租，农民仅能获得让渡土地经营权的少量对价。通过土地经营权入股，虽然农民可能会获得较高的财产收益，但是这存在较大的不确定性。一旦公司经营不善或者面临破产，农民的投入将遭受较大损失。而农村土地信托则与上述传统流转方式不同，农民作为委托人在将土地的经营权交付给信托机构后只需到期接受土地收益，而且这一收益将是扣除信托机构管理费用之后的全部收益，于农民而言将是更加稳定可靠且更为可观的收益，所以这种流转方式更充分地释放了土地

---

① 参见涂圣伟《中国农村土地金融发展的机理与风险》，《宏观经济研究》2016年第6期，第37页。

63

经营权的财产属性，也就为农村土地金融发展提供了价值依据。

同时，普惠金融并非仅属于金融机构履行社会责任的范畴，更应当强调农村金融服务的适当有效，将总量有限的金融资源合理配置到经济效益最高的地方，避免资金被长期低效占用。并且，必须使金融机构也能从农村金融业务中获益，保障成本可负担和商业可持续，才能为其积极开展业务创造激励，进而促进农村金融产品创新、增强金融市场活力。农村土地经营权信托即是顺应市场逻辑的实践产物，不同于一般的农村金融产品，其设立在确定的土地财产权之上，财产价值的实现取决于信托公司自身的管理和运作，并不受农业主体信用的影响，从而风险较低。同时，信托公司会将土地交由新型农业主体进行专业化、规模化经营，确保在土地充分利用基础上的价值释放，获得规模可观且确定性较强的收益。因此，土地经营权信托不仅能够促进金融资源普惠，而且能保障金融资源配置有效，是普惠性和可持续性兼顾的现代金融的范例。

第二章 "两权分离"下农村土地信托的实践考察

根据公开信息，自2001年浙江省绍兴县（已撤县设区）[①]土地信托试行以来，福建省沙县区、湖南省益阳市、安徽省宿州市、北京市密云区、江苏省无锡市等地均出现了不同程度和不同模式的土地信托实践。梳理20余年来我国各地的土地信托实践，可以大体分为两个阶段：一是早期"平台型"土地信托实践阶段，主要以浙江绍兴、福建沙县、湖南益阳等地的探索为代表；二是新型"金融化"土地信托实践阶段，主要以安徽宿州、北京密云、江苏无锡等地的探索为代表。以上两个阶段，大体可以以2013年年底为分界线。2013年前的探索主要表现为"平台型"土地信托实践；2013年至今，则主要表现为新型"金融化"的土地信托实践。

一 早期"平台型"农村土地信托实践

正如前文所述，2013年前的探索主要表现为"平台型"土地信托实践。之所以称之为"平台型"，是鉴于此阶段的实践模式大体具有相同的特性：由地方政府设立的信托机构[②]作为土地流转平台，土地承包经营权

[①] 2013年10月18日，国务院国函〔2013〕112号文件批复浙江省人民政府请示，同意撤销县级绍兴县，设立绍兴市柯桥区，行政区域不变（孙端、陶堰、富盛三镇除外）。
[②] 从各地实践来看，扮演该角色的机构称谓各有差异，如浙江"绍兴模式"称之为土地信托流转服务中心（站），福建"沙县模式"和湖南益阳"草尾模式"则由政府出资设立某某信托公司。

人直接或间接将土地委托给政府设立的信托机构,由该信托机构对外发布信息、寻找农业经营主体。一旦寻找到合适的农业经营主体,则由信托机构与农业经营主体签订土地流转合同,并通过信托机构将土地地租或收益分配给农户。在此类实践模式中,政府设立的信托机构主要发挥中介平台的作用,向土地流转的供需双方提供中介服务,相关主体之间的关系并非依《信托法》构建的信托关系,即没有建立起符合信托原理的委托人、受托人、受益人的法律构造。正如有学者认为的,"其虽名为信托,但此类信托涉及的信托机构不具备融资功能,在其开展的信托业务中也没有社会资金注入,只是作为农地流转的平台"。[①] 为进一步考察此类"平台型"农村土地信托实践的主要做法,下文将选取几个具有代表性的实践模式作简要讨论。

(一) 浙江"绍兴模式"

浙江省绍兴县(已撤县设区)于 2001 年率先开展了农村土地信托流转试点,在国内具有较大的影响,其实践做法被称为"绍兴模式"。

1. 背景

乘着改革开放的东风,浙江绍兴的经济得到了快速发展。在此大潮之下,大量农民转向第二、第三产业,农村土地撂荒现象比较严重。受限于农民自发流转土地的规模和效应,规模化的农村土地流转需求更为迫切。在开展土地信托流转试点之初,地方政府通过对全县农村土地利用情况进行调研,选取了土地流转规模较大的镇——柯桥镇进行试点。选取柯桥镇进行试点,主要是考虑到该镇可供流转的土地规模较大,有 22442 亩耕地可以进行流转;[②] 加之该镇大量农民已外出务工,从事非农产业,流转土地的需求比较迫切。

2. 基本运作流程

第一,农户申请。根据自愿原则,拥有土地承包经营权的农户向村经济合作社书面申请流转土地,村经济合作社与农户签订土地承包经营权委

[①] 李蕊:《中国农地融资创新实践的法律回应》,法律出版社 2019 年版,第 67 页。
[②] 参见英大国际信托有限责任公司课题组《土地信托产品设计》,经济管理出版社 2017 年版,第 95 页。

托合同，并根据所要流转土地的资源条件进行统一管理，以便土地能够满足专业化规模经营的需要。第二，村经济合作社与镇土地流转信托服务机构签订委托合同。村经济合作社将需要流转土地的相关信息及要求提交给镇土地流转服务站或土地流转信托服务中心。待镇土地流转信托服务机构核查相关信息后将其纳入土地使用权流转储备库。第三，项目推介。镇土地流转信托服务机构以广播、电视、互联网等各类渠道，向社会公布土地储备和开发土地资源的信息，并推介相关农业项目。第四，有投资意愿的经营者申请、谈判及缔约。有投资农业项目意愿的相关经营主体向土地信托流转服务机构书面申请拟投资项目的相关信息及要求，土地信托流转服务机构审核经营主体的资信状况、资金实力及经营能力等相关信息；根据土地承包经营权流转的供求信息，初步配对村经济合作社和经营主体，并协调双方谈判或磋商，达成一致意见的，双方签订土地流转合同。第五，跟踪服务和经营监测。土地流转后，土地信托流转服务机构对农地流转使用情况进行跟踪服务，防止经营主体任意改变土地原有的农业用途；对经营主体的经营情况进行监测，采取相应帮扶举措以解决经营主体在经营过程中出现的问题；另外，在法律和政策范围内，及时处理流转双方的纠纷，确保相关主体的合法权益。第六，收益分配。土地流转经营一年后，相关利益主体依据合同约定对土地经营收益进行分配。[1]浙江"绍兴模式"的信托结构如图2-1所示。

3. 主要特色

第一，政府搭台，设立三级土地信托流转服务机构。为更好地推进土地流转，绍兴地方政府首创了在县、乡镇、村三级建立土地信托服务机构的机制。县级建立了土地信托服务中心，20个乡镇建立了土地信托服务站，774个行政村的土地信托服务由村经济合作社提供。[2] 三级土地信托服务机构的设置，在绍兴土地信托流转中发挥了重要的作用。这些土地信托服务机构的职能主要有：供求登记、发布信息、项目推介、中介协调、指

---

[1] 参见英大国际信托有限责任公司课题组《土地信托产品设计》，经济管理出版社2017年版，第95~98页。

[2] 参见李燕燕主编《土地信托概论》，中国金融出版社2015年版，第118页。

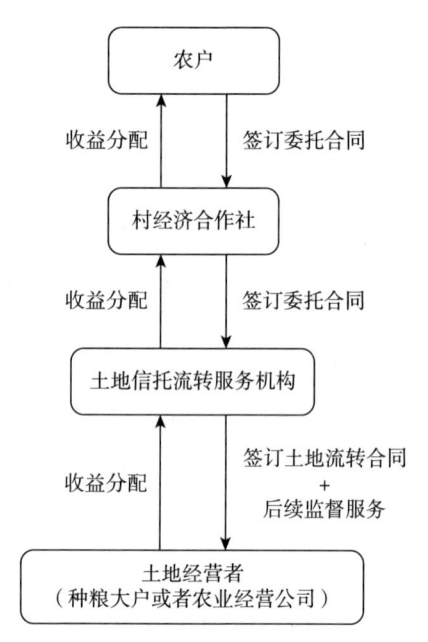

图 2-1 浙江"绍兴模式"信托结构示意

导签证、追踪服务和协调纠纷等。县级土地信托服务中心统一管理和协调县域内的土地信托事务，乡镇一级的土地信托服务站则负责联结县级土地信托服务中心和村级土地信托服务机构，村级土地信托服务机构的责任由村经济合作社承担。在土地信托流转中，土地信托服务中心发挥为土地流转提供信息发布和中介协调等服务功能，属于非营利性的主体。

第二，政府引导，自愿为原则，市场化运作。在绍兴的土地信托流转中，遵循农民自愿原则，不使用行政手段强迫农民进行土地流转，政府搭建的土地信托流转服务机构主要扮演的是"平台"角色，遵循土地流转市场规律，实施土地信托流转市场化运作，土地流转的供需双方通过"平台"快速有效对接，促使土地集约化和规范化流转，并以此促进土地规模化经营，提高农业生产效率。

第三，在"确保所有权、稳定承包权、搞活使用权"的原则下，农户将其承包经营的土地以出租或由村集体、村经济合作社"反租倒包"的方式集中后在土地信托服务中心将土地出租给其他经营者，土地承包经营权的主体不发生改变。

第四，制定土地信托流转相关优惠政策。政府相关部门出台相关政策文件，鼓励和支持种田能手、经营大户及从事农产品生产或加工的市场主体，通过土地信托流转的方式扩大其经营规模，拓宽其农产品销售渠道。政府相关部门通过经济补贴或财政贴息等手段，给予规模化经营主体一定的资金支持，以提高他们通过土地流转实现集约化、规模化经营土地的积极性；同时，也在一定程度上缓解了规模化经营主体的资金困难问题。

（二）福建"沙县模式"

"沙县小吃"是福建省三明市沙县（已撤县设区）的一张名片，吸引了很多沙县农民外出经营。据有关统计，外出经营沙县小吃的农民占全县农村人口总数的30%和农村劳动力的70%。[①] 因此，沙县的土地撂荒问题曾经十分突出，但也为沙县探索农村土地流转提供了契机。沙县通过学习借鉴外地经验，结合当地实际，先行先试，探索了一条具有自己特色的土地信托流转模式。

1. 沙县探索农村土地流转的进程

总体上，沙县农村土地流转经历了农户自发流转、政府推动流转、信托流转试点三个阶段。第一，农户自发流转。自1996年起，伴随着社会经济的发展，大量农民进城从事非农产业，农村土地自发流转逐渐兴起。但是，农户自发流转的无序、无组织、口头约定等诸多限制因素，导致农地流转纠纷频发，土地撂荒现象没有得到根本性改变，严重制约了土地的规模化经营。第二，政府推动流转。2006年，沙县政府组织成立县、乡、村三级土地流转服务机构，为农村土地流转，尤其是集中连片流转，提供中介和平台服务。2009年11月，沙县建立福建省第一个县级土地流转交易市场。第三，信托流转试点。为进一步推进农村土地流转，2011年5月，沙县政府开展农村土地信托流转试点工作，先后设立沙县源丰农村土地承包经营权信托有限公司（以下简称源丰信托公司）和沙县金茂农村土地承包经营权信托有限公司（以下简称金茂信托公司），并且在11个乡（镇、街道）设立了土地信托分公司。农户可自愿委托源丰信托公司或金茂信托

---

① 参见李燕燕主编《土地信托概论》，中国金融出版社2015年版，第122页。

公司对其土地承包经营权进行流转。由此，经过多年的探索，沙县建立了一套较为成熟的土地信托流转机制，被称为"沙县模式"。

2. 基本运作流程

总体上，沙县模式的核心流程是：农户将土地承包经营权委托给村委会；村委会统一将土地承包经营权委托给土地信托公司；土地信托公司将土地流转给农业经营主体。

具体来说，主要有以下几个步骤：第一，农户在自愿的前提下将土地承包经营权委托给村委会，村委会与全体农户签订《沙县农村土地承包经营权委托协议》；第二，村委会向土地信托公司提出信托申请，土地信托公司对村委会的信托申请进行实地调查，作出综合评价，并明确是否接受信托；第三，土地信托公司与村委会签订《沙县农村土地承包经营权信托合同》；第四，土地信托公司通过招标或租赁等方式对外流转农地；第五，土地信托公司向沙县农业行政管理部门申请办理土地信托登记；第六，土地信托公司将获得的地租收益和增值溢价按照约定的方式和比例进行分配。福建"沙县模式"的信托结构如图 2-2 所示。

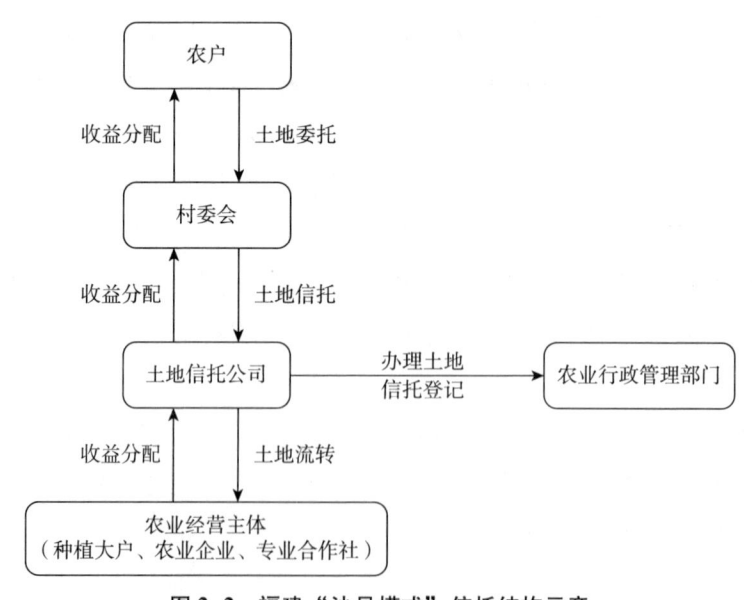

图 2-2 福建"沙县模式"信托结构示意

3. 主要特色

第一，政府出资成立信托公司，土地流转实现政府指导下的企业运作。沙县政府注资成立源丰信托公司（县级）和金茂信托公司（镇级），并在11个乡（镇、街道）设立土地信托分公司。相较于浙江"绍兴模式"中由政府成立土地信托流转服务机构这一类似服务中介的机构，沙县由政府投资设立信托公司则是以相对独立的身份将土地承包经营权委托给信托公司经营，建立了"信托+流转"的模式："信托"是指农民与村委会签约并将土地委托给信托公司；"流转"是指信托公司为受托土地寻找流转对象。①

第二，在收益分配方面。在签订土地信托流转合同时，农户事先收取履约保证金和信托公司预付的租金，在土地信托管理中农户还可以得到土地管理增值溢价的60%；信托公司将来自土地管理增值溢价的40%和从项目业主回收的涉农专项资金成立信托基金，用于向农户支付土地租金。②

第三，政府在财政上采取多项助力措施，保障土地流转顺利推进。在土地信托流转中，针对项目业主融资难的问题，在风险可控的前提下，沙县农村信用联社为其量身定制信贷支持方案，并在2013年试点建设村级融资担保基金，担保贷款利率比其他农业抵押贷款利率优惠不少。截至2018年3月底，沙县村级融资担保基金贷款推广覆盖了全县120个行政村，累计发放贷款6917笔，共6.55亿元，在一定程度上缓解了"贷款难、担保难"等问题。③另外，据媒体2013年7月2日报道，沙县财政局每年提供200万元对土地承包经营权流转农业项目贷款进行贴息；由县农业局牵头，组织有一定经济实力的土地流转项目业主，合资成立"沃土农业担保有限公司"，每年可为土地流转项目、农业企业、农民专业合作组织和农户提供贷款担保5000万元。截至2013年7月，沙县政府已累计为160个实施

---

① 参见马建兵、王天雁《农村土地信托法律问题研究——兼谈西部特殊性问题》，知识产权出版社2020年版，第122页。
② 参见马建兵、王天雁《农村土地信托法律问题研究——兼谈西部特殊性问题》，知识产权出版社2020年版，第122页。
③ 参见郑丽萍、肖首洲《"金改"源头活水来——沙县村级融资担保基金2.0版上线侧记》，东南网，http://sm.fjsen.com/2018-04/28/content_20986757.htm，最后访问日期：2022年3月2日。

土地承包经营权流转的农业项目发放贷款1.35亿元。[①] 沙县政府在信贷政策上的大力扶持，极大地减轻了进行规模化生产的公司与农户所面临的资金压力，在一定程度上为土地流转的运行扫清了障碍。

第四，政府积极搭建服务平台，有序开展服务平台建设。沙县政府投入专项资金，建成县、乡两级土地流转服务大厅，建立专门的土地流转网站。通过服务大厅和网站，土地流转相关的供求信息和政策法规得以及时更新，农民足不出户就能全面了解最新的消息，降低了信息获取的门槛，提高了信息发布的透明度，降低了搜集信息耗费的成本。服务平台的建设和完善能够减轻信息不对称对农地流转造成的负面影响，切实维护农民利益，推进农地流转顺利进行。

（三）湖南益阳"草尾模式"

湖南省益阳市的沅江市草尾镇在2010年4月正式启动了农村土地信托流转试点。此次试点取得了一定的成效，成为破解"三农"难题的重要突破口，引起了理论与实务界的广泛关注和讨论，被称为"益阳模式"或"草尾模式"。

1. 背景

草尾镇辖区总面积为143.5平方千米，耕地面积大约为15万亩，地理条件优越，农业经济发展状况较好，是一个典型的农业大镇。但近年来，由于种粮效益低，农村劳动力外出务工多，湖南省益阳市部分地区的农村土地抛荒面积有所增加。调查数据显示，草尾镇土地抛荒最严重的时期为1998~2001年，该时期遭弃耕的农田数量接近5万亩，抛荒率高达30%。在此背景之下，农民开始自发流转土地，自2006年以来通过各种形式流转的土地面积已占全镇耕地总面积的44%。[②] 但是，农民自发流转土地也带来一些问题，诸如土地纠纷频发、适度规模经营效率较低，城乡收入差距

[①] 参见贺霞、曹华《国家级农村改革试验区沙县富农惠农新路径》，人民网银行频道，http://finance.people.com.cn/bank/n/2013/0702/c202331-22046044.html，最后访问日期：2022年3月2日。

[②] 英大国际信托有限责任公司课题组：《土地信托产品设计》，经济管理出版社2017年版，第100页。

进一步扩大等。所以，引导土地有序规模化流转就成为一个亟须解决的问题。为了解决土地流转引发的问题、突破城乡收入差距扩大的瓶颈，益阳市于 2009 年在草尾镇开展土地信托流转试点。2010 年下半年，益阳市政府在辖区内全面开展试点工作，相继在辖区内 8 个区县 12 个镇实行农村土地信托流转。2013 年，益阳市信托流转农地面积达 33.58 万亩，比上年增加 6.48 万亩，其中耕地信托流转 29.3 万亩，增加 6.24 万亩，占耕地流转面积的 15.9%，比上年提高 0.8 个百分点。[①]

2. 基本运作流程

第一，政府成立农地信托机构。由基层政府全资设立沅江市香园农村土地承包经营权信托有限公司（以下简称香园信托公司），并成立土地信托基金和土地信托流转服务中心。与此同时，农村集体土地确权颁证工作在草尾镇开展，政府向农户颁发制作"四证一图"[②]。通过此次确权颁证工作，产权清晰、权能明确、权益保障、流转顺畅、分配合理的农村土地产权制度在草尾镇形成。第二，农地信托机构与农户签订信托合同。以自愿为原则，由香园信托公司与流转农地的农户签订信托合同，[③] 并从土地信托基金中向农户支付土地使用权转让费——每年每亩 500 斤稻谷市价。[④]第三，农地信托机构流转信托农地。由香园信托公司将信托获得的土地进行适当整理并调整成片，以招标、竞拍的方式将信托农地出租给农业企业或种植大户，由其作为土地经营者从事相关农业经营活动并向香园信托公司支付租金、每年每亩 10 元的服务费及每年每亩 100 元的风险防范

[①] 参见林志平、谢明星《对益阳土地流转的调查与思考》，湖南省统计局，https://tjj.hunan.gov.cn/tjfx/sxfx/yiys/201507/t20150717_3807488.html，最后访问日期：2024 年 10 月 5 日。

[②] "四证"为农村集体土地所有权证书、农村集体土地使用权证书、农村土地承包经营权证书、农民房屋产权证书；"一图"为鱼鳞图，即农村集体土地到户的权属界限图。参见益阳市农村土地信托流转研究课题组《农村土地信托流转实证研究》，湖南人民出版社 2013 年版，第 121 页。

[③] 参见益阳市农村土地信托流转研究课题组《农村土地信托流转实证研究》，湖南人民出版社 2013 年版，第 161 页。

[④] 参见殷勇《农村土地信托流转调查与思考——以湖南省沅江市草尾镇为例》，《调研世界》2012 年第 6 期，第 38 页。

金，其中风险防范金将依土地地力、基础设施保护情况在合同期满时予以退还。① 香园信托公司为解决其融资难的问题还以 1%的利率将公司的盈利借贷给土地承租方。② 第四，分配信托收益。由香园信托公司将土地信托收益分配给作为受益人的农户。湖南益阳"草尾模式"的信托结构如图 2-3 所示。

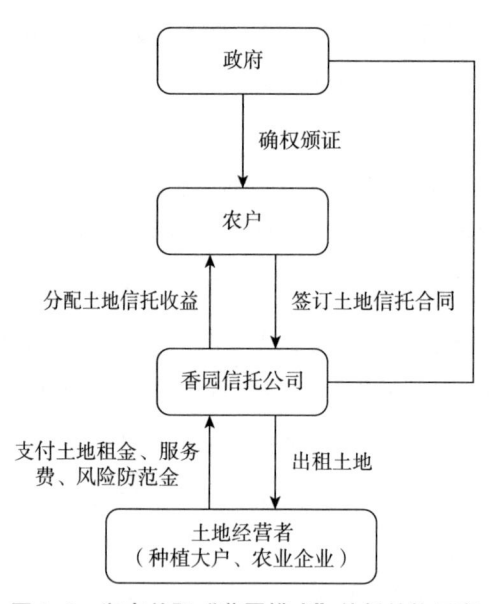

图 2-3 湖南益阳"草尾模式"信托结构示意

3. 相关主体及其法律地位

湖南益阳"草尾模式"中，委托人为拥有土地承包经营权的农户或村委会。③ 受托人为政府全资设立的香园信托公司，由镇长担任公司经理，公司人员则从乡镇相关单位抽调。香园信托公司的主要职责包括：承接流转土地，与农民签订土地信托合同，再将承接的土地租赁给专门的农业企业或种植大户进行农业开发经营。工作范围还包括：派驻人员至农地信托

---

① 参见益阳市农村土地信托流转研究课题组《农村土地信托流转实证研究》，湖南人民出版社 2013 年版，第 40 页。
② 参见魏晓等《农村土地承包经营权流转市场化改革研究——以湖南省沅江市草尾镇为例》，《国土资源导刊》2013 年第 10 期，第 15 页。
③ 此处村委会作为委托人是以其自身拥有的而非农户拥有的土地承包经营权作为信托财产。

流转村，就农地信托流转的相关政策对农户进行宣讲并为其答疑解惑；实地考察受托土地并对外发布信托土地信息；对承租人进行资格审查并对其经营信托农地的行为进行事后监督，确保农地用途不变；提供纠纷解决、经营指导、农机具有偿使用等服务。① 农户作为受益人，可从土地信托流转中获得土地租金、国家惠农补贴、劳动报酬以及土地增值收益等收入。

另外，在"草尾模式"中，以下一些主体亦发挥了重要的作用。第一，信托土地的实际经营者是由香园信托公司通过招标、竞拍方式确定的，一般为种植大户、农业企业，其中农业企业具备较高的信誉及开展农业生产经营所必需的技术、资金、管理经验等；② 第二，农地信托流转服务中心是从农机、农技、劳务等专业技术站抽调干部组成的服务平台，主要负责调解农地经营中的矛盾纠纷，为农地经营者提供劳务、农机、农技等方面的配套服务，为农户提供技能培训、就业介绍等服务；第三，草尾镇镇政府，除注资成立香园信托公司外，还负责对香园信托公司的绩效予以评估，并通过讲座、广播、巡回演讲等多种方式宣传农村土地信托相关知识。③

4. 利益分配方式

在"草尾模式"中，受益人的信托收益分为基本收益和农地增值收益。信托基本收益为香园信托公司支付的土地租金——每年每亩500斤稻谷的市场价格；④ 土地增值收益是指香园信托公司运用信托沉淀资金⑤产生

---

① 参见尚旭东《农村土地经营权流转：信托模式、政府主导、规模经营与地方实践》，中国农业大学出版社2016年版，第2~4页。
② 参见益阳市农村土地信托流转研究课题组《农村土地信托流转实证研究》，湖南人民出版社2013年版，第32页。
③ 参见陈栗刚、喻瑶《土地信托流转"草尾模式"下的农民收益研究》，《国土与自然资源研究》2016年第2期，第40页。
④ 考虑到物价因素，在具体确定土地租金时一般参考当年当地早、晚稻两季常规稻市场价的平均价格，且每五年会重新确定一次土地租金，在农民不满意时可派出代表与信托公司协商重新定价。参见益阳市农村土地信托流转研究课题组《农村土地信托流转实证研究》，湖南人民出版社2013年版，第66~67页。
⑤ 信托沉淀资金由注册资金、农业经营主体预付的租金、风险保证金以及土地服务费组成。参见益阳市农村土地信托流转研究课题组《农村土地信托流转实证研究》，湖南人民出版社2013年版，第63页。

的利润以及土地承包经营权在竞价中的差价收益扣除相关运营费用后形成的收益,在扣除为农户缴纳社保、医保及用于农村公共设施建设的部分后,以分红形式向农户支付。① 另外,农户还享有各项惠农补贴以及进入农地经营主体成为农业"工人"的工资薪金收入。受托人的收益是通过向实际经营信托土地的新型农业生产经营主体收取服务费和风险防范金的方式实现的,服务费为每年每亩10元,风险防范金则为每年每亩100元。②

5. 相关配套措施

为了更好地保障农民土地权益,尊重农户自主意愿,"草尾模式"设计了农户退出机制。农户要求退出信托关系,需获得同村三分之二以上农户的同意。③ 退出方式有两种:一是村委会根据大约等值原则在承租地周边确定等值大小的土地返还给退出农户,并由退出农户补偿信托公司和承租人因土地整理所产生的费用;二是直接将退出农户的原承包地返还,并由退出农户补偿信托公司和承租人因土地整理所产生的费用及因此对承租人正常经营所造成的影响。④ 另外,"草尾模式"也设计了一定的风险防范规则,如规定由香园信托公司向土地承租人适当收取稳定生产经营的风险防范金以及进一步扩大农业保险的承保面积、增加承保险种、扩展保险责任等举措。⑤

从以上颇具典型性的土地信托实践模式来看,信托机构主要承担土地信托供求登记、相关信息发布、项目推介、中介协调、指导签证、追踪服务及纠纷协调等职责,而对于受托土地承包经营权的经营、管理及处分等

---

① 参见益阳市农村土地信托流转研究课题组《农村土地信托流转实证研究》,湖南人民出版社2013年版,第70页。
② 参见英大国际信托有限责任公司课题组《土地信托产品设计》,经济管理出版社2017年版,第107页。
③ 参见益阳市农村土地信托流转研究课题组《农村土地信托流转实证研究》,湖南人民出版社2013年版,第163页。
④ 参见尚旭东《农村土地经营权流转:信托模式、政府主导、规模经营与地方实践》,中国农业大学出版社2016年版,第4页。
⑤ 其中承保险种增加了蔬菜种植保险,保险责任也由以往的以单一责任为主拓展为以频繁发生的自然灾害和意外事故为基本险责任。参见益阳市农村土地信托流转研究课题组《农村土地信托流转实证研究》,湖南人民出版社2013年版,第96页。

方面的内容涉及不多，信托机理下受托人的职能及角色并没有很好地体现，主要发挥中介服务的功能。就农户而言，其所获得的收益主要体现在固定的土地租赁费方面，并不能全面地反映土地经营管理所产生的收益，信托机理下受益权的特质并没有得到很好的彰显。

二 新型"金融化"农村土地信托实践

党的十八大以来，我国农村土地制度改革进入了一个新的阶段。农村土地信托的探索和实践也呈现鲜明的特色，即越来越多的专业信托机构加入了农村土地信托实践，并在农村土地流转及融资改革中发挥了举足轻重的作用。自2013年以来，先后有中信信托、北京信托、中建投信托等信托机构与安徽省、北京市、江苏省、山东省、贵州省、黑龙江省等地携手合作，积极开展农地信托的探索与实践，并形成了一些典型的模式。这些具有广泛影响力的信托实践的显著特点之一就是由专业化的信托公司作为受托人，依照信托机理构建农村土地经营权信托法律关系。在此类农地信托实践模式中，通常都设计了融财产权信托和资金信托为一体的复合结构，即包含两类信托：一是财产权信托；二是资金信托。财产权信托是指土地经营权人将其经营权作为信托财产，由信托公司作为受托人对信托财产进行管理、使用及处分；资金信托是指信托公司为解决土地实际经营主体的资金约束问题，通过设计信托计划，发行信托产品，向社会投资者募集资金，再通过借贷等方式投入土地实际经营主体，以更好地满足农地融资的需求。为进一步考察新型"金融化"农村土地信托实践的主要做法，下文将选取具有代表性的实践模式作简要讨论。

（一）中信信托"宿州模式"

1. 开展农地信托的背景

安徽省宿州市自然资源丰富，农产品种植种类丰富，农村土地流转具备较好的基础条件。宿州市鼓励农业生产经营趋向适度集约化，在政府的主导下，部分示范项目已经取得了初步成果。宿州市埇桥区位于宿州市区边缘，交通便利，具备一定的区域优势。经原农业部批准，2010年8月，埇桥区成为第一批国家现代农业示范区；2011年11月，埇桥区成为第一批全国农村改革试验区。这为埇桥区农村土地信托实践的开展奠定了良好的基础。

2. 基本运作流程

"宿州模式"采取了"财产权信托+资金信托"的结构化信托模式。其基本运作流程如下：第一，由有意向的农户与朱庙村村委会、塔桥村村委会签订《农村土地承包经营权委托转包合同》，将土地承包经营权转包给朱庙村村委会、塔桥村村委会；第二，朱庙村村委会、塔桥村村委会与朱仙庄镇政府签署农地承包经营权的委托管理合同，代理委托流转5400亩标的土地；第三，朱仙庄镇政府与埇桥区人民政府签署农地承包经营权的委托管理合同，由埇桥区人民政府作为委托人与中信信托签订信托合同，并作为A类信托受益人享有相关信托收益；第四，由中信信托归集相关信托农地，并根据信托计划运行情况决定是否发行B类信托单位和T类信托单位，募集资金分别用于土地整理投资和补充信托项目相关动态资金需求；[①] 并且，安徽帝元现代农业投资发展有限公司（以下简称帝元公司）还受中信信托聘请，作为服务商负责招商招租，并提供农地评估、土地流转等服务；第五，信托收益由中信信托分配给埇桥区人民政府，政府再根据合同约定，将收益交由村委会向相关农户分配。中信信托"宿州模式"的信托结构如图2-4所示。

3. "宿州模式"中主要各方的主体地位[②]

第一，农户与村委会。在"宿州模式"中，农户与村委会并不具有信托法律关系的主体地位。根据前文所述的基本交易结构，农户与村委会签订的是土地承包经营权委托转包合同，通过该合同实现将分散的土地承包经营权统一归集到村委会。合同标明了土地的位置和具体亩数，并将土地的用途限于适度规模经营和发展现代农业。合同约定土地承包经营权转包价格为1000斤中等质量小麦，如果以现金计算，则以国家颁布的中等质量小麦指导价格为标准进行兑付，但若1000斤中等质量小麦的价格换算成现

[①] 参见蒲坚《解放土地：新一轮土地信托化改革》，中信出版社2014年版，第233页。

[②] 此处关于各方主体地位的讨论，参见蒲坚《解放土地：新一轮土地信托化改革》，中信出版社2014年版，第231~242页。

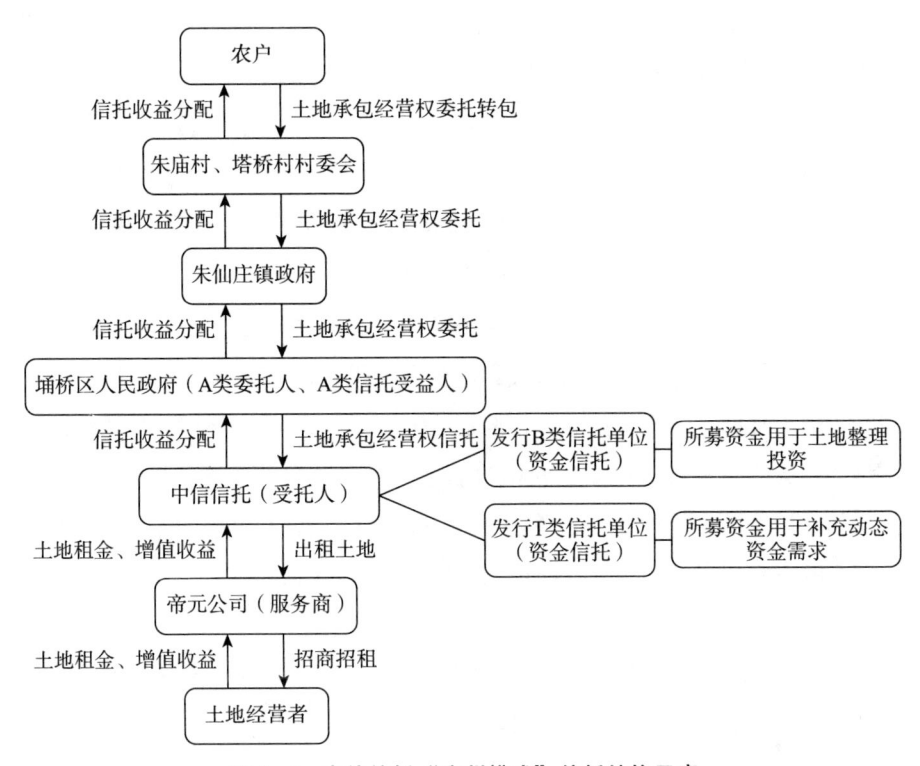

第二章 "两权分离"下农村土地信托的实践考察

图 2-4　中信信托"宿州模式"信托结构示意

金后低于 1000 元，则转包价格以 1000 元计算。此转包价格的设定，在一定程度上保证了农户的基本地租收益。

第二，埇桥区人民政府为信托关系中的 A 类委托人和 A 类信托受益人。作为 A 类委托人，埇桥区人民政府以归集的土地的承包经营权为信托财产，由受托人在对其进行整合的基础上，将其整体或分开出租，并根据实际情况进行土地整理、农业设施建设投资等。埇桥区人民政府除签署信托合同外，还应与受托人签署《土地承包经营权流转合同》，按规定办理土地承包经营权流转备案登记的相关手续，并将信托土地实际交付给受托人。作为 A 类信托受益人，埇桥区人民政府有权享有 A 类信托单位核算期内的 A 类基本收益和超额收益。当信托计划到期时，政府还可参与 A 类信托财产的期后收益分配，并且享有剩余期限的土地承包经营权。

第三，中信信托为信托关系中的受托人。作为受托人，中信信托管

79

理、经营信托计划，并将信托土地出租给帝元公司。中信信托还可以聘请专业机构担任此项信托计划的服务商以提供土地流通和整理等服务。另外，为改善信托土地的生产条件，增加地租收入，受托人可以决定发行适当规模的 B 类信托单位募集信托资金，用于信托土地的整理投资；受托人还有权决定发行 T 类信托单位，并将募集的资金全部用于补充兑付 A 类基本收益、B 类信托单位投资本金或预期收益。

第四，帝元公司作为受托人的服务商，主要负责整理信托计划中的 5400 亩土地、进行土地招商。当尚未找到适格的承租方时，服务商还需负责承租信托土地。根据其与中信信托签订的农地流转服务合同，服务商主要提供以下服务：收集、发布信托土地的相关信息，对开发项目的可行性进行论证；提供信托计划项下兑付 A 类基本收益的增信保障；提交信托计划项下使用信托财产的投融资建议；组织技能培训，提供就业介绍等。

4. 信托收益分配方式

"宿州模式"采取的是"财产信托+资金信托"的结构化信托模式，因此，可以将该模式中的信托受益权分为三类，分别是 A 类受益权、B 类受益权和 T 类受益权。

A 类受益权由 A 类委托人以 A 类信托财产认购 A 类信托单位获得，除了 A 类基本收益和超额收益外，当信托计划到期后，A 类委托人还有权分配信托财产的期后收益。为了保障 A 类基本收益的支付，A 类委托人优先从 A 类信托单位核算期内取得的土地租金获得支付，当租金不足以支付时，受托人可以决定发行 T 类信托单位募集资金用于补充支付，并由未来的信托土地租金予以返还。B 类委托人和 T 类委托人均以现金形式分别认购 B 类信托单位和 T 类信托单位，据此分别享有 B 类受益权和 T 类受益权，其预期收益率、预期收益及投资本金分配方式等由信托计划发行时的信托文件规定。[①]

在信托收益分配中，不同种类的受益权、收益分配顺序和分配方案均存在区别。A 类信托收益的分配顺序如下：向 A 类信托委托人分配 A 类基本收益；返还用 T 类信托资金垫付的 A 类基本收益；计算和提取应付未付

---

① 参见蒲坚《解放土地：新一轮土地信托化改革》，中信出版社 2014 年版，第 233～235 页。

的土地整理投资本金和收益；以 A 类信托财产超额收益向 A 类信托委托人分配 A 类超额收益；余额作为浮动信托报酬分配给受托人。B 类信托收益或 T 类信托收益则分别根据信托文件规定进行分配。但如果需同时分配以上两类信托收益时，则应首先分配 A 类基本收益，然后扣除信托费用和固定信托报酬，若有发行 B 类、T 类信托单位的，再依次分配 B 类、T 类投资本金及预期收益，最后再依次分配 A 类超额收益和浮动信托报酬。[①]

需要说明的是，在"宿州模式"中，是由埇桥区人民政府而非农户作为信托关系中的受托人和受益人，因此农户无法直接获得 A 类信托收益，而是由受托人将收益分配给埇桥区人民政府后，区人民政府将其分配给朱仙庄镇政府，朱仙庄镇政府再将其分配给朱庙村村委会和塔桥村村委会，农户最终从村委会取得信托收益。

5. 相关配套措施

为了更好地保障土地承包经营权信托流转，"宿州模式"设计了相对完善的配套措施，主要包括退出方案和风险控制措施两个方面。

就退出方案而言，信托计划到期或终止后，受托人需要将土地承包经营权返还给 A 类受益人，并按照信托文件向 B 类受益人和 T 类受益人分配信托财产。信托计划终止时，受托人应按规定制作清算报告，在报告公布之日起 10 个工作日内，受益人未提出书面异议的，受托人将不再对清算报告中所列事项承担责任。

就风险控制措施而言，主要设计了以下"防火墙"。第一，受托人与服务商预先达成整体租赁意向，并由服务商按照约定方式承诺土地承包经营权收入等业绩指标，确保 A 类基本收益可被信托计划项下获得的租金收入覆盖，若无法覆盖则由服务商补足相应资金缺口。[②] 第二，建立农业经营能力审查制度，由服务商和受托人共同审查承租方的经营能力，例如审查承租方的主体资格、投资能力、资信状况等。第三，根据信托项目的实际运行状况，受托人有权决定发行 B 类、T 类信托单位募集资金，以补充

[①] 参见蒲坚《解放土地：新一轮土地信托化改革》，中信出版社 2014 年版，第 233 页。
[②] 参见蒲坚《解放土地：新一轮土地信托化改革》，中信出版社 2014 年版，第 238 页。

信托中的流动性资金需求。第四，为降低 B 类受益人的风险，受托人发行 B 类信托单位必须以获取大宗农业订单和落实担保措施为前提。第五，信托计划设置了提前终止信托的止损机制。当国家政策、市场经营等方面出现重大不利情况时，信托计划可提前终止。①

（二）北京信托"密云模式"

1. 背景

据媒体报道，北京市密云县（已撤县设区）水漳村于 2010 年就启动了土地流转工作，并完成了流转整村土地承包经营权的"壮举"。② 过去，该村 1680 余亩土地主要用于种植粮食作物，例如玉米和红薯等。为了进一步提高经济效益，该村农民在自愿的基础上，将土地承包经营权流转到村里成立的"密云县穆家峪镇水漳股份经济合作社"（以下简称水漳土地合作社），再将其流转到村民成立的"圣水樱桃种植专业合作社"（以下简称圣水樱桃合作社），由该合作社负责土地的经营管理。但是，由于在建设大棚等基础设施、购买苗木、引进技术以及人工等方面的资金投入量较大，合作社扩大再生产的资金严重不足，经营存在一定的困难，水漳村农民收入增长和经济发展出现障碍。为解决资金不足、经营困难的问题，在北京市农经办（农研中心）的推动下，水漳村与北京信托达成合作意向，开展农村土地信托流转实践。2014 年 2 月，北京信托推出北京市首单土地流转信托产品——"北京信托·金色田野 2014008 号土地信托（密云水漳村）"项目，受托管理土地规模为 1680 余亩。

2. 基本运作流程

在北京市密云县（已撤县设区）水漳村开展的农村土地信托流转实践，采取了"双合作社"模式和"双信托"结构。"双合作社"是指"土地合作社"和"专业合作社"二者协调发展；"双信托"是指"财产权信托"和"资金信托"二者互相关联。

其基本运作流程如下。第一，由政府在水漳村进行土地确权，有意愿参

---

① 参见蒲坚《解放土地：新一轮土地信托化改革》，中信出版社 2014 年版，第 244 页。
② 参见林远、钟源《京郊密云农地经营权流转大挪移》，经济参考网，http://www.jjckb.cn/2014-04/15/content_500054.htm，最后访问日期：2022 年 3 月 5 日。

第二章 "两权分离"下农村土地信托的实践考察

与土地信托流转的农民可以以土地承包经营权入股水漳土地合作社，合作社再作为委托人与北京信托签订为期13年（与该村土地承包剩余期限相一致）的信托合同。第二，北京信托以租赁的形式将土地流转给圣水樱桃合作社，由圣水樱桃合作社负责农地的生产经营，该合作社每年向信托公司支付净利润的10%作为租金。第三，北京信托通过发行资金信托募集资金，再将该资金通过借款形式提供给圣水樱桃合作社，用于其购买苗木、建设设施、支付工资和流转费等，并由农业担保公司提供担保。第四，北京信托还利用自身渠道优势与华联集团成功牵线，使圣水樱桃合作社挂牌成为华联超市农产品基地，推动促成"农超对接"，力图形成"北京华联—北京信托—密云水漳村"联合品牌，建立农业合作社与农产品需求方互利共赢的长效供销机制。北京信托"密云模式"的信托结构如图2-5所示。

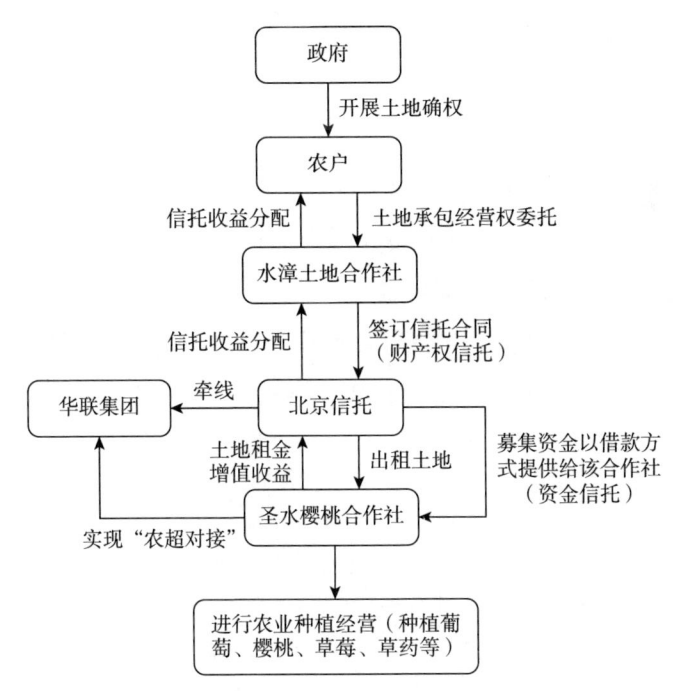

图2-5 北京信托"密云模式"信托结构示意

3. 相关主体及其法律地位

在"密云模式"中，各利益相关主体之间主要存在四类法律关系：信托关系、经营权租赁关系、资金借贷关系及借款担保关系。第一，信托关

83

系包括财产权信托和资金信托两类。在财产权信托关系中,水漳土地合作社作为委托人和受益人,北京信托则作为受托人。双方在合同中约定由水漳土地合作社作为委托人将水漳村1680余亩土地的经营权交由受托人北京信托,信托期限为13年。在资金信托关系中,北京信托依法发行信托产品,向社会投资者募集资金,用于向圣水樱桃合作社借贷。第二,在经营权租赁关系中,受托人北京信托与承租人圣水樱桃合作社签订租赁合同,由承租人租赁经营该信托土地,承租人每年向北京信托支付10%的净利润,作为租赁信托土地的对价。第三,在资金借贷关系中,圣水樱桃合作社与北京信托签订借款协议,约定由北京信托发行信托产品向投资者募集资金,将募集到的信托资金借贷给圣水樱桃合作社,借款期限为8年,主要用于购买苗木、建设设施、支付工资和流转费等。第四,在借款担保关系中,由农业担保公司为圣水樱桃合作社与北京信托之间的借款合同提供担保;同时,圣水樱桃合作社向农业担保公司提供反担保,每年支付2‰的担保费。[①]

4. 信托收益分配方式

在"密云模式"中,信托利益可以分为"固定收益"和"浮动收益"。圣水樱桃合作社通过定期支付租金以保障受益人的固定信托收益得以实现。同时,按照信托合同约定,受益人有权在农作物种植成熟后分享圣水樱桃合作社的年经营净收入,以此作为浮动收益。圣水樱桃合作社将其取得的超额收益按照合同约定的1:3:6的比例[②]定期在北京信托、水漳土地合作社和农民之间进行分配。

(三)北京信托"无锡模式"

1. 背景

江苏无锡阳山镇凭借其得天独厚的气候和地质条件成为水蜜桃的优良产地,该地也因此成为全国闻名的"水蜜桃之乡"。水蜜桃种植是当地农业的支柱产业和农民收入的主要来源。但随着大量年轻劳动力进城务工,水蜜桃种植户不断减少,这不仅造成了大面积的土地撂荒,也令当地的水

---

① 参见李蕊《中国农地融资创新实践的法律回应》,法律出版社2019年版,第81页。
② 参见李蕊《中国农地融资创新实践的法律回应》,法律出版社2019年版,第198页。

蜜桃产业受到影响。阳山镇政府希望通过新的土地流转方式来解决这一困境。早在2008年前后，阳山镇就曾提出要通过专业合作社、家庭农场等方式进行适度规模化经营以促进水蜜桃产业的发展。就在阳山镇积极探索农村土地规模化经营的新路径之时，北京信托也欲在土地信托流转方面进行创新性的实践。[1] 因此，2013年，在阳山镇政府的支持下，北京信托在阳山镇桃园村开展了土地信托流转项目。该项目借助土地信托流转这一方式，旨在实现水蜜桃产业的规模化和产业化经营。

2. 基本运作流程

在无锡市阳山镇桃园村实施的土地信托流转项目采取了"双合作社"的设计模式，即整个信托项目要通过"土地合作社"与"专业合作社"这两个合作社来进行运转。[2] 其基本运作流程如下。第一，将需要信托流转的土地承包经营权确权到233家农户，在此基础上农户根据自愿原则将其土地承包经营权入股至由当地农民成立的"无锡市阳山镇桃园土地股份专业合作社"（以下简称桃园土地合作社），并取得由江苏省农业委员会监制、惠山区委农村工作办公室印制、桃园土地合作社盖章的土地承包经营权股权证书，该证书将是后续农民享受土地信托收益的凭证。第二，桃园土地合作社与北京信托签订信托合同，该土地合作社作为委托人，将已取得的土地承包经营权委托给北京信托管理，设立财产权信托，信托存续期限不少于15年；北京信托以土地承包经营权股权证书为依据，向合作社成员发放"土地受益凭证"，实现农地使用权证券化。第三，北京信托作为受托人以租赁的形式将集中的土地流转给无锡市阳山镇灵俊水蜜桃专业合作社（以下简称灵俊水蜜桃专业合作社），通过租金收入、合作社经营收益等获得信托项目的收益。这一合作社是为该土地信托流转项目顺利进行而产生的，由5位桃园村水蜜桃种植专业户发起成立，土地后续的经营管理将由该合作社全权负责，确保流转土地用于水蜜桃种植。第四，北京信托还向相关主体提供融资服务，其根据相关主体的不同融资需求开发资金

---

[1] 参见王小霞《全国第二单土地流转信托调查》，中国信托业协会网，http://www.xtxh.net/xtxh/industry/34680.htm，最后访问日期：2022年5月14日。

[2] 参见王方《我国农村土地信托流转模式研究》，《农村经济》2017年第1期，第46页。

信托产品。例如，在灵俊水蜜桃专业合作社发展前期，北京信托为其提供资金支持；为农民则提供信托理财服务等。北京信托"无锡模式"的信托结构如图 2-6 所示。

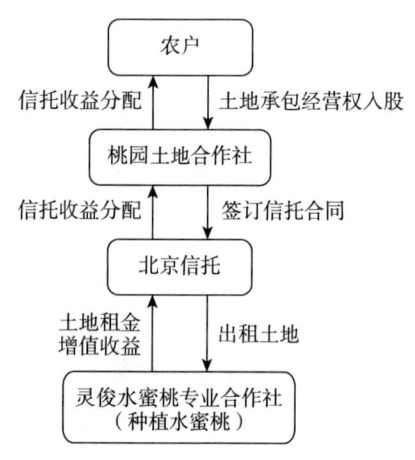

图 2-6 北京信托"无锡模式"信托结构示意

3. 相关主体及其法律地位

在"无锡模式"中，各利益相关主体之间主要存在两类法律关系：信托关系、经营权租赁关系。第一，信托关系包括财产权信托和资金信托两类。在财产权信托关系中，委托人为桃园土地合作社，受托人为北京信托，受益人为参与该项目的农户和村委会。双方约定由桃园土地合作社将 158.89 亩土地经营权委托给受托人北京信托，信托期限不少于 15 年。在资金信托关系中，北京信托依法设立信托产品，向社会投资者募集资金，用于向灵俊水蜜桃专业合作社借贷。第二，在经营权租赁关系中，受托人北京信托与承租人灵俊水蜜桃专业合作社签订租赁合同，由承租人租赁经营该信托土地，承租人按照租赁合同的约定每年向北京信托支付一定比例的租金作为租赁信托土地的对价。

4. 信托收益分配方式

在"无锡模式"中，233 家农户和村委会分别作为 A 类受益人和 B 类受益人。A 类受益人的"土地受益凭证"可以转让和赠与，但不能流通到阳山镇外；B 类受益人的受益权不能流通。信托收益来自土地经营收入，该收益先由北京信托分配给桃园土地合作社，再由桃园土地合作社按照土地入股比例分配给农户。信托收益包括固定收益和浮动收益两部分。就固定收益而言,农民是获得该部分收益的主体,参与项目的农民每年会获得1700元/亩的固定地租收益。就浮动收益而言,它是扣除租金、生产和人力成本之外的土地超额收益,即专业合作社年经营的净收益。考虑到水蜜桃有长达6年的生长周期,在这6年间不会产生收益,因此合同约定从第7年开始进行浮动收益的分配。浮动收益将分为5个部分。灵俊水蜜桃专业合作社作为土地承包人获得70%的浮动收益,这能充分调动其积极性,保障项目的顺利运行。农民获得20%的浮动收益,这令农民能够享受到土地增值的红利。由于该地区的融资需求较小,故信托公司只分得5%的浮动收益。最后在整个项目过程中起到组织引导作用的桃园村村委会和土地合作社分别获得4%和1%的浮动收益以维持其正常运营。①

(四)部分地区新型"金融化"农村土地信托实践的梳理

除了上文介绍的"宿州模式""密云模式""无锡模式",中信信托、北京信托及中建投信托等信托公司在其他地区也开展了一系列土地信托实践,但总体上的操作流程和信托结构设计与上述两类模式差异不大,故下文采用表格的形式将部分地区的新型"金融化"土地信托实践作简要比较(见表2-1)。需要说明的是,受限于有些地区土地信托实践公开披露的信息较少或者代表性较低,表2-1并没有覆盖全国范围内的所有土地信托实践,仅选取了部分地区的项目进行展示。

表2-1 部分地区新型"金融化"农村土地信托实践比较

序号	项目名称	模式	受托机构	主要内容	设计结构	收益分配方式
1	江苏省无锡市阳山镇桃园村项目(水蜜桃种植)	双合作社	北京信托	2013年11月启动。双合作社设计(土地合作社+专业合作社);信托期限不少于15年	复合信托结构(财产权+资金信托);预计发行资金信托产品	农户取得土地合作社股权证书,享受信托计划受益权;基本地租+浮动收益

---

① 参见黄燕芬、张志开、张超《交易费用理论视角的中国农村土地信托模式研究》,《公共管理与政策评论》2020年第5期,第80页。

农村土地经营权信托的风险控制与法律构造

续表

序号	项目名称	模式	受托机构	主要内容	设计结构	收益分配方式
2	江苏省句容市后白镇金色田野1-5号系列项目	合作社+专业化农业经营主体	北京信托	2013年11月启动。土地合作社+句容市新农村发展实业有限公司（土地基础开发）+多元化的农业生产主体	复合信托结构（财产权+资金信托）	
3	北京市密云县（已撤县设区）水漳村金色田野2014008号土地信托项目	双合作社	北京信托	2014年3月启动。双合作社设计（土地合作社+专业合作社）；信托期限13年；对接华联超市	复合信托结构（财产权+资金信托）；发行资金信托募集资金，借贷给圣水樱桃合作社1800万元，还款期限为8年	固定收益（地租）和浮动收益（分红）
4	安徽省宿州市埇桥区朱仙庄镇农村土地承包经营权集合信托计划1301期项目	政府代理+专业化农业经营主体	中信信托	2013年10月启动。委托人为埇桥区人民政府，农地经营主体为帝元公司	复合信托结构（财产权+资金信托）；发行资金信托计划；设计了A类、B类、T类受益权	固定收益和浮动收益
5	山东省潍坊市青州市何官镇南小王村项目	土地合作社+专业化农业经营主体	中信信托	2013年12月启动。委托人为青州市何官镇南小王村晟丰土地股份合作社，信托财产为1850亩土地的经营权，委托人除获得A类基本租金收益、A类超额收益以外，在信托计划到期时，还有权参与分配A类信托财产期后收益。受托人中信信托负责为信托农地引入先进企业、技术，将先进企业与合作社、农户联系起来	复合信托结构（财产权+资金信托）；发行资金信托计划；分类受益权	固定收益和浮动收益

88

续表

序号	项目名称	模式	受托机构	主要内容	设计结构	收益分配方式
6	贵州省贵阳市开阳县富硒水稻项目	政府代理+专业化农业经营主体	中信信托	2014年1月启动。委托人为开阳县政府，同时引入贵州硒味园食品开发有限公司作为第三方服务商，此次共计1000亩土地参与流转，该土地以种植有机富硒水稻和养殖生猪等为主	复合信托结构（财产权+资金信托）；发行资金信托计划	固定收益和浮动收益
7	河南省济源市"中信·济源农村土地承包经营权集合信托计划"项目	政府代理+专业化农业经营主体	中信信托	2014年3月启动。委托人为济源市人民政府，土地使用方为鄢陵花艺绿化工程有限公司		
8	黑龙江省兰西县"中信·兰西土地信托化综合改革"项目		中信信托	2014年11月启动。中信信托与黑龙江省农业科学院、绥化市兰西县人民政府、哈尔滨谷物交易所签订《战略合作框架协议》，拟逐步实现约300万亩土地的信托化。首批试点的委托人为土地合作社；受托人为农民发放信托凭证，作为获得土地收益权的法律证明		固定收益和浮动收益

续表

序号	项目名称	模式	受托机构	主要内容	设计结构	收益分配方式
9	江苏省镇江新区丁岗镇"中建投·镇江新区·森禾一期土地流转财产权信托"项目	集体经济组织+专业化农业经营主体	中建投信托	2014年7月启动。委托人为丁岗镇集体资产经营管理中心，土地承租人为镇江森禾花卉园艺有限公司	复合信托结构（财产权+资金信托）；发行专项集合资金信托计划，募集"镇江森禾现代高科技花卉苗木生产示范基地"项目资金（首期投资金额不低于1000万元）	地租收益和浮动收益。信托利益的计算方式为：当期信托利益=流转土地面积（亩）×农地基准收益×当期核算天数/365；自信托设立第3年起，每年的农地基准收益都随当年国家公布的江苏省粳稻最低收购价的上涨幅度而增加

注：综合网络公开信息及相关学者的研究成果整理得出，参见李蕊《中国农地融资创新实践的法律回应》，法律出版社2019年版，第72~77页。

从表2-1汇总的信息可以看出，虽然上述项目同为新型"金融化"土地信托实践，但在运作流程、土地归集、设计结构、土地经营及政府角色等方面仍存在一些差异，大体上呈现两类模式，有学者将其概括为"政府代理"模式和"双合作社"模式。[①]"政府代理"模式以中信信托在安徽宿州的实践为代表；"双合作社"模式以北京信托在北京密云的实践为代表。在"政府代理"模式中，其运行机制主要体现为"委托+信托"，地方政府在土地信托流转中扮演代理人的角色，发挥土地归集的主导作用。农户的土地承包经营权被归集到地方政府手中，政府作为委托人与信托公司签订信托合同，信托公司再根据土地的资源条件将土地进行整合后，将其出租给合适的农业经营主体，以完成整体的土地信托流转。"双合作社"模式则采用"合作社+信托"的运行方式，农户以土地承包经营权入股土地合作社，土地由此被归集到土地合作社手中，土地合作社再与信托公司

---

① 参见李蕊《中国农地融资创新实践的法律回应》，法律出版社2019年版，第71~82页。

签订信托合同，由信托公司将土地流转给农民成立的专业合作社经营管理。相较于"政府代理"模式，"双合作社"模式更被学界所青睐，正如有学者指出，"双合作社"模式的主旨在于将两个农民合作机构——土地合作社和专业合作社配置于农地信托前后两端，保障农地"从农民中来到农民中去"。①

三 早期"平台型"实践模式与新型"金融化"实践模式的比较

自 2001 年浙江绍兴试水土地信托以来，全国各地纷纷开展了土地信托试点与实践。在这些试点与实践中，既有时间阶段的不同，也有模式的差异，总体上可分为两类模式：一是早期"平台型"土地信托实践；二是新型"金融化"土地信托实践。为了更好地理解两类土地信托实践模式的差异，下文将从功能变迁、受托主体及金融支持三个方面作简要论述。需要说明的是，下文中所讨论的所谓区别，是通过对两类模式进行比较而得出的相对结论，并非两者之间存在的绝对差异。另外，两类模式之间的差异，从不同视角进行观察，可能会得出更多方面的区别，但出于聚焦主题的考虑，仅选取了以下三个方面作简要的讨论与分析。

（一）从单一土地流转功能向兼具土地流转和融资功能的变迁

应当承认，土地规模化经营是农业发展到一定阶段的必然结果，是农业社会发展的飞跃，更是我国传统农业向现代化农业转变的必经之路。正如邓小平同志指出的："中国社会主义农业的改革和发展，从长远的观点看，要有两个飞跃。第一个飞跃，是废除人民公社，实行家庭联产承包为主的责任制。这是一个很大的前进，要长期坚持不变。第二个飞跃，是适应科学种田和生产社会化的需要，发展适度规模经营……"② 传统农业的特征之一就是土地的分散经营。改革开放以来，以家庭联产承包为特征的

---

① 李蕊：《中国农地融资创新实践的法律回应》，法律出版社 2019 年版，第 71 页。
② 《邓小平文选》（第三卷），人民出版社 1993 年版，第 355 页。

农村土地经营权信托的风险控制与法律构造

土地分散经营曾经发挥了非常显著的作用,在解放农村生产力、促进农业发展及提高农民生活水平等方面起到了关键性的作用。但是,随着社会经济的发展,土地的分散经营也不可避免地存在一些不足和风险,如劳动生产率及效益较低,无法有效应对农业的市场风险,尤其是伴随城镇化的不断推进,大量农民放弃农业耕种,转而进城务工或从事非农产业,农村土地撂荒成为一个突出的社会经济问题。相较于土地分散经营,土地规模化经营则能有效克服以上不足和应对相应的风险,而且土地规模化经营有利于提升农业生产效益,推进我国农业现代化发展。在我国现行土地制度框架下,土地流转是土地规模化经营的必然要求,也是促进农村经济不断发展、应对农村劳动力转移的现实需要。

1. 早期"平台型"农村土地信托实践:扩大农村土地流转方式的有益探索

根据有关学者的研究,中国农地流转政策的变迁历程分为四个时期:农地流转重启时期(1984~1992年)、农地流转发展时期(1993~2002年)、农地流转规范时期(2003~2012年)和农地流转创新时期(2013年至今)。[①]第一,农地流转重启时期(1984~1992年)。1984年中央允许承包农地转包,但禁止以其他任何方式流转农地,并在1986年以法律的形式禁止以买卖、出租等形式流转土地。第二,农地流转发展时期(1993~2002年)。随着城市化进程的加快,国家越来越重视农村土地流转问题,并从被动允许农地流转的角色逐渐转变为主动引导的角色,从而使得实践中的农地流转在一定程度上呈现行政强制的色彩。第三,农地流转规范时期(2003~2012年)。2003年施行的《农村土地承包法》,对农地流转原则、方式和其他事项进行了详细规定,为农地流转实践提供了明确的法律依据和实施规范。同时,党中央、国务院多次出台相关政策文件,强调农地流转要在"依法、自愿、有偿"原则下进行,且该时期的政策目标主要为加强对农地流转市场管理与服务、健全农地流转机制。第四,农地流转

---

① 参见吴光芸、万洋《中国农村土地流转政策变迁的制度逻辑——基于历史制度主义的分析》,《青海社会科学》2019年第1期,第87~89页。

创新时期（2013年至今）。2013年以来，为贯彻落实全面深化改革的战略部署，党中央、国务院在相关政策文件中赋予广大农民对承包农地的占有、使用、收益、流转及承包经营权抵押和担保权能，提出了土地承包经营权的"三权分置"改革，2018年修正的《农村土地承包法》首次以法律的形式明确规定了土地经营权。

近年来，尤其是2003年《农村土地承包法》施行以来，由于土地流转有法可依、有章可循，我国农村土地流转规模越来越大。有学者根据公开数据进行了统计，2007年我国农村土地流转总面积约为0.64亿亩，此后逐年增长，2012年上升至2.78亿亩，2014年后土地流转面积增速有所减缓，2016年达到4.7亿亩，比2007年约增加4.06亿亩，十年间土地流转面积增加六倍多。① 与流转规模不断扩大相关的是，农村土地流转形式亦呈现多样化的特征，传统的流转方式主要包括转包、出租、互换、转让等，学者在浙江调研的数据显示，出租、转让、互换是主要的传统流转方式，三者合计占土地流转总样本的40%。② 但是，近年来，土地信托、股份合作等新型流转方式也被广泛接受和实践推广。自2001年浙江绍兴试水土地信托以来，湖南益阳、福建沙县、贵州安龙、广东高州、湖南浏阳、河南安阳等地纷纷开展土地信托流转的实践。

传统的农地流转方式更依赖流转双方"一对一"的直接对话、协商及谈判，受限于供求信息不足及交易成本较高等因素，其结果往往是流转规模较小，距土地规模化集约化经营的要求甚远。故而，无论是从流转供求双方的需求、农业现代化的要求，还是从地方政府推动土地规模化经营的动力等角度来看，都需要某种机构为农村土地流转搭建"平台"，扮演中介人的角色，从而推动农村土地的规模化流转。很显然，此类"平台"无法通过市场机制自发形成，于是地方政府当仁不让地扮演该种角色。正如前文所述，不管是浙江"绍兴模式"中的三级土地信托服务机构，还是

---

① 参见公茂刚、王学真、李彩月《"三权分置"改革背景下我国农村土地流转现状及其影响因素研究》，《宁夏社会科学》2019年第1期，第85页。
② 参见罗玉辉《"三权分置"下中国农村土地流转的现状、问题与对策研究》，《兰州学刊》2019年第2期，第174页。

湖南益阳"草尾模式"中作为受托人的信托公司，均在土地信托中发挥了重要的"平台"作用，其主要目的在于为土地信托流转搭建中介平台，实践中的操作模式基本上都是地方政府引导或牵头设立土地信托机构，为流转双方提供信息发布、缔约服务、纠纷调处等媒介服务。此类信托机构往往不具备融资功能，或者融资功能极其有限，无法通过金融工具撬动社会资本注入土地信托实践中。因此，早期"平台型"土地信托实践的出发点在于更好地推动土地流转，其主要发挥的是单一的土地流转功能。

2. 新型"金融化"农村土地信托实践：兼具流转和融资复合功能

不可否认，随着各地土地信托试点的增多，早期"平台型"土地信托实践对于促进土地规模化流转发挥了重要作用，但与传统土地流转方式一样，其往往呈现重流转轻融资的特征，一般很难有效地满足农地流转之后农业经营者在经营土地过程中的融资需求。在农业现代化的背景下，农村土地流转方向由原来的农户和种田能手向家庭农场、专业合作社和农业龙头企业等新型农业经营主体转变，因而土地流转规模更大，对资本的需求也更高。尤其是土地流转后的农业规模化经营要求新型农业经营主体在农业基础设施建设、农业生产资料购买、农业科学技术引进等环节进行大量投入，但新型农业经营主体的自有资金往往难以满足土地流转前后的资金需求，因而需要向银行、农村信用社等外部金融机构进行融资。[①] 在实践中，农地融资通常是通过土地承包经营权抵押的方式实现，但即便有相关政策文件的鼓励和支持，农村土地承包经营权抵押的试点范围和融资规模也仍然较小。金融机构基于风险控制以及实现担保物权面临重重现实困难的考虑，开展农地抵押的动力不足。在我国农村金融发展迟缓、体系薄弱的现实背景下，日益扩大的土地流转市场面临越来越大的资金需求量，但传统土地流转方式（包括"平台型"土地信托）却面临融资能力有限和资金来源渠道单一等现实困境，难以为我国的农村土地流转提供充足的融资

---

① 参见郭熙保、吴方《家庭农场经营规模、信贷获得与固定资产投资》，《经济纵横》2020年第7期，第92~105页。

供给。同时，这种客观上的融资困境，在一定程度上反映的是农村金融市场发展的滞后，可能导致新型农业经营主体无法获得大规模土地流转及经营所需的资金支持，从而造成农地流转效率低下的局面。

自2013年中信信托在安徽宿州试水土地信托之后，一种新型的、具有鲜明"金融化"色彩的土地信托模式逐渐流行起来，包括中信信托、北京信托、中粮信托、中建投信托等在内的国内主要大型信托公司纷纷开展土地信托业务。与早期土地信托模式相比，新型土地信托模式最大的亮点在于其具有鲜明的"金融化"色彩，即不仅满足了土地流转本身的需要，而且满足了土地流转过程中及流转之后的融资需要，兼具了流转和融资的复合功能。此类新型"金融化"土地信托模式，通过"财产权信托+资金信托"的复合信托结构，以信托公司为媒介，充分发挥信托机理，联结社会资本和农村土地资源，在实现农地规模化流转的同时，通过结构化设计、信托工具的使用，撬动了社会资本，扩大了融资渠道，有效地满足了农业规模化经营主体的资金需求。农村金融发展与农村土地流转具有显著的正向关系。正如有学者指出，金融发展一方面可以为土地流转提供信贷支持，解除土地流转以及土地流转后农业现代化生产的信贷约束，另一方面可以推动农村富余劳动力要素优化配置，通过农户非农就业促进农地流转。[1] 因此，大力促进农村金融发展就成为破解土地流转增速下降困境，扩大农村土地流转规模，提高农村土地流转速度，推动农业农村发展和乡村振兴战略顺利实施的重要途径。促进农村金融发展，健全农村金融体系，除了进一步加大现有的农村金融支持力度之外，更需要大力探索多元化的金融供给。针对农村土地流转市场，嵌入了"财产权信托+资金信托"复合信托结构的新型土地信托模式就成为创新发展农村金融中非传统银行业务的重要举措。

（二）农村土地信托结构中受托主体的性质截然不同

通过前文对各地土地信托实践的考察，我们能够清晰地观察到两类土

---

[1] 参见张永峰、路瑶《金融发展与土地流转：事实、理论与实证检验》，《世界农业》2022年第3期，第37页。

农村土地经营权信托的风险控制与法律构造

地信托模式中受托主体的性质存在很大的差异。受托主体的性质差异，直接关涉两类土地信托模式的定位、功能及效应的发挥。

1. 早期"平台型"农村土地信托实践：非商业性信托机构

正如前文所述，在浙江"绍兴模式"中，受托主体为地方政府设立的县、乡镇、村三级土地信托服务机构；在福建"沙县模式"中，受托主体为源丰信托公司和金茂信托公司；在湖南益阳"草尾模式"中，受托主体为政府出资设立的香园信托公司。早期土地信托实践虽然突破了"农户—农业经营主体"的传统土地流转模式，通过契约的形式将土地承包经营权进行归集，形成了"农户—受托主体—农业经营主体"的流转模式，在一定程度上实现了规范流转、规模流转的效果。但是，在此类土地信托模式中，受托主体均非真正意义上的商业性信托机构，即便有些是地方政府出资设立的名为"信托公司"的受托主体，其实质也是依赖政府信用并扮演平台型角色的媒介组织。例如，根据笔者在国家企业信用信息公示系统查询的信息，源丰信托公司的经营范围包括农村土地承包经营权流转信息咨询、信托服务；农业科技推广、培训及咨询；农业机械服务；农业开发投资。实际上，除了"沙县模式"中的源丰信托公司之外，对于该模式中的金茂信托公司以及湖南益阳"草尾模式"中的香园信托公司，仅通过观察他们的经营范围（见表2-2）就能得出其并非商业性信托机构的结论。

表2-2 早期"平台型"农村土地信托实践中部分受托主体的相关信息

序号	名称	类型	成立日期	注册资本	经营范围
1	三明市沙县区源丰农村土地承包经营权信托有限公司	有限责任公司（非自然人投资或控股的法人独资）	2011年5月6日	120万元	农村土地承包经营权流转信息咨询、信托服务；农业科技推广、培训及咨询；农业机械服务；农业开发投资（依法须经批准的项目，经相关部门批准后方可开展经营活动）

续表

序号	名称	类型	成立日期	注册资本	经营范围
2	三明市沙县区金茂农村土地承包经营权信托有限公司	有限责任公司（非自然人投资或控股的法人独资）	2011年6月14日	30万元	农村土地承包经营权流转信息咨询、信托服务；农业科技推广、培训及咨询；农业机械服务；农业开发投资（依法须经批准的项目，经相关部门批准后方可开展经营活动）
3	沅江市香园农村土地承包经营权信托有限公司	有限责任公司（国有独资）	2010年6月25日	200万元	农村土地流转托管投资服务；农村土地开发服务；农业科技推广、培训及咨询服务；农业机械、生态农业综合开发服务（以上服务项目涉及行政许可的，凭许可证经营）

注：笔者根据国家企业信用信息公示系统中查询的信息整理。

另外，需要指出的是，在福建"沙县模式"和湖南益阳"草尾模式"中，地方政府通过国有资产投资（经营）公司出资设立独资性质的所谓"信托公司"，其合法合规性是存疑的。根据2007年施行的《信托公司管理办法》的相关规定，各地"平台型"土地信托实践中设立的所谓"信托公司"至少在公司性质、设立许可、设立条件、注册资本最低限额等方面与现有的监管规定相冲突。在公司性质上，《信托公司管理办法》第2条明确规定"本办法所称信托公司，是指依照《中华人民共和国公司法》和本办法设立的主要经营信托业务的金融机构"，即信托公司的性质是主要经营信托业务的金融机构，但前述提到的源丰信托公司、金茂信托公司、香园信托公司均不属于金融机构。在设立许可方面，《信托公司管理办法》第7条明确规定"设立信托公司，应当经中国银行业监督管理委员会批准，并领取金融许可证。未经中国银行业监督管理委员会批准，任何单位和个人不得经营信托业务，任何经营单位不得在其名称中使用'信托公司'字样。法律法规另有规定的除外"。因此，早期土地信托实践中作为受托人的所谓"信托公司"，实际上是不符合我国相关金融监管规定的。

在设立条件方面,《信托公司管理办法》第8条①规定了详细条件,早期实践中的土地信托公司几乎不可能满足这些条件。在注册资本最低限额方面,《信托公司管理办法》第10条规定"信托公司注册资本最低限额为3亿元人民币或等值的可自由兑换货币,注册资本为实缴货币资本"。而在早期土地信托实践中,源丰信托公司的注册资本金为120万元,金茂信托公司的注册资本金为30万元,香园信托公司的注册资本金为200万元。这些微薄的注册资本金,既不符合相关管理办法的规定,也无法满足开展真正意义上的信托业务的需求。从这个意义上,再次证明了此类所谓的信托公司,仅在土地信托实践中扮演平台的角色,发挥媒介的作用,无法从根本上有效地满足金融支持土地流转的要求。

2. 新型"金融化"农村土地信托实践:专业化的信托公司

根据公开信息,自2013年中信信托在安徽宿州开展土地信托以来,北京信托、中建投信托、中粮信托等信托公司也涉足了土地信托业务,以上这些信托公司在全国范围内陆续开展了数十单土地信托业务,形成了一些典型的操作模式,如前文考察的中信信托"宿州模式"和北京信托"密云模式"等。在此阶段,土地信托实践呈现鲜明的"金融化"特征,主要表现在两个方面:一是在信托结构中嵌入了财产权信托和资金信托两类信托;二是受托人均为专业化的商事信托公司。根据我国金融监管的要求,专业化的商事信托公司担任受托人是土地信托具有"金融"属性的前提条件。与早期"平台型"土地信托实践中的受托主体相比,新型"金融化"土地实践中的受托主体(见表2-3)均为依法成立的非银行金融机构,具有资本实力雄厚、以信托业务为主业及金融市场经验丰富等特点,是专业化的商事信托公司。

---

① 《信托公司管理办法》第8条:"设立信托公司,应当具备下列条件:(一)有符合《中华人民共和国公司法》和中国银行业监督管理委员会规定的公司章程;(二)有具备中国银行业监督管理委员会规定的入股资格的股东;(三)具有本办法规定的最低限额的注册资本;(四)有具备中国银行业监督管理委员会规定任职资格的董事、高级管理人员和与其业务相适应的信托从业人员;(五)具有健全的组织机构、信托业务操作规程和风险控制制度;(六)有符合要求的营业场所、安全防范措施和与业务有关的其他设施;(七)中国银行业监督管理委员会规定的其他条件。"

第二章 "两权分离"下农村土地信托的实践考察

表 2-3 新型"金融化"农村土地信托实践中部分受托主体的相关信息

序号	名称	公司类型	成立日期	注册资本	经营范围
1	中信信托有限责任公司	其他有限责任公司	1988年3月1日	1127600万元	资金信托；动产信托；不动产信托；有价证券信托；其他财产或财产权信托；作为投资基金或者基金管理公司的发起人从事投资基金业务；经营企业资产的重组、购并及项目融资、公司理财、财务顾问等业务；受托经营国务院有关部门批准债券的承销业务；办理居间、咨询、资信调查等业务；代保管及保管箱业务；以存放同业、拆放同业、贷款、租赁、投资方式运用固有财产；以固有财产为他人提供担保；从事同业拆借；法律法规规定或依法批准的其他业务（市场主体依法自主选择经营项目，开展经营活动；依法须经批准的项目，经相关部门批准后依批准的内容开展经营活动；不得从事国家和本市产业政策禁止和限制类项目的经营活动）
2	北京国际信托有限公司	有限责任公司	1984年10月5日	220000万元	资金信托；动产信托；不动产信托；有价证券信托；其他财产或财产权信托；作为投资基金或者基金管理公司的发起人从事投资基金业务；经营企业资产的重组、购并及项目融资、公司理财、财务顾问等业务；受托经营国务院有关部门批准的证券承销业务；办理居间、咨询、资信调查等业务；代保管及保管箱业务；以存放同业、拆放同业、贷款、租赁、投资方式运用固有财产；以固有财产为他人提供担保；从事同业

99

续表

序号	名称	公司类型	成立日期	注册资本	经营范围
2	北京国际信托有限公司	有限责任公司	1984年10月5日	220000万元	拆借；特定目的信托受托机构；受托境外理财业务；股指期货交易业务；以固有资产从事股权投资业务；法律法规规定或依法批准的其他业务（市场主体依法自主选择经营项目，开展经营活动；依法须经批准的项目，经相关部门批准后依批准的内容开展经营活动；不得从事国家和本市产业政策禁止和限制类项目的经营活动）
3	中建投信托股份有限公司	其他股份有限公司	1979年8月27日	500000万元	经营中国银行业监督管理委员会依照有关法律、行政法规和其他规定批准的业务，经营范围以批准文件所列的为准
4	中粮信托有限责任公司	有限责任公司	2009年7月27日	283095.418200万元	资金信托；动产信托；不动产信托；有价证券信托；其他财产或财产权信托；作为投资基金或者基金管理公司的发起人从事投资基金业务；经营企业资产的重组、购并及项目融资、公司理财、财务顾问等业务；受托经营国务院有关部门批准的证券承销业务；办理居间、咨询、资信调查等业务；代保管及保管箱业务；法律法规定或依法批准的其他业务（市场主体依法自主选择经营项目，开展经营活动；依法须经批准的项目，经相关部门批准后依批准的内容开展经营活动；不得从事国家和本市产业政策禁止和限制类项目的经营活动）

注：笔者根据国家企业信用信息公示系统中查询的信息整理。

（三）不同农村土地信托模式下的金融支持力度差异明显

长期以来，耕地细碎化以及农户小规模经营导致的规模不经济一直是我国农业现代化发展中的主要障碍。自1984年党中央允许承包农地转包以来，国家为促进和规范农村土地的流转，不仅在《农村土地承包法》中明确规定了土地流转的方式、条件及约束等，也出台了不少政策文件，如2013年中央一号文件提出鼓励土地资源向农民专业合作社、家庭农场和专业大户等新型农业经营主体流转，发展多种形式的适度规模经营；2015年中央一号文件提出要创新土地流转方式和规模经营形式，鼓励发展规模适度的家庭农场。

不可否认，近些年我国农村土地流转取得了一定的成效。2020年10月14日，农业农村部在"对十三届全国人大三次会议第8060号建议的答复"中披露，全国已有1239个县（市、区）、18731个乡镇建立农村土地经营权流转服务中心，全国家庭承包耕地流转面积超过5.55亿亩，[①]约占全国耕地总面积[②]的28.94%。但是，当前我国农村土地流转的规模、占比及质量距我国农业现代化的要求还有一定差距。有学者指出，当前我国农地流转市场发展的瓶颈并非供给不足，而是缺乏需求。[③] 抑制农村土地流转需求的因素有很多，其中，良好的融资条件一直被视为影响我国农业规模经营的重要因素之一。农地流转的有偿化、规模化、契约化，租金的上涨，以及不可分割的巨额农机投资使得农业经营主体对资金的需求日益扩大，而农业经营主体，尤其是农户的流动性往往不足以负担规模化经营所需的资金投入。[④] 因此，在农村土地信托实践中，金融支持（尤其是融资支持）就成为对不同土地信托模式评价或观察其现实效应的重要因素。

1. 早期"平台型"农村土地信托实践：金融支持力度有限

根据公开的信息，在早期"平台型"土地信托实践中，各地的金融支

[①] 《对十三届全国人大三次会议第8060号建议的答复》，农业农村部官网，https://www.moa.gov.cn/govpublic/zcggs/202010/t20201014_6354246.htm，最后访问日期：2022年5月4日。

[②] 据第三次全国国土调查主要数据成果新闻发布会披露的数据，截至2019年底，我国耕地面积19.18亿亩。参见《第三次全国国土调查主要数据成果新闻发布会》，自然资源部官网，http://www.mnr.gov.cn/dt/zb/2021/qggtdc/jiabin/，最后访问日期：2022年7月20日。

[③] 参见李江一、秦范《如何破解农地流转的需求困境？》，《管理世界》2022年第2期，第84页。

[④] 参见柳凌韵、周宏《正规金融约束、规模农地流入与农机长期投资——基于水稻种植规模农户的数据调查》，《农业经济问题》2017年第9期，第65~76页。

持力度都非常有限。如浙江"绍兴模式"中，地方政府成立的三级土地信托服务机构的主要功能是为土地信托搭建"平台"，为土地流转提供包括供求登记、信息发布、项目推介、中介协调、指导签证、追踪服务和协调纠纷等在内的媒介服务，而对土地流转后农业规模经营主体的金融支持则涉及甚少。

在湖南益阳"草尾模式"和福建"沙县模式"中，虽然地方政府及其出资设立的土地信托公司对流转后的农业规模经营主体采取了一定的金融支持举措，但由于其本身资金实力有限，加之渠道单一，事实上根本无法满足农业规模化经营的融资需求。另外，在福建"沙县模式"中，针对项目业主融资难的问题，沙县农村信用联社为其量身定制相应的信贷支持方案，并在2013年试点建设村级融资担保基金，为农户和项目业主提供优惠利率贷款和政府贴息贷款。[①] 根据2013年的统计数据，沙县"累计有165个农业规模经营主体，通过金融机构获得贷款1.29亿元，沙县政府财政贴息648.5万元"。[②] 很显然，这些资金支持对于规模庞大的土地流转及经营来说，无疑是杯水车薪。但需要指出的是，虽然沙县此类融资方式的改革降低了相关主体的融资成本，在一定程度上促进了土地信托流转，但此类金融支持并非该模式下的土地信托结构中内含的功能。

2. 新型"金融化"农村土地信托实践：金融支持力度明显增强

与早期的土地信托实践不同，专业化的大型商事信托公司介入土地信托实践项目后，规模化农业经营主体在土地整理、农业生产、农产品销售等诸多环节都更容易得到信托公司整合资源的支持，尤其是在更有效地满足农业经营主体的融资需求方面。正如前文所述，新型"金融化"土地信托中最能体现金融色彩的就是"财产权信托+资金信托"的复合信托结构。土地信托项目中的资金信托计划能够为土地整理、开发、生产、销售等诸多环节提供融资渠道、满足融资需求。如中信信托安徽"宿州模式"设立

[①] 参见马建兵、王天雁《农村土地信托法律问题研究——兼谈西部特殊性问题》，知识产权出版社2019年版，第123页。

[②] 英大国际信托有限责任公司课题组：《土地信托产品设计》，经济管理出版社2017年版，第110页。

的帝元现代农业循环经济园项目，总投资10.5亿元，截至2016年3月，该项目已得到中信信托与埇桥区人民政府合作成立的"中信·农村土地承包经营权集合信托计划1301期"资金支持，解决了项目建设的后续资金问题。[①] 在北京信托"密云模式"中，北京信托通过发行资金信托计划融资，再以借款的方式将信托资金提供给圣水樱桃合作社用于购买苗木、建设设施、支付工资和流转费等，并由农业担保公司提供担保。在中信信托"宿州模式"中，由中信信托归集相关信托农地，并根据信托计划运行情况决定是否发行B类信托单位和T类信托单位，募集资金分别用于土地整理投资和补充信托项目相关动态资金需求。

传统农地融资主要是通过民间借贷、金融机构小额贷款、农民互助金融等方式实现，但涉农机构对农业的贷款方式单一，无法完全满足农村土地流转的需求。一方面，土地受让方流入土地后，规模化农业生产势必涉及农村土地的整理、开发，农产品的生产、加工、销售等诸多环节，必然会产生强烈的融资需求；另一方面，传统渠道的融资方式，期限往往较短，很难契合农业生产周期长、回报慢的特点；加之，传统的融资渠道对于担保物的要求较高。以上诸多原因，导致农村土地流转市场对金融支持的需求与农村金融供给之间的矛盾迟迟无法得到较好的解决，因而，土地信托模式的创新与发展就成为必然。在新型"金融化"土地信托实践中，专业化的商事信托公司通过市场化的融资手段对接社会资本，基于信托公司专业规范的资金信托业务，为农业经营引入社会资本构筑了新的桥梁，从而将金融创新与农村土地流转创新有机结合起来，不仅促进了农村土地、资金和劳动力资源的有效配置，而且为社会资本创造了新的投资路径和渠道。

近年来，尤其是乡村振兴战略实施以来，党和国家对优化农村金融资源配置问题高度重视。2018年2月4日，中共中央、国务院公布的《关于实施乡村振兴战略的意见》提出"把更多金融资源配置到农村经济社会发

[①] 《储昭海局长到安徽宿州帝元现代农业循环经济园调研》，安徽省宿州市自然资源和规划局网站，http://zrzyghj.ahsz.gov.cn/xwzx/bjdt/14168720.html，最后访问日期：2022年7月20日。

展的重点领域和薄弱环节，更好满足乡村振兴多样化金融需求"；① 2018年9月26日，中共中央、国务院印发的《乡村振兴战略规划（2018-2022年）》再次强调要"健全适合农业农村特点的农村金融体系，把更多金融资源配置到农村经济社会发展的重点领域和薄弱环节，更好满足乡村振兴多样化金融需求"；② 2019年1月29日，中国人民银行、银保监会、证监会、财政部、农业农村部五部门联合印发的《关于金融服务乡村振兴的指导意见》强调"完善农村金融资源回流机制，把更多金融资源配置到农村重点领域和薄弱环节，更好满足乡村振兴多样化、多层次的金融需求，推动城乡融合发展"；③ 2021年出台的《乡村振兴促进法》第63~66条从融资担保、多层次资本市场、农村金融服务体系、多层次农业保险体系等方面规定了金融支持乡村振兴的重要举措；2022年中央一号文件《中共中央 国务院关于做好2022年全面推进乡村振兴重点工作的意见》再次强调要强化乡村振兴金融服务。然而，现阶段我国农村金融资源配置仍较为薄弱，农村金融资源配置水平的低下严重制约了农村经济的发展和农村居民生活水平的提高，农村金融资源配置水平亟待提升。④ 根据相关学者的研究，现阶段我国各地区农村金融资源配置主要存在以下问题。第一，农村金融组织体系结构较为单一。现阶段，农村金融资源供给主体仍然以银行业金融机构为主体，保险市场、股权市场、债券市场、期货市场占农村金融市场份额较低、发展相对滞后，农村金融体系结构较为单一，农村融资渠道受限。⑤ 第二，农村银行业金融机构结构亟待优化。农村银行业金融机构的结构单一，主要以农业银行、农业发展银行、农商行、信用社、村镇银

---

① 《中共中央 国务院关于实施乡村振兴战略的意见》，中国政府网，http://www.gov.cn/zhengce/2018-02/04/content_5263807.htm，最后访问日期：2022年6月1日。
② 《中共中央 国务院印发〈乡村振兴战略规划（2018-2022年）〉》，中国政府网，http://www.gov.cn/zhengce/2018-09/26/content_5325534.htm，最后访问日期：2022年6月1日。
③ 《五部门联合发布〈关于金融服务乡村振兴的指导意见〉》，中国政府网，http://www.gov.cn/xinwen/2019-02/11/content_5364842.htm，最后访问日期：2022年6月5日。
④ 参见陆静超《新时期金融精准支持乡村振兴对策研究》，《理论探讨》2021年第3期，第145~149页。
⑤ 参见张林、温涛《农村金融高质量服务乡村振兴的现实问题与破解路径》，《现代经济探讨》2021年第5期，第110~117页。

行等传统、区域性金融机构为主，金融产品和服务模式创新能力有限。根据2019年的统计数据，农业银行、农业发展银行、农商行等重点涉农金融机构提供的涉农贷款占全国涉农贷款总额的60%以上。[①] 第三，涉农信贷供给不足。根据有关学者的统计，2017~2019年，全国涉农贷款余额分别为309547亿元、326806亿元、351850亿元，虽然涉农贷款余额逐年增长，但存在涉农贷款增长乏力的问题；同时，仍有部分农村地区存贷比较低，存在有限的农村金融资源向收益较高的城市地区流动的现象，导致农村信贷资源供给不足。[②]

新型"金融化"农村土地信托有助于提升我国农村金融资源配置水平。农村金融资源属于农村经济发展的重要组成部分，事关农业经营、农村发展、农民权益等诸多问题的解决，因而农村金融资源是否合理、有效地配置就至关重要。新型"金融化"农村土地信托，在一定程度上可以优化农村金融组织体系结构，丰富农村金融供给主体，为农地融资供给提供更多的选择空间。长期以来，在我国农村金融业态中，信托业鲜有涉足，这与我国财产权信托发展滞缓有关，也与农村土地权利流通的限制有关。然而，在"三权分置"下，土地经营权的财产权属性得以彰显，其融资担保的法律障碍也已逐渐消除；加之农业现代化、乡村振兴战略等对土地规模化经营的现实需求等诸多因素，为信托成为农村金融供给资源奠定了基础。因此，新型"金融化"农村土地信托也就应运而生，并将在优化农村金融资源配置、促进农村经济发展、实现乡村振兴等方面发挥重要的作用。

---

① 参见王妍、孙正林《乡村振兴背景下我国农村金融资源高效配置研究》，《苏州大学学报》（哲学社会科学版）2022年第3期，第140页。
② 参见王妍、孙正林《乡村振兴背景下我国农村金融资源高效配置研究》，《苏州大学学报》（哲学社会科学版）2022年第3期，第140~141页。

第三章 "三权分置"下农村土地经营权信托结构的基本要素

自2014年中央一号文件《关于全面深化农村改革加快推进农业现代化的若干意见》提出"在落实农村土地集体所有权的基础上，稳定农户承包权、放活土地经营权，允许承包土地的经营权向金融机构抵押融资"以来，农村土地承包经营权"三权分置"改革的进程不断加快。在中央政策文件的指引之下，各地围绕构建新型农业经营体系，实现农业规模化、专业化、现代化经营的目标，大力探索扩大农村土地规模化流转的有效方式，农村土地信托的试点和实践也随之不断深化和发展。2018年修正的《农村土地承包法》以及2021年1月1日施行的《民法典》，均明确规定了土地经营权，从而形成了集体土地所有权、土地承包经营权、土地经营权"三权分置"的格局，标志着我国农村土地制度"三权分置"改革已进入法制化轨道，也为农村土地经营权信托赋予了法律依据和准绳。

依照我国《信托法》第2条[①]的规定，信托就是指委托人基于对受托人的信任，将自己的财产委托给受托人，并由受托人以自己的名义，为了受益人的利益或特定目的而对财产进行管理的一种财产安排。结合《信托法》的规定以及农村土地信托的实践，农村土地经营权信托是指委托人基于对受托人的信任，将土地经营权委托给受托人，受托人在遵循农地用途管制等约束的前提下，按照土地经营的市场化需求，以自己的名义对其进

[①] 《信托法》第2条："本法所称信托，是指委托人基于对受托人的信任，将其财产权委托给受托人，由受托人按委托人的意愿以自己的名义，为受益人的利益或者特定目的，进行管理或者处分的行为。"

第三章 "三权分置"下农村土地经营权信托结构的基本要素

行管理和处分，并依法或按照约定将农业经营活动的收益分配给受益人的行为。从信托的法律界定以及信托实践来看，农村土地经营权信托在法律构造上，由四个基本要素组成，即信托主体、信托财产、信托设立行为和信托目的。农村土地经营权信托要成为合法有效的信托，就必须结合《信托法》《民法典》《农村土地承包法》等相关法律法规的规定，讨论其法律构造要素的生效要件，故下文将对这些基本要素逐一展开讨论及分析。

一 信托主体：委托人、受托人及受益人

信托主体即信托法律关系主体。信托关系以信托财产为中心，由委托人、受托人、受益人三方主体构成。法律调整之后称其为信托法律关系，我国《信托法》对信托法律关系主体统称"信托当事人"。就信托而言，没有主体，就没有民事法律行为，故信托主体是信托法律构造中的基本要素之一。

（一）委托人：合法享有土地经营权之主体

依据信托法理，委托人是将信托财产委托给他人进行管理或处分的人，不但是信托的设立者，也是信托目的的制定者和信托财产的捐出者。[①] 在我国的土地信托实践中，委托人的表现形式多种多样，有农户、土地合作社、村民委员会、农村集体经济组织，乃至地方政府。那么，在"三权分置"下，如何看待实践中这些"委托人"的合法性？下文将结合我国《信托法》《农村土地承包法》（2018年）等法律法规的相关规定，对此作简要讨论。

1. 原则规定：具有完全民事行为能力的自然人、法人或者依法成立的其他组织

我国《信托法》第19条[②]明确规定了委托人的资格与范围。根据该条的规定，第一，委托人应当具有完全民事行为能力，只有具备民事行为能力的主体，才能通过自己的行为取得具体的民事权利或设定具体的民事义务，

[①] 参见〔日〕中野正俊、张军建《信托法》，中国方正出版社2004年版，第50页。
[②] 《信托法》第19条："委托人应当是具有完全民事行为能力的自然人、法人或者依法成立的其他组织。"

这是作为信托法律关系中委托人的主体资格要求。第二，信托法律关系中委托人的范围包括自然人、法人或者依法成立的其他组织。我国《民法典》第55条①规定从事家庭承包经营的农村集体经济组织成员为农村承包经营户、《民法典》第99条第1款②规定农村集体经济组织依法取得法人资格、《民法典》第100条第1款③则规定城镇农村的合作经济组织依法取得法人资格，这些规定明确赋予了农村承包经营户、农村集体经济组织和农村合作经济组织的民事主体地位。由上可知，从一般意义上来说，农村承包经营户、农村集体经济组织和农村合作经济组织均在信托委托人的范围之内。

2. 实践争议：农户、农村集体经济组织、农村合作经济组织、村民委员会及地方政府等

在"两权分离"背景下的农村土地信托实践中，担任委托人的主体较为复杂，如福建"沙县模式"以村民委员会为委托人、中信信托在安徽宿州的项目以区政府为委托人、北京信托"密云模式"以土地合作社为委托人、中建投信托在江苏镇江新区的信托项目以政府成立的集体资产管理公司为委托人等。一般认为，作为土地承包经营权权利主体的农户，不管是在现实层面还是法律层面，其在土地信托中作为委托人都是没有争议的。争议较大的是村民委员会、集体经济组织及地方政府作为土地信托的委托人。如有学者认为委托人若为村民委员会，则将侵害农民或其他合法组织的权益，故村民委员会不能作为农村土地承包经营权信托的委托人。④ 有学者认为，由于政府或集体经济组织并非信托收益的实际享有者，农地效益的多少与其并无切实关联，故其难以尽到监督受托人行为的勤勉义务，暴露了此类模式忽略农户利益的固有缺陷。⑤ 还有学者针对中信信托在各

---

① 《民法典》第55条："农村集体经济组织的成员，依法取得农村土地承包经营权，从事家庭承包经营的，为农村承包经营户。"
② 《民法典》第99条第1款："农村集体经济组织依法取得法人资格。"
③ 《民法典》第100条第1款："城镇农村的合作经济组织依法取得法人资格。"
④ 参见吴兴国《建构农村土地信托制度破解"三农"问题》，《上海市经济管理干部学院学报》2003年第3期，第60~64页。
⑤ 参见房绍坤、任怡《新承包法视阈下土地经营权信托的理论证成》，《东北师大学报》（社会科学版）2020年第2期，第37页。

第三章 "三权分置"下农村土地经营权信托结构的基本要素

地开展的"政府代理"模式的土地信托实践,认为政府作为信托土地的委托人,有可能从农地流转中获利。①

应当承认的是,实践中由农户之外的主体作为土地信托的委托人,基于农户的弱势地位及信息不对称等因素,可能存在诸如农户参与度不高、农户土地权益易遭损害等弊端,但统一由集体经济组织、村民委员会或地方政府作为委托人,在某种程度上可能也有利于降低缔约成本、提高土地流转效率。问题的关键并不在于在形式上以何种主体作为土地信托的委托人,而应在保障农户土地权益的前提下,尽可能地寻求有利于促进土地信托流转的设计方案。事实上,在由集体经济组织、村民委员会或地方政府作为委托人的土地信托实践中,基本上都是采取"委托代理"的模式,即作为土地承包经营权人的农户,将其享有的土地承包经营权委托给集体经济组织、村民委员会或地方政府,由这些主体作为代理人订立土地信托合同。

另外,有学者针对各地土地信托实践中农户入股土地股份合作社,从而以土地股份合作社作为委托人设立土地信托的做法持怀疑态度。其主要理由是我国《农民专业合作社法》不能直接迁移适用于土地股份合作社,对于土地股份合作社的法律地位、主体资格取得、权利义务安排等,现行立法付之阙如,各地土地股份合作社面临管理混乱、内部人控制等诸多问题,因而在土地信托实践中,土地股份合作社处于无合法身份、无标准规范、无运行资质的尴尬境地。② 事实上,第十二届全国人民代表大会常务委员会第三十一次会议修订通过的《农民专业合作社法》第 13 条③明确规定了农民专业合作社成员可以以土地经营权作价出资合作社,这实际上已经承认了土地股份合作社的法律地位,因为土地股份合作社是农民专业合

---

① 参见李蕊《中国农地融资创新实践的法律回应》,法律出版社 2019 年版,第 71 页。
② 参见李蕊《中国农地融资创新实践的法律回应》,法律出版社 2019 年版,第 85~87 页。
③ 《农民专业合作社法》第 13 条:"农民专业合作社成员可以用货币出资,也可以用实物、知识产权、土地经营权、林权等可以用货币估价并可以依法转让的非货币财产,以及章程规定的其他方式作价出资;但是,法律、行政法规规定不得作为出资的财产除外。农民专业合作社成员不得以对该社或者其他成员的债权,充抵出资;不得以缴纳的出资,抵销对该社或者其他成员的债务。"

作社的一种形式。并且，根据《农民专业合作社法》（2017 年）第 5 条第 1 款和《民法典》第 100 条第 1 款的规定，农民专业合作社可依法取得法人资格。

3. 判断标准：是否合法享有土地经营权

在"三权分置"下，分析委托人的主体资格问题，应该结合土地信托法律关系的客体（土地经营权）来思考，而不应固守陈旧的观念，仅从相关主体的身份、属性或性质上讨论。由此，除原则规定之外，委托人主体资格的应然判断标准应归集于：是否合法享有土地经营权。换言之，只要合法享有土地经营权，且具有完全民事行为能力的主体，就可以作为土地经营权信托的委托人。

是否合法享有土地经营权，与土地经营权的来源、形成机制及类型紧密相关。有学者认为，我国《民法典》第 339 条、第 341 条和第 342 条[①]共同规定了土地经营权的来源和形成机制，加上土地经营权（再）流转之后也会形成土地经营权，从而导致土地经营权体系呈现复杂化的特点。以其权利结构为标准，可以将其分为权利分置型土地经营权和非权利分置的土地经营权两种类型。[②] 权利分置型土地经营权包括两种：一是分置于承包经营权的土地经营权，其所形成的权利结构为：所有权→承包经营权→土地经营权；二是以其他承包方式直接取得的土地经营权，其权利结构为土地所有权→土地经营权。非权利分置的土地经营权是指再流转形成的土地经营权。根据《民法典》第 342 条的规定，以其他方式取得土地经营权后，可以以抵押、入股等方式再流转，从而形成土地经营权，其所形成的权利结构为：所有权→土地经营权→土地经营权。根据我国《农村土地承包法》（2018 年）关于土地经营权的设立、登记以及流转规则等内容的规定，有三种形态的土地经营权：一是土地承包经营权人的土地经营权，即

---

① 《民法典》第 339 条："土地承包经营权人可以自主决定依法采取出租、入股或者其他方式向他人流转土地经营权。"第 341 条："流转期限为五年以上的土地经营权，自流转合同生效时设立。当事人可以向登记机构申请土地经营权登记；未经登记，不得对抗善意第三人。"第 342 条："通过招标、拍卖、公开协商等方式承包农村土地，经依法登记取得权属证书的，可以依法采取出租、入股、抵押或者其他方式流转土地经营权。"

② 参见郭志京《民法典土地经营权的规范构造》，《法学杂志》2021 年第 6 期，第 74 页。

以家庭承包方式获得土地承包经营权的人，可以用承包地的土地经营权向金融机构融资担保；① 二是土地流转后受让方的土地经营权，即以家庭承包方式获得土地承包经营权的人，向他人流转后的"土地经营权"；② 三是以其他方式承包农村土地所取得的"土地经营权"（以下简称"四荒地"土地经营权）。③ 根据上述对土地经营权来源的类型化分析，在土地经营权信托关系中，委托人应该为合法享有土地经营权，且具有完全民事行为能力的土地经营权人。具体表现为：一是承包农户，即以家庭承包方式获得土地承包经营权的农户，其合法享有的土地经营权事实上源于土地承包权与经营权的分离，亦是土地承包经营权作为用益物权的权能体现；二是作为土地流转受让方的农业经营主体，即经承包农户流转取得土地经营权的农业经营主体；三是因承包"四荒地"而享有土地经营权的承包方。毫无疑问，通过家庭承包取得土地承包经营权的农户是其中最主要的土地经营权主体。在没有特别说明的情况下，本书所讨论土地经营权信托中的"土地经营权"，均特指土地承包经营权人的土地经营权。

4. 应然选择：将自主权还给合法享有土地经营权之主体

总体上，学界对土地经营权信托的委托人在法律上应为农户，已基本达成共识。但是，在现实的信托结构中，委托人究竟是选择农户，还是选择集体经济组织、农民专业合作社、村民委员会或地方政府等其他主体，可能是个两难的问题。如果由农户来作为委托人，就一定是最优的选择吗？客观上，单个农户与受托人逐一谈判并签订信托合同，显然会增加交

---

① 《农村土地承包法》第47条第1款规定："承包方可以用承包地的土地经营权向金融机构融资担保，并向发包方备案。"
② 《农村土地承包法》第36条："承包方可以自主决定依法采取出租（转包）、入股或者其他方式向他人流转土地经营权，并向发包方备案。"第41条："土地经营权流转期限为五年以上的，当事人可以向登记机构申请土地经营权登记。未经登记，不得对抗善意第三人。"第46条："经承包方书面同意，并向本集体经济组织备案，受让方可以再流转土地经营权。"第47条第1款后段规定："受让方通过流转取得的土地经营权，经承包方书面同意并向发包方备案，可以向金融机构融资担保。"
③ 《农村土地承包法》第49条："以其他方式承包农村土地的，应当签订承包合同，承包方取得土地经营权。当事人的权利和义务、承包期限等，由双方协商确定。以招标、拍卖方式承包的，承包费通过公开竞标、竞价确定；以公开协商等方式承包的，承包费由双方议定。"

易成本，可能不利于土地经营权信托项目的顺利推进，从而影响土地规模化流转的效率。正如有学者认为，"单个农户基于谈判能力和缔约地位的局限，往往无法与专业化的信托公司之间进行平等的磋商，而信托公司逐一与单个农户进行谈判又极大地增加了交易成本，由农户将以信托方式流转其土地承包经营权的权利委托给村委会或政府部门代为行使，完全必要和可行"。[①] 然而，通过委托代理的设计，由农户之外的主体来作为信托结构中的委托人，可能又会导致道德风险和逆向选择等问题。因此，最优的实然选择就应该是将自主权还给土地经营权人，在遵循自愿原则的前提下，由土地经营权人自主选择以何种方式参与信托，以实现土地经营权的信托流转。

需要特别说明的是，通过委托代理的设计，由集体经济组织、农民专业合作社、村民委员会或地方政府等其他适格主体作为信托结构中的委托人，是基于其以间接代理人的身份接受农户的委托，以自己的名义行使委托人的权利，其法律依据在于《民法典》第926条确立的间接代理制度。间接代理制度既能解决单个农户谈判能力不足、利益无法得到有效保护的问题，又能解决在信托财产隔离功能的约束下受托人应对农户地块进行分别管理与农地信托流转要实现农地规模化、集约化经营目的之间的矛盾，还能在一定程度上降低农地经营权信托流转的交易成本。[②] 事实上，此类委托代理的设计，在营业信托实践中屡见不鲜。例如，在银信理财合作业务中，由商业银行统一代表购买其理财产品的客户，将其通过理财产品筹集的资金作为信托资金，与信托公司设立单一资金信托或参与信托公司的集合资金信托计划。在此类业务中，商业银行作为代理人，购买其理财产品的客户作为委托人，二者之间形成委托代理关系，而商业银行与信托公司之间则形成信托关系，商业银行是信托关系中的委托人，理财产品客户并非信托关系中的委托人。

---

① 高圣平：《农地信托流转的法律构造》，《法商研究》2014年第2期，第30页。
② 参见江钦辉、魏树发《〈民法典〉背景下农地经营权信托流转法律构造中的主体疑难问题》，《新疆社会科学》2022年第1期，第95页。

(二) 受托人：专业化的信托公司是最优选择

在信托关系中，受托人是接收委托，根据信托文件的约定管理、运用、处分信托财产的人，其对信托财产的安全与收益负有直接责任并发挥关键作用。简言之，为他人利益持有信托财产的法律权利人是信托的受托人。[1] 因此，受托人必须具备一定的资格，具有相应的受托能力。

1. 原则规定：具有完全民事行为能力的自然人、法人

《信托法》第24条[2]对受托人的主体资格进行了原则规定。该条规定包括两个方面的内容。一是受托人应当具备完全民事行为能力。受托人是信托关系的核心，委托人信托目的的实现以及受益人利益的满足都有赖于受托人的具体行为。在信托活动中，受托人要以自己的名义，为受益人的利益或者特定目的，对信托财产进行管理或处分，故受托人必须由符合我国《民法典》规定的具有完全民事行为能力的人来担任。二是不同于委托人的主体范围，可以担任受托人的主体包括自然人和法人，其他依法设立的非法人组织不能担任信托受托人。根据我国《民法典》第102条的规定，非法人组织是指不具有法人资格，但是能够依法以自己的名义从事民事活动的组织，主要包括个人独资企业、合伙企业、不具有法人资格的专业服务机构等。一般认为，非法人组织不能担任信托受托人的原因主要在于其不具备法人资格，无法独立享有民事权利和承担民事义务，不具有最终承担民事责任的能力。当然，也有学者提出，"用权利能力的有无来论证能否成为受托人无法保持逻辑上的一致性，因为它不能说明为什么非法人团体可以成为委托人和受益人，而不能成为受托人"[3]，故应该扩大适格受托人的范围，允许非法人组织如合伙组织成为受托人。从信托原理来看，受托人应该是能独立享有民事权利和承担民事义务的主体，因为受托人要对信托财产进行管理和处分。如果没有独立承担民事责任的能力，信

---

[1] 高凌云：《被误读的信托——信托法原论》（第二版），复旦大学出版社2021年版，第59页。
[2] 《信托法》第24条："受托人应当是具有完全民事行为能力的自然人、法人。法律、行政法规对受托人的条件另有规定的，从其规定。"
[3] 赵廉慧：《信托法解释论》，中国法制出版社2019年版，第285页。

托的功能就无法彰显，信托这一独特的财产管理制度也就失去了它应有的价值和意义。

原则上，具有完全民事行为能力的自然人、法人可以担任信托关系中的受托人，但这并不意味着他们有资格成为所有类型信托的受托人。某些类型的信托，要求受托人必须具有特定的技能、能力和资质要求等，故《信托法》第 24 条明确规定："法律、行政法规对受托人的条件另有规定的，从其规定。"在信托实践中，对于营业信托及特定类型的信托，法律法规对受托人均有特别的资质要求。如一般型营业信托的受托人必须是信托机构。《信托法》第 4 条规定："受托人采取信托机构形式从事信托活动，其组织和管理由国务院制定具体办法。"《信托公司管理办法》（2007 年）第 7 条规定："设立信托公司，应当经中国银行业监督管理委员会批准，并领取金融许可证。未经中国银行业监督管理委员会批准，任何单位和个人不得经营信托业务，任何经营单位不得在其名称中使用'信托公司'字样。法律法规另有规定的除外。"根据以上法律规定及我国信托实践，从事一般型营业信托业务的受托人必须是有权批准设立和开展业务的信托公司。

2. 特殊限制：须有农业经营能力或者资质

讨论土地经营权信托受托人的特殊条件限制，应承认一个基本前提，即土地经营权信托是土地经营权流转的方式之一。关于土地经营权流转方式，我国《农村土地承包法》（2018 年）采用"列举+兜底"式的处理方式，即在第 36 条①中列举了"出租（转包）、入股"两种典型形式，同时规定了可以通过"其他方式"向他人流转土地经营权。《农村土地经营权流转管理办法》（2021 年）第 14 条②将《农村土地承包法》（2018 年）关于土地经营权流转"其他方式"的规定进一步细化为"其他符合有关法律

---

① 《农村土地承包法》第 36 条："承包方可以自主决定依法采取出租（转包）、入股或者其他方式向他人流转土地经营权，并向发包方备案。"

② 《农村土地经营权流转管理办法》第 14 条："承包方可以采取出租（转包）、入股或者其他符合有关法律和国家政策规定的方式流转土地经营权。出租（转包），是指承包方将部分或者全部土地经营权，租赁给他人从事农业生产经营。入股，是指承包方将部分或者全部土地经营权作价出资，成为公司、合作经济组织等股东或者成员，并用于农业生产经营。"

第三章 "三权分置"下农村土地经营权信托结构的基本要素

和国家政策规定的方式",并对"出租(转包)、入股"进行了界定。从以上立法的相关规定来看,其并没有把土地经营权信托作为一种禁止的方式;相反,从土地经营权信托的机理和实践来看,土地经营权信托作为土地经营权流转的一种方式是符合有关法律和国家政策的,也正因为如此,土地信托才得以在全国各地落地生根,为促进农村土地流转进行了有益的探索。

正如前文所述,信托受托人的主体资格除符合原则规定之外,还应遵守法律、行政法规的特殊规定。就土地经营权信托而言,合法享有土地经营权的主体,以其土地经营权设立信托,意味着土地经营权的流转,故作为土地经营权流转受让方的受托人,就应符合《农村土地承包法》(2018年)关于土地经营权流转的相关要求,具体表现在《农村土地承包法》(2018年)第38条"受让方须有农业经营能力或者资质"的规定。

事实上,我国《农村土地承包法》对于土地(承包)经营权流转的受让方资格一直有明确限制。在承包地"两权分离"框架下,《农村土地承包法》(2002年)第33条第4项规定土地承包经营权流转的受让方"须有农业经营能力";实行承包地"三权分置"改革后,《农村土地承包法》(2018年)第38条第4项亦明确规定土地经营权流转的受让方"须有农业经营能力或者资质"。《农村土地承包法》之所以要求受让方须有农业经营能力或资质,旨在"确保农业用地得到有效利用,确保流转的土地用于农业生产经营,防止非法圈地现象的发生"[1]。近年来,一些工商企业等社会资本"长时间、大面积租赁农地,容易挤占农民就业空间,加剧耕地'非粮化''非农化'倾向,存在不少风险隐患"[2]。因此,"对于工商企业进行农业产业化经营,一方面要鼓励,另一方面要严格工商企业流转土地经营权的准入监管,总的要求是不得改变土地集体所有权性质、不得改变土地用途、不得损害农民土地承包权益"[3]。但是,相关法律法规并没有对

---

[1] 黄薇主编《中华人民共和国农村土地承包法释义》,法律出版社2019年版,第166页。
[2] 参见《关于加强对工商资本租赁农地监管和风险防范的意见》(农经发〔2015〕3号),中国政府网,https://www.gov.cn/zhengce/2016-05/22/content_5075686.htm,最后访问日期:2022年7月5日。
[3] 刘振伟:《巩固和完善农村基本经营制度》,《农村工作通讯》2019年第1期,第24页。

"农业经营能力或资质"作详细的界定，实践中的认定标准亦不甚明确。根据《农村土地承包法》立法专家的解释，"须有农业经营能力"适用于受让方为自然人的情形，"须有农业经营资质"则适用于受让方为非自然人的组织的情形。[①] 为进一步加强对工商企业等社会资本进入土地经营权流转市场的准入监管，《农村土地承包法》（2018年）第45条第1款规定："县级以上地方人民政府应当建立工商企业等社会资本通过流转取得土地经营权的资格审查、项目审核和风险防范制度。"第45条第1款规定的"资格审查"就是指审查受让方是否具有农业经营能力或资质；"项目审核"的解释空间很大，具体可能包括流转用途、流转面积、经营项目是否符合当地产业布局和现代农业发展规划、风险防范等事项。[②]

日本对资本进入农业也有严格的限制。根据日本关于农地利用相关法律的规定，个人取得农地权利（买或租赁）须具备四项基本条件：一是取得农地权利后，本人或其家庭成员必须在农地上耕作或者畜牧；二是取得农地权利的本人或其家庭成员必须长期在农地上进行必要的农业生产经营活动；三是取得农地权利之后，本人或其家庭成员经营的农地面积必须维持在一定的标准之上；四是本人或其家庭成员必须有能力有效利用土地从事耕种或畜牧活动。一般禁止农业生产法人以外的法人取得农地权利。而且，农业生产法人要取得农地，一方面，除免予适用"家庭成员"内容外，还要满足前述个人的规定；另一方面，要满足包括主要经营项目必须是农业等在内的农业生产法人要件上的规定，判断"主要经营项目"是否是农业，主要看近3年农业的销售额是否占其法人事业整体销售额的一半以上。[③]

3. 实践中的争议

按照前文所述的受托人资格条件，理论上自然人、农民专业合作社、村民委员会、地方政府成立的土地信托服务机构以及信托公司等主体都可

---

① 黄薇主编《中华人民共和国农村土地承包法释义》，法律出版社2019年版，第166页。
② 参见高圣平《农村土地承包法修改后的承包地法权配置》，《法学研究》2019年第5期，第61页。
③ 参见〔日〕关谷俊作《日本的农地制度》，金洪云译，生活·读书·新知三联书店2004年版，第71~79页。

第三章 "三权分置"下农村土地经营权信托结构的基本要素

能充当受托人,但基于土地经营权信托的实践,何种主体充当受托人才是最优选择,才最有利于促进土地规模化经营,是一个值得讨论的问题。

在土地信托实践中,关于受托人的争议,主要体现在以下几个方面。第一,自然人担任受托人。从土地流转的实践来看,相比较于土地经营权人通过信托的方式将土地经营权流转给种植能手、种植大户等自然人,土地经营权人将土地经营权出租(转包)给种植能手、种植大户等自然人更具有现实意义。信托是一种财产管理制度,具有很强的专业性,自然人通常较难掌握信托的基本原理,并将信托专业知识技能运用于土地信托实践;且土地经营权信托流转,不仅需要一般意义上的农业经营能力,而且需要跟农业经营紧密相关的管理、人才、技术、资金、市场等多种要素优化配置的综合能力,尤其是资本要素配置的能力。正如有观点认为的,"由于信托必须基于信用体系,而中国个人信用体系尚未建立,且个人难以承担巨额土地流转信托投资,在现阶段,土地流转信托产品受托人只能是专业信托投资公司"。[1] 因此,理论上自然人可以担任土地经营权信托的受托人,但实际上由自然人担任受托人并不能充分发挥信托制度的功能及作用。第二,农民专业合作社担任受托人。有学者认为拥有信托资质的新型农村联合组织(如农民专业合作社)是最理想的农村土地信托受托人。原因主要在于:一方面,此类组织对当地的经济社会发展状况、土地资源状况、农业产业状况和风土人情等有更加全面、准确的了解;另一方面,农户对此类组织更加信赖,更乐意将土地经营权信托给此类组织,双方沟通协调更便利,发生纠纷也更容易解决,同时也便于对受托人的监督。[2] 也有学者认为,在土地承包经营权集合信托中,受托人由农民专业合作社担任并不合适,主要是从农民专业合作社的性质及其设立条件来看,由其担任受托人不符合对集合信托受托人资格准入的风险控制要求。[3] 第三,

---

[1] 英大国际信托有限责任公司课题组《土地信托产品设计》,经济管理出版社2017年版,第123页。
[2] 参见谢静、马建兵《论农村土地承包经营权信托受托人制度的重构——基于农地有效保护的再反思》,《中共山西省直机关党校学报》2017年第1期,第36页。
[3] 参见徐卫《土地承包经营权集合信托模式的构建逻辑与制度设计——土地承包经营权实现方式的变革》,上海交通大学出版社2016年版,第127~128页。

村民委员会担任受托人。有学者通过观察湖南省浏阳市农村土地承包经营权信托实践中村民委员会作为受托人的做法，认为村民委员会本身的职责就包括促进农村经济发展，加上其有一定组织力量，应将其纳入受托人范围内，这样能够更好地促进农村土地承包经营权信托制度的发展。[①] 也有学者对村民委员会担任受托人持否定态度，认为根据村民委员会在我国农村社会中的特殊地位及其以往在农村治理中的表现，由其担任受托人很容易诱发和催生强制农户流转土地的信托实践，从而导致不尊重农户意愿、损害农户土地权益等后果。[②] 第四，地方政府成立的土地信托服务机构担任受托人。在早期"平台型"土地信托实践中，地方政府设立了各种形式的土地信托机构，如浙江"绍兴模式"中的县、乡镇、村三级土地信托服务机构（土地信托服务中心或站），湖南益阳"草尾模式"中由地方政府出资设立的香园信托公司，福建"沙县模式"中地方政府出资设立的源丰信托公司和金茂信托公司，等等。正如前文所述，此类受托人并非信托法意义上的受托人，其主要是扮演"平台"的角色，为土地信托流转发挥媒介作用。由地方政府成立的土地信托服务机构担任受托人，可能会导致行政因素的不当介入，从而影响土地信托的顺利开展。第五，信托公司担任受托人。事实上，自2013年中信信托在安徽宿州开展土地信托业务以来，引起较大影响的土地信托项目，基本上都是由专业化的信托公司担任受托人，土地信托由此进入新型"金融化"土地信托实践阶段。但是，对于由专业化的信托公司担任受托人，也有学者提出质疑，理由是专业信托公司不具备农业土地的经营、开发资质和能力，其仍然需要将土地委托给专业的农业生产公司进行实际经营。[③]

4. 应然选择：由专业化的信托公司担任受托人

正如前文所述，自然人、集体经济组织、农民专业合作社、村民委员

---

① 参见王立争、高庆艳《农村土地承包经营权信托的主客体构造》，《江苏农业科学》2017年第1期，第291页。
② 参见徐卫《土地承包经营权集合信托模式的构建逻辑与制度设计——土地承包经营权实现方式的变革》，上海交通大学出版社2016年版，第129页。
③ 参见袁泉《中国土地经营权信托：制度统合与立法建议》，《重庆大学学报》（社会科学版）2018年第6期，第121页。

第三章 "三权分置"下农村土地经营权信托结构的基本要素

会,乃至地方政府,只要符合《信托法》《农村土地承包法》关于受让方主体资格的条件,理论上就可以作为土地信托中的受托人。有学者对此亦持相同观点,"凡是有完全民事行为能力,且自愿接受农村土地承包经营权信托,切实从事农业生产活动,实现委托人设定信托之目的,都可以担任农村土地承包经营权信托的受托人"。① 另外,对于担任受托人的主体,还可从民事信托与营业信托②相区分的角度来讨论。从民事信托角度来看,理论上自然人、集体经济组织、农民专业合作社、村民委员会等主体担任土地经营权信托的受托人并无不妥;但从营业信托角度来看,根据我国现行信托业相关法律的规定,只能由专业化的信托公司担任土地经营权信托的受托人。毫无疑问,与民事信托意义上的土地经营权信托相比,营业信托意义上的土地经营权信托更契合我国农业现代化、产业化、规模化发展的现实需求。因此,从现实的意义上看,由专业化的信托公司担任土地经营权信托的受托人可能是较好的选择。2013年以来的农村土地信托实践,基本上都是由信托公司担任受托人,且此类模式被广泛复制,在某种意义上也印证了此点。

但是,基于《农村土地承包法》对土地流转的受让方提出了具有农业经营能力或资质的要求,以及出于信托的受托人对于信托财产负有亲自管理义务的考虑,理论界对于实践中由信托公司担任受托人也一直存在争议。代表性的观点主要有两种。第一,应成立专门的农业信托公司。基于信托公司具有既能提供金融支持又能与农业公司、农机公司开展合作的优势,以及《农村土地承包法》(2018年)、《农村土地经营权流转管理办法》(2021年)均规定了土地经营权流转受让方应具有农业经营能力或资

---

① 张军建:《农村土地承包经营权信托流转法律研究——信托流转与农地规模化、农业产业化和农村金融》,中国财政经济出版社2017年版,第96页。
② 民事信托与营业信托是我国《信托法》作出的分类。一般认为,两者的区分标准是:受托人是否为营业性信托机构。以营业性信托机构作为受托人所从事的信托活动,是营业信托;以非营业性信托机构作为受托人所从事的信托活动,是民事信托。营业信托的受托人采取信托机构的形式,其设立和经营信托业务的资格需要获得相关金融监管部门的许可,营业信托活动亦要受到有关金融监管部门的监督管理。参见周小明《信托制度:法理与实务》,中国法制出版社2014年版,第60~62页。

质的要求，有学者认为土地经营权信托流转的受托人应为具有农业生产经营能力的信托公司。[①] 农地信托公司具有专业的农村土地管理经验，能够高效地管理或处分土地经营权，并借助信托公司的金融业务许可，进行相关融资活动，从而募集资金投入农业生产经营活动。[②] 因此，应该成立专门从事农村土地信托的农业信托公司。[③] 第二，受托人应限于商业性信托公司，但应宽缓受托人的亲自管理义务。基于美、日等农地信托发达国家均选择"具有专业资质、拥有雄厚资金和信用优势的专门机构作为受托人"，以及国内以信托公司为受托人的土地信托实践，有学者提出应当仅允许商业性信托公司作为农地经营权信托流转的受托人。对于信托公司无法亲自管理农地经营权的问题，则通过宽缓受托人亲自管理义务（即原则上允许受托人授权他人代为管理信托事务）的方式予以解决。[④] 总体上，多数学者认为由信托公司担任土地经营权信托中的受托人是符合土地规模化流转需求的，区别主要在于是应成立专门的农地信托公司还是宽缓现有商业性信托公司的亲自管理义务。从操作层面来看，尚无必要成立专门的农地信托公司，因为其并不当然具备农地经营能力或资格；且此类农地信托公司专门从事农地流转信托业务，由于业务结构单一，是否能为土地流转提供足够的金融支持是不确定的。

从土地流转的现状和实际需求来看，由现有的商业性信托公司担任受托人是可行的。主要原因在于：首先，资金供给不足和融资难是目前农业经营中普遍面临的困难，而信托公司能够通过发行资金信托计划，将社会资本引流至农业领域，为农业生产经营提供有效的融资服务和充足的资金支持，从而助力农业规模化、高质量发展；其次，由于农业属于弱势产业，投入周期长、回报收益低且风险较大，因此由商业性信托公司来开展农地经营权信托流转业务，在一定程度上能够避免专门的农地信托公司由

---

① 参见房绍坤、任怡《新承包法视阈下土地经营权信托的理论证成》，《东北师大学报》（社会科学版）2020年第2期，第37页。
② 参见高圣平《农地信托流转的法律构造》，《法商研究》2014年第2期，第31页。
③ 参见徐卫《土地承包经营权集合信托模式的构建逻辑与制度设计——土地承包经营权实现方式的变革》，上海交通大学出版社2016年版，第130页。
④ 参见李蕊《农地信托的法律障碍及其克服》，《现代法学》2017年第4期，第57页。

于业务结构单一而面临的难以持续、有效运行的问题。① 正如有学者指出的，"专业的信托公司因其天然的治理与专业优势，其作为商主体开发土地流转信托产品能满足现代商事交易的要求，将是农地生产经营信托受托人的重要形式"。②

（三）受益人：合法享有土地经营权之主体

依据信托法理，信托仅因委托人和受托人之间的民事法律行为而设立，不需要受益人作出意思表示或为一定行为；信托的成立也不以委托人通知受益人为条件。但是，信托是基于维护受益人的利益或其他特定目的而管理、处分财产的行为。在信托关系中，受益人享有信托受益权，除法律另有规定外，没有受益人的信托是无效的信托。因此，通常而言，受益人是信托结构中不可或缺的主体之一。

1. 原则规定：受益人可以是自然人、法人或者依法成立的其他组织

我国《信托法》第43条③规定了受益人的法律地位，但没有对受益人的主体资格作出特别限制。由于信托的设立不需要受益人的积极行为，故《信托法》对受益人的民事行为能力没有要求，只要具有民事权利能力，就符合受益人主体资格的原则规定。

但是，我国《信托法》第43条第3款对受益人的资格作了一定的限制，即受托人可以是受益人，但不得是同一信托的唯一受益人。若允许受托人作为同一信托的唯一受益人，则信托财产的权益均属于受托人一人，实质上相当于将信托财产转让或赠与受托人，显然不符合信托法理，属于"假信托"。另外，有学者根据国外信托法实践，认为法律禁止取得特定财产利益的人，不能通过信托取得该利益。如在美国信托实践中，依法不能够对特定财产享有所有权的人，不能通过成为信托受益人而享有该财产的

---

① 参见江钦辉、魏树发《〈民法典〉背景下农地经营权信托流转法律构造中的主体疑难问题》，《新疆社会科学》2022年第1期，第98页。
② 马建兵、王旭霞：《农村土地信托受托人主体性分析及立法选择》，《社会科学家》2018年第12期，第143页。
③ 《信托法》第43条："受益人是在信托中享有信托受益权的人。受益人可以是自然人、法人或者依法成立的其他组织。委托人可以是受益人，也可以是同一信托的唯一受益人。受托人可以是受益人，但不得是同一信托的唯一受益人。"

农村土地经营权信托的风险控制与法律构造

信托利益;韩国《信托法》也规定,不能享受一定财产权的人,不能作为受益人而获得其权利和享受相同的利益。①

2. 实践中的争议

在既有的农村土地信托实践中,由于信托结构中信托主体的设计有所差异,故受益人也存在不同。如在中信信托安徽"宿州模式"中,埇桥区人民政府既是信托关系中的委托人,也是信托关系中的受益人(A类收益权),而农户既非委托人,也非受益人。北京信托在北京密云、江苏镇江等地开展的农地信托则按照"土地股份合作社+信托公司+农户"模式加以运作,受益人是农户。湖南益阳"草尾模式"采取"农户+农地信托公司"的做法,受益人为农户。而在福建"沙县模式"中,受益人为农户和信托公司,增值溢价部分的信托收益的60%归农户,40%归信托公司,用于其滚动发展。② 有学者认为,在安徽宿州等地开展的土地信托实践中,农户既不是信托关系的委托人和受益人,也不是农地信托合同的当事人,这将导致农户无法知悉农地的经营管理状况和对受托人的行为实施监督,不利于农民土地权益的保障。③ 另外,即便是农户作为信托关系中的委托人、受益人,受制于信托配套制度不健全、法律意识不强、"搭便车"心理等因素,其仍面临权益缺乏有效保障的问题。

3. 应然选择:合法享有土地经营权之主体

总体上,学界的主流观点认为受益人只能是合法享有土地经营权的农户,这是基于有效保护农户土地权益、促进土地经营权信托流转的必然要求。在中信信托安徽"宿州模式"中,地方政府作为受益人是极其不妥当的。正如有学者指出,尽管区政府作为受托人及受益人能够大大降低交易成本,但可能发生侵害农民权益的行为。更为重要的是,以区政府或者其他组织作为受益人,给农户行使土地证券化带来的金融权利设置了障碍。④

---

① 参见周小明《信托制度:法理与实务》,中国法制出版社2014年版,第124页。
② 参见高圣平《农地信托流转的法律构造》,《法商研究》2014年第2期,第32页。
③ 参见文杰《"三权分置"视阈下农地信托法律规则之构建》,《法商研究》2019年第2期,第42页。
④ 参见张娟《供给侧改革背景下的土地信托法律关系构造》,《青海社会科学》2017年第1期,第134页。

第三章 "三权分置"下农村土地经营权信托结构的基本要素

虽然前文中并没有完全否定通过委托代理的设计，由集体经济组织、农民专业合作社、村民委员会，乃至地方政府作为信托关系中的委托人，这是在尊重土地经营权主体自主权的前提下，基于降低交易费用、促进土地信托流转等因素的考虑而作出的现实选择，但这并不意味着受益人也可以由以上这些主体担任。

在土地经营权信托设计中，委托人即便不是土地经营权主体，也可以将受益人设定为农户，这属于一种"他益信托"结构。从本质上看，土地经营权信托是为了土地经营权人的利益而设立，故在信托结构设计中，必须贯穿"土地经营权人为中心"的理念，尤其是在受益人的确定上。农户参与土地信托流转的目的就是通过农地规模化和集约化经营，提高土地生产效益，进而增加收入。另外，对于当下的中国而言，土地仍然承载了一定的社会保障功能，加之农民的弱势地位并没有得到根本性的改变，故其利益必须且应该得到充分的保护。因此，在土地经营权信托中，农户作为合法享有土地经营权的主体，其受益人的身份应该得到保障。

二 信托财产：土地经营权

在信托法理中，无财产则无信托。信托不能脱离信托财产而存在，没有信托财产，信托就无法设立。[①] 因为信托是一种以转移和管理财产为目的的制度安排，其载体就是信托财产，故信托财产是信托结构中的基本要素之一。一般意义上，《信托法》下的信托财产主要包括动产、不动产以及财产性权利。在我国土地信托中，信托财产先后有土地承包经营权与土地经营权之争，这与我国农村土地权利制度的改革与变迁有关。但是，不管是土地承包经营权还是土地经营权，在法理上都具有财产性权利的特性。

（一）信托财产的一般特性

各国信托法对于信托财产均有一定的强制性规定，只有符合一定条件

---

① 参见〔美〕杰西·杜克米尼尔、斯坦利·M. 约翰松《遗嘱，信托，遗产》（英文影印版），中信出版社 2003 年版，第 581 页；徐卫《土地承包经营权集合信托模式的构建逻辑与制度设计——土地承包经营权实现方式的变革》，上海交通大学出版社 2016 年版，第 143 页。

的财产才能设立信托，才能成为信托财产。理论上，一般认为信托财产必须具有四种特性：合法性、权利性、流通性及确定性。[①]

信托财产的合法性是指用以设立信托的财产，必须是委托人合法所有的财产。我国《信托法》第7条[②]对此作了明确的规定。《信托法》第11条第3项进一步规定："以非法财产或者本法规定不得设立信托的财产设立信托"，则信托无效。信托理论对于委托人"合法所有"的财产，一方面认为"所有"不仅包括所有权，也包括委托人拥有的"其他财产性权利"；另一方面认为委托人取得该财产的方式是合法的，且对该财产应具有占有和支配权，即处于委托人的控制之下。另外，对于土地信托实践中，由集体经济组织、农民专业合作社、村民委员会或地方政府等主体通过委托代理的设计，代理实际土地权利人担任委托人，设立土地信托，一般认为其并没有违反《信托法》中关于委托人"合法所有"的规定。

信托财产的权利性是指委托人用以设立信托的财产应当在法律上具有独立的权利形态或权利外观。要求信托财产必须具有权利性，是由信托的本质决定的。根据信托原理，在实质意义上，委托人设立信托的目的是要赋予受益人一定的财产利益，如果信托财产不具有权利性，受托人对其的管理、运用及处分行为就无法产生财产利益，信托目的自然也就无法实现；在形式意义上，信托的设立需要委托人将财产转移至受托人名下，如果信托财产不具有独立的权利外观，该财产则无法转移，信托也就无法设立。在我国土地信托实践中，信托财产先后表现为土地承包经营权和土地经营权，两者在我国的立法中均具有各自独立的权利形态和权利外观。

信托财产的转让性是指委托人用以设立信托的财产，可依法转移给受托人。信托财产的转让性包括信托财产的流通性和委托人的处置性两个方面。就信托财产的流通性而言，我国《信托法》第14条第3款、第4款

[①] 关于信托财产一般特性的论述，主要参见周小明《信托制度：法理与实务》，中国法制出版社2014年版，第127~139页；赵廉慧《信托法解释论》，中国法制出版社2019年版，第182~243页。

[②] 《信托法》第7条："设立信托，必须有确定的信托财产，并且该信托财产必须是委托人合法所有的财产。本法所称财产包括合法的财产权利。"

第三章 "三权分置"下农村土地经营权信托结构的基本要素

明确规定，法律、行政法规禁止流通的财产，不得作为信托财产；法律、行政法规限制流通的财产，依法经有关主管部门批准后，可以作为信托财产。如我国的土地所有权，包括国家所有和集体所有土地的所有权，均不能设立信托，而国有建设用地使用权、土地承包经营权、土地经营权等土地的利用权则可以依法流通，故可以此依法设立信托。就信托财产的处置性而言，虽然委托人拥有依法可以流通的财产，但由于某些情形或事由，限制了其自由处置的权利，如共有的财产、约定不能转让的财产等。依我国《民法典》《农村土地承包法》等相关法律的规定，土地承包经营权和土地经营权虽然可以流通和处置，但法律却为之设置了一定的条件。如土地经营权流转要求受让方"须有农业经营能力或资质"，这也就意味着土地经营权的流通和处置实际上有一定的限制。但是，这种限制并不影响委托人以土地经营权为信托财产设立信托。

信托财产的确定性是指委托人用以设立信托的财产必须明确。我国《信托法》第7条规定，"设立信托，必须有确定的信托财产"；《信托法》第11条第2项进一步规定，"信托财产不能确定"的，信托无效。虽然《信托法》本身并没有界定何为"确定"，但依据信托机理和信托实践，一般认为信托财产的确定性主要包括存在的确定性、范围的确定性、权属的确定性等三个方面。就我国的土地承包经营权和土地经营权而言，两者均符合信托财产的存在确定性、范围确定性以及权属确定性等特征。

（二）"两权分离"下土地信托实践中的信托财产

正如前文中将我国土地信托实践大体分为两个阶段，一是早期"平台型"土地信托实践（对应的时间段大体为2001~2013年）；二是新型"金融化"土地信托实践（对应的时间段大体为2013年底至今）。需要说明的是，公开披露的信息显示，后一个阶段的土地信托实践主要集中在2014年和2015年。出现这种现象，可能跟2014年中央一号文件《关于全面深化农村改革加快推进农业现代化的若干意见》（中发〔2014〕1号）首次正式提出"落实农村土地集体所有权""稳定农户承包权""放活土地经营权"的"三权分置"改革政策有关。这一时间段（2013~2015年）各地集中开展的土地信托实践，是在"三权分置"并没有具体政策规定且没有立法依据①的背景下实施的，故本书仍把这些实践放在"两权分离"的框架中讨论。

在"两权分离"的制度框架以及"三权分置"改革政策尚未提出或尚不明确的背景下，关于我国农村土地信托中的信托财产，理论和实务界主要有三种观点。第一，信托财产是集体土地所有权。有学者从类型化的视角区分农村集体土地所有权信托和土地承包经营权信托，主张农村集体土地所有权也可以作为信托财产，只不过受托人只能是国家。② 应该说，此观点既不符合土地信托的实践，也不符合我国《信托法》的相关规定，故并没有引起学界的广泛关注和探讨。第二，信托财产是土地的使用权或经营权。如有学者认为，土地信托是指土地信托服务组织接受土地承包者的委托，在坚持土地所有权和承包权不变的前提下，将其拥有的土地使用权在一定期限内依法、有偿转让给其他单位或个人的行为。③ 还有学者认为，土地承包经营权信托的信托财产是承包地的经营权而非承包权，土地的承包权仍由农户享有；并通过分析浙江"绍兴模式"中地方政府出台的相关文件，提出在"绍兴模式"中信托流转的仅是土地使用权，而并不包括土地的承包权。④ 第三，信托财产是土地承包经营权。有学者指出，土地承包经营权符合我国《信托法》关于信托财产的相关规定，能够作为信托财产参与市场流转。在解释上，土地承包经营权的信托流转符合《物权法》第 128 条和《农村土地承包法》第 32 条的规定。⑤ 还有学者认为，土地承包经营权是法定的具体权利，并非两个权利的结合。⑥ 现行法律上

---

① 2018 年 12 月 29 日，第十三届全国人民代表大会常务委员会第七次会议修订的《农村土地承包法》正式规定了"土地经营权"。
② 参见綦磊《农村集体土地所有权信托——以农民获得土地增值收益为视角》，载刘云生主编《中国不动产法研究》（第 5 卷），法律出版社 2010 年版，第 285~286 页。
③ 参见黄建水《农村土地承包经营权流转制度立法研究》，《河南大学学报》（社会科学版）2011 年第 1 期，第 51 页。
④ 参见谢根成、付露露《农村土地承包经营权信托的必要性与可行性分析》，《农村经济》2011 年第 9 期，第 61 页。
⑤ 参见高圣平《农地信托流转的法律构造》，《法商研究》2014 年第 2 期，第 29 页。
⑥ 参见李国强《论农地流转中"三权分置"的法律关系》，《法律科学》2015 年第 6 期，第 180 页。

第三章 "三权分置"下农村土地经营权信托结构的基本要素

并不存在"土地经营权"或"土地使用权"这种权利，土地承包经营权是一个不可分割的完整的民事权利，从中分离不出经营权和使用权，设立信托时必须将整个权利转移。[①] 另外，有学者考察了中信信托安徽"宿州模式"的实践，并分析了此模式下土地承包经营权作为信托财产的相关问题。[②]

总体上，在"三权分置"改革政策尚未提出和改革政策尚不明朗的时期，对于农村土地信托中信托财产的界定，学界主流观点认为应是土地承包经营权。[③] 但需要指出的是，在土地信托实践中，各地也存在将信托财产确定为土地承包经营权和土地经营权（使用权）两种不同的做法。

（三）"三权分置"下作为信托财产的土地经营权

农村承包土地的"三权分置"改革是我国农村土地制度的重大创新。自2014年中央一号文件《关于全面深化农村改革加快推进农业现代化的若干意见》（中发〔2014〕1号）首次正式提出"三权分置"以来，中央多次出台相关政策性文件，重申和强调加快完善"三权分置"的具体办法。[④] 中共中央办公厅、国务院办公厅于2016年10月30日印发《关于完善农村土地所有权承包权经营权分置办法的意见》（中办发〔2016〕

---

① 参见徐卫《土地承包经营权集合信托模式的构建逻辑与制度设计》，上海交通大学出版社2016年版，第156~158页。

② 参见姜雪莲《农村土地承包经营权流转信托的法律问题——以中信安徽宿州农村土地承包经营权信托为中心》，《北方法学》2014年第8期，第25~32页。

③ 除上述学者外，还有一些学者持类似的观点。如申惠文《法学视角中的农村土地三权分离改革》，《中国土地科学》2015年第3期，第43页；姜红利《放活土地经营权的法制选择与裁判径路》，《法学杂志》2016年第3期，第135~136页；张淳《我国信托财产所有权归属的态度及其法理审视》，《甘肃政法学院学报》2007年第5期，第7~14页；文杰《土地信托制度：农地承包经营权流转机制的创新》，《商业研究》2009年第4期，第189页；叶朋《浅谈我国农地信托关系之主体的认识》，《生产力研究》2011年第8期，第26页；赵立新《构建农村土地信托制度的理论与模式》，《经济研究导刊》2010年第33期，第49页。

④ 参见《关于引导农村土地经营权有序流转发展农业适度规模经营的意见》（中办发〔2014〕61号）；《中共中央 国务院关于加大改革创新力度加快农业现代化建设的若干意见》（中发〔2015〕1号）；《中共中央 国务院关于落实发展新理念加快农业现代化实现全面小康目标的若干意见》（中发〔2016〕1号）；《中共中央 国务院关于深入推进农业供给侧结构性改革加快培育农业农村发展新动能的若干意见》（中发〔2017〕1号）；《中共中央 国务院关于实施乡村振兴战略的意见》（中发〔2018〕1号）等。

67号)(以下简称《"三权分置"意见》)。《"三权分置"意见》对"放活土地经营权"提出了明确的要求,指出"鼓励采用土地股份合作、土地托管、代耕代种等多种经营方式,探索更多放活土地经营权的有效途径"。2018年12月29日,第十三届全国人民代表大会常务委员会第七次会议修正的《农村土地承包法》在第二章第五节专门规定了"土地经营权";2020年5月28日,第十三届全国人民代表大会第三次会议通过的《民法典》第339~342条也对"土地经营权"进行了规定,这标志着我国农地"三权分置"改革的政策入法工作基本完成,相关领域改革成果也得到了法律承认。

1. 土地经营权性质的争议

土地经营权作为我国特色农地制度下的新设权利,与权能分离理论、物权法定原则、一物一权原则等传统产权理论存在诸多龃龉之处,从而引发关于其法律性质的诸多争论,学者致力于以明确土地经营权的性质来解决其与现行产权体系的衔接与调适问题。

第一,物权说。主要理由如下:一是与"三权分置"的政策目标相符。"三权分置"政策放活土地经营权的流转是以不损害享有承包资格的农民利益为基本前提的,[1] 相较于债权的任意性和不稳定性,物权性质的经营权在期限、权利主张、权利救济等方面均具有制度优势,[2] 有助于承包关系的长期稳定,[3] 实现农地规模化经营。二是有助于承包农户产权的实现。承包农户基于物权性质的承包权而拥有对承包土地的合法处置权和流转收益权,需要构建完全物权化的土地经营权流转机制,保障农户的财产权和主体地位。[4] 三是能够成为发展农村金融的基础。只有确定土地经营权的用益物权性质,才能在其上设定登记制度协力下的不动产抵押,其

---

[1] 参见陈小君《我国涉农民事权利入民法典物权编之思考》,《广东社会科学》2018年第1期,第233页。
[2] 参见孙宪忠《推进农地三权分置经营模式的立法研究》,《中国社会科学》2016年第7期,第163页。
[3] 参见程雪阳《"土地承包关系稳定并长久不变"的理论争议与制度落实》,《中国法律评论》2021年第1期,第64页。
[4] 参见张勇、包婷婷《农地流转中的农户土地权益保障:现实困境与路径选择——基于"三权分置"视角》,《经济学家》2020年第8期,第126页。

第三章 "三权分置"下农村土地经营权信托结构的基本要素

融资功能远强于以土地经营权为债权时的权利质押,① 为盘活土地资源、破解农村融资难提供基础。② 四是与立法意旨相契合。从2018年修正的《农村土地承包法》第41条、第47条有关土地经营权登记和担保的规定出发,可以认为经营权的物权性质已为立法间接确认。③ 对该用益物权的产生和权利内容,学界存在次级用益物权、独立用益物权两种认识,这种分歧的根源在于对土地经营权的客体存在不同认识。第一种是次级用益物权说。该说主要是以土地承包经营权为权利客体,④ 认为经营权是第二层次的用益物权,⑤ 是由土地承包经营权剥离"社员权"性质的承包权续造而来,⑥ 抑或是土地承包经营权人行使权利的结果。⑦ 如此既能保持承包经营权的稳定,也能区分承包方和受让方的权利来源及内容。⑧ 第二种是独立用益物权说。该说主要是以农地为权利客体,⑨ 认为经营权并非权能分离的结果,而是独立于所有权和承包经营权的用益物权。⑩ 如有学者从农户承包权与农地经营权的区分原则出发,认为内部成员权性质和双层经营的体制性责任已由承包权承担,因此农地经营权独立于承包合同而应具有独立地位。⑪ 另有学者主张,土地经营权与土地承包经营权是等阶关系,同

---

① 参见于飞《从农村土地承包法到民法典物权编:"三权分置"法律表达的完善》,《法学杂志》2020年第2期,第69~77页。
② 参见公茂刚、李汉瑾《中国共产党领导下农地金融发展研究》,《财政科学》2022年第3期,第60页。
③ 参见黄健雄、郭泽喆《"三权分置"改革回顾、研究综述及立法展望——以农村集体土地权利体系的分层解构为视角》,《农业经济问题》2020年第5期,第39页。
④ 参见朱继胜《论"三权分置"下的土地承包权》,《河北法学》2016年第3期,第44页。
⑤ 参见李国强《论公有制经济基础上土地权利体系的构造逻辑——〈民法典〉背景下的解释基础》,《社会科学研究》2021年第6期,第76页。
⑥ 参见章正璋《土地经营权性质之辨析》,《学术界》2022年第2期,第141页。
⑦ 参见蔡立东、姜楠《农地三权分置的法实现》,《中国社会科学》2017年第5期,第115页。
⑧ 参见高飞《土地承包权与土地经营权分设的法律反思及立法回应——兼评〈农村土地承包法修正案(草案)〉》,《法商研究》2018年第3期,第7页。
⑨ 参见崔建远《民法分则物权编立法研究》,《中国法学》2017年第2期,第48页。
⑩ 参见房绍坤《民法典物权编用益物权的立法建议》,《清华法学》2018年第2期,第66页。
⑪ 参见祝之舟《农地经营权的物权构造问题研究——以新〈农村土地承包法〉为基础》,《私法研究》2021第1期,第245页。

时为了避免由名称推出种属关系，应将土地经营权改称为"耕作权"或"耕作经营权"。①

第二，债权说。主要理由如下。一是在产生逻辑上，以土地经营权为次级用益物权的合理性存疑。这一方面违背了"一物一权"的物权法原理，过于复杂的他物权体系设置将产生虚化所有权、②架空承包经营权的风险；③另一方面也与制度实践的客观需求和现实运作相悖。④二是在体系解释上，"物权说"对大量发生的债权性租赁流转解释力不足，且没有必要为承包地经营权的承租这一种方式将土地经营权确定为用益物权，⑤加之鼓励流转创新的政策考量，也宜将土地经营权确定为债权。⑥三是在立法文本上，《农村土地承包法》第41条关于五年以上经营权可以经登记取得对抗效力的规定，仅是以附加公示的形式作为债权的保护手段，⑦应当立足现行法律规范及民法理论，在现有框架下另行调整，节约制度的变革成本。⑧对于债权的性质和内容，学界主要存在两种认识。一是债权性经营利用权。该种学说从传统两权分离的角度出发，认为土地经营权是承包权流转的权利，可作为权能与土地承包权分离，属承包土地的"债权型利用"。⑨二是物权化的租赁权。该学说将土地经营权视作通过租

---

① 参见孙宪忠《推进农地三权分置经营模式的立法研究》，《中国社会科学》2016年第7期，第163页。
② 参见单平基《"三权分置"中土地经营权债权定性的证成》，《法学》2018年第10期，第51页。
③ 参见袁野《土地经营权债权属性之再证成》，《中国土地科学》2020年第7期，第19页。
④ 参见吴义龙《"三权分置"论的法律逻辑、政策阐释及制度替代》，《法学家》2016年第4期，第38页。
⑤ 参见韩松《论民法典物权编对土地承包经营权的规定——基于"三权分置"的政策背景》，《清华法学》2018年第5期，第112页。
⑥ 参见高圣平《农地三权分置改革与民法典物权编编纂——兼评〈民法典各分编（草案）〉物权编》，《华东政法大学学报》2019年第2期，第20页。
⑦ 参见高圣平、王天雁、吴昭军《〈中华人民共和国农村土地承包法〉条文理解与适用》，人民法院出版社2019年版，第316页。
⑧ 参见陈林峰、方金华、林景祥、马晓赟《论农地经营权的法律性质——以三权分置为视角》，《安徽农业科学》2020年第1期，第257页。
⑨ 参见温世扬、吴昊《集体土地"三权分置"的法律意蕴与制度供给》，《华东政法大学学报》2017年第3期，第74页。

第三章 "三权分置"下农村土地经营权信托结构的基本要素

赁实现流转的债权,[①] 其权利形态依附于农地,[②] 虽然并非对实体物的支配,但仍具有融资的可能和价值,[③] 能够在其上设定抵押和权利质押。该学说同时主张对债权属性的经营权配以完善的登记制度,对其进行类物权的保护。[④]

第三,二元说。该说认为在不同情境下,土地经营权存在物权和债权两种表现形式,[⑤] 依据不同划分标准可分为以下几种。一是以取得方式为划分标准,认为家庭承包的承包经营权人为他人流转的土地经营权为债权、家庭承包的承包经营权人融资担保的土地经营权为物权、其他方式承包取得的土地经营权为物权。[⑥] 也有学者认为确权确地形成的土地承包经营权分离出的经营权为债权,而以确权确股不确地的承包经营权创新取得方式分离出的经营权则为物权。[⑦] 二是以流转方式为划分标准,认为土地经营权在转让和互换条件下为物权性质,在转包、出租和入股条件下为债权性质。[⑧] 也有学者从权属完备性、抵押价值、处置难度三方面对通过不同方式取得的经营权属性进行细化比较,认为租入取得的经营权为债权,入股取得的经营权为物权。[⑨] 三是以流转期限为划分标准,认为流转期限为五年以上的土地经营权由于其登记和对抗效力而具

[①] 参见单平基《"三权分置"中土地经营权债权定性的证成》,《法学》2018 年第 10 期,第 32 页。

[②] 参见何宝玉《〈中华人民共和国农村土地承包法〉释义》,中国民主法制出版社 2019 年版,第 126 页。

[③] 参见高圣平《农村土地承包法修改后的承包地法权配置》,《法学研究》2019 年第 5 期,第 52 页。

[④] 参见张素华、张雨晨《〈农村土地承包法〉修订背景下土地经营权的法律内涵与制度供给》,《广西大学学报》(哲学社会科学版) 2019 年第 1 期,第 114 页。

[⑤] 参见姜楠《土地经营权的性质认定及其体系效应——以民法典编纂与〈农村土地承包法〉的修订为背景》,《当代法学》2019 年第 6 期,第 28 页。

[⑥] 参见房绍坤《〈农村土地承包法修正案〉的缺陷及其改进》,《法学论坛》2019 年第 5 期,第 11 页。

[⑦] 参见高海《论农用地"三权分置"中经营权的法律性质》,《法学家》2016 年第 4 期,第 48 页。

[⑧] 参见张毅、张红、毕宝德《农地的"三权分置"及改革问题:政策轨迹、文本分析与产权重构》,《中国软科学》2016 年第 3 期,第 15 页。

[⑨] 参见罗兴、马九杰《不同土地流转模式下的农地经营权抵押属性比较》,《农业经济问题》2017 年第 2 期,第 23 页。

有物权属性，[1] 五年以下则具有债权属性。[2] 这种二元界定的方式虽与我国既存物债法律体系相适应，从而具备解释逻辑的周延性，但也在以下两方面受到学界的广泛批评。一是土地经营权的二元属性违背了物债二分的民法基本原则，[3] 民事权利体系中从未出现"时而是物权，时而是债权"的规范先例。[4] 出于体系调适的考量，对土地经营权的性质应作单一化界定。[5] 二是期限长短、登记与否并非物债属性的区分标准，[6] 五年的设定旨在引导土地经营权人登记确权、鼓励较长期限的稳定流转，[7] 对五年以下的流转实际采取登记自由主义，[8] 而非禁止五年以下的登记，物权的属性由其目的和功能而定，仅以期限和登记作为认定标准，理由并不充分。[9]

第四，界定无意义说。该说认为对土地经营权的定性现实意义不大。有学者从"三权分置"的政策目标出发，认为改革追求的是"放活经营权"和"不能使农民利益受损"的效率目标，土地经营权的制度设计应当与改革目标保持价值一致性，而非过多纠结于理论层面的性质界定。[10] 另有学者认为土地经营权是经济学术语，转化为法律术语即为次级土地承包

---

[1] 参见宋志红《民法典对土地承包经营制度的意义》，《农村经营管理》2020年第11期，第25页。
[2] 参见房绍坤、林广会《解释论视角下的土地经营权融资担保》，《吉林大学社会科学学报》2020第1期，第17页。
[3] 参见陈小君、肖楚钢《农村土地经营权的法律性质及其客体之辨——兼评〈民法典〉物权编的土地经营权规则》，《中州学刊》2020年第12期，第53页。
[4] 参见高圣平《〈民法典〉与农村土地权利体系：从归属到利用》，《北京大学学报》（哲学社会科学版）2020年第6期，第148页。
[5] 参见肖鹏《民法典视野下土地经营权性质的再探讨》，《法治研究》2021年第5期，第75页。
[6] 参见谭启平《"三权分置"的中国民法典确认与表达》，《北方法学》2018年第5期，第14页。
[7] 参见黄亚洲《论〈民法典〉视域下土地经营权的物权属性》，《东南大学学报》（哲学社会科学版）2022年第S1期，第32页。
[8] 参见朱庆育《大民法典与法典新范式》，《南大法学》2022年第3期，第48页。
[9] 参见崔建远《物权编对四种他物权制度的完善和发展》，《中国法学》2020年第4期，第33页。
[10] 参见刘锐《后民法典时代土地权利体系化研究》，《中国土地科学》2021年第9期，第12页。

经营权，并不存在法理解释上的障碍。[1]

第五，实质理性说。该说在承认土地经营权兼具物债属性的同时，认为其作为财产权具有外延的不确定性。[2]《民法典》和《农村土地承包法》均未论定土地经营权的性质，此种折中包容的态度意在搁置争议，[3] 放活农地的非单一化流转。[4] 因此，对法律性质的解释应当以实质理性为基础，适应政策改革的实践需求和功能主义的立法现实，认可经营权的形式多样性，将其置于法律关系的动态运行中展开分析，[5] 以法律结构的差异确定法律性质。[6] 该说与前述四说的最大区别即在于：其既未完全放弃性质界定，从而使经营权与形式理性"脱缰"而陷于不确定性；又未囿于"非物即债"的传统物债二分理论；而是回到政策和法律的社会实践中，根据制度运行作出动态认定。这种超维度的讨论更能体现理论的应用性和回应性。

第六，新型产权说。该说意在变革产权理论的底层逻辑，认为我国财产法应当跳出"所有权—他物权"的伞形架构，引入英美法系的"平行线型结构"，经营权人可以以"抽象的土地权益"为客体，进行自由分割和独立处分，从而使经营权摆脱"所有权绝对"和"一物一权"的传统物权观桎梏，成为一种完全独立于承包权和所有权的全新财产权类型。[7]

2. 作为信托财产的土地经营权

应该说，伴随"三权分置"改革政策逐步明确，尤其是"土地经营权"入法以来，学界对信托财产应界定为土地经营权已达成共识。把信托

---

[1] 参见朱广新《土地承包权与经营权分离的政策意蕴与法制完善》，《法学》2015年第11期，第88页。
[2] 参见屈茂辉《民法典视野下土地经营权全部债权说驳议》，《当代法学》2020年第6期，第47页。
[3] 参见刘振伟《完善农村集体土地"三权"分置制度》，《中国人大》2017年第21期，第33页。
[4] 参见黄薇主编《中华人民共和国〈民法典〉物权编释义》，法律出版社2020年版，第359~360页。
[5] 参见徐超、李汶卓、赵秀丽《由政策到法律：论承包地"三权"运行的框架选择》，《农业经济》2021年第11期，第45页。
[6] 参见郭志京《民法典土地经营权的规范构造》，《法学杂志》2021年第6期，第76页。
[7] 参见张淞纶《财产法哲学》，法律出版社2016年版，第159页。

财产界定为土地经营权而不再是土地承包经营权，与学界对土地承包权性质的认识进一步深化有关。尽管我国现行立法对土地经营权的性质并无明确规定，而且学术界关于土地经营权究竟是物权、债权抑或物权债权二元兼具还存在一定分歧，但作为一种财产权的土地经营权可以成为信托财产并无疑问。

事实上，就土地经营权信托而言，作为信托财产的土地经营权，其性质统一定性为物权或债权，在法律效果方面并不存在根本差异，如对土地的支配性、权利的排他性和优先性、效力强度等在不同定性之下均可得到解释，① 尤其是在符合信托财产的特性方面，其本身的性质如何并无根本差异。因此，对于土地经营权信托而言，只要承认土地经营权是一种财产权就能够满足土信托设立的要求。正如有学者认为，如果农户以土地承包经营权设立信托，其应将该项权利转移给受托人，而一旦土地承包经营权发生转移，农户将失去承包土地带来的生活保障；且应经发包方同意，这加大了农地信托设立的难度。因此，应将信托财产界定为土地经营权，这是因为土地经营权具备信托财产"可以金钱计算价值"和"积极财产性"的构成要件。② 还有学者指出，在土地经营权信托法律关系中，信托财产是土地经营权，其作为一项纯财产权利，不附带任何身份属性，能够成为信托的标的物，承载土地经营权信托的物质利益，创造更多的经济价值。③

总体上，认为信托财产为土地经营权的观点的主要理由大体如下：土地承包经营权具有社会保障的功能，不宜作为信托财产；土地经营权符合设立信托之信托财产的要求；不同法律属性的土地经营权均具备实施信托的现实可操作性；以土地经营权设立信托，有利于促进农村土地的规模化

---

① 参见谢鸿飞《〈民法典〉中土地经营权的赋权逻辑与法律性质》，《广东社会科学》2021年第1期，第231~234页。
② 参见文杰《"三权分置"视阈下农地信托法律规则之构建》，《法商研究》2019年第2期，第43~44页。
③ 参见房绍坤、任怡《新承包法视阈下土地经营权信托的理论证成》，《东北师大学报》（社会科学版）2020年第2期，第38页。

流转等。① 应当承认的是，由于现有立法对土地经营权性质并无明确规定，加之《农村土地承包法》（2018年）对土地经营权流转亦作出了一定的限制，虽然理论上对于土地经营权作为信托财产并无太大争议，但在土地经营权信托实践中，仍面临一些问题。

三 信托设立行为：意思表示和土地经营权转移

依据一般的信托法理，信托因信托行为而设立，但信托法理论与实践中对信托行为存在不同的理解。需要指出的是，我国《信托法》中并没有"信托行为"的概念，而是在第二章以"信托的设立"为标题，对信托行为作出了相应的规定。根据学者的梳理，对于信托行为的理解，大体有两类：一是广义上的信托行为，是指信托当事人关于信托的设立、变更或终止并依法产生相应的法律后果的行为；二是狭义上的信托行为，仅指以设立信托为目的的行为，即信托设立行为。② 在信托法理论上，对于信托设立行为的构造，有复合行为说和单一行为说之分。复合行为说认为信托设立行为包括物权行为（委托人将信托财产转移给受托人的行为）和债权行为（委托人设立信托的意思表示行为）；单一行为说承认信托设立行为包括物权行为和债权行为两类行为，但认为这两类行为不是独立存在的，而是合二为一的行为。③ 事实上，就下文即将讨论的内容而言，重点不在于究竟赞成何种学说，而是要充分认识到信托设立行为必须包含两个要件：即主观上的意思表示行为和客观上的财产转移行为。信托的设立是一个过程。意思表示行为和财产转移行为在信托设立过程中代表了两个相互联系

---

① 参见徐海燕、冯建生《农村土地经营权信托流转的法律构造》，《法学论坛》2016年第5期，第75页；陈敦《土地信托与农地"三权分置"改革》，《东方法学》2017年第1期，第82~83页；张娟《供给侧改革背景下的土地信托法律关系构造》，《青海社会科学》2017年第1期，第131~132页；李蕊《农地信托的法律障碍及其克服》，《现代法学》2017年第4期，第55~56页；袁泉《中国土地经营权信托：制度统合与立法建议》，《重庆大学学报》（社会科学版）2018年第6期，第118页。
② 参见席月明《信托法学三十年的重要理论成果》，载中国人民大学信托与基金研究所编《中国信托业发展报告（2008）》，中国经济出版社2009年版，第173页。
③ 参见周小明《信托制度：法理与实务》，中国法制出版社2014年版，第140页。

但在时间上有所区别的阶段。基于信托设立行为的阶段性,我国《信托法》分别提出了"信托的成立"和"信托的生效"两个不同的概念。[①] 根据我国《信托法》的相关规定以及信托法理,一般认为信托设立行为中的"意思表示行为"与信托的成立相关;"财产转移行为"与信托的生效有关。

要讨论土地经营权信托中的信托设立行为,必须依据《信托法》中的相关规定,从讨论一般意义上信托设立行为的构成要件入手。

(一)一般意义上的信托设立行为之构成

依据我国《信托法》的相关规定及信托法理,通常情况下,信托设立行为包括意思表示行为和财产转移行为两类行为。但是,对于特殊的信托设立行为,《信托法》亦规定了特别的生效要件。下文对此简要述之,以为讨论土地经营权信托的信托设立行为奠定基础。

1. 意思表示行为

通常认为,意思表示是法律行为的核心要件之一。完整的意思表示由意思表示的形式、意思表示的内容及意思表示的真实性构成。第一,就意思表示的形式而言,我国《信托法》第8条第1款明确规定"设立信托,应当采取书面形式";第8条第2款就书面形式的类型进一步作出了规定,包括信托合同、遗嘱或者法律、行政法规规定的其他书面文件等。关于上述设立信托的书面文件,我国《信托法》将其统称为"信托文件"。第二,就意思表示的内容而言,意思表示必须具有明确的内容。我国《信托法》第9条[②]对信托文件的内容作了明确的规定,包括法定记载内容和任意记载内容。另外,在特定类型的营业信托中,相关法律法规及规章对信托文

---

① 《信托法》第8条第3款:"采取信托合同形式设立信托的,信托合同签订时,信托成立。采取其他书面形式设立信托的,受托人承诺信托时,信托成立。"《信托法》第44条:"受益人自信托生效之日起享有信托受益权。信托文件另有规定的,从其规定。"

② 《信托法》第9条:"设立信托,其书面文件应当载明下列事项:(一)信托目的;(二)委托人、受托人的姓名或者名称、住所;(三)受益人或者受益人范围;(四)信托财产的范围、种类及状况;(五)受益人取得信托利益的形式、方法。除前款所列事项外,可以载明信托期限、信托财产的管理方法、受托人的报酬、新受托人的选任方式、信托终止事由等事项。"

件记载内容的规定更详细。第三,就意思表示的真实性而言。我国《信托法》本身并没有就意思表示的真实性加以规定,但信托行为属于民事法律行为,应该符合民事法律行为生效要件的一般性规定。如我国《民法典》第143条就明确规定了"意思表示真实"是民事法律行为有效的条件之一。

2. 财产转移行为

应该承认的是,我国《信托法》并没有明确规定委托人应将用以设立信托的财产转移给受托人。在《信托法》第2条关于信托的定义中,用的是"将其财产权委托给受托人"这一表述。对此,理论界有不同的理解。如有学者认为,"委托给"在内涵上不同于财产转移,我国的信托不需要信托财产的转移就能成立。① 但是,多数学者对这种理解持批判态度,主流学说认为信托设立应转移财产。有学者指出,"从制定信托法的历史背景上看,我国信托法所参考的众多国家和地区均在信托的概念中强调财产权的转移,否则将违背信托本质"。② 因此,不能把《信托法》第2条中的"委托给"理解成我国的信托不转移财产权就可以设立。有学者认为有效的信托设立行为必须包括财产转移行为。主要理由如下:第一,从域外国家的通例上看,多数国家均明确规定信托设立时应转移财产。如日本《信托法》第1条规定信托包括财产权的转移或其他处分;韩国《信托法》第1条也明确规定委托人将特定财产转移给受托人,但也可以借助其他手续,请受托人管理和处理其财产。第二,从我国《信托法》相关条款的规定来看,信托设立包括财产转移行为。如《信托法》第14条第1款规定"受托人因承诺信托而取得的财产是信托财产",这意味着委托人必须将财产转移给受托人,否则受托人无从取得信托财产。第三,从信托法理上看,基于信托财产的独立性,委托人必须将信托财产从其他财产中分离出来并转移给受托人,否则信托财产的独立性无法得到保障。第四,从我国实践中的营业信托来看,其在操作上均建立在信托财产转移的基础之上。因

---

① 参见张淳《中国信托法特色论》,法律出版社2013年版,第33~97页。
② 赵廉慧:《信托法解释论》,中国法制出版社2019年版,第46页。

此，《信托法》第 1 条中的"委托给"应理解为委托人需要将用以设立信托的财产转移给受托人。① 总体上，理论及实务界关于信托的设立必须有信托财产转移行为已成为通说。

我国《信托法》对信托设立中财产转移的方式并未作明确的规定，应该适用其他有关法律中关于财产权转移方式的规定。如依照《民法典》第 209 条的规定，除法律另有规定外，以不动产物权的转移方式为登记；依照《民法典》第 224 条的规定，除法律另有规定外，以动产物权的转移方式为交付。

3. 特别的生效要件

通常情况下，信托设立只需要意思表示行为和财产转移行为即可。但根据我国《信托法》的相关规定，还存在两种特殊情况：一是特殊情况下的信托登记；二是公益信托的设立审批。

第一，特殊情况下的信托登记。一般认为，我国信托登记制度的法律依据在于《信托法》第 10 条的规定。《信托法》第 10 条规定："设立信托，对于信托财产，有关法律、行政法规规定应当办理登记手续的，应当依法办理信托登记。未依照前款规定办理信托登记的，应当补办登记手续；不补办的，该信托不产生效力。"换言之，对于委托人用以设立信托的财产，其物权变动是需要依法办理登记的，如果不进行信托登记，则其法律后果是信托不发生效力。有学者据此认为，按照《信托法》第 10 条的规定，如果财产权转移的效力需要办理登记手续才能产生，则以该类财产设立信托，需要办理两个"登记手续"：一是财产权转移登记手续；二是信托登记手续。② 但是，由于《信托法》颁布至今，我国一直没有建立起针对信托效力的登记制度，所以只能在物权登记体系下，作信托财产的登记生效主义理解。③ 有学者进一步指出，信托登记与财产登记不同，只是一种对抗性登记，应通过立法解释将《信托法》第 10 条确认为非财产

---

① 参见周小明《信托制度：法理与实务》，中国法制出版社 2014 年版，第 148 页。
② 参见周小明《信托制度：法理与实务》，中国法制出版社 2014 年版，第 153 页。
③ 参见缪因知《信托财产登记制度功能的实现路径》，《暨南学报》（哲学社会科学版）2022 年第 2 期，第 97 页。

第三章 "三权分置"下农村土地经营权信托结构的基本要素

登记。[①] 从信托原理上看，信托登记制度的核心功能是通过登记的公示公信，界定归属于信托的财产，为信托财产独立性的彰显提供制度支持，其与物权变动登记具有本质区别，两者不能混同，故应进一步完善我国的信托登记制度。近年来，我国加快了完善信托登记制度的步伐。2016年底我国信托业监管部门推动设立中国信托登记有限责任公司（以下简称"中信登公司"）作为全国统一的信托登记平台，2017年《信托登记管理办法》颁布，2018年中信登公司发布《信托登记管理细则》。信托登记制度的完善从信托产品登记出发，并最终努力过渡到信托财产登记。令人遗憾的是，由于中信登公司的职能定位与实践需求存在某种程度的错位，我国信托登记制度依旧有许多难题亟待解决。

第二，公益信托的设立审批。我国《信托法》第62条明确规定，公益信托的设立，应当经有关公益事业的管理机构（以下简称"公益事业管理机构"）批准。未经公益事业管理机构批准，不得以公益信托的名义进行活动。

（二）土地经营权信托中的信托设立

就我国农村土地经营权信托设立而言，完整意思表示所包含的意思表示形式、内容、真实性等要求在《农村土地承包法》（2018年）与《农村土地经营权流转管理办法》（2021年）中均有规定。财产转移行为则包括两个层面。一是从权属层面，土地经营权应该转移给受托人，这就可能涉及土地经营权登记的问题；二是从实际层面，应将占有的土地转移至受托人，即受托人有权在合同约定的期限内占有农村土地。下文主要讨论土地经营权信托设立中的意思表示和土地经营权权属转移涉及的土地经营权登记问题。

1. 土地经营权信托设立中的意思表示

一般认为，设立信托是土地经营权流转的一种方式，因此关于土地经营权信托设立中的意思表示，主要体现在我国《农村土地承包法》（2018年）及《农村土地经营权流转管理办法》（2021年）等相关立法中。在意

[①] 参见季奎明《中国式信托登记的困境与出路：以私法功能为中心》，《政治与法律》2019年第5期，第112~116页。

思表示的形式上，我国《农村土地承包法》（2018 年）第 40 条第 1 款明确规定"土地经营权流转，当事人双方应当签订书面流转合同"；在意思表示的内容上，《农村土地承包法》（2018 年）第 40 条第 2 款①则详细地列举了土地流转合同一般应包括的条款；在意思表示的真实性上，《农村土地承包法》（2018 年）第 38 条详细规定了土地经营权流转应当遵循的原则，其中第 1 项原则为"依法、自愿、有偿，任何组织和个人不得强迫或者阻碍土地经营权流转"，关涉信托设立中的信托主体意思表示的真实性要求；另外，《农村土地承包法》（2018 年）第 39 条中"土地经营权流转的价款，应当由当事人双方协商确定"的规定，也体现了信托设立意思表示的真实性要求。

2. 土地经营权登记是土地经营权信托登记吗？

作为承包地"三权分置"改革创新的土地经营权，已被我国《民法典》和《农村土地承包法》（2018 年）明确承认。作为新生的民事权利，同时为稳定相关主体的农业经营预期，《民法典》和《农村土地承包法》（2018 年）均赋予土地经营权以登记能力。但对于土地经营权的登记能力是否因流转期限的不同而存在差异，或者说是否只有流转期限为 5 年以上的土地经营权才具有登记能力，学理界的看法并不完全一致。第一，认为流转期限 5 年以上的土地经营权才具有登记能力。有学者从文义解释出发，认为《民法典》第 341 条和《农村土地承包法》（2018 年）第 41 条的文义极为清晰，仅有流转期限 5 年以上的土地经营权才具有登记能力。土地经营权流转期限的长短，可由当事人自由约定，体现了当事人之间的不同预期。如果当事人倾向于约定较长的流转期限，希望获得具有长期稳定保障的土地经营权，则可以申请登记，登记后即可以对抗善意第三人；如果当事人倾向于约定较短的流转期限，不希望获得长期的土地经营权的，则无须登记，双方根据合同约定行使权利义务即可。② 第二，有学者对土地

---

① 《农村土地承包法》第 40 条第 2 款："土地经营权流转合同一般包括以下条款：（一）双方当事人的姓名、住所；（二）流转土地的名称、坐落、面积、质量等级；（三）流转期限和起止日期；（四）流转土地的用途；（五）双方当事人的权利和义务；（六）流转价款及支付方式；（七）土地被依法征收、征用、占用时有关补偿费的归属；（八）违约责任。"

② 参见黄薇主编《中华人民共和国农村土地承包法释义》，法律出版社 2019 年版，第 179 页。

第三章 "三权分置"下农村土地经营权信托结构的基本要素

经营权登记限于流转期限 5 年以上这一看法表示质疑。如有观点认为，虽然《民法典》第 341 条和《农村土地承包法》（2018 年）第 41 条没有规定流转期限未满 5 年的土地经营权登记，但并不能根据以上条款断言流转期限不足 5 年的土地经营权"不应也不能"向登记机构申请登记。[①] 还有学者认为，《民法典》341 条和《农村土地承包法》（2018 年）第 41 条中规定的"5 年"并非登记能力的界限，流转期限 5 年以下的土地经营权同样可以登记，只不过这种债权性的土地经营权的登记之必要性远不如流转期限 5 年以上的土地经营权，故容易被忽视。[②] 事实上，根据《民法典》和《农村土地承包法》（2018 年）的规定，将土地经营权登记能力限制为"流转期限为 5 年以上的土地经营权"这一解释更为合理。其正当性在于，土地经营权的流转期限不同，经营主体的稳定性需求也不同，通过登记对抗来保障自己权利的必要性也就不同；将土地经营权登记能力进行一定程度的限制，不仅有利于指引和倡导当事人进行登记，也有利于降低登记机构的登记负担。[③] 从现行立法的规定来看，土地经营权登记是一种财产登记，当事人是否申请登记与土地经营权的设立和效力无涉，立法规定中采取的是对抗主义，并非生效主义。

应该承认的是，《民法典》和《农村土地承包法》（2018 年）中规定的土地经营权登记，其性质应属于一种财产登记，并非信托法意义上的信托登记。但是，如何理解《民法典》第 341 条、《农村土地承包法》（2018 年）第 41 条与《信托法》第 10 条之规定的关系呢？从《民法典》第 341 条和《农村土地承包法》（2018 年）第 41 条[④]的条文规定可以看出，土地经营权登记并非"应当"或者"必须"，而是"可以向登记机构申请"，

[①] 参见陈小君、肖楚钢《农村土地经营权的法律性质及其客体之辨——兼评〈民法典〉物权编的土地经营权规则》，《中州学刊》2020 年第 12 期，第 54 页。

[②] 参见郭志京《民法典视野下土地经营权的形成机制与体系结构》，《法学家》2020 年第 6 期，第 36 页。

[③] 参见高圣平《土地经营权登记规则研究》，《比较法研究》2021 年第 4 期，第 4 页。

[④] 《民法典》第 341 条："流转期限为五年以上的土地经营权，自流转合同生效时设立。当事人可以向登记机构申请土地经营权登记；未经登记，不得对抗善意第三人。"《农村土地承包法》第 41 条："土地经营权流转期限为五年以上的，当事人可以向登记机构申请土地经营权登记。未经登记，不得对抗善意第三人。"

相当于赋予当事人一定的选择权，由其自主决定。而《信托法》第 10 条中规定的则是"应当"。因此，在土地经营权信托中，从现行立法中无法找到土地经营权信托登记的依据；更不能因土地经营权没有登记而得出土地经营权信托无效的结论。从实践来看，各地对农地信托是否应办理信托登记的态度也不尽相同。在福建、安徽等地的土地信托实践中，受托人应向县级或乡镇政府农村土地流转部门办理信托登记；而在黑龙江、湖南等地，则未要求土地信托进行信托登记。目前，多数学者认为以土地经营权设立信托，应办理信托登记。理由主要如下：有利于保护善意第三人的利益，维护交易安全；对外公示农户受益权的存在，有利于保护农户的利益；有利于保障信托财产的独立性。[①] 有学者认为，对于应当办理登记手续的信托财产应作广义理解，不区分登记对权利让与当事人效力的不同，只要该财产性权利以登记为公示方法，就应被视为《信托法》第 10 条规定的应当办理登记手续的信托财产。[②] 也有学者认为，以土地经营权设立信托的，办理信托登记并非必要，由受托人将信托合同向当地县级国土资源管理部门备案即可。[③] 关于土地经营权信托登记的争议，与我国信托登记制度的内容、程序、机构、效力等均无详细规范有关。

从土地经营权信托设立的角度而言，以土地经营权设立信托，除了要满足当事人之间意思表示要件外，还要满足财产转移的要件。土地经营权是一种财产性权利，如何通过制度设计更好地反映"财产转移要件"的规定，值得认真研究。在土地经营权信托实践中，为了更好地满足信托财产公示的需求、彰显信托财产的独立性并维护信托当事人的合法权益，需要进一步完善我国的信托登记制度。至于如何设计我国土地经营权信托登记

[①] 参见李蕊《农地信托的法律障碍及其克服》，《现代法学》2017 年第 4 期，第 63 页；徐海燕、冯建生《农村土地经营权信托流转的法律构造》，《法学论坛》2016 年第 5 期，第 77 页；袁泉《土地经营权信托设立的理论构建——以"三权分置"为背景》，《西南政法大学学报》2017 年第 2 期，第 120 页。

[②] 参见袁泉《中国土地经营权信托：制度统合与立法建议》，《重庆大学学报》（社会科学版）2018 年第 6 期，第 124~125 页。

[③] 参见文杰《"三权分置"视阈下农地信托法律规则之构建》，《法商研究》2019 年第 2 期，第 44 页。

制度，乃至完善我国信托登记制度，留待下文再详细论述。

四 信托目的：合法性的约束

信托目的是委托人在设立信托时意欲达成的目的，在信托设立中占据首要地位，影响信托关系的产生、存续和消灭。[1] 信托目的由委托人确定，属于委托人的主观意愿，信托目的要通过具体的信托条款加以表现，并经由具体信托条款客观化。[2] 但应当注意的是，信托目的并不是将其作为信托行为的一个条款而加以明确记载，而是要从信托行为的整体进行解释。[3] 信托目的决定了信托财产的管理、运用、处分和信托利益的分配，是信托结构中不可或缺的构成要素之一。因此，信托目的对于信托而言是必要条件，没有信托目的的信托无效。正如有学者通过研究日本《信托法》中关于信托的定义而指出，信托中必须确定一定的目的，该目的是受托人进行"财产管理或处分以及为实现该目的而实施的必要行为"时所要遵从的基准。[4] 土地经营权信托的设立，亦必须符合信托目的的基本要求。

（一）一般意义上信托目的之基本要求

从信托的历史起源上看，信托最初是作为一种以"规避法律"为目的的设计而生成和发展的。早期的信托，是一种试图通过"受托人"的设计，为委托人提供能够规避法律限制，更加灵活地满足自己意愿的财产转移和财产管理的选择方式。这种"选择"逐渐演变成现代信托法中的"信托目的自由性原则"，即委托人可以基于各种目的，自由设立信托，并通过信托当事人的权利义务配置，确保信托目的得以实现。对于信托目的的自由性原则，现代国家的信托法大多是从信托目的的否定性角度，对信托目的进行禁止性规定，要求信托目的必须具有合法性或不得违反公序良俗及

---

[1] 参见〔日〕中野正俊、张军建《信托法》，中国方正出版社2004年版，第59~60页。
[2] 参见周小明《信托制度：法理与实务》，中国法制出版社2014年版，第155页。
[3] 参见〔日〕田中和明、田村直史《信托法：理论与实务入门》，丁相顺、赖宇慧等译，中国人民大学出版社2018年版，第30页。
[4] 参见赵廉慧《信托法解释论》，中国法制出版社2019年版，第136页。

社会秩序等。如我国《信托法》第 6 条明确规定设立信托，必须具有合法的信托目的，但并没有对信托目的的内容和类型进行详细的规定。因此，在理解上，只要不违反法律的禁止性规定，信托目的的内容就可以由委托人自由确定，这就是信托法意义上的信托目的自由性原则。信托目的自由性原则的确立，正是信托具有高度灵活性和广泛适用性的法律基石，也是信托制度具有强大生命力和传播力的重要支撑。

现代国家的法治理念必然要求对以"规避法律"为目的的信托设计进行控制和约束。因此，在肯定信托目的具有自由性原则的基础之上，必须为信托目的的"自由性"设置约束，即确立信托目的合法性原则，各国均禁止以规避法律或违法为目的设立的信托。就我国而言，《信托法》通过第 6 条"设立信托，必须有合法的信托目的"和第 11 条[①]关于信托无效情形的相关条款对信托目的合法性进行了规定。《信托法》第 11 条第 1 项规定信托目的违反法律、行政法规或者损害社会公共利益的信托无效，这是对《信托法》第 6 条的补充和强化，规定了信托目的不具有合法性的法律后果；《信托法》第 11 条第 4 项则明确列举了专门以诉讼或者讨债为目的而设立的信托无效。应该指出的是，我国《信托法》中关于信托目的合法性的规定总体上属于抽象性规定，并没有规定更为具体的判断标准，尤其是在信托实践中，对有些信托目的合法性的判断存在一定的模糊空间。

在信托法理论上，按照信托目的的不同，可以将信托分为三类。以私益目的设立的信托称为私益信托，以公益目的设立的称为公益信托，以特别目的设立的则称为特别目的信托。第一，私益目的是指设立信托的目的是满足特定人的利益，包括自益目的和他益目的。自益目的是指委托人设立信托的目的是满足自己的利益；他益目的是指委托人设立信托的目的是满足他人的利益。在私益目的信托中，秉持"受益人确定"为原则之一，

---

① 《信托法》第 11 条："有下列情形之一的，信托无效：（一）信托目的违反法律、行政法规或者损害社会公共利益；（二）信托财产不能确定；（三）委托人以非法财产或者本法规定不得设立信托的财产设立信托；（四）专以诉讼或者讨债为目的设立信托；（五）受益人或者受益人范围不能确定；（六）法律、行政法规规定的其他情形。"

第三章 "三权分置"下农村土地经营权信托结构的基本要素

即信托必须有可以确定的受益人，这是信托设立的有效要件之一。我国《信托法》第11条第5项明确规定受益人或者受益人范围不能确定的信托无效。第二，公益目的是指设立信托的目的是满足社会公众的利益，我国《信托法》第60条①列举了公益目的的类型。第三，特别目的是指设立信托既非为了特定人的利益，也非为了社会公众利益，而是为了某些特殊目的，此类信托通常被称为"特别目的信托"。

（二）土地经营权信托中的信托目的

依前文所述之信托法理，土地经营权信托中的信托目的就是指委托人设立土地经营权信托时所要达到的目的。具体而言，就是指作为土地经营权人的委托人通过设立信托，将土地经营权委托给受托人，由受托人对土地经营权进行管理、运用、处分，实现委托人（受益人）土地收益的最大化。这一信托目的要通过土地经营权信托的具体条款加以表现，并经由具体的信托条款予以客观化。同时，在土地经营权信托中，委托人（受益人）的土地收益最大化的目的要受到合法性的约束。除《信托法》中规定的"合法性"要求之外，鉴于土地经营权信托是土地经营权流转的一种方式，土地经营权信托目的的"合法性约束"主要是指《农村土地承包法》（2018年）对土地经营权流转的法律限制。从信托设立的角度看，要求土地经营权人在设立信托时遵循《农村土地承包法》（2018年）第38条②规定的原则，如第38条第2项规定土地经营权流转不得改变土地所有权的性质和土地的农业用途，不得破坏农业综合生产能力和农业生态环境，这主要是对土地经营权信托设立时土地用途的管制要求；第38条第3项规定土地经营权流转期限不得超过承包期的剩余期限，这是对土地经营权设立信

---

① 《信托法》第60条："为了下列公共利益目的之一而设立的信托，属于公益信托：（一）救济贫困；（二）救助灾民；（三）扶助残疾人；（四）发展教育、科技、文化、艺术、体育事业；（五）发展医疗卫生事业；（六）发展环境保护事业，维护生态环境；（七）发展其他社会公益事业。"

② 《农村土地承包法》第38条："土地经营权流转应当遵循以下原则：（一）依法、自愿、有偿，任何组织和个人不得强迫或者阻碍土地经营权流转；（二）不得改变土地所有权的性质和土地的农业用途，不得破坏农业综合生产能力和农业生态环境；（三）流转期限不得超过承包期的剩余期限；（四）受让方须有农业经营能力或者资质；（五）在同等条件下，本集体经济组织成员享有优先权。"

托的期限要求；第38条第4项规定受让方须有农地经营权能力或者资质，这是对土地经营权信托中受托人的主体资格要求。另外，根据我国《信托法》第9条的规定，信托目的应当在信托文件中载明，即应在土地经营权信托合同中载明信托目的。有学者指出，在信托合同中载明土地经营权信托目的，一方面有利于"判断土地经营权信托的设定是否符合相关法律、行政法规的要求，是否违反了农地使用性质，是否违反耕地保护条款，对农地的可持续利用是否会造成危害等"；[1] 另一方面，也有利于平衡委托人（受益人）与受托人之间的关系，强化委托人（受益人）对受托人的监督和制衡，进一步保障委托人（受益人）的权益。

如果单纯从信托法理上看，土地经营权信托的信托目的应属于私益目的。有学者指出，"土地经营权信托的目的在于，信托公司通过整理农地集中连片，从事粮食作物和经济作物种植，实现农地规模经营和农民收益最大化，属于私益信托无疑"。[2] 上述学者基于土地经营权信托能实现"农地规模化经营和农民收益最大化"，从而得出土地经营权信托属于"私益信托"的观点是值得商榷的。从信托机理上，农户设立土地经营权信托的目的是否包括"农地规模化经营"？换言之，"农地规模化经营"是土地经营权信托的信托目的吗？"农地规模化经营"是私益吗？上述观点可能将信托法理上信托设立的信托目的与信托实施的外部性影响交织在一起。当然，一个不可回避的事实是，土地经营权信托仅仅是为了满足或实现委托人的意愿而存在的吗？答案显然是否定的。从实践来看，各地大力开展土地经营权信托，实际上承载了非常复杂和综合的目的，既有满足土地经营权人土地利益最大化的诉求，也有通过土地经营权信托实现土地规模化经营，以促进农业现代化的宏大愿景。所以，对于土地经营权信托中的信托目的而言，并不能简单地依信托法理来分析和评判，而应结合土地经营权信托的外部性影响来综合认定。土地经营权信托中的信托目的如何定性，

---

[1] 袁泉：《中国土地经营权信托：制度统合与立法建议》，《重庆大学学报》（社会科学版）2018年第6期，第126页。

[2] 房绍坤、任怡：《新承包法视阈下土地经营权信托的理论证成》，《东北师大学报》（社会科学版）2020年第2期，第40页。

关涉如何理解土地经营权信托实践、如何优化信托当事人之间的权义结构以及如何完善土地经营权信托相关配套制度等诸多问题。因此，就我国土地经营权信托而言，可能无法将其简单地定性为私益目的。应该说，从实践来看，我国土地经营权信托之信托目的，兼具私益目的和公益目的。

第四章 "三权分置"下农村土地经营权信托的风险研判

多数观点认为,农村土地信托是农村土地流转方式的创新。但是,作为一种新型的土地流转方式和信托业务种类,农村土地信托在实践中仍处于逐步探索和不断完善的进程中。因此,无论是从促进农村土地流转,还是从加强信托业务监管的角度,都应当对其进行总结、分析及研究,尤其是要对农村土地信托可能带来的风险予以充分、全面、准确的研判。值得说明的是,农村土地信托实践多在"两权分离"背景下实施,即便是对于2013年后批量出现的新型"金融化"农村土地信托实践来说,彼时的"三权分置"也仅限于政策层面,直到2018年修正的《农村土地承包法》才从法律层面正式确认了土地经营权,而很多与农村土地信托相关的制度并没有实质性的改变。因此,本章在研判农村土地信托风险的过程中,并没有机械地区分"两权分离"与"三权分置"的不同背景,而是在农村土地信托实践及现行相关制度的统一框架中讨论农村土地经营权信托的风险问题。

一 风险理论与农村土地经营权信托风险的一般认识

(一) 风险的一般理论

从某种意义上说,人类社会认识风险的历史几乎与人类文明一样悠久。一般认为,"风险"(Risk)一词源于生活中的自然风险,尤其是"风"险。从词源上看,据有关学者考证,英语中的"Risk"一词是从欧陆引进的,

第四章 "三权分置"下农村土地经营权信托的风险研判

到17世纪才出现；在中世纪时期，拉丁语单词"Risicum"是一个高度专业化的词语，主要用于海上贸易以及随之而来的有关损失或损害的法律问题。① 在意大利语中，风险（Risco）的意思与撕破（Rips）、暗礁（Reef）或礁石（Rock）等相关，用以指海船触礁的风险。② 随着社会经济的发展和人们认识的深化，"风险"一词被赋予了丰富的社会经济和文化内涵，近年来不得不承担起许多理论重负。③

1. 风险的界定

目前，虽然国内外学术界对"风险"颇有理论兴趣，但由于理解的不同、认识的差异、角度的选择等原因，并不存在完全统一共识的风险定义。关于风险的概念，学者们主要从经济学、决策学、统计学、金融保险学、风险管理学等角度进行解释，虽然不同的学者对此有不同的解释，但主要有以下几种观点被普遍接受。第一，风险是事件未来可能结果的不确定性以及造成损失的不确定性。如Williams在1985年提出"风险是在给定的条件下和特定的时期内，未来结果的变动"；March和Shapira在1987年提出"风险是指事物未来可能结果的不确定性，可以通过收益分布的方差来测度"；1895年，John Haynes在 *Risk as an Economic Factor* 一书中对风险进行了分类并对风险的本质进行了分析，将风险定义为损害或损失发生的可能性；Rosenbloom在1972年提出风险是损失的不确定性；Crane在1984年也将风险定义为造成损失的不确定性。④ 第二，风险具有客观性。如Allan H. Willett在1901年就提出"风险是关于不愿发生的事件发生的不确定的客观体现"；C. A. William和R. M. Heins在1964年提出"风险是客观的，因为它对任何人都是同等程度地同样存在；但同时，风险也有其不确定的一面，由于认知者的主观判断不同，不同的人对同一风险会有

---

① 参见孙立新《风险管理：理论与实务》，经济管理出版社2019年版，第3页。
② 参见周战超《当代西方风险社会理论研究引论》，载薛晓源、周战超主编《全球化与风险社会》，社会科学文献出版社2005年版，第7页。
③ 参见〔英〕珍妮·斯蒂尔《风险与法律理论》，韩永强译，中国政法大学出版社2012年版，第3页。
④ 参见中国银行间市场交易商协会教材编写组《金融市场风险管理：理论与实务》，北京大学出版社2019年版，第2页。

不同的看法"。① 还有一些学者或机构从实务的角度对"风险"作了相应解读,如澳大利亚危机管理研究专家 Robert Heath 从危机管理的角度指出,通过对以往数据的统计分析,或专家对某个真实事件的客观判断,通常可推断出可能的失败或负面结果,这个可能的失败或负面结果就是该事件的风险。② 全美反舞弊性财务报告委员会发起组织(Committee of Sponsoring Organizations of the Treadway Commission,简称 COSO 委员会)在其颁布的《企业风险管理整合框架》中指出风险是一个将会发生并给目标实现带来负面影响的可能事项。③

另外,在关于风险的研究中,德国学者乌尔里希·贝克最早分析了风险的社会因素及其隐蔽特征。与传统的研究不同,贝克对于风险的分析是将风险与现代性、风险与危险相关联,提出"风险可以被界定为系统地处理现代化自身引致的危险和不安全感的方式。风险,与早期的危险相对,是与现代化的危险力量以及现代化引致的怀疑全球化相关的一切后果,他们在政治上是反思性的"。④ 英国学者安东尼·吉登斯对贝克的风险社会理论进行了发展,他认为现代性风险并不只有负面性,其对当代社会发展的二重性作了精辟的表述:"风险一方面将我们的注意力引向了我们所面对的各种风险——其中最大的风险是由我们自己创造出来的,另一方面又使我们的注意力转向这些风险所伴生的各种机会。"⑤ 在一定程度上,风险社会理论对于我们解读当下的社会系统和社会制度具有重要的意义。

根据理论界的研究,风险具有三个典型特征:不确定性、客观性和普遍性。第一,风险的不确定性。其体现在风险结果本身存在不确定性和风险结果带来损失的不确定性。风险结果的不确定性,是指在给定的条件下和特定时期内,事件未来结果的变动程度是不同的,变动程度越大,则存

---

① 参见孙立新《风险管理:理论与实务》,经济管理出版社 2019 年版,第 3 页。
② 参见〔美〕罗伯特·希斯《危机管理》,王成等译,中信出版社 2001 年版,第 16 页。
③ 参见〔美〕COSO 委员会《企业风险管理整合框架》,方红星、王宏译,东北财经大学出版社 2005 年版,第 9 页。
④ 〔德〕乌尔里希·贝克:《风险社会》,何博闻译,译林出版社 2004 年版,第 19 页。
⑤ 〔英〕安东尼·吉登斯:《第三条道路——社会主义的复兴》,郑戈译,北京大学出版社 2000 年版,第 66 页。

在的风险越大,变动程度越小,则存在的风险越小;风险结果带来损失的不确定性,是指在给定的条件下和特定的时期内,由于各种结果发生而导致相关主体遭受损失的可能性,遭受损失的可能性越大,则存在的风险越大,遭受损失的可能性越小,则存在的风险越小。第二,风险的客观性。风险的客观性是指风险和人类社会活动相伴共生,是独立于人的意识之外且不以人的意志为转移的客观存在。人们只能在一定的时间和空间内改变风险存在和发生的条件或因素、降低风险发生的频率并减少风险带来的损失。但是,从本质上看,即使不发生这种风险,也会发生那种风险,风险的发生无法逃避、不可避免。第三,风险的普遍性。风险的普遍性是指风险无处不在、无时不有,普遍存在于自然环境和人类社会的各个方面,既包括存在于自然环境中的自然灾害和各种疾病,也包括存在于人类社会的治理、政策制定、创新及战争等活动。

2. 风险的构成要素

根据风险理论,通常认为风险是由风险因素、风险事故(事件)和损失三者构成的统一体。风险因素是指引起风险事故(事件)发生或增加其发生的机会,导致某一特定损失发生或增加其发生的可能的原因和条件。它是风险事故(事件)发生的潜在原因,是造成风险损失的间接或内在原因。风险事故(事件)是指造成人身财产损失的偶发性事件,是造成损失的直接或外在原因,是造成损失的媒介物。风险只有通过风险事故(事件)的发生,才能导致损失;风险事故(事件)的发生,意味着风险的可能性转化为现实性。损失是指风险事故(事件)的发生而导致的非故意的、非预期的、非计划的经济或其他方面价值的减少或消失。在理论上,风险是由风险因素、风险事故(事件)和损失构成的统一体。风险因素是风险事故(事件)发生的潜在原因;风险事故(事件)是造成损失的偶发事件,是造成损失的直接或外在原因。①

3. 风险的分类

关于风险的分类,依据不同的标准,可以将风险分为不同的类别。在

---

① 关于风险构成要素的讨论,主要参见孙立新《风险管理:理论与实务》,经济管理出版社 2019 年版,第 4~5 页。

理论上，并没有完全统一的认识。常见的分类①主要有以下几种。

第一，按风险的来源可分为自然风险、社会风险、政治风险、经济风险和技术风险。自然风险是指自然力的不规则变化导致的人们经济生活、物质生产及生命健康等方面遭受损失的风险；社会风险是指组织中的个人或团体的作为或不作为导致社会生产和人们生活遭受损失的风险；政治风险又被称为国家风险，是指国家政局变化、战争、动乱等因素导致社会生产和人们生活遭受损失的风险；经济风险是指在经济活动中供需关系变化等因素引发相关主体经营决策失误，对前景预期出现偏差等，从而导致经营失败的风险；技术风险是指科技发展带来的负面效应而产生的风险。

第二，按风险的效应可分为系统性风险和非系统性风险。系统性风险又称整体性风险，通常指政治、经济、社会等多种因素的变化，导致相关主体面临的风险增大，对于风险承受主体而言均为不利因素，不存在与有利因素相抵消的问题，从而给所有主体带来损失的可能性。非系统性风险是指由单个特殊因素引起，发生于某一主体的不利因素，可被其他主体的有利因素抵消或消减，从而导致某些特定主体遭受损失的可能性。

理论上，按风险的性质还可将其分为纯粹风险和投机风险；按风险产生的环境可将其分为静态风险和动态风险；按损失的范围可将其分为基本风险和特定风险；等等。

在实践中，相关机构或组织基于风险防范和风险管理的需要，往往会结合各自行业或领域的特性，对风险进行一定的分类。如金融领域通常根据《巴塞尔协议》②的相关规定，将金融风险分为信用风险、市场风险、

---

① 关于风险的分类，本书借鉴了学界的部分研究成果。参见孙立新《风险管理：理论与实务》，经济管理出版社2019年版，第6~12页；中国银行间市场交易商协会教材编写组《金融市场风险管理：理论与实务》，北京大学出版社2019年版，第7~13页；蒋云贵《法律风险理论与法学、风险学范式及其实证研究》，中国政法大学出版社2015年版，第8~10页。
② 《巴塞尔协议》是巴塞尔委员会制定的全球范围内的主要银行资本和风险监管标准。巴塞尔委员会由来自多个国家的银行监管组织组成。其规定的资本要求被称为以风险为基础的资本要求。1988年7月，《巴塞尔协议Ⅰ》出台；1999年6月，亚洲金融危机后，十国集团中央银行行长通过《巴塞尔协议Ⅱ》，并在2006年底开始实施；2017年12月，巴塞尔委员会发布《巴塞尔协议Ⅲ：最终版》。

第四章 "三权分置"下农村土地经营权信托的风险研判

操作风险等类别。在我国，为进一步提高中央企业管理水平，增强企业竞争力，促进企业稳步发展，国务院国有资产监督管理委员会根据《公司法》《企业国有资产监督管理暂行条例》等法律法规制定了《中央企业全面风险管理指引》（2006年6月6日印发）。根据《中央企业全面风险管理指引》第3条的规定，企业风险一般可分为战略风险、财务风险、市场风险、运营风险、法律风险等；也可以能否为企业带来盈利等机会为标志，将风险分为纯粹风险（只有带来损失一种可能性）和机会风险（带来损失和盈利的可能性并存）。

（二）认识农村土地经营权信托风险及其治理的基本框架

作为我国农村土地制度改革与创新之一的土地经营权信托，虽然在实践中展现了一定的积极意义和作用，但基于风险理论的视角，土地经营权信托风险仍然具有风险的不确定性、客观性、普遍性等典型特征。土地经营权信托风险是指在特定的时期内，基于特定的信托结构、政府介入程度、相关经营主体面临的市场环境等条件或因素，土地经营权信托的预期结果偏离期望值或造成某些损失的可能性。从土地经营权信托风险的不确定性来看，这不仅意味着土地经营权信托风险结果本身是不确定的，即其可能发生，也可能不会发生；还意味着土地经营权信托风险的损失是不确定的，即其仅是一种可能性。从土地经营权信托风险的客观性来看，这意味着土地经营权信托的风险是独立于人的意识且不以人的意志为转移的客观存在，即我们只能在一定的时间和空间内改变土地经营权信托风险存在和发生的条件或因素，从而降低风险发生的频率、减少风险造成的损失。从土地经营权信托风险的普遍性来看，土地经营权信托既可能面临自然灾害等自然力因素，也可能面临土地法律法规或政策、信托结构设计、市场环境等风险因素的影响。从某种意义上说，传统的"风险理论"主要着眼于对"风险"本身的认识，其在风险与社会系统、风险与风险分配、风险与风险控制等方面的关联认识还不够强。因此，对土地经营权信托风险的研判就不应该局限于传统"风险理论"的框架，而应将其置于"风险社会"这一理论框架中，整体性、系统性地对土地经营权信托风险展开讨论。

农村土地经营权信托的风险控制与法律构造

1. 从传统的"风险理论"到"风险社会理论"

随着人类风险意识的提高和对风险研究的深入,经济学、心理学、社会学等学科皆从不同的理论传统和视角进一步发展了本领域的风险研究。就风险的社会学分析[①]而言,以德国学者乌尔里希·贝克和英国社会学家安东尼·吉登斯为代表的风险社会理论影响甚为深远。

在贝克的风险社会理论中,他认为应在现代与传统的区分中定义风险,现代风险是人为的不确定性(包括人为制造的、非理性的产物,制度性风险等),现代风险兼具客观性和建构性。[②] 贝克和吉登斯都认为现代风险明显不同于传统风险,新型风险事件相比于之前的风险事件,更难于通过保险进行控制,因为许多新型风险事件导致的是一次性的后果或者巨灾。[③] 现代风险的外在特征为:高度复杂性、不可预测性、不可感知性、广泛影响性、危害的全球性、显现的时间滞后性、发作的突然性和超越常规性等。在贝克的风险社会理论中,风险社会具有以下几个方面的特征。[④] 第一,风险社会是对现代性反思的结果。在工业化发展的道路上,社会财富不断增加,风险控制技术和保险大大增进了安全,但人们也越来越意识到有些风险难以控制,不安全感普遍弥漫。第二,风险分配成为焦点。贝克的"风险社会"概念对应的是"工业社会"或"阶级社会"的概念。

---

① 风险的社会学分析基本存在四个理论流派:一是以英国人类学家玛丽·道格拉斯、美国学者阿伦·维尔达夫斯基以及英国社会学家拉什为代表的风险文化理论;二是德国社会学家卢曼的风险系统理论;三是法国学者福柯提出的以治理术为基础的治理理论;四是以德国学者贝克和英国社会学家吉登斯为代表的风险社会理论。参见曾宪才《风险、个体化与亚政治:贝克风险社会理论视域下的社会状态与风险应对》,《社会政策研究》2021年第3期,第108~109页。
② 参见曾宪才《风险、个体化与亚政治:贝克风险社会理论视域下的社会状态与风险应对》,《社会政策研究》2021年第3期,第110~111页。
③ 参见〔英〕珍妮·斯蒂尔《风险与法律理论》,韩永强译,中国政法大学出版社2012年版,第52页。
④ 贝克对风险社会的特征采取了描述的办法,在多本著作中进行阐述。但梳理其著述后可以发现他对风险社会特征的总结及归纳并不完全一致,故此处仅选取了几个具有代表性的特征予以简单介绍。参见〔德〕乌尔里希·贝克《风险社会》,何博闻译,译林出版社2004年版;〔德〕乌尔里希·贝克《风险社会:新的现代性之路》,张文杰、何博闻译,译林出版社2018年版;〔德〕乌尔里希·贝克、〔英〕安东尼·吉登斯、〔英〕斯科特·拉什《自反性现代化:现代社会秩序中的政治、传统与美学》,赵文书译,商务印书馆2014年版。

在贝克看来，主导阶级社会的是财富的稀缺与分配，主导风险社会的则是安全和风险事故的分配。第三，风险社会的标志是人们意识到其行为对世界之影响的复杂性。"在风险社会中人们更加难以意识到难以以追溯的方式，也难以确定在将来需要考虑到什么风险。人们通常认为风险社会中的责任问题很重要，但并没有指出该如何解决责任问题。风险社会导致了一种'组织化的不负责任'：没有人被认定为须承担责任。"① 贝克认为民族国家也是风险社会形成和发展的重要推动因素，因此他对现代意义的民族国家在应对风险社会这一问题上是持保留态度的。贝克指出："风险及人为制造的不确定性引发了文化和政治的动态变迁，从而削弱了国家的科层制度，对科学的统治提出挑战，并且重新设定了当代政治学的路线。"②

对应传统政治的不适应问题，贝克提出了"亚政治"概念。亚政治意味着从下面塑造社会，它通过改变政治的规则和边界来使政治自由，使其更加开放进而得以谈判和重塑。③ 因此，根据贝克等风险社会理论学者的总结，风险社会在于社会结构变化的负面结果。④ 这种变化一方面将导致社会面临的风险大大加剧；另一方面对人类社会的发展具有重要的启示和警醒作用，即人类社会在发展过程中必须进行风险社会治理。风险社会治理应当贯穿包括法律、政策、分配等在内的诸多制度建构过程。

2. 不同类别的风险之治理逻辑

从风险社会理论出发，针对各地开展的土地经营权信托实践，就必须对其进行风险治理。但需要指出的是，对土地经营权信托进行风险治理的前提之一就是必须构建一个整体的土地经营权信托风险认识框架。因为，认识风险是控制风险或治理风险的前提和基础。一般认为，依据风险客观

---

① 〔英〕珍妮·斯蒂尔：《风险与法律理论》，韩永强译，中国政法大学出版社2012年版，第54页。
② 〔英〕芭芭拉·亚当、〔德〕乌尔里希·贝克、〔英〕约斯特·房·龙：《风险社会及其超越：社会理论的关键议题》，赵延东、马缨等译，北京出版社2005年版，第42页。
③ 参见 Ulrich Beck, "World Risk Society as Cosmopolitan Society? Ecological Questions in a Framework of Manufactured Uncertainties," Theory, Culture & Society, Vol. 13, No. 4, 1996; 曾宪才《风险、个体化与亚政治：贝克风险社会理论视域下的社会状态与风险应对》，《社会政策研究》2021年第3期，第115页。
④ 参见〔德〕乌尔里希·贝克《风险社会》，何博闻译，译林出版社2004年版，第3页。

农村土地经营权信托的风险控制与法律构造

存在的公共性程度,可将风险分为个体风险和整体风险。上述两类风险在风险的认识及其应对方面具有显著的差异。就土地经营权信托导致的风险而言,大体上可依上述标准分为两大类:一是个体风险,主要是指信托相关主体面临并承担的风险;二是整体风险,主要是指因土地经营权信托实践致使群体或公众面临并承担的风险。

第一,个体风险的治理:风险分配及其逻辑。风险分配一般是指在风险既定的情况下,针对风险最后由谁承担进行分配的机制。贝克指出,当一个社会以风险为主流特征时,风险分配就是必要的,即应当按照古典工业社会财富分配的逻辑实施风险分配。① 按贝克风险社会理论中风险分配的逻辑,占有财富的人要让自己所面临的风险最低,最穷的人所面临的风险最高,也就是说风险与财富成反比分配。从20世纪以来风险分配的现实来看,其与社会财富一样,与阶级关联在一起。正如贝克所言,"财富、教育等优势可以购买安全和免除风险,如果贫穷则会招致更多风险"。② 显然,这种风险分配机制本质上并不以风险的分布为核心,而是以阶级财富为核心,并随着阶级财富的固化而越发呈现不正义、不公平的特性。因此,现代社会试图对传统工业社会下以阶级财富为核心的风险分配机制进行纠偏,力图通过法律制度的介入缔造一种新的行为机制模式,即"回归到以风险行为为核心进行分配,使风险行为与责任承担之间产生更直接的联系,使风险的承担达到一种平衡,这是法律介入风险分配领域的理论基础与基本逻辑"。③ 对于个体风险的治理方法主要是风险分配,在法律上一般通过私法达到风险分配的效果。私法的风险分配功能,主要是通过契约主体之间权利义务的配置以及侵权责任的设定来实现。就契约法而言,交易双方所承受的风险是否平衡是衡量交易本身是否公平的标准之一。当一方交易者通过使对方风险增加的方式获益时,法律的调整方式是通过权利义务结构的再设计去改变交易本身的收益情况。就侵权法而言,有学者认

---

① 参见〔德〕乌尔里希·贝克《风险社会》,何博闻译,译林出版社2004年版,第17页。
② 〔德〕乌尔里希·贝克:《风险社会》,何博闻译,译林出版社2004年版,第36页。
③ 何国强:《风险社会、风险分配与侵权责任法的变革》,《广东社会科学》2018年第3期,第230页。

第四章 "三权分置"下农村土地经营权信托的风险研判

为，从风险公平分配的角度来看，侵权法是协调社会成员关系的关键因素，它通过侵权责任机制在风险行为与侵权责任之间进行一种关联性预设，由风险损害制造者承担侵权责任。[1] 由此，侵权法的风险分配价值亦得以彰显。总体上，在个体风险的治理上，法律能够通过调整损失承担主体的方式来达到分配风险的效果。就土地经营权信托所致个体风险而言，其主要体现在信托实践中相关主体之间权利义务配置与风险承担方面。如委托人与受托人之间关于信托事务的约定，可能存在权利义务配置失衡、受益人受益权能否切实得到有效保障的问题；农业经营主体面临自然影响、市场波动、经营失败等风险。在土地经营权信托风险中，风险分配主要是通过《信托法》中关于信托当事人之间权利义务的规定以及合同当事人之间基于交易地位而对权利义务配置的重构来实现的。

第二，整体风险的治理：风险调控及其逻辑。风险调控是指在风险总量不确定的情况下，通过积极采取措施以调整、控制或减少风险总量的机制。与个体风险相比，整体风险下的主体关系往往并不是单一的，风险本身具有蔓延和扩张的特征，损失也相应地具有系统性的特征。因此，在整体风险的治理中，就不宜仅采取个体风险治理中的风险分配机制，其重点不在于寻找风险分散配置的个体，而在于寻求从整体上控制风险蔓延或扩展的有力举措。正如有学者指出的，将大规模的风险转移至行为人个人之上是缺乏正当性的；从行为人的责任能力来看，将大规模的风险转移至其之上则是缺乏可行性的。[2] 从主体的角度来看，个体无力也无法对整体风险负责。因此，对于整体风险而言，重点在于如何控制风险的蔓延或扩展。而要从整体上控制风险的蔓延或扩展，一般需要采取具有普遍管制性和约束力的公法手段，如通过对主体资格、行为方式等进行管控从而实现调整和控制风险的效果。

简而言之，个体风险的治理主要靠风险分配机制；整体风险的治理主

---

[1] 参见何国强《风险社会、风险分配与侵权责任法的变革》，《广东社会科学》2018 年第 3 期，第 228~229 页。
[2] 参见侯东德、周莉欣《风险理论视角下智能投顾投资者的保护路径》，《华东政法大学学报》2021 年第 4 期，第 85 页。

要靠风险调控机制。基于风险类别的不同，应对机制及其价值取向也就有所区别。总体上，作为个体风险治理之策的风险分配更强调自由和效率；作为整体风险治理之策的风险调控更强调秩序和公平。与此相关的是，风险分配主要通过私法工具来实现；风险调控主要通过公法工具来实现。

3. 土地经营权信托风险的主要类别

如前文所述，就土地经营权信托的风险来说，大体上可根据客观存在的公共性程度分为两大类：一是个体风险，主要是指信托相关主体面临并承担的风险；二是整体风险，主要是指因土地经营权信托实践致使群体或公众面临并承担的风险。具体来说，个体风险主要是信托要素配置失衡风险和农业经营主体经营失败风险；整体风险主要是指地方政府角色失当风险和农地"非粮化""非农化"风险。

就个体风险而言，主要包括：第一，信托要素配置失衡风险。所谓信托要素配置失衡风险是指在土地经营权信托实践中，信托主体、信托财产、信托设立及信托目的等信托要素配置的不合理，导致土地经营权信托的预期结果偏离期望值或造成某些损失的可能性。信托要素的配置直接关涉信托相关主体的利益，只要信托要素配置存在失衡的风险，信托相关主体就存在遭受损失的可能。因此，可以把信托要素配置失衡风险理解为一种个体风险。第二，农业经营主体经营失败风险。所谓农业经营主体经营失败风险是指在土地经营权信托实践中，农业经营主体由于自然因素、市场环境、供需状况等风险因素的影响，而面临土地经营的预期收益偏离期望值或造成某些损失的可能性。在某种意义上，土地经营权信托项目成功与否，主要取决于农业经营主体的经营是否成功，一旦经营失败，除农业经营主体自身利益受损之外，信托受托人及受益人就会不可避免地遭受损失。因此，农业经营主体经营失败风险也可被理解为一种个体风险。

就整体风险而言，主要包括以下几种。第一，地方政府角色失当风险。所谓地方政府角色失当风险是指在土地经营权信托中，地方政府在功能作用上存在越位、缺位等失当行为，从而导致土地经营权信托的预期结果偏离期望值或造成某些损失的可能性。如在土地经营权信托实践中，有的地方政府替代农户或其他市场主体直接成为信托当事人；有的地方政府

第四章 "三权分置"下农村土地经营权信托的风险研判

基于错误的"政绩观"或"发展观",在农户利益保护、农地用途管制、土地生态环境等方面存在一定程度的缺位等。地方政府角色失当行为既可能会侵害特定相关主体的利益,又有可能在宏观上影响市场效率、损害法律权威与政府公信力,从而导致群体和公众的利益遭受损失。因此,可将地方政府角色失当风险理解为一种整体风险。第二,农地"非粮化""非农化"风险。所谓农地"非粮化""非农化"风险是指在土地经营权信托中,信托受托人或农业经营主体基于逐利的动机,加之地方政府监管的缺位等风险因素,导致农地用于非粮食生产,甚至改变土地的农业用途,从而导致土地经营权信托的预期结果严重偏离期望值或造成某些损失的可能性。农地"非粮化""非农化"风险主要是单一主体的风险创设行为所致,但导致的损失却由群体或社会公众来承担。换言之,农地"非粮化""非农化"风险往往呈现个体收益是以社会公众承担损失为代价的特点,因此,亦可将农地"非粮化""非农化"风险理解为一种整体风险。

但是,需要特别说明的是,在土地经营权信托风险类别划分中,个体风险与整体风险是相对而言的,这是因为在我国当下的制度体系中,农村土地从来都不是单纯的"私物",也不能把土地经营权简单地理解为"私权",农村土地以及土地经营权信托具有相当的外部性效应,故农村土地相关主体所面临的风险就不可能在个体风险和整体风险之间作泾渭分明的界分,而只能大体上作一个相对的分类。

4. 土地经营权信托风险的治理框架

在现代社会,如何规避、减少以及分担风险是个体、组织、国家以及社会存续与发展必须解决的首要问题。风险的客观存在特征以及行为者对风险的判断、认知、预期以及态度共同决定了他们会选择怎样的工具、方法以及制度安排来应对风险。[1] 正如前文所述,依据风险客观存在的公共性程度,可将土地经营权信托风险分为两大类:个体风险与整体风险。不同类别的风险情境会催生相异的选择。个体风险情境之下的治理主要依靠风险分配机制,因为作为客观存在的风险,只有解决谁来承担风险、承担

---

[1] 参见杨雪冬等《风险社会与秩序重建》,社会科学文献出版社2006年版,第44页。

农村土地经营权信托的风险控制与法律构造

哪些风险以及承担多少风险的问题,才能在治理过程中更好地配置各利益相关主体的权利与义务,并对此构建相应的激励或惩罚机制。整体风险情境之下的治理主要依靠风险调控机制,风险调控的目标是规避、防范或减少风险,在风险发生之前需要规避、防范风险,而风险一旦发生,所采取的措施就只能是尽可能地减少风险。

与将土地经营权信托风险分为个体风险和整体风险两类一样,两类风险情境下的治理逻辑也仅仅是一种大致的分类,并不意味着在土地经营权信托风险的治理过程中,只能在风险分配和风险调控两者之间选择一种方式。事实上,从主体上看,现代社会中的"国家、市场和公民社会构成了预防、分散和减少风险的基本治理框架,他们相互支撑、制衡并弥补了彼此的缺陷,为整个社会提供了稳定的秩序,使个人、团队等行为者对自己的各种行为作出有依据的判断"。[①] 就土地经营权信托风险的治理而言,除了寻求某一特定风险的应对之策外,更为重要的是要构建一个预防、分散和减少风险的基本治理框架。在这个基本治理框架中,应该具备以下三个特征。第一,政府、市场主体(受托人、农业经营权主体)、土地权利人(土地所有权、土地承包经营权及土地经营权主体)等相关主体保持平衡的关系,并相互支撑、制衡和弥补各自的缺陷。尽管政府在土地经营权信托风险治理中扮演核心角色,但政府并非唯一的角色,且政府本身的角色失当也会构成一种客观的风险。因此,相关主体之间的平衡关系保证了整个社会应对风险的责任不至于完全落在某类主体身上,也避免了承担损失的主体不堪重负而导致风险的蔓延和扩展。第二,风险分配机制和风险调控机制在各自的领域中积极发挥作用,并相互渗透,构成分布均衡的网络,使风险治理的触角延展至土地经营权信托的各个方面。如在农业经营主体经营失败风险的治理上,就不能仅仅依靠市场主体之间的风险分配机制,而是要充分利用政府的风险调控手段,给予农业经营主体正向激励,方能更好地应对农业经营的风险。第三,这种风险治理框架要促进土地经营权信托中相关行为主体对开展土地信托及彼此之间信任的生成和维系。

---

① 杨雪冬等:《风险社会与秩序重建》,社会科学文献出版社 2006 年版,第 66 页。

对政府而言，信任产生于政府角色不能失当；对市场主体而言，信任源于土地经营权信托的风险分配及调控能够维持交易链条运转；对土地权利人而言，信任源于其风险分配能够与预期收益大致匹配。

因此，就土地经营权信托风险及其治理而言，可以将相关风险进行类型化划分，但不应该将这些风险割裂开来，而应该从整体上去认识、研判、分析所存在的诸多风险，并在分类治理的基础之上构建一个系统性的治理框架，以最大限度地预防、分散和减少土地经营权信托风险。

二 农村土地经营权信托之个体风险：信托要素配置失衡

从风险类别的角度，由于信托要素配置失衡往往直接影响信托相关主体的权益，所以，可把信托要素配置失衡风险理解为一种个体风险。在治理上更多是通过私法工具来促使信托要素配置趋向均衡，从而达到风险重新分配的效果。信托要素配置失衡风险主要体现在以下几个方面。

（一）信托结构中的主体资格错位

依信托法理，信托主体是指信托法律关系的主体，包括委托人、受托人和受益人。在土地经营权信托实践中，信托结构中的相关主体身份差异明显，既不利于信托结构的稳定，也不利于相关主体的利益保障，还不利于土地信托项目的顺利实施。

1. 委托人的法律定位与土地信托实践的冲突

根据我国《信托法》的规定，委托人必须享有信托财产的所有权或处分权。就土地经营权信托而言，依《民法典》第339条、《农村土地承包法》（2018年）第36条的规定，多数学者都认为土地经营权信托中的委托人应为享有土地承包经营权的农户。但在土地信托实践中，存在委托人并非享有土地承包经营权之农户的情况。如浙江"绍兴模式"中的委托人为村经济合作社；中信信托安徽"宿州模式"中的委托人为宿州市埇桥区人民政府；北京信托北京"密云模式"和江苏"无锡模式"中的委托人为村土地股份合作社。部分地区土地信托项目委托人的设计，详情如表4-1

所示。

表 4-1 部分地区土地信托项目委托人一览

序号	土地信托项目	委托人
1	浙江"绍兴模式"	村经济合作社
2	湖南益阳"草尾模式"	农户
3	福建"沙县模式"	村民委员会
4	中信信托安徽"宿州模式"	宿州市埇桥区人民政府
5	中信信托贵州开阳县富硒水稻项目	开阳县人民政府
6	中信信托河南济源市项目	济源市人民政府
7	中信信托黑龙江兰西县项目	村土地股份合作社
8	北京信托北京"密云模式"	村土地股份合作社
9	北京信托江苏"无锡模式"	村土地股份合作社
10	中建投信托江苏镇江项目	丁岗镇集体资产经营管理中心

对于土地经营权信托中的委托人不是农户的做法，多数学者认为可能会给农户的权益保障带来相应的风险。针对实践中由地方政府或集体经济组织等作为委托人的做法，有学者认为"虽能较好地通过信托流转实现土地规模化、集约化经营的目的，但却存在农户无法实际参与农地信托流转导致其利益无法得到有效保护的问题"。[①] 有学者在考察中信信托安徽"宿州模式"与北京信托江苏"无锡模式"的实践做法后指出，由于农民并不是直接当事人，不参与经营管理，加之其在知识结构、资源调动、法律保护的获取等方面处于弱势地位，所以实践中土地信托流转模式的优势并没有体现出来；同时，也可能会出现农民利益受损的现象。[②] 还有学者指出，农民作为信托委托人"名实不符"的原因主要有两点：一是从经济理性人的角度看，农户作为委托人的制度运行成本过高；二是从信托目的角度

[①] 江钦辉、魏树发：《〈民法典〉背景下农地经营权信托流转法律构造中的主体疑难问题》，《新疆社会科学》2022 年第 1 期，第 93 页。

[②] 参见王方、沈菲、陶启智《我国农村土地信托流转模式研究》，《农村经济》2017 年第 1 期，第 46 页。

看，公权强制下的公益性目的保障与信托委托合同单纯追求私益效果之间存在根本性差异。① 总体上，主流观点认为在土地经营权信托中，委托人的法律定位应为农户；对于实践中委托人并非农户的情况，主流观点一方面肯定了"委托代理"设计的实践意义，另一方面也对可能带来农户权益受损的风险表示了担忧。

从风险的角度看，土地信托实践中的委托人并非真正享有土地经营权的农户，确实会给农户的权益保护带来巨大的风险。虽然，从商业的角度来看，委托人为集体经济组织、地方政府或其他组织可能具有一定的合理性，但作为土地承包经营权（土地经营权）主体的农户，其在土地信托项目中的权益维护，很难以信托法理予以诠释，尤其是在收益保障主要依靠二次分配的实践项目中。当然，实践中以集体经济组织、股份合作社等主体作为委托人的操作，就必然会侵害农户的权益吗？如何在保障农户合法权益与土地规模化、专业化经营之间寻找平衡，以规避、控制或减少相应的风险，值得进一步思考和讨论。

2. 受托人的主体资格及权利义务配置不清晰

就土地经营权信托而言，合法享有土地经营权的主体，以其土地经营权设立信托，意味着土地经营权的流转，故作为土地经营权流转受让方的受托人，就应符合《农村土地承包法》（2018年）关于土地经营权流转的相关要求，具体表现在《农村土地承包法》（2018年）第38条"受让方须有农业经营能力或者资质"的规定。

从土地信托的实践来看，在早期"平台型"土地信托实践阶段，受托人多为地方政府成立的信托服务机构或公司；在新型"金融化"土地信托实践阶段，受托人基本上为大型专业化的信托公司。对于实践中的受托人，尤其是专业化的信托公司是否符合《农村土地承包法》（2018年）关于"受让方须有农业经营能力或者资质"的规定，理论上存在一定的争议。② 有的观点认为由于实践中有些专业化信托公司不具有农业经营能力

---

① 参见周春光、余嘉勉《农地商事信托中农民利益保障规则的构造》，《农村经济》2021年第4期，第50页。
② 关于受托人及其主体资格的争议，前文已作讨论，此处不再赘述。

或者资质，故存在受托人主体资格是否适格的法律风险，应该设立具有农业经营能力或者资质的农地信托公司，以顺利推进土地经营权信托；有的观点认为应对《农村土地承包法》（2018年）第38条的规定进行扩大解释，要结合信托这一土地流转模式的特性，只要土地的实际经营主体具有农业经营能力或者资质就应该理解为符合法律的规定。部分地区土地信托项目受托人的设计，详情如表4-2所示。

表4-2 部分地区土地信托项目受托人一览

序号	土地信托项目	受托人
1	浙江"绍兴模式"	县、乡镇、村三级土地信托服务机构
2	湖南益阳"草尾模式"	沅江市香园农村土地承包经营权信托有限公司
3	福建"沙县模式"	沙县源丰农村土地承包经营权信托有限公司 沙县金茂农村土地承包经营权信托有限公司
4	中信信托安徽"宿州模式"	中信信托
5	中信信托贵州开阳县富硒水稻项目	中信信托
6	中信信托河南济源市项目	中信信托
7	中信信托黑龙江兰西县项目	中信信托
8	北京信托北京"密云模式"	北京信托
9	北京信托江苏"无锡模式"	北京信托
10	中建投信托江苏镇江项目	中建投信托

在受托人权利义务配置方面，《信托法》对受托人的权利与义务作了一般性规定，如受托人享有信托财产的名义所有权、信托财产的管理和处分权等权利；负有履行忠实、谨慎、分别管理、亲自管理等义务。但在土地经营权信托中，这些权利和义务应如何配置，才能最大限度保障相关各方的利益，从而促进土地规模化流转，提高农业现代化程度。有学者指出，农地信托旨在集中农户的承包地进行适度规模化经营，而将众多农户的承包地集中后，受托人如何履行分别管理信托财产的义务？信托公司将信托农地出租给农业经营公司、农业合作社等经营主体的实践做法，是否违反受托人的亲自管理义务？在农业生产具有周期性、风险性的情况下，如何判断受托

第四章 "三权分置"下农村土地经营权信托的风险研判

人的谨慎管理义务？① 诸如此类的受托人权利义务配置问题并没有很清晰的答案和成熟有效的探索。在某种程度上，受托人权利义务的配置，尤其是信义义务的设计，对土地经营权信托的顺利实施具有十分重要的意义。正如有学者指出的，土地经营权信托天然具有的特殊性（如委托人的弱势地位、土地流转的正外部性、受托人招募次级委托人的不可避免性），决定了应为土地经营权信托中的受托人义务划定一条相对清晰、严格的边界，有必要根据土地经营权信托不同阶段的特点对受托人义务进行情景化构建。②

从风险的角度看，如果不解决信托公司作为土地经营权信托之受托人的主体资格问题，则意味着实践中的土地经营权信托必然存在合法性风险；如果不妥善配置受托人的权义结构，信托当事人之间的利益格局就将失去平衡，这一方面可能导致无法充分发挥信托受托人的积极作用，另一方面也可能导致委托人或受益人的利益得不到切实有效的保障。

3. 农户作为受益人的法律地位无法有效保障

在既有的农村土地信托实践中，由于信托结构中信托主体的设计有所差异，受益人也存在不同。如中信信托安徽"宿州模式"中，土地信托的委托人、受益人（A类受益权）均为埇桥区人民政府，而农户既不是土地信托合同的当事人，也不是信托关系的受益人；北京信托在北京密云、江苏无锡等地开展的农地信托则按照"土地股份合作社+信托公司+农户"模式加以运作，受益人是农户，农户以入股土地股份合作社的土地承包经营股权证书为受益凭证；湖南益阳"草尾模式"采取"农户+农地信托公司"的做法，受益人为农户。总体上，学界的主流观点认为受益人只能是合法享有土地经营权的农户，这是有效保护农户土地权益，促进土地经营权信托流转的必然要求。如果说，基于信托流转交易成本及效率的考虑，利用"委托代理"的设计，由农户之外的其他主体作为信托委托人，具有一定现实意义的话，那么，实践中"剥夺"农户作为受益人的做法，无论

---

① 参见文杰《"三权分置"视阈下农地信托法律规则之构建》，《法商研究》2019年第2期，第42页。
② 参见袁泉《中国土地经营权信托：制度统合与立法建议》，《重庆大学学报》（社会科学版）2018年第6期，第121页。

以何种理由都无法消除农户土地权益易被损害的疑虑。部分地区土地信托项目受益人的设计，详情如表4-3所示。

表4-3 部分地区土地信托项目受益人一览

序号	土地信托项目	受益人
1	浙江"绍兴模式"	村经济合作社
2	湖南益阳"草尾模式"	农户
3	福建"沙县模式"	村民委员会
4	中信信托安徽"宿州模式"	宿州市埇桥区人民政府
5	中信信托贵州开阳县富硒水稻项目	开阳县人民政府
6	中信信托河南济源市项目	济源市人民政府
7	中信信托黑龙江兰西县项目	农户（信托公司向农户发放信托凭证）
8	北京信托北京"密云模式"	农户（以土地承包经营股权证书为受益凭证）
9	北京信托江苏"无锡模式"	农户（以土地承包经营股权证书为受益凭证）
10	中建投信托江苏镇江项目	丁岗镇集体资产经营管理中心

从风险分配和信托法理上看，要保护农户的合法权益，首要的是要承认农户受益人的法律地位，即在信托结构设计中，通过设立自益信托或他益信托的方式，切实保障农户受益人的法律地位；在此基础之上，再通过相应的制度设计，切实保障农户作为受益人的知情权、监督权、收益权等合法的受益权。

（二）土地经营权转移标准不明确

依信托法理，从信托关系的稳定性及信托财产相关权利的行使与义务的履行来看，必须确定信托财产的所有权归属，而理解信托财产所有权归属问题的关键是委托人必须将设立信托的财产转移给受托人。一般认为，在信托法律关系中，信托财产的所有权应属于受托人。[①]就土地经营权信

---

① 一般认为，受托人对信托财产享有的所有权，是一种名义上的所有权，其不同于传统民法意义上绝对的、完全的所有权，而是一种由《信托法》创设的受限制的所有权。它的部分权能（主要是收益权能）从所有权中分离出来，但分离出来的权能本身并不构成所有权，而是一种具有特殊性质的债权——受益权。参见周小明《信托制度：法理与实务》，中国法制出版社2014年版，第204~208页。

托而言，以土地经营权设立信托，除要满足当事人之间意思表示要件外，还要满足财产转移的要件。如果无法清晰判明土地经营权已从委托人手中转移到受托人手中，即受托人对土地经营权已经合法享有所有权，在实践中会带来很多棘手的问题，如受托人究竟以何种身份管理、运用、处分作为信托财产的土地经营权？在土地经营权受到侵害的情况下，受托人主张何种权利？因此，从实践来看，土地经营权从委托人转移到受托人，应该有明确的标准予以彰显。

我国《信托法》对信托设立中财产转移的方式并未作明确的规定，应该适用其他法律中关于财产权转移方式的规定。如依照《民法典》第209条的规定，除法律另有规定外，不动产物权的转移方式为登记；依照《民法典》第224条的规定，除法律另有规定外，动产物权的转移方式为交付。但是，依我国现行立法，土地经营权究竟定性为何种性质的权利，还存在一定程度的争议。正如有学者指出的，立法机关"搁置土地经营权定性争议"，直接导致法律条文设计上的偏差。[①] 土地经营权在同一部法律的不同条文中呈现两种不同法律属性，即既具有债权属性又具有物权属性，或者两种属性交替出现，不仅违反了物权与债权的二分原理，也有损法律体系内部的逻辑自洽，进而引发法律适用的混乱。[②] 与此相关的是，土地经营权的登记能力是否因流转期限的不同而存在差异，理论上也存在一定的争议。有的学者认为流转期限5年以上的土地经营权才具有登记能力，5年以下的土地经营权不具有登记能力；[③] 有的学者则认为，《民法典》和《农村土地承包法》中规定的5年并非登记能力的界限，流转期限5年以下的土地经营权同样可以登记。[④] 而且，从《民法典》第341条和《农村

[①] 参见高圣平《土地经营权登记规则研究》，《比较法研究》2021年第4期，第3页。
[②] 参见袁野《土地经营权债权属性之再证成》，《中国土地科学》2020年第7期，第21~22页；宋志红《再论土地经营权的性质——基于对〈农村土地承包法〉的目的解释》，《东方法学》2020年第2期，第148页。
[③] 参见高圣平《土地经营权登记规则研究》，《比较法研究》2021年第4期，第4页；黄薇主编《中华人民共和国民法典解读·物权编》，中国法制出版社2020年版，第439~440页；陈耀东、高一丹《土地经营权的民法典表达》，《天津法学》2020年第3期，第8页。
[④] 参见郭志京《民法典视野下土地经营权的形成机制与体系结构》，《法学家》2020年第6期，第36页。

土地承包法》第41条①的规定来看，土地经营权登记并非土地经营权流转的生效要件，也就是说土地经营权的流转并非必须进行土地经营权登记。土地经营权登记并非"应当"或者"必须"，而是"可以向登记机构申请"，相当于赋予当事人一定的选择权，由其自主决定；《信托法》第10条②中规定的则是"应当"。因此，在土地经营权信托中，从现行立法中无法找到土地经营权信托登记的依据；更不能因土地经营权没有登记而得出土地经营权信托无效的结论。

现行《民法典》《农村土地承包法》中规定的土地经营权登记是一种财产登记，并非《信托法》中规定的信托登记；土地经营权登记不是强制登记，而是由土地经营权流转双方自由选择，且采取对抗主义，并非生效主义。就土地经营权信托而言，按照信托法理，委托人以土地经营权设立信托，就应该将土地经营权转移给受托人；是否进行法律意义上的"登记"是判断土地经营权转移的重要标准。但是，根据我国现行立法，土地经营权登记并非强制性登记，且有登记能力的限制。因此，在土地经营权信托中，在法律上如何判断土地经营权是否转移就成为一个棘手的问题。从风险的角度看，无法清晰地判断土地经营权是否转移，势必给信托当事人，尤其是受托人管理信托财产的行为带来重大的法律风险。

（三）信托目的定位模糊

正如前文所述，信托目的决定信托财产的管理、运用、处分和信托利益的分配，是信托结构中不可或缺的构成要素之一。从信托法理上看，信托目的反映了委托人的意愿，并决定了信托的不同结构。依据信托目的的不同，一般可分为私益目的、公益目的和特别目的，由此设立的信托分别被称为私益信托、公益信托和特别目的信托。

---

① 《民法典》第341条："流转期限为五年以上的土地经营权，自流转合同生效时设立。当事人可以向登记机构申请土地经营权登记；未经登记，不得对抗善意第三人。"《农村土地承包法》第41条："土地经营权流转期限为五年以上的，当事人可以向登记机构申请土地经营权登记。未经登记，不得对抗善意第三人。"

② 《信托法》第10条："设立信托，对于信托财产，有关法律、行政法规规定应当办理登记手续的，应当依法办理信托登记。未依照前款规定办理信托登记的，应当补办登记手续；不补办的，该信托不产生效力。"

第四章 "三权分置"下农村土地经营权信托的风险研判

就我国农村土地信托的实践而言，从表象上看，其信托目的应为私益目的，归属于私益信托这一类别。从私益目的的角度，农户所追求的就是在符合法律规定的前提下，通过设立信托这种方式实现土地规模化流转，从而在有限的土地上获得更高的、可持续性的收益。但是，我国农村土地，尤其是耕地承载了极为特殊的功能，因而农村土地流转要受到一定的限制，这种限制主要体现在农村集体土地所有权性质控制、土地经营权流转受让方的资格限制、土地的用途管制等诸多方面。这种限制的理论根基在于土地权利的社会化趋势。正如有学者指出的，财产权并非一种权利，而是一种社会责任。财富的拥有者，基于其占有的事实，要履行一种社会责任，如果其没有履行这种社会责任，国家就会干预并强制其履行以使财产的使用合乎本性。[①] 随着社会经济的发展，土地资源的稀缺性、不可替代性与不断增长的土地资源需求之间的矛盾日益突出，土地权利的社会化也就不可避免。就土地经营权而言，其所负担的社会义务首要在于保障农地之有效、有序利用，进而保障粮食安全和农业生态环境的可持续性。因此，基于信托财产权利的社会化，在土地经营权信托中，信托目的就不可能等同于传统意义上的私益目的。

从实践来看，各地大力开展农村土地信托，实际上承载了非常复杂和综合的目的，除了从委托人私益目的出发而满足土地权利人利益最大化的诉求之外，还有通过土地经营权信托实现土地规模化经营，促进农业现代化发展的宏大愿景。这些宏大愿景的根基，就在于土地经营权信托承载了对社会公共利益的追求。正如有学者指出的，好的法律提供的不只是程序正义，它还应该有助于界定公众利益并致力于达到实体正义。[②] 就我国现实国情而言，土地经营权信托所承载的社会公众利益主要映射于以下三个层面：宏观层面在于农业现代化、粮食安全、生态文明等目标的实现；中观层面在于农村土地的有效利用、规模化经营；微观层面在于土地经营权

[①] 参见王铁雄《财产权利平衡论——美国财产法理念之变迁路径》，中国法制出版社2007年版，第275页。

[②] 参见〔美〕P. 诺内特、P. 塞尔兹尼克《转变中的法律与社会》，张志铭译，中国政法大学出版社2004年版，第82页。

主体之利益的保障。① 简而言之，就我国而言，要实现农业现代化、粮食安全、生态文明等宏大目标就必然要大力探索包括信托流转在内的扩大农地有效利用、规模化经营的方式，而合理高效利用农村土地资源必然离不开对土地经营权主体之利益的保障。

然而，实践中的土地信托项目，却往往呈现社会公共利益"凌驾"于私人利益之上的态势，如在信托当事人的设计中，作为土地经营权主体的农户却往往失去了主体地位。在某种程度上，这体现了土地信托中的信托目的定位模糊或者摇摆不定。信托目的定位的模糊，给土地经营权信托带来巨大的风险，如委托人或受益人的利益保护、农业经营主体的经营风险、地方政府的角色失当等问题，本质上都与信托目的定位有千丝万缕的联系。因此，就土地经营权信托而言，必须厘清信托目的，究竟是坚守私益目的，无视公益目的；还是在尊重私益目的之前提下，兼顾公益目的；抑或无视私益目的，基于公益目的而重构土地经营权信托之目的，是值得认真讨论和研究的问题。

三 农村土地经营权信托之个体风险：农业经营主体经营失败

梳理我国农村改革和乡村振兴的总体脉络，不难发现，"人""地"问题始终是解决三农问题的轴心。2023年中央一号文件提出，要"深入开展新型农业经营主体提升行动"，同时"引导土地经营权有序流转，发展农业适度规模经营"，为围绕"人"与"地"的双轴改革、实现"人""地"协同互促锚定了政策方向。

农村土地经营权信托是"三权分置"下农村土地流转制度的重大创新，农户作为委托人和受益人，将土地经营权信托给信托公司，由信托公司出租给农业经营主体经营，所得收益由农户所有。这种运作逻辑能够在

---

① 此处关于土地经营权信托承载社会公共利益的分析，主要受学者关于农地金融相关讨论的启发。参见李蕊《中国农地融资创新实践的法律回应》，法律出版社2019年版，第98~100页。

第四章 "三权分置"下农村土地经营权信托的风险研判

放活农地经营权的同时,推动新型农业经营主体的集约化、专业化经营,实现土地高效利用和农业经营增效并举,全面拓宽农民增收致富渠道。可以说,农村土地经营权信托是协调农村"人""地"关系的制度桥梁和生动实践。然而,农村土地经营权信托作为一种新型的土地流转方式和信托业务种类,仍处于逐步探索和不断完善的初级阶段,同时也面临诸多风险,尤为突出的是农业经营主体经营失败的风险。忽视该风险不仅将导致农地经营权信托的根本目的无法实现,而且会造成土地经济价值消解,农业经营主体、信托受托人及受益人多方财产权益受损的局面,偏离"人""地"共促的制度本旨。

所谓农业经营主体经营失败风险是指在土地经营权信托实践中,农业经营主体由于自然因素、市场环境、供需状况等诸多风险因素的影响,土地经营的预期收益偏离期望值或造成某些损失的可能性。从经营风险的角度看,在土地经营权信托中,除农业经营主体经营失败外,作为受托人的信托公司也可能存在经营失败的风险。但鉴于信托公司经营失败的风险诱因往往与农业经营的关联性较低,加之信托公司作为金融机构,其经营活动要受到金融监管部门的强力监管,在经营风险的防范和治理能力上远远强于农业经营主体,故本书不讨论信托公司的经营失败风险,而聚焦农业经营主体的经营失败风险。

(一)基于风险自担机制失灵的经营失败

通常情况下,市场经营者在经济活动中遵循风险自担的原则,其中的法理基础在于责任自负,经营者可依自身资本积累和投入成本评估风险承受能力,自由选择与收益相匹配的经营模式,并自行承担依其意思自治所作决策的法律后果。但在农村土地信托中,农业经营主体在生产条件、生产模式、生产关系等方面均存在其自由意志之外的经营风险,且与农业经营所得收益存在不匹配的情况,从而导致风险自担机制的失灵。

第一,在生产条件上,农业是典型的高风险、低收益的弱质性产业。对自然条件的高度依赖使得气候、光照、土壤、灌溉等人力不可控的变量成为风险的不确定诱因。农业经营主体的土地经营权间接源自信托结构,相较于由承包经营权分离而无偿取得经营权的农户,需要额外给付土地使用对价，而土地租金的逐年上涨①无疑推高了其经营成本。同时，农业耕作具有较长的生产周期，这意味着其产出回报期的拉长，加之与非农利用相比，农地经营的比较收益低下，②较长的投入回收周期、较低的收益率与较高的经营成本叠加，使得农业经营难以形成资本积累而资产比重较低，多处于超高负债经营模式中，③导致其风险承受能力差，容易发生资不抵债而经营失败。

第二，在生产模式上，农村土地信托的根本目的在于规模化、集约化经营。根据新制度经济学的交易费用理论，经营规模扩大的同时也提高了经营成本，其中占比最高的是雇工成本。充足的劳动生产力是获取经济收益的前提，而当经营规模超过一定限度时，要素投入的结构性转换将使得雇工成本成为必须。④此外还有交易成本、监督成本、农机设备配给成本等，⑤均属新生发的生产性投资，规模经营主体面临较大的资金需求缺口。此外，市场中的风险因素也随投资规模的扩大而逐步集中，并伴随风险发生后需承受损失的增加而递增。⑥而集约化经营在回应农业分工专业化趋势的同时，往往也意味着生产结构的单一化，当市场发生波动时，经营者较难通过及时转换生产结构分散风险。规模化、集约化经营所致的风险集聚使得农业经营主体的风险防范面临更大的挑战。

第三，在生产关系上，农业经营的专业性和效率要求使受托人的亲自管理义务得以宽缓，⑦即作为受托人的信托公司出于受益人利益最大化的

---

① 参见胡祎、杨鑫、高鸣《要素市场改革下农户非农就业的增收逻辑》，《农业技术经济》2022年第7期，第85页。

② 参见耿鹏鹏《地权稳定性如何影响农户收入？——基于要素配置的视角》，《农林经济管理学报》2020年第5期，第613页。

③ 参见曾圣丰《中国农村金融风险生成机制与控制模式研究》，《山西农经》2021年第3期，第182页。

④ 参见朱文珏、罗必良《行为能力、要素匹配与规模农户生成——基于全国农户抽样调查的实证分析》，《学术研究》2016年第8期，第83页。

⑤ 参见张雄、胡新艳《农业服务外包对农户信贷投入的替代效应研究》，《金融经济学研究》2021年第6期，第27页。

⑥ 参见王韧、潘家宝、陈嘉婧《异质性视角下"二元主体"的农业保险需求研究》，《云南财经大学学报》2022年第7期，第50页。

⑦ 参见李蕊《农地信托的法律障碍及其克服》，《现代法学》2017年第4期，第57页。

第四章 "三权分置"下农村土地经营权信托的风险研判

目标,可将信托事务委托给第三人代为处理。该第三人通常是家庭农场、农业合作社、农业龙头企业等新型农业规模经营主体。这使得农地信托的经营中存在两重关系:一是信托关系;二是基于信托的二次授权关系。相应存在两类市场主体:一是作为受托人的信托公司,二是作为农地实际经营者的农业规模经营者。这种双重结构,也可能成为经营失败的风险因素。首先,信息失灵导致的管理失控。与公司法人等市场主体不同,新型农业规模经营主体一般不具有成熟的法律形态和规范的组织架构,其经营管理能力不足,加之其所采取的不同于传统的新型经营模式存在市场不确定性,经营者对自身实力和市场风险难以作出准确预判,往往容易做出非理性决策。信托公司作为受托人的职责并不因此而消灭,其仍需就信托财产的利用向受益人承担最终责任,并负有监督管理经营行为的责任。其本应对经营者的非理性决策作出及时匡正,但由于信托公司属于金融机构,对农地经营相关知识和技能可能存在先天的认知壁垒;双重法律关系造成了叠加的沟通成本,信息传导可能受阻。两方面的信息失灵使得农业经营脱离信托公司的管理控制,可能加大农业经营主体经营失败的风险。其次,义务畸重导致的扩张失控。农村土地经营权信托具有资金信托和财产信托的复合属性,[1] 信托公司作为受托人既要承担土地收益的刚性兑付义务,又要承担土地财产的损害赔偿责任。[2] 而信托法律制度以受益人保护为核心、疏于对受托人的权利赋予,信托财产的独立性又使信托公司难以通过善尽管理义务取得增量收益。畸重的义务却难有对等的权利与收益加以平衡,信托公司出于经营成本考量和损失规避理性往往倾向于扩大经营规模,从而有可能攫取管理报酬之外的农地经济收益。这可能与信托的利他性产生背反,该种自利驱动的异化极易因其扩张而失控,并引致农业经营主体经营失败的风险。

(二)基于风险分散机制阻滞的经营失败

风险自担机制失灵体现了农业经营主体对过高社会成本的承担,此时

---

[1] 参见李蕊《京津冀农业产业协同发展信托机制的法律构造》,《中国政法大学学报》2018年第1期,第146页。
[2] 参见李蕊《农地信托的法律障碍及其克服》,《现代法学》2017第4期,第59页。

农村土地经营权信托的风险控制与法律构造

需要将溢出风险分散至社会，进行交易费用的社会均摊，这既回应了风险收益对等的社会公平价值，又通过降低交易的不确定性而提升了整体经济效率，实现全社会的帕累托改进。社会风险分散机制的关键组成部分即是金融市场，① 后者通过土地经营权担保制度将农地经营与资金融通相结合，令市场参与者以资金供给的形式，承担与资源分配相应的风险责任，在社会宏观层面实现风险的分散转移，而该风险分散机制却因客观条件和主观条件的欠缺而可能陷入阻滞。

第一，作为客观条件的金融基础设施不足。首先是农村金融机构较为单一。当前提供农业信贷支持的主体以农商行、信用社、村镇银行等传统的金融机构为主，② 具备较强资金储备和服务能力的商业性金融机构开展的农业信贷业务较少，且普遍下沉不足，乡镇一级基本以信用社为唯一金融机构，③ 而此类机构规模较小、规范化程度低，其非正规性将推高融资成本。④ 其次是农村金融产品较为稀少。政策性金融机构的创新意识较为薄弱，加之较高的技术成本抑制了创新动力，使得农村金融产品种类呈现单一化，主要是基础性的存贷款产品，代理性的理财保险产品仅集中于县域，而支付结算类信用卡产品则处于空白。⑤ 稀缺和单一的金融基础设施与新型农业经营主体多样化的融资需求产生结构性矛盾。

第二，作为主观条件的金融机构放贷意愿不强。金融机构放贷意愿的强度与其对放贷风险的评估呈负相关关系，其只有在较低风险预期下才倾向于做出放贷决策，而新型农业经营主体在还款能力、权利实现两方面均不能使金融机构产生良好预期。还款能力预期主要产生自借贷人的信用意

---

① 参见崔建军、张佩瑶《系统性金融风险的动态演进——一个制度金融学的分析范式》，《经济学家》2021年第5期，第56页。
② 参见王妍、孙正林《乡村振兴背景下我国农村金融资源高效配置研究》，《苏州大学学报》（哲学社会科学版）2022年第3期，第140页。
③ 参见王妍、孙正林、许为《货币数字化背景下我国农村金融服务的可持续发展研究》，《求是学刊》2022年第2期，第97页。
④ 参见涂爽、徐玖平、徐芳《农村金融发展对农民收入的影响：基于收入结构的视角》，《农村经济》2022年第4期，第93页。
⑤ 参见尹世豪《乡村振兴背景下农村金融发展的问题与对策》，《质量与市场》2022年第8期，第184页。

识和持续经营能力，而实践中的农业经营主体可能受教育水平偏低、信用意识薄弱、机构设置不规范、财务管理不透明，因此其往往获得较低的信用评级，进而面临金融排斥。

第三，权利实现预期与制度安排相关，而当前土地经营权融资担保法律制度尚未成熟。一是担保法律要素不健全。关于土地经营权究竟为物权还是债权、原权还是派生权仍有争议，性质不明导致融资担保形式不明，学界对应采取权利质押[1]、不动产抵押[2]抑或二元并行[3]的融资担保模式，尚未形成定论。而由于农地产权的社会保障属性和所有权的集体所有性，土地经营权难以与金融机构固定资产抵押的标准相符，且土地经营权的计量困难也使得金融机构在价值评估、利率确定上产生较高的交易成本。此外，尤为关键的是，现有制度对流转后土地经营权人的处分权仍存在一定的限制，即要"经承包方书面同意并向发包方备案"[4]后方可行使。且根据《信托法》第50条[5]的规定，在自益信托的情形下，委托人或其继承人可以解除信托，收回土地经营权，使得金融机构的担保物权随时可能由于第三方的介入而落空。二是担保物权实现困难。《民法典》410条确定的抵押权实现方式主要有折价、拍卖、变卖三种。就折价而言，《农村土地承包法》第38条规定土地经营权受让方需有农业经营能力或资质，而抵押权人通常是金融机构，具有资质上的不适格性而无权作为折价中的权利继受者。而拍卖、变卖作为"再流转"方式的现实可行性，[6] 却由于农地交

---

[1] 参见滕佳一《承包地利用的守成与突破——以土地经营权法律定位的检讨为中心》，《交大法学》2021年第1期，第152页。
[2] 参见王杨、孙蕊《乡村振兴视域下土地经营权融资担保法律制度研究》，《中国土地科学》2021年第10期，第25页。
[3] 参见滕佳一《承包地利用的守成与突破——以土地经营权法律定位的检讨为中心》，《交大法学》2021年第1期，第145页。
[4] 《农村土地承包法》第47条第1款："承包方可以用承包地的土地经营权向金融机构融资担保，并向发包方备案。受让方通过流转取得的土地经营权，经承包方书面同意并向发包方备案，可以向金融机构融资担保。"
[5] 《信托法》第50条："委托人是唯一受益人的，委托人或者其继承人可以解除信托。信托文件另有规定的，从其规定。"
[6] 参见张素华、王年《〈民法典〉视域下土地经营权担保规则之赓造》，《中国政法大学学报》2022年第4期，第96页。

易市场的不完全而存疑。

(三) 基于风险分担机制不足的经营失败

农业经营主体经营失败具有公共风险和市场风险的双重属性,应由公共主体和私人主体共同承担风险责任。在某种意义上,中央和地方政府均需在公共层面履行风险分担责任,但该风险分担机制却存在一定的不足,具体表现为两点。

第一,整体分配上的供需错配。目前我国财政支农政策的主要对象是小农户,以对种粮收入的直接补贴、[①] 粮食最低收购价的价格支持政策[②]为主要方式,在本质上仍属于普惠性质,着力于"促增产、保供给",[③] 较少关注农业发展。土地放活流转背景下,农业经营模式已经逐渐由家庭自营向市场化运营转变,农业经营主体也由小农户逐步转为新型农业经营主体,而二者对财政支持的需求存在显著差异:小农户作为经营权的原生所有者是土地租金的收取方,其交易目的在于获取土地流转收益,关注法律关系的最终得利;而新型农业经营主体是土地资金的支付方,以对土地持续性的生产经营为交易目的,因而注重法律关系的长期稳固。如此,小农户的需求在本质上为资金需求,能够通过非市场化的外力直接偿付;而新型农业经营主体的需求却囊括市场秩序和经营能力等宏观与微观的多个层面,需要以市场化的力量对其赋能,现行的财政支持供给方式与其良好适配还存在一定差距。

第二,在向实际农业经营主体分配中的分担失衡。实际农业经营者不仅在整体分配格局上占比偏低,在配得部分中也存在各级政府分担失衡的问题。目前涉农财政支持主要处于地方自主的状态,由当地政府自行确定支持政策、对象与方式,并自行提供或决定相关资源的分配。不同财政资源禀赋、不同农业发展水平的地方政府间也缺乏相互联系,这种封闭的模

---

① 参见公茂刚、李汉瑾《中国农业补贴政策效果及优化》,《学术交流》2022年第3期,第94页。

② 参见林文声、朱烈夫、陈荣源《欧美农业支持政策的资本化效应及其启示》,《农村经济》2021年第8期,第138页。

③ 参见马红坤、孙立新、毛世平《欧盟农业支持政策的改革方向与中国的未来选择》,《现代经济探讨》2019年第4期,第111页。

式存在诸多弊端：在增量上，地方政府畸重的财政负担使得其供给意愿普遍较低，[1] 其出于短期利益的考量，往往倾向于自动规避投入成本较高的农业经营方式，农业经营主体在开展业务和技术创新时难以得到政策青睐；在存量上，政策支持主要通过政府项目的方式获取，[2] 相关资源较为分散、缺乏整合，致使资金使用效率低下，且难以规避资格政治化、精英俘获[3]、权力寻租等地方政府道德风险。

四 农村土地经营权信托之整体风险：地方政府角色失当

在我国，农村土地在所有权意义上属于集体经济组织，农户以家庭为单位对土地行使承包经营权。从权利内容分析，土地承包经营权不仅具有财产权内容，还具有较强的身份性内容，而正是这一点极大地限制了农村土地在实践中可流转的范围和领域。为了解决农村经济改革中这一体制性"堵点"，从中央到地方都进行了一系列的探索与实践，并取得了积极的成果。从中央层面来看，2014年中央一号文件《关于全面深化农村改革加快推进农业现代化的若干意见》明确提出"在落实农村土地集体所有权的基础上，稳定农户承包权、放活土地经营权，允许承包土地的经营权向金融机构抵押融资"；2016年10月，中共中央办公厅、国务院办公厅印发《关于完善农村土地所有权承包权经营权分置办法的意见》，详细规定了农村土地"三权分置"的实施办法；2018年修正的《农村土地承包法》以及2021年1月1日施行的《民法典》，均明确规定了土地经营权，标志着我国农村土地制度"三权分置"改革政策已迈入法制化轨道。从地方层面来看，面对"三农"问题的直接性与迫切性，早在中央层面政策出台前，地方政府已经开始摸索适合本地区的土地流转途径与方式，农地信托流转便

---

[1] 参见行伟波、张思敏《财政政策引导金融机构支农有效吗？——涉农贷款增量奖励政策的效果评价》，《金融研究》2021年第5期，第17页。

[2] 参见赵祥云《嵌入性视角下新型农业经营主体的适应性调适》，《西北农林科技大学学报》（社会科学版）2019年第6期，第96页。

[3] 参见邢成举、李小云《精英俘获与财政扶贫项目目标偏离的研究》，《中国行政管理》2013年第9期，第109页。

是其中之一。

各地地方政府基于不同的现实环境与目标考量,所选择的农地信托流转路径不尽一致,有的虽有"信托"之名,内容上却相去甚远;有的取得了一定的成效,有的则收效甚微。农村土地信托实践至今也已持续多年,在此期间不同领域不同学科的学者对相关实践进行了深入的研究与分析,对其中的经验与问题进行了较为广泛的论证和总结。一个较为共识性的结论是,在大多数农地信托实践中,地方政府的角色定位存在"失当"的现象。从风险及其治理的角度看,可将其统称为地方政府角色失当风险。所谓地方政府角色失当风险是指在土地经营权信托中,地方政府在功能作用上存在越位、缺位等失当行为,导致土地经营权信托的预期结果偏离期望值或造成某些损失的可能性。

(一)农村土地信托实践中地方政府角色的简要梳理

第二章对"两权分离"下农村土地信托实践模式进行了考察,但并没有专门讨论各实践模式中地方政府扮演的角色,故在此择其中具有一定代表性的模式予以简要讨论。

在浙江"绍兴模式"中,地方政府的"影子"几乎贯穿始终,无论是在土地流转动员阶段,还是土地归集阶段,乃至最后土地租赁协议的签订阶段,其都发挥了至关重要的作用。多数学者认为,"绍兴模式"是政府权力介入最为广泛的一种土地信托流转模式,因此,不少学者认为该模式其实并非真正意义上的土地信托,而只是借用了"信托"的名义而已。[1]

在湖南益阳"草尾模式"、福建"沙县模式"与河南"邓州模式"中,其主要特点之一在于,由当地地方政府提供资金设立"信托公司",[2]

---

[1] 参见徐海燕、张占锋《我国土地经营权信托模式的法律思考》,《法学杂志》2016年第12期,第60页;麻松林《我国农村土地信托制度构造研究》,西南政法大学博士学位论文,2018,第38页。

[2] 在"邓州模式"中,邓州市政府联合河南省国土资源开发投资管理中心共同出资设立"河南邓州市国土开发有限公司"作为土地信托机构;"草尾模式"中,沅江市政府独资成立"沅江市香园土地承包经营权信托有限公司"作为土地信托机构;"沙县模式"则是由沙县政府独资成立"沙县源丰农村土地承包经营权信托有限公司"和"沙县金茂农村土地承包经营权信托有限公司"作为土地信托机构。

第四章 "三权分置"下农村土地经营权信托的风险研判

当地农户在自愿的基础上与信托机构签订协议,将农地经营权予以委托。信托机构在归集土地的基础上对土地进行整理、开发后,以招投标的形式向市场主体(主要是符合条件的农业经营公司和种植大户等)进行招租,从而实现农地的成片流转与规模化经营。地方政府在土地信托中主要扮演的是受托人和受益人的角色。一方面,由政府投资或独资设立的信托机构负责承接农户委托的农地承包经营权,并将其流转给有种植意愿和经营管理能力的其他市场主体。在此过程中,信托机构要承担土地归集、整理、基础设施投资等农地初级投资责任。另一方面,对于土地流转后所产生的增值收益,地方政府一般都会以共同受益人的身份与农户一起参与分配。例如在"草尾模式"中,增值收益在分配给农户后剩余部分直接进入当地政府成立的信托基金用于投融资;① 在"沙县模式"中,经营流转土地的增值溢价部分,地方政府独资设立的信托机构有权按照40%的比例进行分配。②

在安徽"宿州模式"中,相较于以前的土地信托模式而言,其最大的特点在于首次将《信托法》意义上的信托机构引入作为农地流转的受托人。在该模式中,地方政府退出了农地经营管理以及对流转主体提供资金支持等过程与环节,其主要角色是作为土地信托的委托人负责前期的土地集中工作;同时作为信托的委托人,其对于土地信托所产生的收益享有"优先分配"的权益。③

在北京"密云模式"、江苏"无锡模式"等土地信托实践中,整个运作过程中的主要参与方仅限于"双合作社"与专业信托机构。从现有公开信息来看,此类模式主要发挥市场在农地、资金和劳动力资源配置中的作用,而地方政府只是协助搭建与信托公司合作的平台,"基层政府没有强迫农民实施流转融资,也没有'亲力亲为'干预整个运行过程,而是充分尊重农民

---

① 参见王方、沈菲、陶启智《我国农村土地信托流转模式研究》,《农村经济》2017年第1期,第43~47页。
② 参见麻松林《我国农村土地信托制度构造研究》,西南政法大学博士学位论文,2018,第43页。
③ 参见李泉、李梦、鲁科技《"三权分置"视域中的农村土地信托模式比较研究》,《山东农业科学》2019年第1期,第164页。

的承包权主体地位，鼓励由农民合作组织与信托公司本着意思自治原则，按照市场机制自主实施农地流转融资"。① 在一定意义上而言，此类模式是现有土地信托实践中地方政府介入最少、市场化程度最高的一种土地信托模式。

(二) 农村土地信托实践中地方政府角色"越位"

学界关于地方政府在农村土地信托过程中角色"越位"的批判主要集中于当其以委托人或受托人身份出现之时。一方面，按照信托的基本原理，信托的委托人必须对信托财产或财产性权利享有确定的所有权，而农地信托中信托的对象为农地经营权，其权利主体只能是具体农户，地方政府从法理上不可能成为其权利主体，因而无权对其进行信托委托。② 虽有观点认为，将地方政府视作土地经营权人的代理人，可以合理解释目前农地信托实践中由村委会或县（区）、乡镇人民政府与信托公司从事交易的情形。③ 但也有学者对此提出反驳，认为由于我国《信托法》第29条明确规定了受托人对于信托财产具有"分别管理"的义务，与此相对应，信托财产的委托人就无权将信托财产进行"集合化"的概括性委托。具体到农地信托实践过程，即便承认地方政府可以作为农户的代理人对其具体的土地经营权向信托公司进行委托，这种代理也只能是对一个个具体农户的"单一"代理，而不能是现实中诸如"宿州模式"那样由区政府对全区的流转土地的经营权进行"打包"式集合委托。④

另一方面，对政府自己出资设立信托公司（主要对应实践中"草尾模式"、"沙县模式"及"邓州模式"）从而充当农地信托中的受托人角色的批评则主要集中在以下几个层面。首先，按照原中国银行业监督管理委员会（现"国家金融监督管理总局"）颁布的《信托公司管理办法》的规定，信托公司的设立须满足一些基础性法律条件，例如应经过

---

① 李蕊：《中国农地融资创新实践的法律回应》，法律出版社2019年版，第81页。
② 参见李蕊《农地信托的法律障碍及其克服》，《现代法学》2017年第4期，第56页。
③ 参见高圣平《农地信托流转的法律构造》，《法商研究》2014年第2期，第30页。
④ 参见江钦辉、魏树发《〈民法典〉背景下农地经营权信托流转法律构造中的主题疑难问题》，《新疆社会科学》2022年第1期，第94页。

相关监管机构的批准、满足监管架构规定的入股资格的股东、满足监管机构规定任职资格的董事和高管人员等,[①] 尤其是其中第 10 条更是明确规定"信托公司注册资本最低限额为 3 亿元人民币",且必须为实缴资本。而反观现实中由地方政府设立的相关信托机构,对于上述法律条件几乎都没能满足:"草尾模式"中由当地政府设立的"沅江市香园农村土地承包经营权信托有限公司",不仅股东是当地镇政府,而且信托机构的董事和高管人员也全部由当地乡镇的党委和政府领导兼任,[②] 这显然与相关管理规定内容相距甚远。其次,《信托法》第 30 条[③]规定受托人有"亲自管理"之义务,且《农村土地经营权流转管理办法》第 9 条也明确要求农村土地经营权流转的受让方必须具备"农业经营能力或资质"。显然,由地方政府设立信托机构无论是在农业经营能力还是在相关资质方面都很难达到法律规定的条件。最后,地方政府担任土地信托的受托人还存在一个较为明显的问题,即其不具备开展资金信托业务的资格与能力,[④] 难以为农地流转以及后续的农地规模化经营提供稳定且持续的金融支持。

(三) 农村土地信托实践中地方政府角色"缺位"

相较于对农村土地信托中地方政府"越位"的批判而言,对相关过程中地方政府角色"缺位"的批评与质疑相对比较分散,涉及的问题也更为广泛,概括起来大致包括以下一些层面。

---

① 《信托公司管理办法》第 7 条:"设立信托公司,应当经中国银行业监督管理委员会批准,并领取金融许可证。未经中国银行业监督管理委员会批准,任何单位和个人不得经营信托业务,任何经营单位不得在其名称中使用'信托公司'字样。法律法规另有规定的除外。"第 8 条第(二)、(三)、(四)项分别规定:"……(二)有具备中国银行业监督管理委员会规定的入股资格的股东;(三)具有本办法规定的最低限额的注册资本;(四)有具备中国银行业监督管理委员会规定任职资格的董事、高级管理人员和与其业务相适应的信托从业人员………"

② 参见徐海燕、张占锋《我国土地经营权信托模式的法律思考》,《法学杂志》2016 年第 12 期,第 60 页。

③ 《信托法》第 30 条:"受托人应当自己处理信托事务,但信托文件另有规定或者有不得已事由的,可以委托他人代为处理。受托人依法将信托事务委托他人代理的,应当对他人处理信托事务的行为承担责任。"

④ 参见李蕊《农地信托的法律障碍及其克服》,《现代法学》2017 年第 4 期,第 57 页。

第一，对农户利益保护的"缺位"。有学者指出，在农地信托流转过程中地方政府怠于行使职权或权利，从而致使土地承包经营权人有利益受损之虞。例如，在"宿州模式"中，作为委托人的埇桥区人民政府就怠于行使《信托法》所明确赋予委托人的"知情权""撤销权""解任权"，以及要求受托人调整信托财产管理方法的权利。① 而在"草尾模式"中，当地政府设立的香园信托公司在选择农地流转的相对方时"未尽忠实、勤勉义务"，从而导致实力不足、经营能力不强的承租方入围，在其经营不善时拒付租金，最终导致农户利益受损。②

第二，对受托人激励不足。有学者指出，由于农业经营本身需要面对巨大的自然风险，在经营过程中还面临政策风险、社会风险和市场风险，而在经营收益上无论是利润率还是投资收益率都偏低，所以对于处于农地信托核心地位的受托人，即信托机构而言，可能会面临因激励不足而放弃交易机会的局面。实践中，政府没有很好地正视和解决这一问题，从而农地信托无法全面推广。为此，部分学者建议地方政府采取财政补贴、税收减免甚至直接资金支持的方式来给予农地信托受托人更大激励。③

第三，其他服务和制度供给的"缺位"。农地信托是一项综合性的土地流转方式，其有效运作除了必须理顺委托人、受托人和土地租赁方的法律关系之外，还需要政府承担更多的服务性及职能性功能。不少学者通过对既有农地信托实践的审视，认为在这些方面地方政府尚有较大不足。例如，在为农地信托提供基础性服务职能方面，一个较为明显的"短板"就是对农户信托金融常识的普及不足，从而导致农户盲目流转或排斥信托的

---

① 参见张占锋《土地经营权实践中的政府角色——以安徽和湖南省土地经营权信托为例》，《世界农业》2017年第1期，第211~212页。
② 参见张占锋《土地经营权实践中的政府角色——以安徽和湖南省土地经营权信托为例》，《世界农业》2017年第1期，第212页。
③ 参见李蕊《农地信托的法律障碍及其克服》，《现代法学》2017年第4期，第59页；江钦辉、魏树发《〈民法典〉背景下农地经营权信托流转法律构造中的主题疑难问题》，《新疆社会科学》2022年第1期，第99页；秦勇、夏雨鸿《我国农地信托的法律障碍及完善进路——以新〈农村土地承包法〉为背景》，《广西政法管理干部学院学报》2020年第6期，第45页。

现象；① 从保障农地信托流转的制度供给角度观之，至少在两个领域存在供给不足问题，其一是土地信托流转登记制度，纵观各国信托实践，信托财产登记制度无疑是确保信托法律关系和信托财产独立的重要制度，但在我国农地信托流转过程中，相关登记制度却尚付阙如；其二是土地信托监管制度亟须完善，目前尚缺乏一个集农地使用、耕地保护以及金融监管于一体的综合性监管制度架构。②

五 农村土地经营权信托之整体风险：农地"非粮化""非农化"

所谓农地"非粮化""非农化"风险是指在土地经营权信托中，信托受托人或农业经营主体基于逐利的动机，加之地方政府监管的缺位等风险因素，导致农地用于非粮食生产，甚至改变土地的农业用途，从而导致土地经营权信托的预期结果严重偏离期望值或造成某些损失的可能性。在严格意义上，"非粮化"和"非农化"并非同一个概念，而是不同主体基于不同利益出发点而实施行为的总称。"非粮化"是指在农地经营过程中，按是否种植粮食作物为标准进行划分的概念；"非农化"则是按土地用途是农业用途还是非农业用途为标准进行的界定。农地的"非粮化"不一定就意味着"非农化"，对农地的"非农化"利用则肯定属于农地的"非粮化"范畴。虽然两者在界定上存在一定的差异，但在农村土地经营权信托中，基于信托目的的考虑和实践中的主要表现，本书在讨论中主要聚焦的是两者的共性问题，并没有刻意区分两者的差异，因此，是在整体意义上讨论农地"非粮化""非农化"的相关问题。

在农村土地"三权分置"政策实施过程中，防止农地"非粮化"

---

① 参见林少伟《我国农地信托之困境检视及出路探索》，《中国不动产法研究》2019年第2辑，第161页；吕洪波、刘佳《我国农村土地信托发展困境及对策》，《农业经济》2018年第1期，第112页。

② 参见李蕊《农地信托的法律障碍及其克服》，《现代法学》2017年第4期，第59页；林少伟《我国农地信托之困境检视及出路探索》，载刘云生主编《中国不动产法研究》（2019年第2辑），社会科学文献出版社2020年版，第160页。

"非农化"经营一直是党和国家重点关注的问题。2014年11月20日，中共中央办公厅、国务院办公厅印发的《关于引导农村土地经营权有序流转发展农业适度规模经营的意见》强调，"坚持最严格的耕地保护制度，切实保护基本农田。严禁借土地流转之名违规搞非农建设……坚决查处通过'以租代征'违法违规进行非农建设的行为，坚决禁止擅自将耕地'非农化'……合理引导粮田流转价格，降低粮食生产成本，稳定粮食种植面积"；2016年10月30日，中共中央办公厅、国务院办公厅印发的《关于完善农村土地所有权承包权经营权分置办法的意见》强调"坚持稳定土地承包关系，不能把农村土地集体所有制改垮了，不能把耕地改少了，不能把粮食生产能力改弱了，不能把农民利益损害了"；《农村土地承包法》第38条规定了土地经营权流转应当遵循的原则，其中就包括"不得改变土地所有权的性质和土地的农业用途，不得破坏农业综合生产能力和农业生态环境"。然而，在实践中，有的企业取得土地经营权后，擅自将耕地用于非粮食生产，甚至改变承包地的农业用途；有的企业取得土地经营权是为了套取政府补贴资金，其在流转期限内弃耕抛荒，损害农民利益。①

（一）"经济利益"驱动下的农地"非粮化""非农化"

学界有关农地"非粮化"成因的分析主要聚焦个体农户，在理性人假设下研究其行为决策。如有学者认为，"非粮化"是经营主体在土地控制权属、自身资源禀赋等条件约束下，为实现经营目标而作出的种植结构调整决策；② 有学者通过对粮食主产区与主销区的对比分析得出，由家庭经营性收入、转移性收入、工资性收入组成的农户收入结构能够对农民种粮积极性产生显著影响；③ 还有学者指出，"社会化小农"阶段下的农民受到市场化价值观的指导，在人力资源、生计压迫、种植风险、市场效应等因

---

① 参见何宝玉主编《〈中华人民共和国农村土地承包法〉释义》，中国民主法制出版社2019年版，第112~113页。
② 参见武舜臣、于海龙、储怡菲《农业规模经营下耕地"非粮化"研究的局限与突破》，《西北农林科技大学学报》（社会科学版）2019年第3期，第142页。
③ 参见何蒲明《农民收入结构变化对农民种粮积极性的影响——基于粮食主产区与主销区的对比分析》，《农业技术经济》2020年第1期，第130页。

第四章 "三权分置"下农村土地经营权信托的风险研判

素的影响下选择种植经济作物。①

但是，在农业现代化转型过程中，以"三权分置"为政策保障，土地经营权逐渐由小农向种粮大户、合作社、涉农企业流转，土地规模化经营趋势日益明显。② 农地信托作为土地经营权流转的重要形式，更是以集约化经营、提高土地效用为核心要义。③ 与之对应的是，新型农业经营主体逐步取代农户成为主要的种粮主体，理论研究也应以其为分析对象。相比于小农户和家庭经营，新型农业经营主体多以长期契约或企业为组织形式，以利润最大化为根本目的，其具备更强的经济理性和风险理性，进而"非粮化""非农化"的行为选择风险尤甚。

第一，在成本收益的考量上，经营规模的扩张将使得成本要素市场化和显性化：一是土地流转成本，相较于小农零成本取得承包地，农村土地信托中的经营主体往往基于信托合同或受托人再委托取得土地经营权，这意味着其需要支付相应土地租金作为对价；二是劳工雇佣成本，农业劳动力的非农转移带来劳动雇佣成本的快速上涨，④ 而工商资本自身不从事生产性活动，需要较高的劳动比例投入，雇佣费用因此成为其成本结构中的主要组成部分；三是技术投入成本，技术化、机械化是节约生产成本、扩大生产效率的"先行投资"，与农业规模化存在显著的线性相关关系，⑤ 加大研发性投入、购置先进生产设备是现代化经营者的必然选择。三方面的成本上升和生产能力的质变带来更高的收益追求，而主要粮食作物的价格上涨速度远远落后于生产成本的增速，⑥ 粮食生产的比较收益持续走低甚

---

① 参见阮海波《"趋粮化"抑或"非粮化"：粮食安全的张力及调适》，《华南农业大学学报》（社会科学版）2022第4期，第79页。
② 参见罗玉辉《"三权分置"下中国农村土地流转的现状、问题与对策研究》，《兰州学刊》2019年第2期，第166页。
③ 参见马建兵、王旭霞《农村土地信托受托人主体性分析及立法选择》，《社会科学家》2018年第12期，第141页。
④ 参见罗必良、洪炜杰《农地确权与农户要素配置的逻辑》，《农村经济》2020年第1期，第5页。
⑤ 参见仇童伟、罗必良《从经验积累到分工经济：农业规模报酬递增的演变逻辑》，《华中农业大学学报》（社会科学版）2020年第6期，第10页。
⑥ 参见张亨明、章皓月、朱庆生《"十四五"时期我国粮食安全保障问题研究》，《浙江工商大学学报》2022年第3期，第110页。

至亏损,对其生产存在市场挤出效应。资本不再局限于获取粮食产业内较高的比较利润,而往往倾向于获取超额利润,[1] 转向净利润较高、利润成本明显较低的经济作物种植、养殖业经营等其他"非粮化"利用,农村土地信托由此产生相较于流转前小农耕种模式更为突出的"非粮化""非农化"风险。

第二,在风险偏好的考量上,根据行为经济学的前景理论（prospect theory）,风险偏好程度是影响个体风险决策的主要因素。农地信托是金融型的农地资本化的重要表现形式,[2] 在本质上具有金融属性。这意味着作为主要参与者的信托公司和社会投资者相较于农户具有较高的风险偏好,且新型农业经营主体较大的资本存量和较高的信息透明度也使其具备较高的风险承受能力,从而更倾向于高风险、高收益的经营模式。"非粮化""非农化"是一个风险积累的过程,同时也伴随较大的利润空间。新型经营主体面临种植粮食作物的低利润和种植经济作物的收益可能性时,相较于小农户更容易作出"非粮化""非农化"决策,因而具有更大的风险。

第三,农村土地信托是中央政府、地方政府、经营者三方动态博弈的过程,其中地方政府作为兼具政治和经济双重利益的理性主体,[3] 其管理行为决策与中央政策间的偏差也成为"非粮化"风险的诱致性因素,具体表现为两方面。一方面是地方政府执行偏差导致的不当干预。地方政府对农业规模经营所带来的地方财政增长存在高度依赖,在一定程度上与新型农业经营者利益趋同,从而往往对"非粮化"现象持模糊甚至默许的态度。[4] 另一方面是地方政府认知偏差导致的干预失败。相较于对"非农化"明确的禁止性规定,现行法律对"非粮化"的关注显著不足,地方政府对

---

[1] 参见匡远配、刘洋《农地流转过程中的"非农化"、"非粮化"辨析》,《农村经济》2018年第4期,第1页。

[2] 参见赵翠萍、侯鹏、张良悦《三权分置下的农地资本化：条件、约束及对策》,《中州学刊》2016年第7期,第42页。

[3] 参见张华泉、王淳《乡村振兴背景下土地流转用途规制可有效抑制"非粮化"倾向吗？——基于三方动态博弈的视角》,《四川师范大学学报》（社会科学版）2020年第3期,第62页。

[4] 参见郑阳阳、罗建利《农业规模化经营潜在风险的化解机制研究——基于"三位一体"农业共营制视角》,《经济体制改革》2020年第3期,第83页。

"非粮化"的定义和危害缺乏充分认识,①导致落实中央政策时出现显著的认知偏差,错将经济作物种植、观光农业项目视为土地合理利用的方式,给予大幅支持和大量补贴,反而推动了"非粮化"发展。②此外,相关政策优惠毕竟是"授之以鱼"而非"授之以渔"的权宜性选择,仅作为外力扶持而无从改变粮食生产的收益能力,因此在行为激励效果上存在边际递减效应,不能在根本上影响市场价值规律下的"非粮化"决策。

(二)"制度安排"影响下的农地"非粮化""非农化"

交易费用是新制度经济学的核心概念。所谓交易,是指人与人之间的交互行动(trans-action);交易费用则是这种交互行动带来的成本,在较为狭窄的含义上,其是指达成契约和保证契约执行的费用。当交易费用为正时,不同的制度安排将带来不同的资源配置效率,此时制度安排至关重要,甚至能够对经济效率和经济发展起决定性作用。农村土地信托以合约形式建立信托法律关系,存在谈判成本、缔约成本、执行成本、监督成本等多种交易费用,外部制度安排将在相当程度上影响其经济效益,进而影响农业经营主体的农地利用结构选择。

1. 现行农村土地信托相关制度存在一定的"模糊性"

在农村土地信托制度体系中,现行相关制度存在诸多模糊之处,可能会导致土地经营权的过度市场化转出,从而提高了农地"非粮化""非农化"风险。

第一,农村土地产权保障不力,容易导致土地经营权旁落。产权制度决定资源的最终归属,是构成其他经济制度的基础。当资源没有明确的权属时,利用者即需要面对不能全部获取收益的负外部性风险,因此产权是否明晰直接影响了经济主体的成本和收益高低。而农村土地信托相关制度中的权属及其保障问题却存在一些不足:一是在信托客体上,学界对土地经营权的性质还尚未形成权威界定,存在物权说、债权说、二元说等多种

---

① 参见陈浮、刘俊娜、常媛媛、张琦、于昊辰、张绍良《中国耕地非粮化空间格局分异及驱动机制》,《中国土地科学》2021年第9期,第40页。
② 参见杨红香、荆彦婷、朱悦《中国耕地"非粮化"现状、原因及对策研究》,《安徽农业大学学报》(社会科学版)2022年第3期,第32页。

观点；二是在信托主体上，实践中鲜有直接将农户作为信托委托人的案例，多以地方政府或专业合作社为委托人，虽然农户可以通过"委托—代理"关系间接参与收益分配或直接作为受益人，但其基于承包关系取得的土地经营权却并没有得到很好的保障，在一定程度上违背了"三权分置"的改革原旨。

第二，受托人权利义务不清导致土地经营权进一步外流。根据《信托法》的一般原理，受托人管理信托财产，必须恪尽职守，履行诚实、信用、谨慎、有效管理的义务。然而此类规定与农地信托的根本目的和运作逻辑存在诸多矛盾，如分别管理义务与土地集中流转和农地规模经营的冲突、受托人的亲自管理义务与专业化经营的冲突等，从而导致了制度的适用困境。但目前尚未有特别立法对相关问题作出调适性的规定，使得农村土地信托中的托管行为长期缺乏法定权利义务的明确约束而在一定程度上处于"脱法"状态。受托人基于利益最大化和融资需要，可能对土地经营权作出出租、转让、抵押等二次处分，使得土地经营权进一步向社会资本外流，土地用途愈加脱离控制。

2. 现行农地"非粮化"规制制度存在一定的缺漏

在农地"非粮化"规制制度上，现行规范存在诸多缺漏之处，导致土地利用缺乏行为规范和监管约束，为受托人或农业经营主体缔约后的机会主义提供了窗口，加剧了农地"非粮化"风险。

第一，缺乏"非粮化"的科学定义。界定并厘清概念是对"非粮化"进行管控的重要前提。[①]"非粮化"并非法律概念，在实践中标准不一，在理论界也尚未形成统一观点。理论界主要从两个角度对其进行定义：一是从耕种面积占比的角度出发，从非粮食种植流转耕地面积占流转农地面积的比例来界定"非粮化"。[②] 二是从类型化的角度出发，但界定范围不同，如有学者认为"非粮化"仅指在耕地上种植经济作物的行为；另有学者认

[①] 参见吴郁玲、张佩、于亿亿、谢锐莹《粮食安全视角下中国耕地"非粮化"研究进展与展望》，《中国土地科学》2021年第9期，第123页。

[②] 参见常伟、马诗雨《农地规模流转中的"非粮化"问题研究》，《农业经济》2020年第9期，第5页。

为除稻谷、小麦、玉米三大传统粮食作物之外的种植行为均为"非粮化";[①] 还有学者根据对耕作层的破坏程度,将"非粮化"行为细分为非粮食类食物、非食用农产品、非农产品三类。[②] 以比例定义势必带来耕种面积测度的新一轮难题,而土地资源禀赋不同和种植条件差异又使得类型化界定不具有普适性,因而"非粮化"缺乏实践面向的可操作性定义。

第二,缺乏流转后经营阶段的持续性监督。我国立法确定了耕地用途管制中的三类禁止性行为:一是《土地管理法》第 4 条和第 35 条严格限制农业用地和永久基本农田转用为建设用地。但其是对流转前的"非农化"限制,对基本农田流转后,是否可用于非粮食类农产品种植未有明确规定;二是《土地管理法》第 37 条第 2 款规定"禁止占用耕地建窑、建坟或者擅自在耕地上建房、挖砂、采石、采矿、取土等"破坏种植条件的行为。但其规范的主要是明显的违法行为,而"非粮化"行为并不具有强烈的主观恶意,加之其经济中性属性,因此可归责性存疑;三是《土地管理法》第 37 条第 3 款和《基本农田保护条例》第 17 条禁止占用永久基本农田发展林果业和挖塘养鱼,但未见对其他利用行为的规制,因此将"非粮化"简单局限于"发展林果业"和"挖塘养鱼"两类行为难免过于狭隘。此外,《土地管理法》规定的权力主体为县级以上人民政府自然资源主管部门,其有权依法对土地利用行为进行监督检查。然而农地信托中应当以何者为土地利用人,是受托人还是受托人二次委托的农业经营主体?若以信托公司为受托人,则如何协调土地管理部门与金融监管部门间的权限冲突?对于以上诸多问题,法律未予回应。

第三,缺乏"非粮化"的有效救济。如前所述,由于目前未有对"非粮化"行为的直接规定,对其问责缺乏合法性依据。就现有责任体系而言,《土地管理法》第七章和《基本农田保护条例》第五章确定的救济方式以行政责任为主,责任形式也较为单一,主要包括对违法行政机关的处

[①] 参见陈浮、刘俊娜、常媛媛、张琦、于昊辰、张绍良《中国耕地非粮化空间格局分异及驱动机制》,《中国土地科学》2021 年第 9 期,第 42 页。

[②] 参见李超、程锋《"非粮化"对耕作层破坏的认定问题思考》,《中国土地》2021 年第 7 期,第 12 页。

分和对违法责任人的罚款两种，司法救济则仅涉及刑事责任。农村土地信托以合同关系为基础，且"非粮化"经营行为普遍未达到刑事犯罪的严重程度，呈现明显的民事底色。委托人和受益人作为当事人和利益分享者，完全有权限和能力以受托人的信义义务为依据，主动寻求司法救济，但实践中鲜有此类案例。

第五章　风险分配视角下农村土地经营权信托之个体风险的法律应对

正如前文所述，按照风险的公共性程度，可将农村土地经营权信托风险分为个体风险和整体风险。农村土地经营权信托之个体风险是指信托相关主体面临并承担的风险，主要包括信托要素配置失衡风险和农业经营主体经营失败风险。信托要素配置失衡，主要关涉信托法律关系中委托人、受托人及受益人的利益及风险；基于我国农村土地信托实践的特性，农业经营主体并非信托法律关系的主体，但其经营行为直接关涉农村土地信托的成效，也与信托法律关系中多方主体的利益和风险承担紧密相关。

通常认为，对于个体风险的治理方法主要是风险分配，在法律上一般通过私法达到风险分配的效果。风险分配的治理逻辑是通过"法律缔造一种行为机制模式，代替公权力实现分配风险，以风险行为为核心进行分配，使风险行为与责任承担之间产生一种直接联系，使风险的承担达到一种平衡状态"。[①] 在农村土地经营权信托中，针对个体风险治理的风险分配主要是通过《信托法》中关于信托当事人之间权利义务的规定以及合同当事人之间基于交易地位而对权利义务配置的重构来实现的。

[①] 何国强：《风险社会、风险分配与侵权责任法的变革》，《广东社会科学》2018年第3期，第230页。

一 合理配置农村土地经营权信托要素

(一) 厘清信托主体的资格

正如前文所述,我国农村土地信托实践中广泛存在信托主体资格争议及混乱的问题,主要体现在三个方面:一是委托人身份多样;二是受托人主体资格广受争议;三是受益人的设计错位。实践中信托主体资格的混乱,容易引发相关纠纷,既不利于相关主体的权益保障,也不利于农村土地的规模化经营,还不利于土地信托积极功能的彰显。因此,从风险治理的角度看,就必须厘清信托主体的资格,构建既合乎信托法理又契合土地规模化、集约化经营需要的信托结构,即由享有土地经营权的农户自主选择单独委托,或通过"委托代理"的设计由集体经济组织、农民专业合作社或村民委员会等自治性组织作为委托人,以土地经营权设立信托,由专业化的信托公司对土地进行管理、运用、处分,并依据信托文件将由此获得的收益分配给受益人(农户),形成以承包农户或其代理人为委托人、信托公司为受托人、承包农户为受益人的信托法律关系。

1. 委托人:将自主权还给土地经营权主体

在"三权分置"下,学界对土地经营权信托的委托人在法律上应界定为农户,已基本达成共识。但是,在现实的信托结构中,委托人究竟是选择农户,还是选择集体经济组织、农民专业合作社、村民委员会或地方政府等其他主体,事实上可能是个两难的问题。实际上,关于土地经营权信托的委托人问题,争议与分歧主要是集中在两类选择之中:一是由农户担任委托人,即由享有土地经营权的农户担任委托人;二是由其他主体代理农户担任委托人,即通过"委托代理"的模式,由其他主体统一代理享有土地经营权的农户担任委托人。

一般而言,委托人是信托财产的提供者,也是信托目的的设定者,是信托结构的发起者。[1] 在土地经营权信托中,理论上委托人应是享有土地

---

[1] 参见赵廉慧《信托法解释论》,中国法制出版社2019年版,第257页。

第五章　风险分配视角下农村土地经营权信托之个体风险的法律应对

经营权的主体，其是信托关系的设立人，承担土地信托启动、实施及监督等责任。在实践中，各国的土地制度存在一定差异，故土地信托中委托人的身份也各不相同。如在美国的土地信托中，未开发利用土地的所有者作为委托人；在社区土地流转信托中，社区居民、非营利组织、政府均可以作为委托人；在土地开发融资信托中，土地开发者作为委托人。在日本的土地信托中，一般情况下委托人是土地所有者，但在农地买卖和租赁的土地信托中，委托人是小规模农户。[①] 因此，基于不同因素的考虑，土地经营权信托中的委托人并不一定拘泥于某一特定身份的主体。

在应然方面，由农户担任委托人毫无问题。但是，在实然方面，由农户担任委托人可能面临以下几个问题。第一，交易成本过高。由单个农户与受托人逐一签订信托合同，再由受托人对农地实行集中管理的话，显然会提高交易成本，不利于受托人积极开展土地经营权信托业务。第二，"分别管理"的现实障碍。基于保障信托财产独立性的考虑，我国《信托法》第29条规定了受托人的分别管理义务，其中包括将不同委托人的信托财产分别管理、分别记账。而土地经营权信托追求的是土地的规模化经营，如果要求对单个委托农户的土地进行分别管理，势必提高交易难度。第三，"集合管理"欠缺法律依据。有学者提出可采取集合信托的方式，由受托人按照委托人（农户）的意愿，将两个以上（含两个）委托人交付的土地进行集中管理和运用。[②] 但是，在我国的信托实践中，当前的法律仅允许信托公司设立集合资金信托计划，对两个以上委托人交付的资金进行集中管理、运用或处分，并未允许信托公司对土地经营权这一财产权利进行"集合化"管理。另外，从信托财产特性的角度看，资金信托可以采取集合管理方式，这是因为资金并不是特定物。而在土地经营权信托中，每一宗土地都是特定物，故采取集合管理既欠缺法律依据，也可能具有现实操作性的不足。

[①] 参见马建兵、王天雁《农村土地信托法律问题研究——兼谈西部特殊性问题》，知识产权出版社2019年版，第81~82页。

[②] 参见徐卫《土地承包经营权集合信托模式的构建逻辑与制度设计——契合土地流转目标的一种路径》，《暨南学报》（哲学社会科学版）2015年第2期，第52~56页。

在实然方面，由集体经济组织、农民专业合作社或村民委员会代理农户作为土地经营权信托中的委托人更契合土地信托的实际。通过委托代理的设计，由集体经济组织、农民专业合作社或村民委员会等其他适格主体作为信托结构中的委托人，是基于其以间接代理人的身份接受农户的委托，以自己的名义行使委托人的权利，其法律依据在于《民法典》第926条①确立的间接代理制度。间接代理制度既能解决单个农户谈判能力不足、利益无法有效保护的问题；又能解决在信托财产隔离功能的约束下受托人应对农户地块进行分别管理与农地信托流转要实现农地规模化、集约化经营目的之间的矛盾；还能在一定程度上降低农地经营权信托流转的交易成本。② 对于由集体经济组织、村民委员会或村民小组作为土地信托中的委托人，也有学者持批判态度。该观点认为村集体相关人员可能会利用订约机会寻求自己的利益，从而损害广大农民的利益；农民没有监督制约机制，一旦受托人没有能力管理经营好信托土地或未履行忠实、勤勉义务，土地流转的目的就不能实现，甚至可能降低农村土地可持续生产能力，并最终使农民利益受损。③ 还有学者认为，集体经济组织或村民委员会相对于分散的农民具有多方面的强势地位，加上农民民主意识薄弱和"个人服从组织"观念的影响，在土地流转过程中，农民往往丧失发言权和自主权，从而"被自愿""被同意"。④ 应当承认，此类担忧确实有一定的现实基础。但这些问题的解决，一方面可以通过集体组织内部治理结构的优化来实现；另一方面可通过委托代理合同或信托文件进一步明晰相关主体的

---

① 《民法典》第926条："受托人以自己的名义与第三人订立合同时，第三人不知道受托人与委托人之间的代理关系的，受托人因第三人的原因对委托人不履行义务，受托人应当向委托人披露第三人，委托人因此可以行使受托人对第三人的权利。但是，第三人与受托人订立合同时如果知道该委托人就不会订立合同的除外。受托人因委托人的原因对第三人不履行义务，受托人应当向第三人披露委托人，第三人因此可以选择受托人或者委托人作为相对人主张其权利，但是第三人不得变更选定的相对人。委托人行使受托人对第三人的权利的，第三人可以向委托人主张其对受托人的抗辩。第三人选定委托人作为其相对人的，委托人可以向第三人主张其对受托人的抗辩以及受托人对第三人的抗辩。"
② 参见江钦辉、魏树发《〈民法典〉背景下农地经营权信托流转法律构造中的主体疑难问题》，《新疆社会科学》2022年第1期，第95页。
③ 参见李燕燕主编《土地信托概论》，中国金融出版社2015年版，第89页。
④ 参见王金堂《承包土地转让基本理论问题研究》，《法学论坛》2010年第2期，第118页。

第五章　风险分配视角下农村土地经营权信托之个体风险的法律应对

权利义务,并明确赋予农户受益人的法律地位等方式来实现。

需要特别说明的是,地方政府不宜作为土地经营权信托中的委托人,即便是其利用委托代理设计、通过间接代理的方式。原因在于政府的角色定位决定了其不宜直接介入信托结构而成为信托当事人。[1] 在土地经营权信托中,应正确定位政府在土地信托关系及实践中的职能与角色,政府应扮演助力、扶持、促进、激励、监督等角色,充分发挥政府的服务职能,而不是直接介入微观的信托活动中。

从应然上看,委托人应该是享有土地经营权的农户;从实然上看,由集体经济组织、农民专业合作社或村民委员会等组织担任委托人更为有利。即便如此,土地经营权信托中的委托人是否就必须由集体经济组织、农民专业合作社或村民委员会等主体来担任呢?答案当然是否定的。更契合法理、现实及逻辑的方案应该是将自主权还给土地经营权人——农户。如果采取委托代理的设计,则必须遵循自愿原则,且应通过委托代理合同或集体内部治理结构的优化来保障农户的知情权、决策权、监督权等合法权益。尊重农民的自主和自决权,就是尊重他们的利益。因为,"当事人比政府更为了解自己的利益所在"。[2]

2. 受托人:专业化的信托公司

在信托制度框架中,受托人居于核心地位,是信托财产的名义所有权人,信托目的的实现和功能的彰显取决于受托人对信托财产的管理处分行为。纵观世界各国信托法,无不以受托人为核心来构建信托法律制度。英国作为信托的发源地,其成文信托法直接针对受托人加以制定,即《受托人法》。[3] 我国《信托法》对受托人进行了专门规定,从第24条到第42条均是关于受托人行为规则的条款,占据了《信托法》相当的篇幅。

在我国土地信托实践中,受托人的身份多种多样。早期"平台型"土

---

[1] 关于地方政府在农村土地经营权信托中的角色定位及风险控制,此处不再赘述,详见第六章。
[2] 〔美〕罗伯特·A.希尔曼:《合同法的丰富性:当代合同法理论的分析与批判》,郑云瑞译,北京大学出版社2005年版,第10页。
[3] 参见赵廉慧《信托法解释论》,中国法制出版社2019年版,第283页。

地信托实践中，受托人多由地方政府设立的土地信托服务机构或公司担任；新型"金融化"土地信托实践中，基本上都是以专业化的信托公司为受托人。在早期的土地信托实践中，政府主导的色彩尤为浓厚，行政干预力量较强。但是，由于地方政府设立的土地信托服务机构或公司在内部治理结构、经营管理能力、融资手段及渠道等方面存在先天的不足，以其为受托人的土地信托模式普遍面临难以为继的境况，难以取得长远的积极效果。因此，自2013年以来，实践中的土地信托受托人基本上都由专业化的信托公司担任。根据《信托公司管理办法》（2007年）第16条[①]的规定，土地经营权信托属于财产权信托，故从信托公司的经营范围来看，其开展土地经营权信托符合相关监管的要求，并没有超出经营范围的限制。

关于受托人主体资格的理论争议，第三章中已有所阐述，此处不再赘述。虽然由专业化的信托公司担任受托人是基于现实的需要而作出的理性选择，但仍然无法回避其是否具有"农业经营能力或者资质"及履行"亲自管理义务"的质疑。

第一，关于信托公司担任受托人是否违反了《农村土地承包法》第38条关于"受让方须有农业经营能力或者资质"规定的问题。应当承认，从表象上看，在当下农村土地信托实践中，担任受托人的信托公司是不具有农业经营能力或资质要求的，但是否可以由此得出信托公司不能作为受托人的结论呢？从立法意图上看，为土地经营权流转受让方设定这一条件的最终目的是防止农地"非粮化""非农化"，以确保农地农用。如果要求信托公司必须具有农业经营能力或资质才能作为信托的受托人，势必会抑制信托公司参与土地经营权流转，从而不利于土地经营权的信托流转。从实践来看，信托公司作为受托人，基于实现受益人利益最大化的要求，均将

---

① 《信托公司管理办法》（2007年）第16条："信托公司可以申请经营下列部分或者全部本外币业务：（一）资金信托；（二）动产信托；（三）不动产信托；（四）有价证券信托；（五）其他财产或财产权信托；（六）作为投资基金或者基金管理公司的发起人从事投资基金业务；（七）经营企业资产的重组、购并及项目融资、公司理财、财务顾问等业务；（八）受托经营国务院有关部门批准的证券承销业务；（九）办理居间、咨询、资信调查等业务；（十）代保管及保管箱业务；（十一）法律法规规定或中国银行业监督管理委员会批准的其他业务。"

第五章 风险分配视角下农村土地经营权信托之个体风险的法律应对

农地出租给具有经营能力的农业经营主体从事农业生产,因而将信托公司的融资优势与农业经营主体的专业优势结合起来。更为重要的是,完全可以通过信托文件的设计,限定土地的实际经营主体必须具有农业经营能力或资质。因此,对于土地经营权信托而言,不能机械地适用《农村土地承包法》(2018年)第38条和《农村土地经营权流转管理办法》(2021年)第9条的规定。

第二,关于信托公司不直接从事农业生产是否违反"亲自管理义务"[①]的问题。《信托法》第30条[②]中有"受托人应当自己处理信托事务"的规定,从而形成了信托法意义上所谓受托人的"亲自管理义务"。之所以要特别规定受托人的亲自管理义务,是基于委托人对受托人品格和专业技能的信任。受托人必须无负于这种信托,故应该以其专业技能和良好品格亲自管理信托财产。但是,《信托法》第30条中还有"但信托文件另有规定或者有不得已事由的,可以委托他人代为处理"的规定。实际上,考虑到社会分工日益细化,信托事务越来越专业化、复杂化,受托人很难对管理信托财产相关的一切事务都非常擅长,故理论界对于受托人的亲自管理义务应作限缩解释已成共识。正如学者指出的,适当放宽受托人亲自管理义务实质上是受托人义务的"弹性化",是在追求受益人利益最大化的基础上实现对受托人的积极约束。[③] 因此,在土地经营权信托中,受托人完全可以通过与委托人在信托文件中明确约定或者引用《信托法》第25条第1款关于"受托人要为受益人的最大利益处理信托事务"的规定,引入具有农业经营能力或者资质的主体实际从事农业生产经营活动。另外,认为受托人把农地出租给其他农业经营主体违反了"亲自管理"义务的观点,可能混淆了受托人对信托财产亲自管理的义务与受托人对信托农地直接生产经营之间的本质差异。在土地经营权信托中,信托财产是土地经营

---

① 关于受托人的"亲自管理义务",下文还将详细讨论,此处仅简述之。
② 《信托法》第30条:"受托人应当自己处理信托事务,但信托文件另有规定或者有不得已事由的,可以委托他人代为处理。受托人依法将信托事务委托他人代理的,应当对他人处理信托事务的行为承担责任。"
③ 参见陈杰《论商业信托受托人义务的演变及对我国的启示》,《河北法学》2014年第3期,第188~194页。

权，信托法律关系的客体是一种权利，而并非作为实物的土地。从某种意义上说，受托人将土地经营权出租给其他农业经营主体，实质上就是对土地经营权的管理处分，故也可以将其理解为一种"亲自管理"。

因此，基于专业化信托公司具有的内部治理和专业融资优势，由其作为土地经营权信托中的受托人，更能满足土地规模化流转、农业现代化经营的需求。

3. 受益人：享有土地经营权的农户

信托不仅是契约，而且是委托人、受托人、受益人三者所形成的特殊法律关系。就信托的设立而言，虽无须受益人的意思表示即可设立，但受益人乃是信托当事人之一，是在信托中享有信托受益权的人。在信托中，"受益人取得信托利益既是信托的根本出发点，也是信托的最终落脚点；既是受托人取得各项权利的目的所在，也是他承担义务的用意所在；既是判例法的权威看法，也是制定法的明确规定；既是法律对委托人意思效力承认的逻辑结果，也是道德和良心的必然逻辑"。[1] 因此，受益人在信托结构中具有十分重要的地位和作用。

就我国的土地经营权信托而言，将受益人界定为享有土地经营权的农户尤为重要，因为这事关农民土地权益的保障和土地信托目的之实现。有的信托实践中，受益人并不是农户，如中信信托安徽"宿州模式"中，土地信托的委托人、受益人（A类受益权）均为埇桥区人民政府，而农户既不是土地信托合同的当事人，也不是信托关系中的受益人。虽然在中信信托安徽"宿州模式"中通过收益的再次分配，在一定程度上体现了对农户土地权益的保障。但问题的关键是农户没有受益人的主体地位，既无法享有信托受益权，也无法充分运用信托法理的武器保障自己的合法权益，而只能被动地等待土地收益的分配。与其他信托财产不同，在一定程度上，土地经营权承载了一定的社会保障功能，对农民具有十分重要的意义和作用。农民的弱势地位并没有得到根本性的改变，因此，在土地经

---

[1] 于海涌：《英美信托财产双重所有权在中国的本土化》，中国政法大学出版社2011年版，第65页。

第五章　风险分配视角下农村土地经营权信托之个体风险的法律应对

营权信托中,应当限定受益人为农户。按前文的立场,土地经营权信托中的委托人可由农户自主选择,如果是由农户担任委托人,此时的委托人与受益人是同一主体,就属于自益信托;如果农户采取委托代理的方式,由其他主体担任委托人,此时的委托人与受益人分属不同主体,就属于他益信托。

(二)优化信托主体的权利义务配置

依前文所述的土地经营权信托风险治理框架,优化信托主体的权利义务配置是风险分配的重要举措。通过权利义务配置的优化,将风险在相关主体之间合理分配,而不是任由风险集中在其中的某一方主体身上,尤其是作为弱势一方的委托人或受益人。同时,为了更好地推进土地信托,也有必要重新审视受托人的义务。就土地经营权信托而言,总体上应该以强化委托人或受益人权利、调适受托人义务为中心,进一步优化信托主体的权利义务配置,从而实现土地经营权信托风险在相关主体之间合理分配之目的。

1. 强化委托人的信托解除权

一般而言,信托设立生效后,委托人就丧失了信托财产的权利和利益,信托财产的所有权归属于受托人,信托财产的利益归属于受益人。因此,在通常情况下,委托人对信托财产已不再享有任何财产性权利。在传统英美国家的信托法理论上,信托财产转移给受托人后,就成为受托人的财产,委托人并没有普通法上的任何权利,衡平法只能基于受益人的权利保护,赋予受益人衡平法意义上的"所有权"。然而,虽然委托人对信托财产本身不再享有财产性权利,但信托是基于委托人的意愿而设立,信托的实施与信托目的的实现息息相关。因此,赋予委托人一定的权利亦是合乎逻辑的选择。就转型时期的我国而言,社会信用制度和信用体系还有待进一步完善,受托人滥用信托财产管理处分权的风险仍然存在,故赋予委托人一定权利,如在特定情况下允许委托人解除信托关系,不仅是对委托人意愿的尊重,也有利于让委托人消除疑虑,从而放心地为受益人的利益或者社会公共利益设立信托。[①]

---

① 参见何宝玉《信托法原理研究》,中国政法大学出版社 2004 年版,第 128~129 页。

依据我国《信托法》的规定，委托人的权利大体可分为两类：法定权利和保留权利。法定权利是指委托人依《信托法》的规定而直接享有的权利，主要包括知情权（第 20 条）、信托财产管理方法调整要求权（第 21 条）、信托财产损害救济权（第 22 条）、受托人解任权和辞任同意权（第 23 条、第 38 条）、信托解除权（第 50 条、第 51 条）、受益人变更权和受益权处分权（第 51 条）、信托财产或信托受益权的归属权（第 46 条、第 54 条）等。保留权利是指委托人通过信托文件的约定，在信托关系中为自己保留的权利。实践中，委托人可能通过信托文件保留权利的情形主要有：管理权的保留、信托解除权的保留、受益人或受益权变更权的保留、受托人接任权的保留等。对于委托人的权利，有学者认为，在现代社会中淡化委托人的权利是必要的，委托人保留过多的权利可能会使人有机会滥用信托制度，逃避税收，规避法律规制，甚至进行欺诈获得。[①] 另有学者认为，委托人享有过多的权利会产生委托人和受益人之间在行使权利方面的冲突。[②] 还有学者认为，积极的委托人地位和权利对于信托关系的运行以及信托目的的实现是把"双刃剑"，其既可能发挥积极作用，促进信托目的的实现，也可能成为委托人任意干涉信托关系的工具。[③] 总体上来看，在信托关系中，委托人在享有一定权利的同时，也要受限于信托稳定性的要求。

就土地经营权信托而言，基于受托人的特殊地位，委托人的各项权利必须依法或依信托文件的规定切实得到保障。通常，信托一旦有效设立，委托人原则上就不得解除信托，这是基于信托稳定性的要求。因此，委托人的信托解除权就显得尤为重要。根据我国《信托法》第 50 条、第 51 条的规定，一般情况下，委托人行使解除权的条件为：在委托人是唯一受益人时，委托人可行使解除权，除非信托文件另有规定；在其他情况下，委托人须经受益人同意或遭受其重大侵权时，或信托文件另有规定的，方

[①] 参见何宝玉《信托法原理研究》，中国政法大学出版社 2004 年版，第 128 页。
[②] 参见赵廉慧《信托法解释论》，中国法制出版社 2019 年版，第 266 页。
[③] 参见陈敦《土地信托与农地"三权分置"改革》，《东方法学》2017 年第 1 期，第 83～84 页。

第五章　风险分配视角下农村土地经营权信托之个体风险的法律应对

可行使解除权。信托解除权既是一种法定权利，也是委托人可依信托文件规定而予以保留的权利。在土地经营权信托中，强化委托人的信托解除权，是为了避免或降低受托人擅自改变土地农业用途、弃耕抛荒、严重损害土地、严重破坏土地生态环境等行为给土地权利人带来利益损害以及减损社会公共利益的风险。受托人的以上行为显然是一种违反信托目的或违背管理职责的行为，但依据《信托法》第22条①的规定，委托人享有的却仅是对受托人处分信托财产行为的撤销权，也就是说委托人仅能主张撤销受托人与第三方主体（农业经营主体）之间的交易行为，并不能当然地与受托人解除信托关系，这显然不利于土地权利人的利益保障以及社会公共利益的维护。因此，在土地经营权信托实践中，委托人有必要通过信托文件约定信托解除的具体情形。当然，我国《农村土地承包法》（2018年）第42条②也从土地流转合同的角度对此进行了规定，赋予了承包方单方合同解除权。在土地经营权信托中，强调委托人的信托解除权，是因为《农村土地承包法》（2018年）第42条适用的主体是"承包方"，且是从土地流转合同的角度作出的规定。而在土地经营权信托实践中，委托人可能是承包农户，也可能是承包农户的代理人，如集体经济组织、农民专业合作社或村民委员会等其他主体，因此可能出现无法直接适用《农村土地承包法》（2018）第42条规定的情形。另外，在委托人的权利行使及其保障方面，有学者认为，有必要对于现有委托人给予履职的激励，并追究其怠于履职甚至滥用权利的责任，以促进农地信托目的的实现。③还

---

① 《信托法》第22条："受托人违反信托目的处分信托财产或者因违背管理职责、处理信托事务不当致使信托财产受到损失的，委托人有权申请人民法院撤销该处分行为，并有权要求受托人恢复信托财产的原状或者予以赔偿；该信托财产的受让人明知是违反信托目的而接受该财产的，应当予以返还或者予以赔偿。前款规定的申请权，自委托人知道或者应当知道撤销原因之日起一年内不行使的，归于消灭。"
② 《农村土地承包法》（2018年）第42条："承包方不得单方解除土地经营权流转合同，但受让方有下列情形之一的除外：（一）擅自改变土地的农业用途；（二）弃耕抛荒连续两年以上；（三）给土地造成严重损害或者严重破坏土地生态环境；（四）其他严重违约行为。"
③ 参见陈敦《我国农村土地信托委托人的法律地位研究》，载王保树主编《中国商法年刊》（2014年卷），法律出版社2014年版，第507页。

有学者提出可从畅通司法救济进路、强化法律援助部门职权、扩展争议解决渠道、设立先行补偿专项资金四个方面完善委托人权利救济机制。①

总体上，对于土地经营权信托而言，委托人的意愿乃是构成信托制度核心的信托目的，因此，在秉持信托稳定性要求的前提下，通过信托文件对委托人权利的规范化、具体化规定，既有利于委托人信托目的、土地权利人利益的实现，也有利于土地经营权信托的顺利实施，从而促进土地规模化经营，提升社会公众的整体福利。

2. 调适受托人的义务

委托人设立信托的意义在于实现信托目的，并为此不惜将财产转移给受托人。因此，受托人必须基于信托目的而管理和处分信托财产。在早期的信托实践中，信托的创设多出于规避法律的目的，故受托人常常处于消极被动的地位。但随着时代的发展，私益信托之目的更多转向了信托财产的保值增值，因此要求受托人必须积极地管理、运用、处分信托财产。但是，在信托设立之后，委托人和受益人对受托人的监督并不是一件很容易的事，故唯有对受托人赋予一定义务并辅之以相应的法律责任，方能更好地保障信托目的之实现。

在英美法中，通常把受托人所负的法定义务称为信义义务（fiduciary duty），《布莱克法律词典》（*Black's Law Dictionary*）对此给出的定义是："受托人对受益人负有的最大程度的善意、信赖、信任和坦率的义务；是对他人以最高程度的诚实和忠实行事并为了他人的最大利益行事的义务。"② 我国《信托法》在第四章第二节"受托人"中，规定了受托人应负有的各项义务，主要包括信托文件的遵守义务、忠实义务、谨慎义务、分别管理义务、亲自管理义务、支付信托利益义务、清算义务等。但不可否认的是，在土地经营权信托中，受托人履行义务应有一定的特殊性，故应结合土地经营权信托的实践，对受托人的某些义务进行一定程度的调适，以更好地

---

① 参见周春光、余嘉勉《农地商事信托中农民利益保障规则的构造》，《农村经济》2021年第4期，第54页。

② Bryan A. Garner（Editor in Chief），*Black's Law Dictionary*，9th ed.，Thomson Reuters，2009，p.581.

第五章 风险分配视角下农村土地经营权信托之个体风险的法律应对

促进土地信托的顺利实施。

(1) 忠实义务的明确

"信托是基于信任而建立的法律关系,受托人必须忠实地为受益人利益处理信托事务,无负于委托人和受益人的信托。"[1] 虽然我国《信托法》并没有直接使用"忠实义务"这一概念,但根据《信托法》第 25~28 条的规定,受托人应当负有忠实义务。一般认为,我国《信托法》规定了两类忠实义务:一是积极的忠实义务;二是消极的忠实义务。积极的忠实义务是指《信托法》第 25 条确立了受托人为受益人的最大利益处理信托事务的原则,确定了受托人处理信托事务的方式应当是"诚实、信用"。积极的忠实义务为受托人处理信托事务指明了方向。消极的忠实义务则通过《信托法》列举的三种禁止性行为来体现,分别是禁止利用信托财产为自己谋取利益(第 26 条)、禁止将信托财产转为固有财产(第 27 条)、原则上禁止自我交易(第 28 条)。

在土地经营权信托中,特定情形下受托人的行为是否构成自我交易行为,值得讨论。在中信信托安徽"宿州模式"中,受托人中信信托聘请帝元公司作为受托人的服务商,主要负责信托计划项下 5400 亩土地的整理、招商等工作,在未寻找到合适的承租方时,由服务商负责承租该信托计划项下的土地。[2] 对此,有学者认为,帝元公司只是受中信信托聘任提供土地流通、土地整理等专业管理服务,因此其行为应视为中信信托的行为,中信信托作为受托人应就帝元公司的行为对委托人和受益人承担责任。[3] 依此观点,在此种情况之下,帝元公司承租土地就相当于中信信托的自我交易行为。问题的关键在于,此时的帝元公司究竟是何种法律地位?如果帝元公司在信托关系中也处在受托人地位,那么属于自我交易行为是没有争议的。正如有学者指出的,违反忠实义务的受托人范围应涵盖在信托关系中处于受托人地位的其他人(如受托人的律师、投资顾问等有可能利用

---

[1] 周小明:《信托制度:法理与实务》,中国法制出版社 2014 年版,第 276 页。
[2] 参见蒲坚《解放土地:新一轮土地信托化改革》,中信出版社 2014 年版,第 242~243 页。
[3] 参见徐海燕、冯建生《农村土地经营权信托流转的法律构造》,《法学论坛》2016 年第 5 期,第 78~79 页。

其地位从事侵害受益人利益行为的人)。① 从披露的信息来看，在该项目中帝元公司承租土地的行为并不能使其处于受托人的地位，但为受托人中信信托提供信息收集发布、土地整理、技能培训等专业管理服务却有可能使其利用地位从事侵害受益人利益的行为。当然，我国《信托法》第28条对受托人的自我交易行为仅仅是原则禁止，若信托文件另有规定或者经委托人（或者受益人）同意，并以公平的市场价格进行交易的，并不属于被禁止的自我交易行为。因此，在土地经营权信托中，若以信托合同条款的形式明确或经委托人（受益人）的同意，受托人在必要时可以公平的市场价格承租信托土地，其并不违反忠实义务。另外，在土地经营权信托中，受托人的忠实义务还体现在要按照农业用途开发利用土地，不得对土地进行破坏性的经营管理；若发现农业生产经营主体有破坏土地或改变土地农业用途的行为，应当及时制止并要求其承担相应的法律责任等方面。

（2）谨慎义务的细化

受托人的谨慎义务源于英美法系中"为受益人最大利益处理信托事务"的要求，主要体现为"最大勤勉义务"（utmost diligence）。② 大陆法系在继受信托法的过程中，一般称之为善良管理人义务或善管义务。通常认为，我国《信托法》第25条中"受托人管理信托财产，必须恪尽职守，履行诚实、信用、谨慎、有效管理的义务"的"谨慎、有效管理"属于受托人谨慎义务的范畴，但立法上并没有更为详细的界定和判断标准。与我国的立法相比，美国信托法中对谨慎义务的规定则较为详细。美国《统一信托法》第804节规定："受托人应像一个谨慎人士一样，在考虑信托的目的、条款、分配要求和其他情形的基础之上，管理信托。为达到该标准，受托人应行使合理的注意、专业技能和谨慎。"第806节则描述了受托人的专业技能："拥有特殊专业技能或基于受托人表示其拥有特殊专业技能而被任命为受托人者应使用该等特殊专业技能。"③ 在《美国第三次信托法重述》中，第227条把注意义务的内容从注意（care）、技能（skill）、

---

① 参见赵廉慧《信托法解释论》，中国法制出版社2019年版，第311页。
② 参见钟瑞栋、陈向聪编《信托法》，厦门大学出版社2007年版，第106页。
③ 参见高凌云《被误读的信托——信托法原论》，复旦大学出版社2021年版，第104页。

第五章　风险分配视角下农村土地经营权信托之个体风险的法律应对

谨慎（caution）三个方面加以说明。"注意"是指在管理信托时，勤勉地、积极地尽合理的努力，有时需要聘请外部的专家；"技能"是指要全部达到受托人所要求的能力水平；"谨慎"是指不仅要注意信托财产的安全性，还有必要注意信托财产的合理收益。[①]

就土地经营权信托而言，若从民事信托的角度看，受托人可以是自然人、农业经营大户等专业化信托公司之外的主体，但鉴于前文的逻辑及立场，此类信托模式不具有规模效应及推广价值，故此处不讨论此类信托中受托人的谨慎义务问题。从我国土地流转的现实需要出发，以专业化的信托公司为受托人的营业信托模式更契合实际，因此下面仅讨论受托人为信托公司情形下的谨慎义务。具体而言，受托人的谨慎义务可细化为以下几个方面。第一，受托人要积极地尽到合理的"注意"努力，避免因疏忽大意而损害委托人或受益人的权益。如要对国家关于"三农"的制度、政策、市场信息等外部条件的变化保持密切关注、进行合理地分析研判；要根据土地的自然状况、客观环境、生产条件等因素，因地制宜地开展农地的经营管理，不能脱离土地的特质及其所在区域的客观条件盲目地经营管理土地，如在不适合耕种小麦的地区耕种小麦。第二，在经营管理土地的过程中，要充分利用和发挥自身所具有的人才、技术、资源、管理等方面的专业技能和专业优势，要对现代农业规模化、集约化、产业化的生产经营有足够的认识，并运用这些专业技能和优势经营管理信托土地。第三，要维持信托土地的可持续发展，保持信托土地的生产力，不可掠夺式开发经营，给信托土地造成损害或者破坏土地生态环境。第四，应尽最大努力实现信托土地安全及合理收益的平衡，要结合实际情况，秉持风险分散原则和组合经营法则；要考虑经营风险与经营回报之间的权衡关系。按谨慎义务的要求，受托人有义务分散投资，即不可以将绝大部分信托财产投资于单一资产。分散投资的目的是减少单一大额投资失败而带来的信托财产损失。当然，农地信托中受托人的分散投资义务不能机械地套用资金信托中受托人的分散投资义务，这是因为农地的用途管制约束决定了信托土地

[①] 参见赵廉慧《信托法解释论》，中国法制出版社2019年版，第332页。

只能用于农业生产经营。但是，从受益人利益最大化的角度看，受托人可以在农地用途管制的前提之下，尽可能因地制宜地丰富及扩大生产经营农产品的种类和范围，采取组合式管理方式，① 优化农业生产经营结构，从而达到分散风险之目的。

（3）分别管理义务的调整

受托人分别管理义务的法律依据在于《信托法》第 29 条②，该条款确定的义务为强制性规定，不允许信托当事人约定排除。分别管理义务要求受托人必须将信托财产与其固有财产以及不同委托人的信托财产进行分别管理。《信托法》规定受托人分别管理义务的目的和意义主要在于：明确受托人的责任范围，促使其为受益人的利益管理好信托财产；确保信托财产的独立性，以此实现对受益人的保护；便于委托人、受益人对信托财产经营状况的查询和了解，以实现对受托人的监督；便于第三人区分信托财产和受托人的固有财产，有利于维护交易安全；便于监管部门对信托受托人的经营状况进行监管。③ 分别管理义务主要包括两个方面：一是将信托财产与受托人的固有财产分别管理、分别记账；二是将不同委托人设立信托的信托财产分别管理、分别记账。就具体内容而言，一般认为应包括：物理意义上的分别管理、财务意义上的分别管理、组织意义上的分别管理。传统英美国家的信托法律认为如果受托人没有单独管理信托财产而是将信托财产与固有财产混同，即使受托人并没有利用信托财产为自己谋利，或者信托没有因此造成任何损失，那么受托人也违反了受托人义务。④ 我国《信托法》没有直接规定受托人违背分别管理义务的法律后果，但

---

① 学界关于农地信托中"组合式管理"的讨论，主要是借鉴了集合资金信托中关于信托资金使用的组合投资要求。
② 《信托法》第 29 条："受托人必须将信托财产与其固有财产分别管理、分别记账，并将不同委托人的信托财产分别管理、分别记账。"
③ 参见赵廉慧《信托法解释论》，中国法制出版社 2019 年版，第 345 页；周小明《信托制度：法理与实务》，中国法制出版社 2014 年版，第 280 页；全国人大《信托法》起草工作组《〈中华人民共和国信托法〉释义》，中国金融出版社 2001 年版，第 89 页；余卫明《信托受托人研究》，法律出版社 2007 年版，第 181 页。
④ 参见高凌云《被误读的信托——信托法原论》，复旦大学出版社 2021 年版，第 100 页。

第五章　风险分配视角下农村土地经营权信托之个体风险的法律应对

《信托法》第 27 条①规定"受托人不得将信托财产转为其固有财产"，并要求"受托人将信托财产转为其固有财产的，必须恢复该信托财产的原状；造成信托财产损失的，应当承担赔偿责任"。

就土地经营权信托而言，有学者认为，若要求受托人必须履行分别管理义务，则将面临诸多困境。第一，受托人对农地进行分别管理，将导致农地信托流转的效率降低，进而推动现代农业发展之信托目的难以实现。第二，由于委托人数量众多、信托农地的地理位置不同、土壤肥沃程度差异等因素，受托人分别管理农地存在事实上的障碍。第三，受托人对农地分别管理，意味着受托人仍必须对信托农地进行小块、分散式经营管理，不利于实现农户利益的最大化。②

应当承认，如果基于由分散的农户作为委托人而设立的土地经营权信托结构，则受托人确实面临履行分别管理义务的困境。因此，有必要对此种信托结构下的受托人分别管理义务进行适当调整。有学者提出应该借鉴资金集合信托的运作模式，对农地信托采取集合信托的模式：在"集合管理"的情况下，单个委托人交付的土地权利已经失去了单独信托财产的地位，而是成为信托财产的组成部分；在法律上，某一委托人就不能主张其土地权利是具有独立信托财产属性的财产；作为集合信托，受托人就可以对土地进行集中管理，把其作为一项"整体财产"集中规划、整体运用、统筹安排，从而实现集中效益的最大化。③ 但是，正如前文所述，集合资金信托计划中的信托财产是作为种类物的资金，而在土地经营权信托中，信托财产是土地经营权，属于特定物，故并不能简单地套用集合资金信托中的"集中管理"模式。与我国不同的是，域外有关国家或地区关于受托

---

① 《信托法》第 27 条："受托人不得将信托财产转为其固有财产。受托人将信托财产转为其固有财产的，必须恢复该信托财产的原状；造成信托财产损失的，应当承担赔偿责任。"
② 参见文杰《"三权分置"视阈下农地信托法律规则之构建》，《法商研究》2019 年第 2 期，第 46~47 页。
③ 需要指出的是，该学者在讨论农地信托时，"土地经营权"并没有入法。该学者仅是在理论及政策范畴讨论土地经营权问题，故其认为农地信托的信托财产应为土地承包经营权。参见徐卫《土地承包经营权集合信托模式的构建逻辑与制度设计——土地承包经营权实现方式的变革》，上海交通大学出版社 2016 年版，第 212~215 页。

人分别管理义务的规定，原则上为任意性规定。如英国信托实践中允许受托人在获得特别授权时，将不同的信托财产集中管理；美国《统一信托法》第105条关于强行性规范中并未包括受托人的分别管理义务；日本《信托法》第34条第1款但书中规定了任意规范，即允许对分别管理进行特殊约定；我国台湾地区有关信托的法律规定第24条第2款则明确规定受托人接受两个以上不同信托的信托财产时，可由信托当事人以信托行为约定排除受托人的分别管理义务。① 对于受托人分别管理义务的约定排除，有学者认为应将"信托财产与固有财产的分别管理"和"信托财产之间的分别管理"加以区分，不能一概地允许约定排除，即信托财产与受托人固有财产之间的分别管理义务是不能用特别约定加以排除的，而信托财产之间的分别管理义务是可以特别约定排除的。② 因此，在分散农户作为委托人的土地经营性信托结构中，受托人分别管理义务的调整可借鉴域外国家或地区的做法，允许约定排除适用，即允许受托人与委托农户通过信托文件约定的方式，排除分别管理义务的适用。

如果基于间接代理制度，由集体经济组织、农民专业合作社、村民委员会等主体代理分散的农户作为委托人，将分散的土地经营权集中起来，统一作为信托财产设立土地经营权信托，此时受托人的分别管理义务则不会面临分散委托的困境。原因在于，此时的信托财产不再是分散的土地经营权，而是集中在一起，作为一项"整体财产"而存在的；委托人不再是数量众多、分散的农户，而是一个具有相应法律地位的独立主体。由此，受托人就可以对信托土地进行整体规划、统筹安排、整体管理处分，以实现土地规模化经营、土地利用效率提高和农业现代化。相对而言，此种信托结构下受托人的分别管理义务就较为清晰而明确。

因此，就土地经营权信托而言，受托人的分别管理义务要根据不同的信托结构来处理。第一，在分散农户作为委托人的信托结构中，应允许委托人与受托人通过信托文件约定的方式，对不同委托人的信托财产排除适

---

① 参见文杰《"三权分置"视阈下农地信托法律规则之构建》，《法商研究》2019年第2期，第47页。
② 参见〔日〕能见善久《现代信托法》，赵廉慧译，中国法制出版社2011年版，第104页。

用分别管理义务。第二，在基于间接代理设计，由一个主体作为委托人的信托结构中，受托人的分别管理义务主要体现在信托财产与其固有财产的分别管理。

(4) 亲自管理义务的重塑

亲自管理义务体现了委托人对受托人品格、专业技能的信任，因此受托人应该无负于此种信任。若受托人将信托事务委托他人代为处理，则有负于委托人的信任，进而信托的根基势必受到冲击。正如有学者指出的，"信托乃以对受托人之信赖为要素，即以信赖受托人之人格、经验或手段为基础，从而受托人原则上应自己处理信托事务，不可轻易利用他人代劳，亦即负有不得将其亲自履行之事务授权他人处理之义务"。[1] 应该指出的是，受托人亲自管理义务是在社会经济发展水平较低的时期产生并发展起来的，因而传统信托法对受托人亲自执行信托事务的态度较为坚决。如英国在1925年以前的信托法律不允许受托人将其权利、责任转移给其他人；1959年的《美国第二次信托法重述》明确禁止受托人将信托的任何事务授权给他人，受托人对受益人有亲自履行的义务。[2] 然而，随着社会经济的发展，专业化分工日益细化，即便是最合格的受托人，也不可能掌握一切与处理信托事务相关的经济、政治和商业信息以及某一特定领域所需要的全部专业技能，因而对受托人亲自管理义务进行缩限解释就不可避免。如英国自1925年的《受托人法》之后，在规则上就不再固守受托人必须亲自执行信托事务；美国1964年的《统一受托人权利法》、1972年的《统一机构基金管理法》、1992年的《美国第三次信托法重述》都在不同程度上规定了受托人在一定情形下可授权他人代为处理信托事务；在美国的司法实践中，甚至有判例指出，当需要专家作出充分判断时，如果受托人没有授权让专家来作出决定，则是对受托人义务的违背。[3]

---

[1] 杨崇森：《信托法原理与实务》，台湾三民书局，2010，第179页。
[2] 参见赵廉慧《信托法解释论》，中国法制出版社2019年版，第350~351页。
[3] 关于受托人亲自管理义务在英美法系中的发展及变化，详见以下学者的著述。参见高凌云《被误读的信托——信托法原论》，复旦大学出版社2021年版，第113~114页；赵廉慧《信托法解释论》，中国法制出版社2019年版，第350~352页。

根据我国《信托法》第 30 条①的规定，受托人原则上应亲自处理信托事务，但进一步规定，如果"信托文件另有规定或者有不得已事由"，受托人则可以委托他人代为处理。该条中的"委托他人代为处理"，就是民法中的委托代理，即受托人处于被代理人的地位，代为处理信托事务的人则为代理人，代理人行为的法律后果归属于受托人。因此，第 30 条第 2 款进一步明确规定，受托人"应当对他人处理信托事务的行为承担责任"。

针对我国的土地信托实践，受托人是否应亲自对农地进行经营管理？理论上大体有三种观点。第一种观点认为，应对受托人的亲自管理义务进行放宽，受托人不必亲自经营农地，可在受托之后将其流转给农业经营者。主要理由有：信托事务渐趋广泛化、复杂化、专业化，对亲自管理义务的坚守无益于信托财产管理效率的提升；域外信托立法趋向于放宽受托人的亲自管理义务；对亲自管理义务的放宽是在追求受益人利益最大化的基础上实现对受托人的积极约束。② 第二种观点认为，受托人应当亲自经营土地，不得委托他人代为经营。主要理由有：受托人亲自管理更符合信托这一财产管理制度的本质；受托人亲自管理更能实现受益人利益的最大化，更符合信托目的。③ 第三种观点认为，应允许受托人依信托目的，将经营管理农地的部分事务委托给他人代为执行，但不应将经营管理农地的全部事务委托给他人完成。主要理由有：受托人完全不参与农地的经营管理，有悖于农地信托的特质；基于社会分工的现实需要，要求受托人处理全部信托事务也非必要；从域外来看，有些国家的立法对受托人委托他人代为处理信托事务亦有一定限制。④

---

① 《信托法》第 30 条："受托人应当自己处理信托事务，但信托文件另有规定或者有不得已事由的，可以委托他人代为处理。受托人依法将信托事务委托他人代理的，应当对他人处理信托事务的行为承担责任。"
② 参见李蕊《农地信托的法律障碍及其克服》，《现代法学》2017 年第 4 期，第 57 页。
③ 参见徐卫《土地承包经营权集合信托模式的构建逻辑与制度设计——土地承包经营权实现方式的变革》，上海交通大学出版社 2016 年版，第 220~223 页。
④ 参见文杰《"三权分置"视阈下农地信托法律规则之构建》，《法商研究》2019 年第 2 期，第 48 页。

第五章　风险分配视角下农村土地经营权信托之个体风险的法律应对

以上观点均从不同角度解读了受托人的亲自管理义务，但还存在一些不甚清晰或简单化理解的地方。重塑土地经营权信托中受托人的亲自管理义务，要从以下几个方面去展开。第一，要全面地理解"管理"行为，"处分"应是"管理"行为的重要形式。在信托法意义上，受托人的管理行为应"采广义的解释，如不动产的购买与开发、贷款、有价证券的取得等，当然也包括易腐烂物品的销售和必要的债务清偿……为实现信托目的，受托人有权就信托财产项下之财产行使必要的管理或处分行为，处分行为亦是实现信托目的之必要行为"。[1] 也就是说，在一般意义上，受托人"管理"行为的外延很广泛，包括基于信托目的的转让、出租、入股等诸多表现形式在内的管理和处分行为。第二，在土地经营权信托中，受托人对信托财产的"处分"行为要受限于信托目的，即受托人不能丧失土地经营权，受托人的处分行为不发生土地经营权权属改变的法律后果。从《民法典》和《农村土地承包法》的角度看，受托人处分土地经营权的行为属于土地经营权的再流转。而关于土地经营权再流转的具体方式，虽然在现行法律规范和解释论上，土地经营权的再流转方式限于"出租、入股或其他方式"，不包括"转让、互换"，[2] 但基于"法无禁止皆可为"的基本原理，在解释上应认为土地经营权可以转让、互换，并类推适用土地经营权再流转规则。[3] 从实践层面上看，"转让、互换、入股"均会直接发生土地经营权主体改变的法律后果，"抵押"则可能会发生土地经营权主体改变的法律后果，唯有"出租"这一形式不会发生土地经营权人的改变，亦不能办理土地经营权的转移登记。另外，在受托人保有土地经营权的前提下，其"处分"行为皆属于对信托财产的管理行为范畴。因此，在土地经营权信托中，受托人对土地经营权的"出租"是属于符合信托目的的管理处分行为。第三，《信托法》第30条和《农村土地承包法》第46条的规

---

[1] 〔日〕三菱日联信托银行编著《信托法务与实务》，张军建译，中国财政经济出版社2010年版，第65页。
[2] 参见黄薇主编《中华人民共和国农村土地承包法释义》，法律出版社2019年版，第198页。
[3] 参见高圣平《土地经营权登记规则研究》，《比较法研究》2021年第4期，第9页；吴昭军《"四荒地"土地经营权流转规则的法教义学分析》，《安徽师范大学学报》（人文社会科学版）2021年第2期，第140~141页。

定，为受托人基于信托目的而向第三人出租土地经营权提供了法律依据。《信托法》第30条关于信托文件另有规定，而受托人可以委托他人代为处理的规定，与《农村土地承包法》第46条"经承包方书面同意，并向本集体经济组织备案，受让方可以再流转土地经营权"的规定，都表明基于双方的意思自治，允许信托受托人依法处分土地经营权。第四，认为受托人将土地出租给第三方经营违反了亲自管理义务的观点，实际上可能混淆了"管理义务"指向的对象。从信托原理上看，土地经营权信托中的信托财产是土地经营权，属于一种财产权，土地本身仅是土地经营权的客观载体。受托人将土地出租给第三方经营，并没有丧失对土地经营权这一信托财产的控制。因此，受托人对信托财产的亲自管理义务并不能与受托人对信托农地直接生产经营画等号，两者的内涵并不相同。第五，在某种程度上，允许受托人将土地经营权出租给第三方经营，一方面可以消除对受托人是否具备农业经营能力或者资质的疑虑；另一方面，也给土地信托实践中广泛存在的受托人把土地交由第三方经营这一现象做出了合理性解释。

因此，在土地经营权信托中，应允许受托人基于信托目的，将土地经营权采取出租等不转移土地经营权权属的方式交由第三方经营。

3. 构建信托受益权的特别保护制度

信托受益权（以下简称受益权）是信托法的特有概念，是受益人在信托关系中享有权利的总称。一般认为，受益权包括两大部分内容：一是财产性权利，是指受益人享受信托利益的权利，以受益人直接取得经济利益为内容，也是受益权的主要内容；二是非财产性权利，是指受益人享有的，除经济利益之外的其他权利，如知情权、撤销权、解任权、救济权等，属于受益权的附属内容。[①] 就受益权的法律性质而言，我国多数学者认为，受益权属于一种特殊性质的权利，其范围和性质难以完全纳入大陆法系中的物权或债权，是一种根据信托法创设的特殊权利，不能直接套用一般民法理论，以免过于强调受益权的债权性质，产生对受益人保护不足的问题；或过于强调其物权性质，导致对受益人的过分保护，从而影响第

[①] 参见周小明《信托制度：法理与实务》，中国法制出版社2014年版，第249页。

第五章　风险分配视角下农村土地经营权信托之个体风险的法律应对

三人利益的保护。①

在土地经营权信托中，受益人除依据受益权的性质当然地享有信托利益分配权之外，根据我国《信托法》第49条②的规定，其还享有知情权、信托财产管理方法调整的要求权、信托财产损害的救济权、受托人解任权等权利。虽然《信托法》的规定有助于对受益人受益权的保障，但在土地信托实践中，受益人权益的充分有效保护仍是个棘手问题。因此，有必要对土地经营权信托中受益人的受益权进行特别保护，③ 这种特别保护并非赋予受益人其他权利，而是构建一种更好的权利保护机制，以最大化地保障受益人之受益权；同时，亦是在委托人、受托人、受益人之间合理分配风险的重要举措。

（1）创设受益人大会制度

在传统上，多数国家的信托法规则是基于受益人是一个或少数几个主体的假设而生成和发展起来的，我国基本上也遵循了这一准则。因此，我国现行《信托法》中并没有设计受益人为多数人时，调整多个主体之间利益，并形成多数受益人的有效机制。随着社会经济的发展，信托活动也从以传统民事信托为主向以现代营业信托为主而转变。现代营业信托活动的一大特点就是在同一信托项目中，受益人人数众多。就土地经营权信托而言，多数学者认为有必要建立受益人大会制度。④ 正如有学者指出的，由

---

① 参见赵廉慧《信托法解释论》，中国法制出版社2019年版，第427~428页；周小明《信托制度：法理与实务》，中国法制出版社2014年版，第249页；何宝玉《信托法原理研究》，中国政法大学出版社2004年版，第169页；张军建《信托法基础理论研究》，中国财政经济出版社2009年版，第162页。

② 《信托法》第49条："受益人可以行使本法第二十条至第二十三条规定的委托人享有的权利。受益人行使上述权利，与委托人意见不一致时，可以申请人民法院作出裁定。受托人有本法第二十二条第一款所列行为，共同受益人之一申请人民法院撤销该处分行为的，人民法院所作出的撤销裁定，对全体共同受益人有效。"

③ 有学者从作为农地信托受益人的农户通常处于弱者地位、维护农地信托受益人整体利益的需要、农地信托的实施关涉农业公共政策等方面阐述了对受益人权益特别保护的理由。参见文杰《"三权分置"视阈下农地信托法律规则之构建》，《法商研究》2019年第2期，第49页。

④ 学界对建立受益人大会等制度以更好地保障作为受益人之农户的合法权益，并无实质争议，赞同者甚多，故此处不一一列举。

213

于受益人人数众多，在信托过程中彼此难以进行有效的意思沟通引致其监督作用发挥乏力，故应确立受益人大会制度以消弭单一受益人监督能力之不足。①

在土地经营权信托中建立受益人大会制度，既有比较法意义上的借鉴，也有我国实定法上的参考。在比较法上，如日本《信托法》第105条以下设有"受益人为2人以上的意思决定方法的特例"，共计18条条文。其亮点是增加了受益人为多数时集体意志形成的特殊规则，从而协调了多个受益人之间的利益，相当于设置了受益人大会制度。② 我国《证券投资基金法》中专门规定了公开募集基金的基金份额持有人大会的相关规则，包括召集、召开、表决等规则。一般认为，证券投资基金活动的底层法律架构就一种信托结构。《证券投资基金法》第2条③也明确规定，证券投资基金活动，除适用《证券投资基金法》之外，《证券投资基金法》未作规定的，还适用《信托法》《证券法》等有关法律及行政法规的规定。另外，原中国银行业监督管理委员会公布的《信托公司集合资金信托计划管理办法》（2009年修订）第七章④对集合资金信托计划受益人大会的职权、召集、召开及表决事项等作了明确的规定。

正如有学者指出的，"主要的问题是设立一种制度，它将能使组织中的成员获得最充分的机会来熟悉各种问题，并最大限度地鼓励他们行使自由选择的权利"。⑤ 因此，在土地经营权信托中，基于受益人的弱势地位、维护受益人整体利益、促进土地信托目的之实现等客观要求，完全有必要在土地经营权信托中建立受益人大会制度，以体现对受益人之受益权的特别保护。至于土地经营权信托中受益人大会的具体规则，可以充分借鉴我

---

① 参见李蕊《农地信托的法律障碍及其克服》，《现代法学》2017年第4期，第64页。
② 参见赵廉慧《信托法解释论》，中国法制出版社2019年版，第495页。
③ 《证券投资基金法》第2条："在中华人民共和国境内，公开或者非公开募集资金设立证券投资基金（以下简称基金），由基金管理人管理，基金托管人托管，为基金份额持有人的利益，进行证券投资活动，适用本法；本法未规定的，适用《中华人民共和国信托法》、《中华人民共和国证券法》和其他有关法律、行政法规的规定。"
④ 参见《信托公司集合资金信托计划管理办法》（2009年修订）第七章第41~46条。
⑤〔英〕彼得·斯坦、约翰·香德：《西方社会的法律价值》，王献平译，中国法制出版社2004年版，第229页。

第五章 风险分配视角下农村土地经营权信托之个体风险的法律应对

国集合资金信托计划受益人大会和证券投资基金中基金份额持有人大会的相关规定及实践经验,结合土地经营权信托的实际情况,来针对性地设计和适用。

(2) 设立信托监察人制度

从风险的角度看,由于委托人、受益人并不直接参与信托事务,委托人的意愿、受益人的受益权及信托目的的实现均依赖受托人对信托财产的管理、运用及处分行为,而受托人与委托人、受益人之间的利益并不完全一致,故存在受托人滥用权利的风险。为防范受托人滥用权利,一般通过受托人义务及责任制度的设计来应对。但是,正如有学者指出的,"没有一个责任制度,消除了滥用职权的所有可能性"。[1] "信托责任,在信托领域中作为组织原则似乎正在失去其相应的力量,除非某人监视信托义务的履行,否则越来越没有人相信信托义务了。"[2] 因此,在私益信托中,《信托法》通过赋予委托人及受益人相应的监督权来防范受托人滥用权利。但是,由于公益信托中受益人是不特定的社会公众,且在公益信托设立时受益人是不确定的;加之完全依赖委托人的监督来保障受益人的权益,事实上可能存在有效监督不足的问题,故《信托法》通过设立信托监察人的方式,对公益信托中的受益人提供特别保护,以保证公益信托目的之充分实现。在公益信托中设立信托监察人,主要是因为公益信托的受益人为不特定的社会公众,只有在享受信托利益时才能确定具体的受益人;加之受益人范围比较广泛,由广大的受益人直接对受托人的信托活动进行监督难以操作;为保证公益信托目的的实现,以保护社会公众利益,需要加强对受托人管理信托事务的监督。[3]

---

[1] 〔美〕理查德·A. 爱波斯坦:《简约法律的力量》,刘星译,中国政法大学出版社 2004 年版,第 351 页。

[2] Joel C. Dobris, "Changes in the Role and the Form of Trust at the New Millennium, or, We Don't Have to Think of England Anymore," *Alberta Law Review*, Vol. 62, 1998, p. 550, 转引自徐卫《土地承包经营权集合信托模式的构建逻辑与制度设计——土地承包经营权实现方式的变革》,上海交通大学出版社 2016 年版,第 249 页。

[3] 参见全国人大《信托法》起草工作小组《〈中华人民共和国信托法〉释义》,中国金融出版社 2001 年版,第 154~155 页。

我国《信托法》第64条①规定公益信托必须设置信托监察人,对私益信托是否设置信托监察人未作出规定。但是,基于私益信托具有相当的自治空间,《信托法》亦并未排除在私益信托中设立信托监察人的情形。就土地经营权信托而言,多数学者认为应该设立信托监察人。② 主要理由包括:第一,受益人存在专业能力的不足,处于弱势地位,导致监督权难于行使;第二,委托人或受益人人数众多,容易出现"搭便车"问题;第三,有域外国家或地区成熟的私益信托监察人制度可供借鉴。学界关于农地信托中信托监察人的争议,主要集中在由谁担任信托监察人上。第一,有观点认为应由村民委员会担任农地信托的监察人,理由主要有:村民委员会是农民自治组织,与受托人之间没有利益关系;村民委员会具有健全的组织机构和一定的专业优势;村民委员会是特别法人,能以自己的名义行使维护农户利益的诉权和其他权利。③ 第二,有观点认为基于强化信托监察人制度实效的考虑,应对监察人的范围进行限制:在人员结构上,应由热心的农户代表和一定比例的村委会成员、乡镇农业干部组成;在人员资格上,监察人应具备一定的专业知识。④ 第三,有观点认为基于农地信托的特殊性,农地信托监察人员的设置应具有多样性,可吸收金融信托专业人士、有经验的农户以及本集体经济组织成员等人员加入。⑤ 第四,有观点认为在土地经营权信托中,地方政府可以作为土地经营权信托监察人的当然候选人,但应由受益人大会按多数决的方式选举产生。⑥ 第五,有观点认为应由农村集体经济组织或村委会与

---

① 《信托法》第64条:"公益信托应当设置信托监察人。信托监察人由信托文件规定。信托文件未规定的,由公益事业管理机构指定。"
② 学界对农地信托中是否应设立信托监察人,并无实质争议,赞同者甚多,故此处不一一列举。
③ 参见文杰《"三权分置"视阈下农地信托法律规则之构建》,《法商研究》2019年第2期,第50页。
④ 参见徐卫《土地承包经营权集合信托模式的构建逻辑与制度设计——土地承包经营权实现方式的变革》,上海交通大学出版社2016年版,第254页。
⑤ 参见秦勇、夏雨鸿《我国农地信托的法律障碍及完善进路——以新〈农村土地承包法〉为背景》,《广西政法管理干部学院学报》2020年第6期,第47~48页。
⑥ 参见徐海燕、张占锋《我国土地经营权信托模式的法律思考》,《法学杂志》2016年第12期,第66页。

第五章 风险分配视角下农村土地经营权信托之个体风险的法律应对

县级人民政府的农业主管部门共同作为农地信托监察人，以确保信托监察人能够有效行使权利，真正保护受益人的合法权益。① 以上观点对于深化对土地经营权信托中的监察人制度之认识均有积极意义。

实际上，讨论土地经营权信托中信托监察人的主体问题，要结合可能的两类信托结构来分析。第一，在由分散的农户作为委托人的信托结构中，信托监察人原则上由土地所有权主体担任较为合适。作为信托财产的土地经营权，派生于土地所有权，土地所有权主体对于土地经营权的占有、使用、处分等土地利用行为具有合法、合理的监督权利；在实践中，土地所有权主体一般由集体经济组织担任，而集体经济组织与其成员在一定程度上具有天然的利益一致性，故由其作为监察人，理论上更能维护受益人的权益；集体经济组织具有农地经营管理的专业知识，能更好地判断受托人对信托土地的利用是否违反相关法律法规及信托文件的规定；集体经济组织具有独立的法律地位，能够以自己的名义，为维护受益人的利益，提起诉讼或者实施其他法律行为。第二，在通过委托代理设计，由其他主体统一代表农户作为委托人的信托结构中，原则上也应该由土地所有权主体作为监察人，如果委托人恰好是土地所有权主体，监察人则可考虑由村民委员会等自治性组织担任。土地经营权信托在性质上属于私益信托，政府与市场应保持合理的边界，故政府有关部门及其工作人员不宜作为监察人；且政府有关部门对土地经营权信托本就具有法定的监管职权，不能混淆公法领域的监管与私法领域的监督。总之，在土地经营权信托中，信托监察人原则上应由土地所有权主体担任；在委托人为土地所有权主体时，信托监察人可由村民委员会等农村自治性组织担任。但是，也可以考虑引入包括粮食产业协会、耕地保护协会等在内的农业领域社会中间层主体作为成员一并担任信托监察人。

至于土地经营权信托中信托监察人的权利与义务，可以根据公益信托监察人的相关规定以及信托监察人的定位来设计。我国《信托法》第 65 条规

---

① 参见江钦辉、魏树发《〈民法典〉背景下农地经营权信托流转法律构造中的主体疑难问题》，《新疆社会科学》2022 年第 1 期，第 101 页。

定,公益信托监察人有权以自己的名义,向法院提起诉讼或实施其他法律行为,但除第 67 条和第 71 条的规定之外,《信托法》并没有对信托监察人可以实施的"其他法律行为"作出明确规定。从信托监察人的定位来看,因其是出于保护受益人权益而设计的制度,故私益信托中受益人可以行使的监督权,信托监察人原则上均能行使。① 在信托监察人的义务方面,基于监察人是为保护受益人而设立的,故应要求其履行较高的注意义务,方能达到目的。日本《信托法》第 126 条、我国台湾地区有关信托的法律规定均要求担任信托监察执行职务之人,应以善良管理人之注意义务为之;此外,信托监察人还负有忠实义务,应为受益人的最大利益实施相关法律行为。②

(3) 引入惩罚性赔偿制度

我国《信托法》并没有引入惩罚性赔偿制度。对于受托人不当执行信托事务的情形,其承担的后果主要是恢复原状和赔偿损失等传统民事补偿性法律责任。事实上,在私法领域中,惩罚性赔偿并不存在理论上的障碍。③ 就信托法而言,美国在 20 世纪 70 年代中期之后,信托领域的惩罚性赔偿就开始扩及许多州,如在 Vale v. Union Bank(1979)、Miner v. International Typographical Union Negotiated Pension Plan(1985)、Mertens v. Hewitt Assoc(1993)等案例中都支持了对受托人施加惩罚性赔偿的诉求;④ 我国台湾地区证券投资信托及顾问的有关规定指出,对故意造成损害的受托人,法院酌定其承担损害额 3 倍以下的惩罚性赔偿责任;对重大过失造成损害的受托人,则酌定其承担损害额 2 倍以下的惩罚性赔偿责任。⑤ 我国《民法典》《消费者权益保护法》《食品安全法》等法律亦规定了在相关领域中适用惩罚性赔偿制度。

---

① 参见卞耀武主编《中华人民共和国信托法释义》,法律出版社 2002 年版,第 163 页。
② 参见文杰《"三权分置"视阈下农地信托法律规则之构建》,《法商研究》2019 年第 2 期,第 51 页。
③ 参见〔日〕田中英夫、竹内昭夫《私人在法实现中的作用》,李薇译,法律出版社 2006 年版,第 152~158 页。
④ 参见徐卫《土地承包经营权集合信托模式的构建逻辑与制度设计——土地承包经营权实现方式的变革》,上海交通大学出版社 2016 年版,第 264 页。
⑤ 参见文杰《"三权分置"视阈下农地信托法律规则之构建》,《法商研究》2019 年第 2 期,第 51 页。

第五章 风险分配视角下农村土地经营权信托之个体风险的法律应对

有学者指出,"任何具体的制度本身都不具有超然的合法性,而都必须以服务人类特别是当代人的需要为其合法性的根据"。① 因此,在土地经营权信托中引入惩罚性赔偿制度,其特殊的考量主要有以下几点。第一,土地经营权信托并非传统意义上的私益信托,原因在于信托财产是土地经营权,不同于纯粹的私人财产权,其具有一定的社会保障色彩;且土地的利用受限于公共政策,从而蕴含社会公共利益的诉求。第二,土地经营权信托中的受益人为分散的农户,人数众多,且处于弱势地位,一旦发生受托人严重损害受益人权益的情况,就可能危及农村的社会稳定。第三,土地经营权的载体是农业用地,属于专用性资产。根据我国农地管理制度,农业用地仅限于农业用途,具有高度资产专用性,而资产专用越强,用途就越单一,风险就越高,交易过程中任何的波动和不确定性都将给交易双方带来严重损失。② 但是,在风险的承受力方面,受托人远远大于分散的受益人。第四,现行立法对受托人不当利用土地之行为的公法规制存在一定的缺陷。在私法层面,依《农村土地承包法》第42、第64条③的规定,受托人若存在擅自改变土地的农业用途、弃耕抛荒连续两年以上、给土地造成严重损害或者严重破坏土地生态环境、其他严重违约行为等情形之一的,作为受益人的承包农户可行使合同解除权;受托人对土地和土地生态环境造成的损害应当予以赔偿。此处受托人承担的赔偿责任为补偿性赔偿。在公法层面,依《农村土地承包法》第63条④的规定,受托人仅在

---

① 苏力:《也许正在发生——转型中国的法学》,法律出版社2004年版,第250页。
② 参见武振军、张云华、孔祥智《交易费用、政府费用和模式比较:中国土地承包经营权流转实证研究》,《中国软科学》2011年第4期,第178页。
③ 《农村土地承包法》第42条:"承包方不得单方解除土地经营权流转合同,但受让方有下列情形之一的除外:(一)擅自改变土地的农业用途;(二)弃耕抛荒连续两年以上;(三)给土地造成严重损害或者严重破坏土地生态环境;(四)其他严重违约行为。"第64条:"土地经营权人擅自改变土地的农业用途、弃耕抛荒连续两年以上、给土地造成严重损害或者严重破坏土地生态环境,承包方在合理期限内不解除土地经营权流转合同的,发包方有权要求终止土地经营权流转合同。土地经营权人对土地和土地生态环境造成的损害应当予以赔偿。"
④ 《农村土地承包法》第63条:"承包方、土地经营权人违法将承包地用于非农建设的,由县级以上地方人民政府有关主管部门依法予以处罚。承包方给承包地造成永久性损害的,发包方有权制止,并有权要求赔偿由此造成的损失。"

"违法将承包地用于非农建设"时,"由县级以上地方人民政府有关主管部门依法予以处罚"。也就是说,当受托人的土地利用行为给土地造成严重损害或者严重破坏土地生态环境时,仅承担补偿性的民事赔偿责任,并不承担公法上的"处罚"。就我国的现实国情而言,在当前和未来相当长的时期内,土地仍然是农民最重要的财产之一,若受托人对土地的不当利用行为导致土地失去了可持续的生产经营能力,从微观的角度看是损害了农民的"命根子";从宏观的角度,将严重影响我国农业的健康发展,危害粮食安全。但是,受托人对此却并不需要付出公法上的惩罚之代价,仅负补偿性赔偿责任。从风险分配的角度来看,这显然是将风险过多地分配到了农户身上。

因此,为矫正这种失衡的风险分配,有必要加大受托人的责任,引入惩罚性赔偿制度,以对冲受托人可能的"机会主义"行为。正如有学者指出的,"在一个变幻不定的世界中,仅仅把法律视为是一种永恒的工具,它就不可能地有效地发挥作用,必须在运动与静止、保守与创新、僵化与变化无常这些彼此矛盾的力量之间寻求某种和谐"。[1] 在土地经营权信托中,必须考虑到受托人及其代理人的"逐利"动机,尤其是第三方农业经营主体的不当利用行为,给土地造成的不可逆转之损害,故不应固守传统私益信托的填补性赔偿制度,完全可以且应当引入惩罚性赔偿制度,以强化对受益人之利益的保护。当然,在土地经营权信托中引入惩罚性赔偿制度,不应突破私法领域中补偿性赔偿的基本原则,也不能混淆私法上的"赔偿"与公法上的"惩罚",而应合理限制其适用范围,不能泛化适用。结合《农村土地承包法》的相关规定及土地经营权信托实践,将惩罚性赔偿的适用范围限定为受托人对土地造成严重损害或严重破坏土地生态环境较为妥当。至于惩罚性赔偿的计算基准、赔偿数额标准等操作层面的问题,还有待进一步研究。

(三) 构建农村土地经营权信托登记制度

一般认为,信托制度的核心功能是保障信托财产独立于委托人、受托

---

[1] 〔美〕E. 博登海默:《法理学:法律哲学与法律方法》,邓正来译,中国政法大学出版社1999年版,第326页。

第五章　风险分配视角下农村土地经营权信托之个体风险的法律应对

人及受益人的固有财产,进而实现财产隔离基础之上的财产管理目的。然而,信托财产的独立性必须依靠某种法律机制来予以保障,传统英美法系在衡平法中发展了善意购买人规则和知情规则,以此实现信托财产的隔离效果;[①] 而大陆法系引入信托制度时大多已经建立了以物权登记为代表的相对完备的财产登记制度,故对信托登记的特殊性始终重视不足。[②] 我国《信托法》第10条[③]对信托登记进行了规定,甚至将特定情况下的信托登记作为信托生效的要件。然而,我国的信托登记虽经多年实践,但仍然面临规范不完备、体系不完整、适用范围狭窄的情况。

1. 信托登记的制度功能

有学者指出,英美法系中的信托法侧重"效果导向",信托的定义重在说明受托人和受益人对所有权的划分;而强调"一物一权"的大陆法系,在信托法中则侧重"成立导向",信托的定义重在确认对信托成立要件的满足。[④] 在信托成立要件的构成中,通常认为信托财产应由委托人转移到受托人手中,而信托登记则是判断信托财产是否转移的重要制度工具。当然,从信托的发展来看,信托登记制度最重要的功能是彰显信托财产的独立性。

信托财产的独立性是现代信托制度的核心和灵魂。[⑤] 在信托中,委托人为设立信托而转移财产的目的不是转移财产行为本身,而是使该财产从委托人的其他财产中分离出来;受托人取得信托财产之所有权的目的也只是便于执行信托事务,对信托财产进行管理处分;受益人享有受益权也并非以取得信托财产之所有权为目的,而是获得受托人对信托财产之管理行为而产生的利益。因此,在信托存续期间,信托财产仅为信托目的而存

[①] 参见季奎明《中国式信托登记的困境与出路——以私法功能为中心》,《政治与法律》2019年第5期,第109页。

[②] 参见何宝玉《信托法原理研究》,中国法制出版社2015年版,第134~135页。

[③] 《信托法》第10条:"设立信托,对于信托财产,有关法律、行政法规规定应当办理登记手续的,应当依法办理信托登记,未依照前款规定办理信托登记的,应当补办登记,不补办的,该信托不产生效力。"

[④] 参见季奎明《论信托的本质及其对传统物权体系的解构》,载王保树主编《商事法论集》(第12卷),法律出版社2007年版,第125~127页。

[⑤] 〔英〕D.J.海顿:《信托法》,周翼、王昊译,法律出版社2004年版,第16页。

在，独立于委托人、受托人、受益人的固有财产，此为信托财产的独立性。① 正如有学者指出的，信托财产具有与各个当事人相互独立的法律地位，实际上应与委托人、受托人以及受益人的固有财产或未设立信托的其他财产分别管理，使其个别独立，以实现信托目的，是为信托财产的独立性。② 然而，信托登记制度的缺位将导致信托财产的独立性无法很好地彰显。③ 因此，可通过信托登记来明确特定财产已经和委托人固有财产相区别；在信托财产被登记到受托人名下或由受托人占有时，可以通过信托登记来明确与受托人固有财产的区别；同时，可以确保信托财产不被信托当事人的债权人追索，降低交易成本并保障第三人的交易安全，甚至是受益人行使撤销权的前置条件。④ 根据全国人大《信托法》起草工作组的阐释，我国设立信托登记制度的主要原因在于，信托设立后的信托财产具有独立性；在交易中，未登记的信托财产可能给不知情的第三人带来损害。因此，为了在信托财产的管理、处分，特别是交易过程中，保护第三人的合法权益，应对以一定财产设立的信托进行登记。⑤

2. 对我国《信托法》第 10 条规定之理解

我国《信托法》第 10 条规定："设立信托，对于信托财产，有关法律、行政法规规定应当办理登记手续的，应当依法办理信托登记，未依照前款规定办理信托登记的，应当补办登记，不补办的，该信托不产生效力。"除此条规定之外，原中国银行业监督管理委员会于 2017 年发布的《信托登记管理办法》（银监发〔2017〕47 号）中的"信托登记"主要是

---

① 参见周小明《信托制度：法理与实务》，中国法制出版社 2016 年版，第 13~14 页；〔日〕中野正俊、张军建《信托法》，中国方正出版社 2004 年版，第 70 页；方嘉麟《信托法之理论与实务》，中国政法大学出版社 2004 年版，第 3 页。
② 参见王志诚《信托法》，五南出版社 2017 年版，第 148 页。
③ 参见楼建波《信托财产分别管理与信托财产独立性的关系——兼论〈信托法〉第 29 条的理解和适用》，《广东社会科学》2016 年第 4 期，第 220~229 页。
④ 参见季奎明《中国式信托登记的困境与出路——以私法功能为中心》，《政治与法律》2019 年第 5 期，第 109 页。
⑤ 参见全国人大《信托法》起草工作组《〈中华人民共和国信托法〉释义》，中国金融出版社 2001 年版，第 42 页。

第五章　风险分配视角下农村土地经营权信托之个体风险的法律应对

对信托机构的信托产品及其受益权信息予以记录的行为;[1] 登记机构也可以提供不需要办理法定权属登记的信托财产的登记。[2] 但总体上,我国信托登记的体系化制度规范并未真正建立。[3]

对我国《信托法》第10条的理解,主要集中在以下几个方面。第一,该条中"有关法律、行政法规规定应当办理登记手续的"之"登记",指的是物权变动登记,遵循固有的物权变动规则;而"应当依法办理信托登记"则是在物权登记的基础上进一步加重公示,是对信托关系及信托财产独立性的彰显。因此,以该类财产设立信托,需要办理两个"登记手续":一是物权变动登记手续;二是信托登记手续。由此推之,依该条的规定,对于以财产转移的形式设立信托,并不需要办理信托登记手续。有学者指出,有些权利的变动是采取其他公示方法的,例如动产、债权等,不需要登记,但依《信托法》第10条的规定,并没有相应的信托公示制度。[4] 第二,一般认为,该条确立了我国信托登记的登记生效主义效力模式。即法律或行政法规要求办理登记手续的财产作为信托财产,若没有履行信托登记程序,则信托不生效。信托登记是大陆法系的日本、韩国等在引入英美信托法时创设的一项制度。[5] 然而,在这些国家和地区的信托法中,信托登记仅具有对抗第三人的效力,并不影响信托生效。[6] 事实上,信托财产登记生效主义几乎是中国内地独一无二的立法例。[7] 总体上,多数学者认为我国《信托法》中规定的信托登记生效主义不合理,应该采用登记对抗主义。我国《信托法》起草工作组也承认:"唯从实践来看,不登记不得对

---

[1] 《信托登记管理办法》第2条:"本办法所称信托登记是指中国信托登记有限责任公司(简称信托登记公司)对信托机构的信托产品及其受益权信息、国务院银行业监督管理机构规定的其他信息及其变动情况予以记录的行为。"

[2] 《中国信托登记有限责任公司监督管理办法》第6条:"经国务院银行业监督管理机构批准,信托登记公司可以经营下列业务……(七)提供其他不需要办理法定权属登记的信托财产的登记服务……"

[3] 参见徐刚《解释论视角下信托登记的法律效力》,《东方法学》2017年第6期,第147页。

[4] 参见赵廉慧《信托法解释论》,中国法制出版社2019年版,第244页。

[5] 参见何宝玉《信托法原理研究》,中国法制出版社2015年版,第134~135页。

[6] 参见日本《信托法》第14条、韩国《信托法》第3条、我国台湾地区有关信托的法律规定第4条。

[7] 参见何宝玉《信托法原理研究》,中国政法大学出版社2005年版,第106页。

抗第三人似更合理。"①

3. 土地经营权信托登记制度的构建路径

就我国的土地经营权信托而言，是否应适用《信托法》第10条关于信托登记的规定呢？答案是否定的。从《民法典》第341条和《农村土地承包法》第41条②的条文规定可以看出，土地经营权自流转合同生效时设立，土地经营权登记并非"应当"或者"必须"，而是"可以向登记机构申请"，相当于赋予当事人一定的选择权，由其自主决定。而《信托法》第10条中规定的则是"应当"。因此，在土地经营权信托中，从现行立法中无法找到土地经营权信托登记的依据；更不能因土地经营权没有登记而得出土地经营权信托无效的结论。有学者认为对"应当依法办理登记手续"的信托财产应作广义理解，只要该财产性权利以登记为公示方法，就应被视为《信托法》第10条规定的"应当依法办理登记手续"，因此土地经营权信托的设立须办理信托登记。③ 事实上，对"应当依法办理登记手续"的财产不能作过于宽泛的理解和解释，原因在于除不动产的所有权和抵押权、建设用地使用权等少数几项权利在物权变动中应当依法登记之外，还有大量的财产权利变动采用的是登记对抗主义，不登记并不会影响其效力。因此，如果对《信托法》第10条中必须登记的信托财产范围作扩大解释，不仅不能体现效率，还会抑制市场的正常发展，可能会影响实践中客观存在之信托的效力。鉴于此，我国《信托法》设定强制登记要求的财产类型应限定为因登记而发生权属变动效果的财产；对于依法登记仅产生对抗效果的财产权属变动，可以不进行信托登记。④ 依此逻辑，土地

---

① 全国人大《信托法》起草工作组：《〈中华人民共和国信托法〉释义》，中国金融出版社2001年版，第43页。
② 《民法典》第341条："流转期限为五年以上的土地经营权，自流转合同生效时设立。当事人可以向登记机构申请土地经营权登记；未经登记，不得对抗善意第三人。"《农村土地承包法》第41条："土地经营权流转期限为五年以上的，当事人可以向登记机构申请土地经营权登记。未经登记，不得对抗善意第三人。"
③ 参见袁泉《中国土地经营权信托：制度统合与立法建议》，《重庆大学学报》（社会科学版）2018年第6期，第124~125页。
④ 参见季奎明《中国式信托登记的困境与出路——以私法功能为中心》，《政治与法律》2019年第5期，第112~115页。

第五章　风险分配视角下农村土地经营权信托之个体风险的法律应对

经营权信托是土地经营权流转的一种形式，会发生委托人向受托人转移土地经营权的后果，但《民法典》第 341 条和《农村土地承包法》第 41 条中规定的土地经营权登记，属于仅产生对抗效力的登记，因此，不属于《信托法》第 10 条中规定的"应当依法办理信托登记"的信托财产。

（1）土地经营权信托登记的必要性

虽然在现行实定法中无法得出土地经营权信托必须依《信托法》第 10 条办理信托登记的结论，但这并不意味着土地经营权信托不能或不应该办理信托登记。在理论上，多数学者认为以土地经营权设立信托应办理信托登记。理由主要如下：有利于保护善意第三人的利益，维护交易安全；对外公示农户受益权的存在，有利于保护农户的利益；有利于保障信托财产的独立性。[①] 也有学者认为土地经营权信托登记并非必要，由受托人将信托合同向当地县级国土资源管理部门备案即可，主要基于以下几点原因：信托登记增加了信托设立成本；将信托合同进行备案，已足以维护交易安全；信托合同备案，不会影响农户的利益；实践中农地信托登记名实不符，实际上就是信托合同备案。[②]

现有立法中的土地经营权登记无法实现土地经营权信托登记的功能。《民法典》第 341 条和《农村土地承包法》第 41 条中规定的土地经营权登记属于物权意义上的登记，承包方通过土地流转合同创设的土地经营权，实质上体现的是土地经营权从承包方流转至受让方。但土地经营权登记属于自愿登记，且采用对抗主义模式，故并不能很好地彰显信托设立对财产转移的要求。更为重要的是，通过土地经营权信托登记，可将土地经营权在法律性质上属于信托财产的事实进行公示，使第三人能够清晰地知悉该土地经营权是具有特殊法律意义的财产，受托人虽然以自己的名义对土地经营权进行管理、运用、处分，但第三人能够明确该土地经营权属于信托

[①] 参见李蕊《农地信托的法律障碍及其克服》，《现代法学》2017 年第 4 期，第 63 页；徐海燕、冯建生《农村土地经营权信托流转的法律构造》，《法学论坛》2016 年第 5 期，第 77 页；袁泉《土地经营权信托设立的理论构建——以"三权分置"为背景》，《西南政法大学学报》2017 年第 2 期，第 120 页。

[②] 参见文杰《"三权分置"视阈下农地信托法律规则之构建》，《法商研究》2019 年第 2 期，第 44~45 页。

财产，独立于受托人的固有财产，受托人固有财产的债权人并不能向信托财产主张权利；土地经营权信托活动产生的债权人也不能向受托人的固有财产主张权利。另外，在特定的情形下，委托人或受益人还可以依法或依信托文件的规定行使撤销权，使受托人与第三人的交易行为归于无效。因此，在土地经营权登记为"自愿主义+对抗主义"的规则下，只有进行土地经营性信托登记才能实现信托财产转移和信托财产独立性公示的制度要求。

(2) 土地经营权信托登记的模式：登记对抗主义

从比较法的视角来看，信托登记采取生效主义模式并不是一种广受推崇的立法安排。2006年日本《信托法》第14条规定："对于未经登记或者注册其权利的取得、丧失及变更不能对抗第三人的财产，不经过信托登记或注册，不能以该财产属于信托财产来对抗第三人。"因此，"信托的登记、注册，并非信托的生效要件，而是对抗第三人的要件"。旧信托法曾经规定了有价证券信托的注册制度，要求根据敕令的规定进行信托表示。"但从实务来看这是一个不太现实的制度，反而成了妥善处理信托事务的障碍，因此信托法将其废除了。"[①] 韩国《信托法》第3条规定："关于应登记或注册之财产权的信托，可以其登记或注册对抗第三者。关于有价证券之信托，依内阁命令之规定，证券即表示信托财产之事实。关于股票与公司债券，可以股东名簿或公司债名簿上所记载信托财产之事实，对抗第三者。"[②] 显然，韩国对于应当进行法定登记的信托财产采取登记对抗主义；同时承认有价证券或相关法律文件上同信托相关的记载，其效力等同于信托登记。我国台湾地区有关信托的法律文件规定："以应登记或注册之财产权为信托者，非经信托登记，不得对抗第三人。以有价证券为信托者，非依目的事业主管机关规定于证券上或其他表彰权利之文件上载明为信托财产，不得对抗第三人。以股票或公司债券为信托者，非经通知发行

---

① 〔日〕田中和明、田村直史：《信托法理论与实务入门》，丁相顺、赖宇慧等译，中国人民大学出版社2018年版，第40~41页。
② 参见孟强《信托登记制度研究》，中国人民大学出版社2012年版，第94页。

第五章　风险分配视角下农村土地经营权信托之个体风险的法律应对

公司，不得对抗该公司。"① 在英国信托实践中，由于历史的原因，登记公示并非信托的要件，原因是信托属于衡平法制度，而登记却属于普通法制度。更有意思的是，英国 1985 年《公司法》第 360 条甚至禁止在股权登记中记载信托事项。② 美国在联邦法层面上对信托登记没有强制性的要求，每个州对信托管理有不同的要求，个别州要求有关不动产的信托需要登记。③ 应当承认的是，大陆法系的多数国家在信托登记中均采取对抗主义。

在理论上，信托登记作为一种公示的手段，其主要的目的是彰显信托财产的独立性，消解信托中可能存在的外部性问题，如果信托当事人不认为存在外部性，或者自愿承担外部性的不利后果，就不应该剥夺信托当事人的自主选择权。如果信托当事人均按照信托合同的约定履行了相应义务，并未影响信托目的之实现，却因为其未进行信托登记就当然地否认信托的效力，则有公权力不当干预之嫌。信托登记的对抗主义是针对信托的外部关系而言的，并不否定信托的成立、生效与内部关系。生效主义则完全否定了信托及以信托为基础的各种法律关系的效力，并不利于相关当事人的利益保障；且生效主义"人为地桎梏了当事人的偏好，消解了信托制度的灵活性，扼杀了制度利用者的创造力"。④ 正如有学者指出的，就信托登记主要功能的实现而言，对抗主义足以保障；就促进我国信托业快速、稳健发展的目标而言，由生效主义转向对抗主义，可以大幅减少因信托登记障碍而产生的信托效力纠纷。⑤ 总体上，学界大多认为信托登记采取对抗主义是更优的立法模式。

就我国土地经营权信托登记而言，有学者认为应该采取登记生效主义。⑥ 事实上，土地经营权信托登记采取对抗主义模式更符合理论阐释、实定法协调及实践需要的要求。第一，从理论层面看，土地经营权信托登

---

① 转引自赵廉慧《信托法解释论》，中国法制出版社 2019 年版，第 245 页。
② 参见赵廉慧《信托法解释论》，中国法制出版社 2019 年版，第 246 页。
③ 参见高凌云《被误读的信托——信托法原论》，复旦大学出版社 2021 年版，第 148 页。
④ 赵廉慧：《信托法解释论》，中国法制出版社 2019 年版，第 250 页。
⑤ 参见季奎明《中国式信托登记的困境与出路——以私法功能为中心》，《政治与法律》2019 年第 5 期，第 114 页。
⑥ 参见徐卫《土地承包经营权集合信托模式的构建逻辑与制度设计——土地承包经营权实现方式的变革》，上海交通大学出版社 2016 年版，第 184 页；袁泉《中国土地经营权信托：制度统合与立法建议》，《重庆大学学报》（社会科学版）2018 年第 6 期，第 125 页。

记的主要目的是彰显土地经营权的转移效果和作为信托财产的独立性。根据《民法典》第341条和《农村土地承包法》第41条的规定，一般认为流转期限5年以上的土地经营权才具有物权意义上的登记能力；且属于"自愿"登记。因此，若无信托登记程序，对于流转期限5年以下或流转期限虽然在5年以上但却未进行土地经营权登记的信托关系而言，此时的土地经营权转移和信托财产的独立性就欠缺公示效果，不利于相关当事人的权益保障。第二，信托登记采取对抗主义，可以避免与现行立法下土地经营权登记对抗主义的冲突与矛盾。在现行立法中，具有物权意义的土地经营权登记采取的是对抗主义，而不是生效主义；若土地经营权信托登记采取生效主义，势必带来冲突和矛盾。因为，从本质上看，土地经营权信托是土地经营权流转的一种形式。如果信托登记采取生效主义模式，在信托当事人未进行土地经营权信托登记时，势必造成同一个法律关系依《民法典》的规定为有效，依《信托法》的规定却无效的混乱局面。因此，土地经营权信托登记只有采取对抗主义，才能与现行相关立法的规定保持协调与同步。第三，从我国农村土地信托实践的视角来看，各地对农地信托是否应办理信托登记的态度也不尽相同。在福建、安徽等地的土地信托实践中，要求受托人向县级或乡镇政府农村土地流转部门办理信托登记；而在黑龙江、湖南等地，则未要求土地信托进行信托登记。实践中这些所谓的"信托登记"是不是《信托法》意义上的"信托登记"是值得讨论的。对此，有学者认为，实践中这些"登记"的对象并非信托财产，其名义上为"信托登记"，实质上为信托合同备案。[①] 而且，从实践来看，也没有把这些"登记"与信托的效力画上等号。因此，如果采取信托登记生效主义模式，对实践中的农地信托无法提供有效且合理的解释。

（3）土地经营权信托登记之登记机构的选择

对于一般意义上的信托登记体系选择，主要存在两种观点：一是相对分散的信托登记体系；二是依托现有的登记机构建立统一的信托登记体

---

① 参见文杰《"三权分置"视阈下农地信托法律规则之构建》，《法商研究》2019年第2期，第45页。

第五章　风险分配视角下农村土地经营权信托之个体风险的法律应对

系。主张相对分散的信托登记体系的观点认为，相对分散的登记体系可以成为一种有利于交易安全的现实主义路径，具体路径为：充分利用传统物权权利登记簿，实现信托财产登记的优化；接受以财产独立为尺度的实质性信托财产登记。[1] 主张依托现有登记机构建立统一信托登记体系的观点认为，2016 年底由监管部门推动设立的中信登公司已成为全国统一的信托登记平台，可依托中信登公司构建一个全覆盖的、立体的信托财产登记体系。具体路径是：对符合我国《信托法》第 10 条规定，登记形成权属变动效果的财产，由中信登公司担任法定信托登记机构；对登记形成对抗效果的财产和尚不存在登记体系的财产，法律不强制要求信托登记，在中信登公司的自愿登记可以形成独立的公示证明力。[2]

就土地经营权信托之登记机构而言，有学者认为，土地信托本质上属于农业领域，从农业行政主管部门对农业问题的熟悉程度以及对该机构的接受程度来看，登记机构确立为县级以上农业行政主管部门更为合适。[3] 有学者基于信托登记并非必要的立场，认为由受托人向当地县级国土资源管理部门备案即可，[4] 可变相地理解为信托登记机构为县级国土资源管理部门是可接受的方案。在传统财产权利登记簿（如不动产登记簿、股东名册、债券簿）上添加信托权利，是日本、中国台湾地区的做法。[5] 如在日本的不动产信托登记中，在信托设立的同时，应以同一个书面文件申请财产权转移登记和信托登记，不得仅申请信托登记或者仅申请所有权转移登记。[6]

---

[1] 参见缪因知《信托财产登记制度功能的实现路径》，《暨南学报》（哲学社会科学版）2022 年第 2 期，第 104~106 页。
[2] 参见季奎明《中国式信托登记的困境与出路——以私法功能为中心》，《政治与法律》2019 年第 5 期，第 116~117 页。
[3] 参见徐卫《土地承包经营权集合信托模式的构建逻辑与制度设计——土地承包经营权实现方式的变革》，上海交通大学出版社 2016 年版，第 188~189 页。
[4] 参见文杰《"三权分置"视阈下农地信托法律规则之构建》，《法商研究》2019 年第 2 期，第 44 页。
[5] 缪因知：《信托财产登记制度功能的实现路径》，《暨南学报》（哲学社会科学版）2022 年第 2 期，第 105 页。
[6] 参见〔日〕田中和明、田村直史《信托法理论与实务入门》，丁相顺、赖宇慧等译，中国人民大学出版社 2018 年版，第 40~43 页；赵廉慧《信托法解释论》，中国法制出版社 2019 年版，第 250~251 页。

因此，根据日本《不动产登记法》的规定，对于不动产信托登记，物权变动登记与信托登记由同一个登记机关进行登记公示，但在性质上区分了物权变动登记和信托登记。根据我国《不动产登记暂行条例》（2019年修订）第4条和第5条[①]的规定，土地经营权登记应依该条例纳入国家不动产统一登记制度中。由此，是否可以考虑由不动产登记机构办理信托登记呢？从现实的便利性角度来看，由不动产登记机构在不动产登记簿上增加信托登记事项是一种可能的选项。

但是，从信托登记的体系建设角度来看，利用现有信托登记平台——中信登公司进行土地经营权信托登记可能更为恰当。主要理由包括三点。第一，现有不动产登记体系下的不动产登记与信托登记性质迥异。根据《不动产登记暂行条例》（2019年修订）第2条的规定，不动产登记是指不动产登记机构依法将不动产权利归属和其他法定事项记载于不动产登记簿的行为，主要体现及反映的是物权变动的法律效果。而信托登记的主要功能是彰显特殊信托关系下信托财产的独立性，其不仅单纯反映财产权利的归属，而且突出呈现经信托登记后的信托财产将独立于委托人、受托人及受益人的固有财产。虽然也可以改造现有不动产登记制度，赋予其对不动产信托进行信托登记的功能，但对不动产之外的财产进行信托登记名不正、言不顺，无益于整个信托登记体系的完善。第二，从现有信托登记平台——中信登公司的性质、功能及业务范围来看，能够满足土地经营权信托登记的要求。中信登公司以《信托登记管理办法》（银监发〔2017〕47号）和《中国信托登记有限责任公司监督管理办法》（银监发〔2016〕54号）等为主要依据，构建了相对完善的信托登记业务规则。虽然，当前中信登公司的信托登记业务主要是集合信托产品登记与受益权登记，但其业

---

① 《不动产登记暂行条例》（2019年修订）第4条："国家实行不动产统一登记制度。不动产登记遵循严格管理、稳定连续、方便群众的原则。不动产权利人已经依法享有的不动产权利，不因登记机构和登记程序的改变而受到影响。"第5条："下列不动产权利，依照本条例的规定办理登记：（一）集体土地所有权；（二）房屋等建筑物、构筑物所有权；（三）森林、林木所有权；（四）耕地、林地、草地等土地承包经营权；（五）建设用地使用权；（六）宅基地使用权；（七）海域使用权；（八）地役权；（九）抵押权；（十）法律规定需要登记的其他不动产权利。"

第五章　风险分配视角下农村土地经营权信托之个体风险的法律应对

务范围也包括了财产权信托登记。根据《中国信托登记有限责任公司监督管理办法》第6条第7项的规定，中信登公司可以"提供其他不需要办理法定权属登记的信托财产的登记服务"，这意味着中信登公司可以接受除法定财产信托登记之外的其他财产的信托登记。而依《民法典》第341条和《农村土地承包法》第41条的规定，土地经营权并非法定必须办理权属登记的财产，故土地经营权信托登记完全可以由中信登公司作为登记机关。另外，中信登公司开展的受益权账户管理业务，在某种程度上也有利于土地经营权信托中受益人之受益权的保障。第三，从土地经营权信托的实践来看，由信托公司担任受托人的信托模式更具有推广价值，更契合土地流转市场的需要，更有利于土地规模化经营和农业现代化的发展。而在这种模式中，作为受托人的信托公司在信托产品登记中已有成熟而丰富的信托登记经验，更为熟悉中信登公司的信托登记程序及规则，相较于其他新设机关的信托登记程序或规则，交易成本相对更低。因此，从信托登记的重要性及信托登记体系建设的角度看，由中信登公司作为土地经营权信托的登记机关更为合适。

(四) 重塑土地经营权信托之信托目的

正如前文所述，从一般意义上，信托目的分为私益目的、公益目的和特别目的，由此设立的信托分别被称为私益信托、公益信托和特别目的信托。针对农村土地信托目的，有学者提出，可根据不同的信托目的将其分为农地生产经营信托、农业科学发展信托、土地保护信托、农村建设开发信托四大类型，每种信托具有不同的作用，商业性程度有所不同，私益与公益各有侧重，担负着独特的功能。[①] 就我国农村土地信托的实践而言，从表象上看其信托目的应为私益目的，归属于私益信托这一类别。这是基于作为信托财产的土地经营权而言，虽然其权利性质还存在学理上的争议，但其私法属性和地位已经得到法律确认和保障。但是，从信托原理上看，如果把土地经营权信托理解为私益信托，则无法全面地阐释实践中的信托结构、权益配置以及现行实定法对土地流转的限制和约束。因此，从

---

① 参见马建兵、王天雁《农村土地信托法律问题研究：兼谈西部特殊性问题》，知识产权出版社2019年版，第164~166页。

农村土地经营权信托的风险控制与法律构造

土地经营权信托实践的角度,应重塑土地经营权信托的目的,摒弃单纯私益目的之立场,而应承认土地经营权信托是具有混合目的之信托,即既有私益目的之考量,亦有公益目的之诉求,可称其为"社会性"信托。主要原因如下。

第一,土地经营权信托所承载的利益诉求具有综合性的特质。就我国现实国情而言,土地经营权信托所承载的利益诉求主要集中于以下三个层面:宏观层面在于农业现代化、粮食安全、生态文明等目标的实现;中观层面在于农村土地的有效利用、规模化经营;微观层面在于土地经营权主体之利益的保障。从宏观层面来看,农业农村现代化是新时代"三农"工作的总目标。根据党中央、国务院相关政策文件的要求,大力推进我国农业现代化建设,主要从提升粮食和重要农产品供给保障能力、强化农业创新驱动发展、构建现代乡村产业体系、推进现代农业经营体系建设等方面着力。而土地经营权信托在一定程度上契合了农业现代化建设的要求,它通过信托机制,为农业的经营聚合了资金、人才、科技等要素资源,促进了农业现代化的发展。从中观层面看,土地经营权信托能够有效解决农村土地撂荒问题,丰富了农村土地有效利用的渠道,促进了农业的规模化经营。从微观层面看,基于信托结构的优化设计,土地经营权信托能够较好地反映委托人(农户)的意愿,保障其利用土地经营权信托的方式获得可持续性的土地经营收益。因此,对于土地经营权信托来说,其既体现了委托人(农户)对私益的追求,也反映了农业现代化、土地规模经营等公益目标的导向。

第二,作为信托财产的土地经营权,符合土地权利社会化的要求。传统民法确立的绝对所有权观念为保护人的自由,强调权利人可以基于所有权无限制地使用、收益、处分所有物,但经验表明,对所有权毫无限制的使用和处分,将会破坏有序的人类共同生活。[1] 但是,随着社会经济的发展、法律观念的更迭,民法制度很快就形成了限制所有权滥用的规则。基

---

[1] 参见〔德〕鲍尔/施蒂尔纳《德国物权法》(上册),张双根译,法律出版社2004年版,第5页。

第五章　风险分配视角下农村土地经营权信托之个体风险的法律应对

于社会主义公有制的经济基础，我国的土地权利制度在彰显社会属性的路上走得更远。正如有学者指出的，建立在私有制经济基础上的民法制度明确了土地所有权的社会负担，私人利益的保护由此被置于社会秩序的背景下，公有制经济基础上的民法制度则循此逻辑更进一步。① 现代社会对土地的需求和利用方式，决定了土地权利的设计呈现多重权利错综复杂的结构，尤其是在公有制的基础之上，所有权的社会属性已拓展到土地利用权利上。因此，土地权利的社会化就成为现代土地法律制度的基本逻辑和时代命题。就我国而言，改革开放以来的家庭联产承包责任制给予了农业农村巨大的发展动力，以身份为前提的土地承包经营权发挥了不可替代的作用。但是，随着我国社会经济的发展，固守身份限制的土地承包经营权在提高农民经营能力和农业经营效率等方面不可避免地存在一些不足。因而，在"促进土地资源合理利用，构建新型农业经营体系，发展多种形式适度规模经营，提高土地产出率、劳动生产率和资源利用率，推动现代农业发展"② 的总体政策目标之下，"三权分置"改革设想应运而生。经过数年的改革探索和实践，其中可复制、可推广的成熟经验已上升为法律，如土地经营权已被《民法典》《农村土地承包法》所确认，并就相关规则进行了规定。但是，基于土地权利社会化的要求，土地经营权也不可避免地表现为公权力和私权交织在一起的不同的功能。甚至，有学者认为，土地经营权法权设计的更深层次动力应该是：在推动现代化农业大生产的基础上，推动农民身份在政治、经济、文化领域的全方位世纪转型。③ 因而，把土地经营权信托理解为基于纯粹私益目的而开展的信托实践，显然是不符合现实逻辑和理论阐释的。

第三，从比较法上看，域外国家土地信托之目的具有借鉴意义。美国土地信托的目的呈现多元化的特点，基于信托目的的不同，主要形成了三

---

① 参见李国强《论公有制经济基础上土地权利体系的构造逻辑——〈民法典〉背景下的解释基础》，《社会科学研究》2021年第6期，第68页。
② 《中共中央办公厅、国务院办公厅关于完善农村土地所有权承包权经营权分置办法的意见》，《中华人民共和国国务院公报》2016年第32期，第27~30页。
③ 参见刘云生《土地权利·身份脱域·社会转型》，载刘云生主编《中国不动产法研究》（2021年第2辑），社会科学文献出版社2022年版，第317页。

种模式的土地信托产品：土地保护信托、社区土地流转信托及土地开发融资信托。[1] 首先，在土地保护信托中，由土地保护信托组织收购需要保护的未开发利用土地或接受未开发土地的赠与，对土地进行合理的开发以达到保护土地之目的。土地保护信托组织中最为知名的是公用土地信托（The Trust for Public Land，TPL）和土地信托联盟（Land Trust Alliance，LTA）。土地保护所需资金主要来源于个人、政府、基金会等的捐赠和银行等金融机构的融资。土地保护信托组织对土地并不拥有所有权，但对土地的利用和管理享有相应的权利并履行一定的义务。其次，在社区土地流转信托中，其主要目的在于解决低收入群体的住房问题，具有一定的社会保障功能，是一种具有公益性的房地产开发信托项目。社区土地流转信托通常由社区居民、非营利组织或者政府发起，由土地流转信托机构募集资金购买或接受捐赠的土地或住房，经过建设、改造后再向低收入群体出售。最后，土地开发融资信托是一种典型的商事信托，其目的为通过信托的方式获得开发土地所需资金。在土地开发融资信托中，由土地开发者购买未开发之土地的所有权和开发权限，并作为委托人，以信托方式将土地委托给土地信托投资机构，土地信托投资机构向委托人提供土地信托受益凭证，委托人可在资本市场出售受益凭证从而获得开发土地所需之资金。虽然美国土地信托的目的多种多样，但其主要的信托目的为土地资源的保护。正如有学者指出的，"关于美国的土地信托制度，其根本职责是保护及经营土地，如农牧场、森林、河流流域等公共资源，机构发展的第一要义是维护公众利益，维护社会及生态效益"。[2] 还有学者针对美国和英国的土地信托制度，指出"无论是局部性的、地域性的还是全国性的土地信托，都是一种很有影响的非盈利组织，它和私有土地主们一同来保护他们的土地，以达到保护和利用土地或者其他公众利益的目的"。[3] 在日本，由

---

[1] 关于美国土地信托制度及实践的总结和介绍，参见马建兵、王天雁《农村土地信托法律问题研究：兼谈西部特殊性问题》，知识产权出版社 2019 年版，第 67~69 页。

[2] 岑剑：《美国土地信托的制度起源、基本架构及现实思考》，《世界农业》2014 年第 8 期，第 120 页。

[3] 岳意定、刘志仁、张璇：《国外农村土地信托：研究现状及借鉴》，《财经理论与实践》2007 年第 2 期，第 15 页。

第五章　风险分配视角下农村土地经营权信托之个体风险的法律应对

于第二次世界大战后因经济快速发展所引起的土地撂荒及农业劳动力结构变化等社会经济问题,实践中主要以农地流转信托为主,其目的主要是解决土地撂荒问题,实现农地的规模化利用。日本农地流转信托有买卖和租赁两种模式。在农地买卖流转信托模式下,由从事小规模农业经营的农户为委托人,与农协法人或农用土地合理持有法人签订信托合同,受托人将农地出售给有意购买的第三人,在扣除融资金额与信托费用后,剩余收益再支付给农户;在农地租赁流转信托模式中,农地所有人将土地转移给受托人,受托人以善良管理人的要求经营管理农地,选定适合参与农业经营的租赁人并与之签订租赁合同,租赁收益在扣除信托费用后,作为信托收益支付给受益人。①

第四,将土地经营权信托的信托目的重塑为兼具私益和公益的社会性目的,将有利于重构信托当事人之间的权义结构,尤其是可以强化信托目的对受托人的约束。从信托法理上看,信托目的不仅是信托设立行为的有效要件之一,而且是判断受托人是否履行信托管理义务的重要依据。受托人的行为是否有利于信托目的之实现,是否按照信托目的的要求管理、运用、处分信托财产,都需要借助信托目的来判定。基于此,除了在信托文件中明确约定之外,还可以凭借信托目的之阐释来审视受托人对信托财产的经营管理行为,从而对受托人的行为起到约束作用。将土地经营权信托目的重塑为社会性目的,还将有利于平衡受托人与委托人(受益人)之间的关系。在实践中,作为受托人的专业化信托公司与委托人(受益人)相比,具有专业技能、知识、资源、资金、信息等诸多方面的优势,这导致受托人在信托关系中往往配置较多的权利,从而挤压了委托人或受益人的权利空间。正如有学者指出的,"从传统信托法严格限制受托人权力的保守主义过渡到现代信托法赋予受托人广泛的自由裁量权的开放主义,无疑是与商业信托的发展趋势相一致的,现代信托法中受托人广泛权力的赋予成了商业信托受托人权力规则的重要规范基础"②。因而,将土地经营权信

---

① 关于日本土地信托制度及实践的总结和介绍,参见马建兵、王天雁《农村土地信托法律问题研究:兼谈西部特殊性问题》,知识产权出版社2019年版,第69~71页。
② 陈杰:《商业信托法律制度研究》,厦门大学出版社2016年版,第100页。

托目的重塑为兼具公益和私益的社会性目的，在一定程度上将有利于矫正信托当事人之间失衡的权利配置结构。就我国当前国情而言，土地经营权信托如何在尊重和保障农户权益的前提下"提高农村土地的利用效率，促进适度规模经营的发展，构建更加完善的要素市场化配置体制机制，是摆在我们面前的重大命题"。[①] 至于土地经营权信托中公益目的之具体构成，将在下文关于地方政府角色定位的讨论中展开论述。

二　对农业经营主体进行倾斜性金融财税支持

从风险类型的角度看，农业经营主体经营失败风险具有综合性的特点。虽然，在直接意义上，农业经营主体经营失败表现为个体风险，但客观上农业经营主体经营失败也具有整体性风险的因素，这与经营失败风险后果的综合性、复杂性具有一定的关联。

农业经营主体经营失败的风险是多方面的，主要表现为以下五个方面。一是产业失败。经营失败意味着经营主体的退出和相关资本的撤出，正常市场条件下的市场退出是竞争机制"优胜劣汰"的结果，属于市场的"自净"机制，对提升市场效率具有正向作用。而农业经营面临过多外源风险，一旦其风险实化而经营失败，则将极大减损经营者的市场信心，抑制"风险敏感"的资本进入，导致农业规模化经营丧失市场活力。二是土地失效。农业经营主体基于农村土地信托而取得经营权，可能伴随多种形式的土地利用，信托流转使得土地经营权之上附加多重复杂的法律关系，一旦经营失败，则很容易陷于产权纠纷。进而言之，即便农民取回土地经营权，其农业经营能力和意愿的低下也将导致土地失去使用效益，甚至出现新的撂荒。[②] 三是多方失利。农村土地信托流转可能由农民、集体经济组织、信托公司、农业经营者等多方主体参与，一旦农业经营失败，则可

---

① 高圣平：《〈民法典〉与农村土地权利体系：从归属到利用》，《北京大学学报》（哲学社会科学版）2020年第6期，第153页。
② 参见丁建军、吴学兵、余海鹏《资本下乡：村庄再造与共同体瓦解——湖北荆门W村调查》，《地方财政研究》2021年第2期，第101页。

第五章　风险分配视角下农村土地经营权信托之个体风险的法律应对

能出现其对受托人的根本性违约，打破以契约为联结的多方受益格局，由"共赢"变为"共输"。尤其是对于农民而言，其抗风险能力较低且以土地流转收益为主要收入来源，将因损失放大效应而遭受巨大利益损害。四是制度失能。制度以其社会效果为实质性的效力来源，若农村土地信托仅停留在形式上的制度宣示而无社会实效，则该制度将由于根本能力的缺失而正当性存疑。五是社会失序。农业经营失败风险在根本上是系统性风险，其社会负面效应是多方面的，且具有逐级递进的传导效应：首先影响农产品供应链上下游的其他经营者以及农业金融等支农服务提供者，进而导致土地流转市场机制的失灵，最终危及农民的社会群体利益以及农业现代化进程。

（一）树立倾斜性金融财税支持之理念

倾斜性金融财税支持理念包含两重内涵。一是倾斜性，解决法律制度的价值逻辑和基本要素问题。通常理论上仅将小农户视作法律倾斜性保护的对象，而信托流转中的农业经营者因其风险自担机制的失灵、风险分散机制的阻滞和风险分担机制的缺位而易面临经营失败的风险，在市场条件下不能享有与一般市场主体同等的经营能力，这种市场权利分配的实质不公已经使其成为新型弱势主体，为倾斜性保护提供了正当性前提。根据马克思主义哲学，人类只有在认识世界和改造世界的实践活动中才获得主体性价值。因此，倾斜性保护应重在"赋能"，充分激发对象的自主性、能动性与创造性。[①] 农业经营主体在市场活动中取得主体地位，因此制度安排也应当内嵌于市场机制，借市场之力助经营之"势"。在思路上由收入补全向经营扶持转变，以产业发展为总基调，关注农业生产要素投入和农业经营风险防控；在责任主体上由公权职责向社会共管转变，以社会风险共担为原则，充分调动国家、市场、社会三方主体的支持力量；在资源权属上由归源垄断向自由支配转变，以转移占有为前提，支持资源一旦分配至农业经营者，便由其依据自身经营状况依法自由支配，从而形成由单一化、行政化转向多元化、市场化的现代化向度。

二是金融财税政策的协同系统。根据赫尔曼·哈肯（H. Haken）所创

[①] 参见刘同君《论农民权利倾斜性保护的价值目标》，《法学》2022年第2期，第26页。

立的协同学理论，协同是"在普遍规律支配下达到有序自组织集体行为"[①]的过程。一个整体系统由若干异质子系统组成，子系统间呈非线性相关关系，不断发生相互制约和相互促进作用。当达到某一临界点时，相互作用将对系统产生整体性作用，促使系统发生由无序向有序、由低级有序向高级有序演进的量变。[②] 金融财税政策作为国家宏观调控的重要形式，以国民经济供求关系的总量平衡为目标，以"看得见的手"和"看不见的手"相结合的间接手段为调控方式，以调节经济利益关系、改变主体行为选择为主要手段，在目标、方式和手段上具有一致性。同时，金融运行遵循市场规律，而财税政策则以政府为导向，二者逻辑上的根本差异决定了其异质性和独立性。因此，应当注重金融、财税作为子系统的相互协同，使其在动态的相互运动中作用于系统的整体改进，发挥倾斜性支持的最大化效用。一方面是相互促进。在宏观层面，由财税政策为协同传导机制进行源头赋能，重在以外部供给补全市场机制之失灵；在微观层面，由金融政策为协同传导机制提供末端支持，重在以内部供给实现市场机制之增益。另一方面是相互制约。"协同"与"共同"在概念上并不一致，金融和财税政策虽然各有助益，但多措并用并不一定带来最大化的社会产出。治理成本畸高反而容易致使整体低效；相互交叉混同又可能导致整体无序，因此应当在政策的并列与替代间灵活选择，明确划分各自的权限与场域，找到共同作用的"成本—收益"均衡点，实现系统的帕累托最优。

但需要强调的是，对农业经营主体进行倾斜性金融财税支持必须坚持谨慎、必要、有限度的原则，因为倾斜性的金融财税支持往往是一种"损人利人"的举措。一般来说，在产权界定清晰、权责明确的前提下，公权力或相关制度只有在穷尽了其他手段后，基于更大范围的公益考量，才可以考虑倾斜性金融财税支持的问题。在农村土地经营权信托中，农业经营主体属于市场主体，其经营行为在本源上就应该在市场配置资源的机制中

[①] 〔德〕赫尔曼·哈肯：《协同学：大自然构成的奥秘》，凌复华译，上海译文出版社2005年版，第9页。
[②] 参见熊晓炼、樊健《金融科技与制造业绿色转型协同演化机制及区域协同差异——基于哈肯模型的实证分析》，《科技进步与对策》2022年第11期，第64页。

得到检视和考验，只不过因为农业经营行为具有正外部性，为引导市场资源流向农业领域，才对此作出公权介入的决定。对农业经营主体进行倾斜性金融财税支持，并不意味着要彻底改变市场规律，而仅仅是通过部分修正和限制市场规律发生作用的范围，引导市场资源更好地配置到农业领域，尤其是粮食生产领域。因此，倾斜性金融财税支持"是一种必要、限度内的支持，不是无节制、无限度的支持，应当具有谦抑性"。[1]

（二）倾斜性金融支持的策略及主要举措

1. 倾斜性金融支持之策略：政策性金融与商业性金融协同

若将金融子系统作进一步细分，则政策性金融与商业性金融也具有次级子系统的性质，能够相互协同，共同形成农村金融的供给体系。[2] 商业性金融以营利为根本目标，能够通过资金投向调动市场活性；同时金融自由化的综合化与全能化的业务优势也能与农业经营主体多层次的融资需求相适应。应当充分调动商业性金融中各方主体的参与积极性，通过多面向的金融服务资源为农业经营主体增强市场竞争力。而政策性金融则以社会公益为导向，为实现政策目标而在特定业务领域内直接或间接从事金融业务活动。其与商业性金融主要是"补足"与"倡导"的关系，政策性金融机构主要面向市场风险较高、投资回收期限过长、投资回报率低的项目进行金融支持，以弥补商业性金融机构主要提供短期金融服务[3]而长期资金支持力度较弱的缺点。此外，政策性金融机构以直接资金投放或间接提供担保表达政策意愿，反映国家长期经济目标，能够增强金融市场信心、激励协同投资，引导商业性金融机构的资金流向。农业经营在领域上属于"农业"，在本质上属于"经营"，具有社会性和市场性的双重属性，因而需要政策性与商业性金融协同为其提供金融支持。

有学者对政策性金融的功能及作用持怀疑态度，如农村金融市场理论就认为恰恰是政府管制、利率控制等制度安排，抑制了金融的发展，造成

---

[1] 肖顺武：《中国粮食安全的倾斜性金融支持法律机制研究》，法律出版社2019年版，第59页。

[2] 参见杨怡、陶文清、王亚飞《数字普惠金融对城乡居民收入差距的影响》，《改革》2022年第5期，第64页。

[3] 参见欧阳卫民《若干重大金融问题之思考》，《南方金融》2021年第11期，第9页。

农村金融资金缺乏。① 持此类观点的学者多认为政策性金融既是农村金融抑制的表现，也是农村金融抑制的原因。但是，更多的学者，包括斯蒂格利茨等，② 基于发展中国家的特殊国情，从不完全竞争市场和克服市场失灵的角度，认为政府需要运用政策性金融等非市场化的措施介入农村金融领域，才能解决发展中国家的农村金融抑制问题，这也是国内关于农业政策性金融的主流观点。有学者通过实证研究，指出"农业政策性金融供给水平越高，对金融供给服务的诱导能力越强，金融抑制的缓解效应越大"，故应"构建以政策性金融为先导，商业性、合作性金融为主体，小微金融、民间金融等其他金融形式为补充的多层次、互补性农村金融体系"。③就我国农村金融领域而言，多数学者认为不能寄希望于单一类型的金融支持，而应强化政策性金融与商业性金融的协同支持。

2. 倾斜性金融支持之主要举措

（1）集合资金信托计划

应当充分调动现行信托法律关系中各主体在农地经营中的参与积极性。尤其是作为受托人的信托公司，其不仅能够作为受托人进行财产管理，而且能借助金融机构的特性，充分发挥资金融通作用。应当鼓励农村土地信托中的信托公司发行集合资金信托计划，为农业经营主体的土地利用引入广泛社会资本。④

集合资金信托计划是指由信托公司担任受托人，按照委托人意愿，为受益人的利益，将两个以上（含两个）委托人交付的资金进行集中管理、运用或处分的资金信托业务活动。其核心特点有三：一是集合信托，即"多对一"⑤ 的

---

① 参见何志雄、曲如晓《农业政策性金融供给与农村金融抑制——来自147个县的经验证据》，《金融研究》2015年第2期，第149页。
② Stiglitz J. E. and Weiss A., "Credit Rationing in Markets with Imperfect Information," *American Economic Review*, Vol. 71, No. 3, 1981, pp. 394-398.
③ 何志雄、曲如晓：《农业政策性金融供给与农村金融抑制——来自147个县的经验证据》，《金融研究》2015年第2期，第157页。
④ 参见房绍坤、任怡多《新承包法视阈下土地经营权信托的理论证成》，《东北师大学报》（哲学社会科学版）2020年第2期，第39页。
⑤ 参见姜雪《集合资金信托商事法律关系主体化研究》，《法学论坛》2015年第2期，第92页。

第五章　风险分配视角下农村土地经营权信托之个体风险的法律应对

法律结构,委托人为两个及以上,多为不特定的社会公众;二是资金信托,信托财产为多为委托人的资金集合体,实质上属于委托人的投资活动;三是自益信托,投资人为自己的利益设立信托,委托人和受益人为同一主体。

若将其嵌入农村土地信托中,则实际形成"财产信托+资金信托"的混合架构。[①] 基本运作逻辑是农民个体或集体组织以土地经营权设立财产权信托,信托公司作为受托人履行土地事务管理义务,有权将农地经营事项委托给专业的农业经营主体,形成第一层财产信托法律关系。同时,为满足农业经营主体的资金需求,信托公司可以设立集合资金信托计划,信托公司将信托资金投入农业经营项目运营中,为农业经营主体提供资金支持。该种双轨模式的突出优势即充分发挥了信托公司的资金融通作用,首先通过财产信托联通土地资源供需双方,使农业经营主体能够充分整合农地资源;其次通过资金信托联通金融资源供需双方,为租金支付和开发投入提供资金支持,调动农业经营者的参与热情,提升其运营稳定性和经营能力,促进农地持续增值;最后以经营收益作为农业经营者还款来源及投资人收益来源,实现农户和社会公众、产权和资金投资风险的双重可控。"产权供给—规模经营—资金支持—利益反哺"的运作逻辑链条,有效地回应了农地放活流转、农业经营稳态、利益公平分享的三重价值需要。

与此同时,集合资金信托计划系双重法律关系的叠加,这意味着将在农户或集体经济组织、信托公司、受委托的农业经营主体之外再引入第四方主体,使得原信托法律关系更加复杂。且该业务的"集合"结构意味着其面向不特定的社会公众而具有公募性质,如何保障公共利益、如何防范系统性风险成为新的难题,亟须法律制度加以回应。在体系上将其灵活归入现有金融监管体系,既可以较为成熟的运作模式实现合理规约,又可节约另外进行制度安排的社会成本。从金融实践来看,我国已制定资金信托的相关监管制度。如2008年修订的《信托公司集合资金信托计划管理办法》;2018年4月27日,中国人民银行、原中国银行保险监督管理委员会

[①] 参见胡光志、陈雪《我国农地流转信托制度的建构——以制度变迁为视角》,《江西社会科学》2015年第2期,第156页。

（现国家金融监督管理总局）、中国证券监督管理委员会、国家外汇管理局联合印发《关于规范金融机构资产管理业务的指导意见》（银发〔2018〕106号）；2020年5月8日，原中国银行保险监督管理委员会（现国家金融监督管理总局）公布《信托公司资金信托管理暂行办法（征求意见稿）》等。在制度上应当着重完善信托公司的信息披露义务。对监管机构而言，信托公司需经发行计划、项目合同等相关规范文件报监管机关备案后才可发行信托计划；在信托计划成立后的运行阶段，信托公司定期向监管部门提交资金管理报告、资金运营情况表等，并接受地方金融监管机构的检查。对委托人而言，则需充分保障其知情权和检查权，集合资金信托合同中应当对投资风险作充分提示，对资金使用人、投资方式等作出详细说明，并制订详尽的风险管理计划和风险监控措施；信托公司在开展业务过程中应披露尽职调查报告、经审计的年度报告、清算报告等相关信息，并对其真实性、准确性承担责任。

（2）信贷支持

成本收益结构的均衡调节是提升农业信贷可得性的根本路径，当金融机构在涉农信贷业务中的边际效益大于边际成本时，[1] 其向农业经营主体提供信贷支持的积极性将得到激励。法律制度应从"成本—收益"两端入手，通过降低交易费用，提高业务收益，促进农村金融资本的合理配置，确保农业经营保障资金充足，预防经营失败风险。

其一，坚持金融促进与规范监管并行。此为价值观和方法论意义上的宏观指引。首先，以货币政策工具进行宏观信贷政策指导，通过支农再贷款、再贴现间接促进涉农信贷投放；设定优惠利率，并适当调整存款准备金率，降低农村金融机构的借贷和运营成本。同时应当设定宏观审慎评估考核体系，以金融机构的涉农信贷审批率、存贷比等为依据确定政策支持倾斜力度，实现动态把握和持续激励。其次，加强金融价格调节立法。金融资源的市场化定价能够发挥传递信号和杠杆调节的作用，是货币政策传导

---

[1] 参见赵云芬、赵新《法经济学视角下我国农村金融扶贫的立法设计》，《农业经济与管理》2021年第6期，第84页。

第五章　风险分配视角下农村土地经营权信托之个体风险的法律应对

的主要工具,应当从货币供给调节逐步向利率调节过渡,以市场利率为基准确定浮动定价,在尊重市场的同时降低非理性定价所致的交易风险。最后,加强风险防范监管,金融活动的开展始终有风险随行,涉农信贷的普惠性更意味着其风险的系统性和全局性,需要加强监管,应针对不同金融机构的信贷特性设定有针对性的监管法律体制,包括基本制度和具体法律制度,前者明确监管的基本原则、宗旨和目标、权责主体与权限内容等;后者则规范金融机构的组织结构和业务经营、设定监管实施的具体形式和程序。

其二,加强中小金融机构内部管理。以农信社、村镇银行、农商行为代表的中小金融机构具有商业经营性质的市场化运作方式,其源自农村而又深度内嵌于农村社会。其从事高风险、低收益的农业信贷业务,在一定程度上满足了涉农金融的社会保障要求,是农村信贷市场的重要形式,但较小的经营和资金规模导致其持续信贷支持能力存在一定不足。法律制度应当着力规范其内部管理,督促其建立完备的内控机制、风险管理体系和激励约束机制,并在章程制定、机构设置和人员选任上为其提供可资借鉴的标准,以治理结构的完善实现中小金融机构的内在赋能。

其三,优化金融机构配置结构。一是拓宽和加深银行业金融机构配置的广度和深度。应当打破以中小金融机构为主的现有格局,吸引政策性银行和商业性银行等银行业金融机构开展农业经营领域的信贷业务。通过法律进一步明确政策性银行的定位,划清其政策性业务与市场化业务的边界;下达信贷计划控制政策性银行的贷款总规模,通过细化资本充足率为其设定业务监测指标;加强对担保、承诺等表外风险资产的约束,令其回归支农惠农的社会性本位。同时发挥商业性金融机构的规模优势、效率优势、创新优势,鼓励股份制银行、外资银行等成熟市场主体在农村开设机构,构建多样化的农村金融机构竞争生态。此外,推动金融服务的充分下沉,发挥数字金融对县域结构红利的正影响[①]和优化作用,消除乡镇、村(组)一级的金融供给空白,在纵深层面加大普惠金融覆盖力度。二是丰

---

① 参见孙学涛《数字金融发展能否促进结构红利释放?》,《现代经济探讨》2022 年第 8 期,第 43 页。

富信贷支持供给来源。在积极培育新型农村金融组织的同时，促进政策性金融机构向开发性金融机构的转型。开发性金融机构是以国家信用为基础，以政府的发展目标为指引，以市场业绩为支柱的新型市场主体，其既开展政策性业务，也开展商业性业务，能够实现社会效应和市场效率的耦合。在传统的支付、储蓄、借贷之上，引入股权、债权等多样化的融资模式，鼓励金融机构积极创新涉农金融产品和服务模式。

（3）融资担保支持

市场化、多元化的融资担保支持是风险分担补偿机制的主要表现形式，能够有效联动投贷双端市场，为农业经营主体增信的同时补偿涉农贷款的弱质性，化解借贷方的信用风险和放贷方的经营风险。

第一，完善经营权融资担保制度。《民法典》第399条删除了原《物权法》第184条"耕地使用权不得抵押"的规定，与《农村土地承包法》第47条共同为土地经营权担保提供了合法性依据。在此基础上，应当回归土地经营权单纯财产权的根本性质，对经流转取得经营权的农业经营主体，承认其以经营权设定融资担保的资格。这也与《农村土地承包法》第38条确定的流转原则相符——只需满足"农业经营能力或经营资质"的条件，即可成为适格主体受让包括担保权能在内的完整土地经营权。放宽担保人资格难免带来"失地风险"的担忧，对此可以制度间的配合进行消解，相关规制资源有以下几点：一是法律关系中相对方的资格限制，《农村土地承包法》将抵押权人限定为金融机构，正规的组织形式和成熟的监管体系降低了民间融资渠道的非正式风险；二是对抵押人的市场准入限制，现行体系下农业经营资质需经主管部门的审查才可取得，能够对抵押人资格进行有效的前置性过滤；三是《农村土地承包法》第47条规定的备案同意规则，受让方必须经承包方书面同意并向发包方备案，才能得到金融机构的融资担保。虽然学界对此条款的存废尚有争议，但出于承包方利益保护的考量，[1]仍应予以保留，可将其作为强制性规定，以宽缓与担

---

[1] 参见单平基《土地经营权融资担保的法实现——以〈农村土地承包法〉为中心》，《江西社会科学》2020年第2期，第26页。

第五章　风险分配视角下农村土地经营权信托之个体风险的法律应对

保物权一般生效要件的体系关系。在融资方式的选择上，应当避免形式逻辑误区，以满足农业经营信贷主体的信贷需要为根本目的，采取功能主义的适法路径，[①] 搁置土地经营权性质争议，将其解释为《民法典》第388条规定的"其他具有担保功能"的非典型担保合同，根据抵押、质押的现实需要灵活处理。此外，以土地经营权的再流转为视角融通担保物权实现方式，担保物权人可以出租（转包）、入股、托管等创新方式[②]实现担保物权价值，避免折价、拍卖、变卖等传统方式的变现难题。

第二，健全政策性融资担保体制。一般认为，农业政策性融资担保机构是指由政府及其授权机构依法出资设立并实际控股，以满足农业经营主体融资需求为主要经营目标的担保机构。其一，在性质上，其具有政策性的根本属性。其以财政补助为资金来源，以非营利的金融服务为经营目的，发挥融资担保金融工具的杠杆功能，发挥惠农、惠银、惠社的普惠作用——直面农业经营主体融资需求提供期限匹配、额度适当的融资担保业务，通过优惠利率和费用补贴协同金融机构共建金融风险池，在宏观上能够降低贷款准入门槛、控制农业贷款利率、稳定涉农担保市场信心。其二，在体制上，其强调多方协同。首先是政府部门之间协同，中央层面由财政部、农业农村部、金融监管机构推动设立国家农业信贷担保联盟有限责任公司；地方层面由地方政府牵头财政部门和农业农村部门联合成立地方农业担保公司，包括省、市、县三级。国家农业担保公司主要在宏观层面起到政策指导、基准设置、再担保与风险救助的作用；微观层面则由省级农业担保公司统筹资源调配、设定业务规范并实施监督管理。其次是政策性金融机构和商业性金融机构协同政策性融资担保机构与金融机构签订战略合作协议，为其涉农信贷业务提供资金和信用支持；同时联合商业性融资担保机构，加大担保效应放大倍数，形成体系共建、风险共担的协同整体。其三，在机制上，政策性融资担保机构通过建立统一的信用信息平

[①] 参见张素华、王年《〈民法典〉视域下土地经营权担保规则之续造》，《中国政法大学学报》2022年第4期，第94页。

[②] 参见谭贵华、吴大华《农村承包地经营权抵押权的实现方式》，《农业经济问题》2020年第6期，第119页。

台,录入收集信用资源、进行信用评级、持续追踪经营状况、及时预警信用风险,并与各层级农业担保公司、各金融与担保机构共享信息,实现保前、保中、保后的持续性风险控制。灵活运用财政资金,设立金融机构涉农担保基金、进行点对点风险补贴,以再担保为形式进行风险补偿,间接增强农业经营主体偏弱的信用能力,为其融资担保提供有力背书。在风险发生后,以代追代偿确保担保物权实现,由农业担保公司代为清偿债务,代偿后即取得债权人地位,向农业经营主体行使追偿权利。以风险合理分担解决农业信贷缔约困难、履约困难、处置困难的三重堵点。

(4) 强化农业保险协同机制

毫无疑问,农业保险对农业、农业经营主体的支持具有不可或缺的价值和作用,是倾斜性金融支持手段的重要组成部分。作为一种风险转移和应对机制,农业保险具有恢复农业经营主体的生产经营能力、提高农业生产经营抗风险能力、促进农业生产经营可持续发展的重要功效。其正外部性不仅直接惠及农业经营主体,在一定程度上也有利于促进农业的发展。有学者指出,农业保险是一种有力的金融支农手段,因此应构建倾斜性的农业保险支持机制,需要以整体主义思维,打造政府(中央和地方政府)、农业保险机构及农业投保人之间的利益共同体。[①] 确实,农业的发展离不开农业保险制度的支持,尤其是对于我国这样一个农业大国而言,构建倾斜性的农业保险支持制度具有现实的紧迫性。

农业保险在本质上是风险分散和损失分担[②]的保障性金融工具,能够发挥"抵押替代功能"[③] 而与农业信贷内在互补。应当强化农业保险与农业信贷的协同联动,通过供需匹配实现双方的"帕累托改进"。一方面,加强农业保险自身制度建设。通过完善《农业保险条例》,进一步扩大农业保险的保障范围,加大对农业市场风险的承保,以真正发挥农业保险的

[①] 参见肖顺武《中国粮食安全的倾斜性金融支持法律机制研究》,法律出版社2019年版,第189页。

[②] 参见尹成杰《关于推进农业保险创新发展的理性思考》,《农业经济问题》2015年第6期,第6页。

[③] 参见董晓林、吕沙、汤颖梅《"信贷联结型"银保互动能否缓解农户信贷配给——基于选择实验法的实证分析》,《农业技术经济》2018年第6期,第78页。

第五章　风险分配视角下农村土地经营权信托之个体风险的法律应对

支农、惠农、护农的作用；丰富保险产品种类，从保成本的传统险种向多样化的产量保险、价格指数保险、收入保险转变，并针对不同农业领域的经营特点实行差别化补贴。同时，促进农业保险的国家支持措施由政策化向规范化、法治化转变，明确农业再保险制度的补助标准、申请条件、实施程序和资金管理；由政府主导出资，在保险公司收益中提取规定比例的资金，并吸收社会投资，共同设立巨灾风险保障专项基金，为涉农保险业务提供综合性和体系化的政策支持。另一方面，构建农业保险和信贷的联动机制。首先，建设资源共享的协同基础设施。应当通过共同的基础数据库建设，详细记录农业经营主体的信用资质、参保情况、债权担保、借贷资金来源及去向等关键信息，作为全面的经济信息档案在信贷和保险机构间共享，为双方相应的产品设计和金融服务提供参考因素，降低信息沟通、交换和传递成本。其次，强化互动交融的市场定价机制。双方可以灵活运用市场化的定价机制，促进业务的相互融合。如金融机构可根据经营者投保情况对信贷利率作出调整，以利率优惠激励经营者积极参保；对信贷规模较大、经营风险较高的经营者，也可直接将农业保险的购买费用作为贷款的可用部分，强制其投保。保险机构可以根据借款人的信贷情况作出风险评估，并确定差异化的费率。最后，开发兼收并蓄的新型融资产品。可以"信贷+保险"产品组合形式，[1] 为农业经营主体定制一揽子的融资方案，由二者联合管理、提供服务，充分发挥信贷和保险在目的、对象、标的、风险等方面的趋同性，通过合作博弈达到内部均衡，[2] 实现"以贷促险、以险促贷"的良性循环。

（三）倾斜性财税支持的策略与主要举措

1. 倾斜性财税支持之策略：财政与税收协同

财政与税收具有一体两面的联系，是政府经济活动的映照。在公共资金来源意义上，其联通公共财政的收支两端；在公共资金去路意义上，其

---

[1] 参见刘素春、智迪迪《农业保险与农业信贷耦合协调发展研究——以山东省为例》，《保险研究》2017年第2期，第39页。
[2] 参见彭小兵、朱江《农村信贷与农业保险互动的收益分配机制——基于合作博弈 Shapley 值的分析》，《重庆大学学报》（社会科学版）2019年第2期，第13页。

指向社会公共需要，是以国家为主体，进行社会资金资源再分配的过程。公民及社会主体通过缴纳税款参与财政收入的筹措，由政府以公共资金的形式将其用于对社会的转移支付和公共支出。因此，财政和税收在根本上是社会主体对公共服务供需关系的再调节过程，反映了政府主导、社会参与的现代化治理关系。① 因此，应当充分重视财政与税收作为基础链条两端的联通作用。财政收支的制度管理，可以促进财政支出与税收收入规模的增减挂钩、财政支出结构与税收收入形式匹配优化，达到"量"与"质"并重的财政收支平衡，实现农业经营主体倾斜性财税支持的效益最优。

2. 倾斜性财税支持之主要举措

（1）财政补贴

第一，分层合理分担。应当完善中央、省、市（县）分级财政补贴分担机制，由省级政府承担辖区内财政补贴的主体责任，中央负责基本公共领域及兜底性质的财政支付。在具体执行中实施资金筹集和资金调配的分离，中央事权范围内的补贴事项由中央主导出资，相关资金交由省级政府统筹管理，以赋权的形式向地方政府赋能。具体而言，还需要通过"入法—设标—授权—明责"的立法技术，完成财政分担机制的制度转化。"入法"是指应当通过立法明确划分中央和地方的事权与责任的边界，在效力层级上应以中央层面的法律、行政法规为选择，避免无上位法导致地方立法权限不清、中央事权实质空置的问题。"设标"是指应当将事权具象化为中央和地方的分担比例，并根据不同地域的发展特点和财政禀赋确定差异化的份额，也可采取按项目分担或标准定额补助的形式。"授权"是指应当赋予各级地方政府相应的权力，保障地方政府权责对等。"明责"则包含三重意义，一是地方政府的财政补贴职责；二是地方政府违反职责的法律责任，主要是惩罚和强制性质的法律后果，旨在约束地方政府依程序规范和实质规范行使权力；三是监督考核机制，由中央对省级监督、省级对市

---

① 参见高培勇《"基础和支柱说"：演化脉络与前行态势——兼论现代财税体制的理论源流》，《财贸经济》2021年第4期，第8页。

第五章　风险分配视角下农村土地经营权信托之个体风险的法律应对

（县）监督，具体方式包括备案审查、常规检查、定期上报等，也可以绩效考核奖励资金的形式为正向激励。

第二，补贴结构优化。当前以小农户为主体的普惠性质补贴实际是以土地承包经营权为中心，[①]向土地转出方的补贴，由于小农户的普遍非农化而实际具有消费补贴的性质，[②]并未现实地作用于土地流转和规模化利用。应当回归解除农业经营主体信贷约束的政策原旨，以土地经营权为中心，以信贷双方为对象，使实际经营者、金融机构等市场化经营的直接参与者实际享有补贴利益。应当顺应规模化经营的特点，以土地面积为补贴的主要依据。同时根据不同对象的补贴需求，确定多元的补贴标准，充分发挥资金的乘数效应，对种粮经营者以直接补贴的形式发放良种补贴，对农资购置实行累加补贴。对非粮经营者，通过农机具服务购置补贴降低农机要素相对价格，培育非粮食主产区农机社会化服务体系，[③]在生产效率提升的同时兼顾农业可持续发展；设置专项资金对风险防控、阶段性融资费用、创新投入等进行补贴。

第三，机会获取公平。现行财政补贴多采取"切块"分类的模式，将资金按照固定金额发放至某一大类领域，这种粗放的分配方式与农业经营主体差异化的资金需求不相适应，且过大的自由裁量空间容易引发公权滥用、降低经营者的资金可得性。应当促进财政补贴供给侧改革，保障经营者在资金获取上的机会公平。一方面，加强竞争性遴选。应当以财政支农项目竞争立项为主要分配方式，以项目库为基础依托，以一事一议为运作机制，将市场效益作为资金安排的核心依据。重点在于以程序正义保障竞争公平，具体应包括三重监督机制：一是公众监督，主要通过信息公开制度实施。主管部门应当制定竞争性磋商文件，写明资金性质、补贴方向、申报条件、绩效指标、评审办法等，通过权威网站向社会公布，保障公众

[①] 参见王新刚、司伟、赵启然《土地经营权稳定性对农户过量施肥的影响研究——基于黑龙江省地块层面数据的实证分析》，《中国农业资源与区划》2020年第8期，第163页。

[②] 参见李博伟《转入土地连片程度对生产效率的影响》，《资源科学》2019年第9期，第1680页。

[③] 参见吉星、张红霄《农业补贴与农户农机服务购买：理论线索和经验证据》，《经济经纬》2022年第1期，第58页。

以便利易得的方式自行查阅；评审过程应当允许旁听、最终结果必须以正式文本的形式公示。二是内部监督，项目的立项决定、绩效目标、评议结果均应经上级政府或同级财政部门审批后才产生法律效力，所涉不同领域的主管部门均应参与立项的全过程，形成相互监督。三是评审监督，应当引入第三方，由专家组成立竞争立项评审委员会对项目进行评审，人员选取应当采取封闭抽取的模式，保障第三方的独立性和公正性；评审意见采取多数原则，保障结论的民主性和科学性。另一方面，保障资金的完全移转。补贴费用一经下发，便完成所有权的最终移转，农业经营者对资金享有完全的支配权，有权依其自由意志占有、使用、收益、处分，政府不得任意施加干预，扰乱市场主体的经营决策，资金利用所生孳息为经营者经营所得，由其依法占有和使用，不应受任何形式的侵占和剥夺。

第四，资金使用高效。应当促进财政补贴资金的整合、规范、调配，保障资金的高效使用，避免无谓耗散所增加的社会成本。首先，实行跨类资金整合。从土地出让收入、投资项目收益、建设用地增减挂钩节余等资金来源的清算整合入手，将多渠道资金并入存量资金池，打通补贴投放的类型化壁垒，实行资金"跨类别使用"。[①] 其次，规范资金使用流程。应当建立预算安排与绩效管理挂钩机制，一方面将年度资金需要与总体规划相结合，以中长期财政规划为指引，编制年度预算，提升资金的跨周期统筹和逆周期调节能力；另一方面制定"任务清单"式的资金管理办法，确定统一的绩效考核标准，对资金使用的情况进行持续性的跟踪评价，并动态调整预算配比，从资金配给和利用的全流程对补贴绩效加以规范。最后，加强区域间转移支付。资源禀赋和经济环境差异造成我国农业的区域发展不均衡，导致地方政府财力和基本公共服务能力不平衡，并最终影响农业经营主体市场活动的政策环境。因此，应当加强区域间的转移支付，由资源配置效率较高的东部地区向以粮食生产为主的中部地区开展跨区域补偿；聚焦西部欠发达地区，实行重点倾斜的同时，注重发挥转移支付的激

---

① 参见韩慧、吉富星《财政金融协同支农的多元挑战与规范创新》，《地方财政研究》2022年第5期，第34页。

第五章　风险分配视角下农村土地经营权信托之个体风险的法律应对

励效应，促进地方政府跨区域协同发展，发挥转出方的辐射带动作用，促进省域合作共赢。

(2) 税收减免优惠

在宏观把控上，应当以"可税性"为根本理念。税法原理中的"可税性"是指税款的征收应当具有法律上的合法性和合理性。① 税收减免优惠作为对法定课税对象的例外减免，具有对税法形式"可税性"的天然消解作用，且由于其通过实质合理性取得制度正当性，而难以避免抽象论证的主观性风险。因此，税收减免优惠的制度安排中更应加强对"可税性"的把握，以合法性和合理性约束法外之恣意。一方面，以税收法定原则为根本遵循原则。税收法定原则与合法性相对应，是指课税要件的制定权应当由立法机关保留，行政机关仅负执行职责，无权在法律规定之外随意创设减免税条件。绝对的税收法定意味着严格的法律保留，税收优惠事项应由法律、行政法规规定，任何主体所作与法律、行政法规相抵触的税收优惠均不具有合法性。而我国目前农业领域的税收优惠普遍采取授权立法，由地方政府通过地方性法规、规章、规范性文件等形式自主规定，不仅在权力根源上正当性存疑，而且原则性、价值性上位法的缺失使得整个税收优惠法律体系陷于失序境地，相关规定种类繁多、政出多门，政策间的交叉、抵触和空白并存，优惠设定随意性极强，可操作性差。因此，应当通过法律、行政法规等中央层面立法的形式，对农业经营的税收减免优惠作出明确规定，包括优惠的目的、对象、范围、形式、申请和管理等程序性内容。在立法技术上可对各地现行规定进行整合，以类型化的思维归纳不同优惠的法律表现形式，并进行差异化的优惠措施设计。另一方面，以比例原则为正当论证。比例原则与合理性相对应，税收中性决定税法调整的基本态度，资源配置应当取决于理性的市场机制，税收优惠力度不得越俎代庖。因此，设定税收优惠时应当秉持审慎谦抑原则，仅在有悖于实质公平的市场失灵之处才可介入。在方法论意义上，需经过适当性、必要性、合比例性的充分论证——税收优惠应当有助于达成支农政策目标，且在同

---

① 参见张守文《论税法上的"可税性"》，《法学家》2000年第5期，第12页。

等效果的调控工具中属于最温和的政策手段，并具备社会收益显著大于成本的良好绩效。[1] 以上三者为并列而非择一关系，任一条件不满足，则税收优惠不具有实质合理性而应予以法律效力上的否定性评价。

在微观设计上，应当以税收优惠各构成要素为切入点，建立全方位的税收惠农制度体系。第一，在优惠对象方面，应当将视野由初级农产品生产拓宽至农业产业化全域。对"农业经营者"概念采取广义解释，既包括农业直接生产者，也包括农资提供者、农产品经销代销者等供应链上下游主体，以及银行、保险公司、基金会等农业金融服务提供者，以产业链为基线开展全方位的政策联动。同时，优惠策略的确定应以量能课税原则为依据。量能课税是指以税负能力确定可被课征的税款额度，对纳税人的支付能力进行具体性识别，相同情况同等对待、不同情况区别对待。[2] 税收优惠的幅度和方式应当根据对象税负能力的不同而有所差别，关注多样化农业经营主体所创造收益的不同特质，如农产品生产可能直接产生现实收益，而农业经营创新多表现为潜在收益而暂不能显现，因此优惠应更多向其倾斜；相较于农业直接生产的周期性回报，融资服务收益具有非周期性和资金回收的不确定性，也应予以充分重视。第二，在减免范围方面，一是加大直接税的减免力度。增值税等流转税以流转行为为依托，并因此具有易转嫁性，税负负担容易向下游消费者转嫁。这种间接税的特质将使得税收优惠以税负的形式移转而流于形式，且高度依赖抵扣链条的完整而可操作性较差。而所得税和行为税作为直接税，与资金的增量和存量直接挂钩，对其减免能够直接惠及市场主体、避免流通环节的资金耗散。应当加大对企业所得税、耕地占用税、契税等所得税和财产行为税的优惠力度，保障农业经营者对税收优惠的直接、完整、最终享有。二是前置优惠的生产环节。土地租金成本的上涨、经营收益的不确定性和长周期性等因素导致农业生产经营启动困难，对生产各环节的税收优惠也应相应前置，加大对土地经营权流转等要素投入阶段的支持力度，着力落实企业所得税在预

---

[1] 参见熊伟《法治视野下清理规范税收优惠政策研究》，《中国法学》2014年第6期，第161页。

[2] 参见侯卓《重申量能课税的制度价值》，《法学》2022年第4期，第162页。

第五章 风险分配视角下农村土地经营权信托之个体风险的法律应对

缴阶段的优惠等,以减免税政策侧面提高企业原始资本积累,提高其经营动力和风险抵抗能力。三是扶持农业现代化创新。进一步完善研发费用扣除、无形资产税前摊销、高新设备制造税额抵免、技术转让所得减征或免征等,全力支持机械化、专业化的农业技术创新。

农村土地经营权信托中的农业经营主体经营失败作为一种社会风险,具有风险结果本身存在的不确定性和风险结果带来损失的不确定性。这意味着其是客观存在的,只能在社会主体间进行分配而无法彻底消除。正常情况下,风险应当经由"经营者的风险自担—金融市场的风险分散—政府的风险分担"层层分配,但农业经营固有的弱质性使三层机制分别呈现失灵、阻滞和不足,并最终导致风险分配失效、资源配置不公。法律能够通过调整损失承担主体的方式进行风险的再分配,具体手段即通过倾斜性的外部给付重构当事人由交易地位确定的权义结构。倾斜性的财税金融支持重在"赋权",以"赋权"调动金融市场和政府的协同合力,以风险分散和风险分担共同促进农业经营者的风险自担,从而保障农村土地经营权信托的良性发展、为乡村振兴贡献法治力量。

第六章 风险调控视角下农村土地经营权信托之整体风险的法律应对

按照前文的观点,农村土地经营权信托之整体风险是指土地经营权信托实践致使群体或公众面临并承担的风险,主要包括地方政府角色失当风险和农地"非粮化""非农化"风险。对于整体风险而言,重点在于如何控制风险的蔓延或扩展。而要从整体上控制风险的蔓延或扩展,一般需要采取具有普遍管制性和约束力的公法手段,如通过对主体资格、行为方式等进行管控从而达致调整和控制风险的效果。整体风险的治理主要靠风险调控机制来实现。所谓风险调控是指在风险总量不确定的情况下,通过积极采取措施以调整、控制或减少风险总量的机制。总体上,风险调控具有较强的公法色彩,其本身属于国家干预社会经济活动的一种表现形式。

农村土地信托的优势需要在良性的制度环境和市场秩序中才能得以充分发挥,然而在实践中,地方政府角色定位的偏差、农业经营主体逐利性的加剧、农地"非粮化"规制制度的失灵以及农村土地信托相关制度的缺陷等内外部多重因素,均干扰了农村土地信托的正常运行,背离了农村土地信托制度的初衷和本性,从而使农村土地信托可能产生危及社会公众或群体相关利益的整体性风险。因而,要充分利用风险调控机制,积极采取措施以调整、控制或减少农村土地信托的风险总量。

一 调适农村土地经营权信托中地方政府的角色定位

改革开放以来,"三农"问题始终是我国在推进经济现代化建设过程

第六章　风险调控视角下农村土地经营权信托之整体风险的法律应对

中持续面对的重点和难点问题。其本身就是一个集农业生产要素的提质增效、农民社会身份的变更转换以及农村基础产业升级换挡等多重维度与因素于一体的综合性问题。对于这一系统性工程的"破题"无疑应以农村土地制度改革为关键点。在一定意义上而言，农村土地作为生产要素功能的充分发挥是实现"农村进步、农业发展和农民小康"的前提和基础。在市场化背景下，要素资源经济效率的发挥需要接受市场机制的配置规制，而这就要求其自身具有较强的可自由流转性。但是，农村土地并不是纯粹意义上的"市场要素"，它具有相当程度的公共属性，因而政府在农村土地信托流转中的介入就有了正当性基础。然而，通过前文的讨论，我们可以清晰地看到，农村土地信托实践中地方政府的角色定位还有待调适。

党的二十大报告深刻指出，中国式现代化是中国共产党领导的社会主义现代化，既有各国现代化的共同特征，更有基于自己国情的中国特色。现阶段，我国仍是个农业大国，农村人口众多、城乡发展仍不均衡。全面推进乡村振兴、实现农业农村现代化是中国式现代化的重要一环，更能在中国式现代化进程中发挥"压舱石"的作用。[①]而这其中，农村土地制度的现代化尤为重要。农村土地经营权信托能够通过土地规模化、集约化流转，实现农地利用高效化和农业生产专门化，是农村土地制度市场化改革的重大创新。然而，实践中地方政府角色定位的偏差以及农村土地信托相关制度的缺陷，干扰了农村土地信托的正常运行，背离了农村土地信托的初衷。

国家治理体系和治理能力现代化同样是中国式现代化的题中之义，其与农业农村现代化是手段与目的的关系，现代化的治理体系和治理能力是实现农业农村现代化的基础支撑，其核心命题即正确处理政府与市场之间的关系。西方式现代化强调"有限政府"，政府权力应严格限于行政事务领域，对于私主体的市场领域不得进入和干预。然而，中国有其特殊的国情，也有其独具特色的行政体制优势，中国式现代化治理体系和治理能力

[①] 参见黄承伟《中国式现代化的乡村振兴道路》，《行政管理改革》2022年第12期，第48页。

农村土地经营权信托的风险控制与法律构造

应当有其独特内涵，强调"有限政府"与"有为政府"的辩证统一。公权力既应受到规约和限制，又应令其充分发挥管理和服务的效能。如何通过法治调适地方政府在土地经营权信托中的角色，探寻"有限"和"有为"之间的平衡点，是亟待回应的关键问题。

（一）对农村土地信托实践中地方政府角色定位的反思

回顾学界对于农村土地信托过程中政府角色"失当"的批判，其中不乏真知灼见，为相关问题研究的后续推进积累了富有建设性的阶段性成果。但是，也有一些问题值得进一步推敲与反思。部分研究成果对于农地信托中政府角色"失当"的判断是建立在学者自己创设的假设性条件之上而得出的，并非基于实践或客观数据，这无疑会影响研究结论的客观性和科学性。

相较于此种研究规范性上的瑕疵，更值得关注的是，绝大多数研究结论背后共同存在的一个普遍性问题，即判断标准的选择问题。仔细研读相关研究文献，可以看出不同学者关于在农地信托流转的不同环节和领域中对地方政府介入的必要性的认识是不尽一致的，有些环节需要政府权力干预或在其中承担职责，而有些环节则不需要政府介入。由此，将产生一个问题，即在这些"需要"及"不需要"的背后其取舍的标准是什么？简言之，地方政府在农村土地信托中"越位"或"缺位"是否存在一个相对客观且明确的准据？

根据前述内容可以发现，大部分学者是以现行有效的相关法律文本以及规范性文件作为其判断之标准的：无论是对地方政府充当农村土地信托委托人或受托人属于角色"越位"的分析，还是对地方政府怠于行使相关权力、疏于制度供给时其角色"缺位"的判断，主要依据都是《信托法》及《信托公司管理办法》的相关内容。这里需要思考的是，该"标准"选择是否适当？必须指出的是，《信托法》的通过时间为2001年4月，《信托公司管理办法》的通过时间为2006年12月，若将学界普遍认为不具有信托之实质的浙江"绍兴模式"等排除在外，则真正意义上的农村土地信托实践的出现时间要远晚于两者的出台时间。换句话说，无论是《信托法》还是《信托公司管理办法》，其在制定出台之际，都不可能预见会有

第六章　风险调控视角下农村土地经营权信托之整体风险的法律应对

农村土地信托这类特殊信托方式的出现。从产生背景来看，农村土地信托模式的出现，在一定意义上而言，是农村土地流转的迫切性耦合了信托这种财产管理模式。鉴于农村土地制度改革在我国政治体制和经济体制层面的极端重要性，确有必要在逻辑关系上，对究竟是要求农村土地信托实践严格遵循既有的制度规定，还是对现有法律规范进行必要调整从而为农村土地信托流转扫清制度障碍予以充分明确。对此，有学者提出，是农村土地信托实践的发展为《信托法》的修订提供了启发，而非相反。[①] 甚至有学者明确提出，"鉴于我国《信托法》规定得过于宏观以及土地经营权信托的独特性，应对土地经营权信托单独立法"。[②]

将现行法律制度与规范性文件作为判断农村土地信托中政府角色定位的唯一和绝对标准，不仅面临上述"适当性"问题，其在"有效性"上也同样存疑。所谓标准的"有效性"问题，可以换个视角来予以审视，即若该标准是充分有效的，那么其所具有的功能就不仅是对"越位""缺位"与否的简单"厘定"，而且意味着，按照该标准对政府角色进行矫正后，将有助于农村土地信托目的之实现。换言之，是否按照相关制度内容，让地方政府在"越位"之处收缩权力，在"缺位"之处充分介入，农村土地信托实践的目的即可实现或至少是部分实现？显然，无论是相关理论层面还是既有的农村土地信托实践，都很难支持这样的结论。这充分说明在农村土地信托中地方政府角色定位判断标准的问题上有必要进一步予以深入研究。

（二）农村土地经营权信托中地方政府角色定位的准据

若欲寻求在农村土地信托中对政府角色进行准确定位的标准及依据，则必须首先确定一个讨论的基本前提，即信托本质上是一种市场化的资源配置及财产管理模式，农村土地信托虽然有自身的诸多特殊性，但其在整体上并不谋求改变信托的这一基本属性。在明确了这一点之后，我们即可将研究视线转向政府角色。按照现代经济学的一般性共识，市场在绝大多数情况下能够在供需关系决定的价格机制以及市场主体个体的经济理性基

---

① 参见高圣平《农地信托流转的法律构造》，《法商研究》2014年第2期，第28页。
② 徐海燕、张占锋：《我国土地经营权信托模式的法律思考》，《法学杂志》2016年第12期，第59页。

础上完成自由交易和资源配置。政府一般不应介入这一过程，除非出现以下两种情形：一是除了单纯满足私主体利益之外还要实现甚至主要实现公共利益或集体性利益的交易；二是市场条件自身不足以促成交易或不具备实现资源优化配置的条件，亦即所谓的"市场失灵"。相较于西方，中国式现代化有其独有的突出优势——中国共产党的领导。当代中国的国家治理是在中国共产党的统一领导下，由政府、社会、人民共同参与和依法共治的过程。正是这种以中国共产党为中心的统合性和有序性，使得我国的政府角色超出"管制者"的传统定位，而更多是一种"协同共治"下的支持者、引导者和服务者的角色。[①] 在"有限政府"之外，发展出"有限政府+有为政府"的中国特色现代化治理意涵。其中，"有为"是一个耦合二元价值的概念，既要求政府积极作为，尽其所能服务于良性市场秩序的构建；又要求政府有效作为，强调政府支持的整体绩效，畸高的治理投入只会带来成本的耗散而无益于社会福利的整体改进，同样不具有合理性。因此，公权力介入市场的程度应当以社会、经济发展效益的最大化为标准，从能力、效率及合法性层面综合加以考量和确定。[②]

据此，我们可以大致将农村土地信托中政府角色定位的判断标准问题分解为三个更为具体的研究题项，一是政府的角色介入是否有助于农村土地经营权信托目的之实现；二是农村土地经营权信托中是否存在市场失灵以及政府的干预能否改善这种失灵现象；三是地方政府参与农村土地信托实践的实效如何。

1. 是否有助于土地经营权信托目的之实现

按照前文的逻辑，就土地经营权信托目的而言，应摒弃单纯私益目的之立场，承认土地经营权信托是具有混合目的之信托，即既有私益目的之考量，亦有公益目的之诉求，可称其为"社会性"信托。学界对于农村土地信托目的之认识存在一定程度上的偏差，有些观点仅看到了农村土地信托之私

---

① 参见杨解君《政府治理体系的构建：特色、过程与角色》，《现代法学》2020年第1期，第25页。
② 参见张立国《国家治理现代化中的公共权力边界调整》，《吉首大学学报》（社会科学版）2016年第4期，第101页。

第六章 风险调控视角下农村土地经营权信托之整体风险的法律应对

益目的,而忽视了其具有一定公益目的之诉求;有的观点则无视私益目的,仅从公益目的之视角讨论农村土地信托相关问题。区分土地经营权信托中的私益目的和公益目的,对于认识地方政府的角色定位具有十分重要的意义。

就土地经营权信托之私益目的而言,政府的角色定位较为清晰,即尊重土地经营权主体的意思自治,坚持自愿原则,不得强迫农户或阻碍土地经营权信托流转,切实维护土地经营权信托当事人的合法权益。

就土地经营权信托之公益目的而言,政府的角色定位则可能面临诸多争议,这与理论和实务界关于土地经营权信托公益目的之具体构成尚未达成广泛共识有关。如有学者认为,开展农地信托的目的在于"抑制抛荒""合理配置农地资源""增加农户收入";[①] 也有学者认为,其目的应该是"实现农地经营现代化";[②] 还有学者认为,开展农地信托实践是为了"加快土地流转,实现农地规模化、集约化经营"等。[③] 显然,这些观点都是从农村土地信托具有公益目的诉求的角度得出的结论。事实上,以上观点有将农村土地信托目的与农村土地流转的目的混同之嫌疑。必须阐明的是,这绝非语言上的"咬文嚼字",因为从最一般意义上而言,农村土地信托作为农村土地流转的一种具体方式或模式,前者的价值和意义当然不可能背离后者的目标追求。因而,在不甚要求准确的情况下,可以将农村土地流转的目标视作农村土地信托的间接目标。但是,必须认识到的是,农村土地信托作为一种特殊的土地流转模式,其自身原本就具备区别于其他,尤其是传统农村土地流转模式的目的。它们构成了农村土地信托的公益目的,而也正是这些公益目的才使得农村土地经营权信托更具时代意义和现实价值。显然,忽视了这一点,很容易使我们对相关问题的研究误入歧途。

从实践来看,农村土地经营权信托的公益目的至少包含以下三个方面的内容。

---

① 参见徐海燕、张占锋《我国土地经营权信托模式的法律思考》,《法学杂志》2016年第12期,第59页。
② 参见高圣平《农地信托流转的法律构造》,《法商研究》2014年第2期,第28页。
③ 参见苗绘、王金营《中国农村土地集合信托模式创新与保障机制研究》,《宏观经济研究》2021年第7期,第128页。

第一，农村土地的规模化经营。自从我国改革开放，尤其是实行城镇化建设以来，城市建设和工业的发展对劳动力的大量需求以及城乡资源差异对农村人口的吸引，导致农村人口持续向城市的大规模转移。从相关统计数据来看，2000 年的全国人口普查城镇化率为 36.2%，2010 年为 39.7%，2020 年已经提高为 63.9%；截至 2019 年 12 月的统计数据显示，全国农村人口中外出务工人数占比达 43.4%。[1] 如此大规模的劳动力人口转移，势必造成家庭联产承包责任制下农村土地的大量闲置甚至出现荒弃现象。前已述及，正因如此，有学者提出农地信托的目的之一是解决农地抛荒问题。实际上，依靠诸如租赁、转让、转包等传统的农地流转方式就可以在一定程度上解决农村土地因为劳动力转移而形成的闲置问题。之所以要在传统方式之外引入农地信托这种新的土地流转模式，是因为前者有一个重要的局限性，即无法形成规模化的农地经营条件。有关数据显示，截至 2019 年底，我国经营 10 亩以下耕地的农户占比为 85.2%，[2] 这说明我国大部分农户承包经营的农地呈现的是小面积、细碎化的特点。而根据 2018 年对我国农地流转数据的统计，57.2%的农地流转对象是"其他农户"。[3] 当城镇化率不断提高、农村土地闲置的面积逐渐增大之时，这种"从农户到农户"的土地流转模式固然可以在一定程度上缓解土地抛荒问题，但无力从整体上提高农地作为生产要素的经济效率。也正是在此背景下，农村土地信托被作为农村土地流转方式的一种改革和创新而得以产生和发展。

第二，农村土地规模化经营的金融支持。从一种最为理想化的假设模型来看，假设交易费用为零，若有一家能够支付给单个农户高于其向其他农户流转自身农地承包经营权对价的超大规模农业经营公司的话，依靠逐一谈判方式，在理论上也能形成农地成片区集中进而实现规模经营的效果。但是即便排除交易成本，这样的农业经营主体的存在也至少需要满足

---

[1] 参见农业农村部政策与改革司编《2019 年中国农村政策与改革统计年报》，中国农业出版社 2020 年版，第 52 页。

[2] 参见农业农村部政策与改革司编《2019 年中国农村政策与改革统计年报》，中国农业出版社 2020 年版，第 13 页。

[3] 参见农业农村部农村合作经济指导司、农业农村部政策与改革司编《中国农村经营管理统计年报（2018 年）》，中国农业出版社 2019 年版，第 78 页。

第六章 风险调控视角下农村土地经营权信托之整体风险的法律应对

三个基本条件：其一，该企业须有充足的前期资金完成土地整治、农田基础设施建设等规模化经营所需要的初始投资；其二，从规模经济对企业的边际成本影响角度而言，短期内随着企业规模的扩大，其边际成本将呈下降的趋势，但从长期观察，企业边际成本将呈"U"形变化，即随着规模不断扩大，企业的管理成本将逐渐加大，此时若企业自身资金实力不足，其对土地归集的范围将在其企业边际成本等于边际收益之处停止；其三，由于农村土地的敏感性，农业经营公司在经营过程中在成本端对于农户土地租金支付端将面临隐性的刚性兑付约束，但在收益端，由于农业的特殊性，并不能保证其能够稳定地覆盖成本端，稍有不慎，即可能引发支付中断，进而引起更为严重的后果，这就要求企业必须在资金流动性方面有足够保证。显然，上述三个条件的同时满足仅仅依凭企业的自有资金是很难实现的，此时必须借助外部的金融支持。农业产业在经营过程中会受到自然条件和政策环境等因素的影响，因而具有较强的不确定性，加之农业经营原本就具有低利润的特点，使得农业经营主体通过传统融资方式满足资金需求面临一定的困境。而信托公司原本就是金融机构的组成部分，信托业务也天然带有金融属性，这就为解决农村土地规模化流转过程中的资金需求问题提供了一条可能的路径。有学者对美国和日本的农地信托实践进行比较分析后发现，尽管信托公司在两国具体农地信托中所扮演的角色和发挥的功用具有明显的区别，但也有一处共同点，即信托公司始终承担为信托计划的开展提供资金支持的职能。①

第三，提高农民的收入水平。有研究认为，实行农地信托改革之后可以从三个层面增加农户收入，一是通过原本就建立在农地承包经营权之上的政府给予的农业税收补贴；二是农户通过土地流转而获得的租金收入；三是农地流转给农业经营主体之后，农户作为其员工继续在原土地上耕种所获得的工资收入。② 事实上，以上第一和第三项增收其实并非农村土地

---

① 参见刘颖《乡村振兴战略背景下农村土地信托化路径比较与规划研究》，《农业经济》2020年第11期，第92页。
② 参见苗绘《中国农村土地流转信托模式创新与机制研究》，河北大学博士学位论文，2021，第35页。

信托模式所特有,因为即便是按照传统土地流转模式,这两项收入的增加也可以为农户所享有。农村土地信托真正能给农户带来的收益增加部分恰恰集中在土地流转后的租金部分。这并不意味着传统土地流转模式不能给农户以租金收入,而是指农村土地信托相较于传统土地流转模式可能带给农户更多的土地租金收益。为了说明这一点,需要借助古典经济学中的"地租理论"。按照李嘉图的观点,地租总是使用两份同样数量的资本和劳动所获得的产量之间的差额。[1] 按照其理论,地租产生于两种途径,即扩展边际地租和集约边际地租,前者是指"当次等土地投入耕种时,头等土地马上就开始有地租";后者则是指在同一块土地上追加投资所带来的产量与同样投资投入其他土地上所产生的产量之差。[2] 将该理论带入现实实践当中即可发现,传统的农地流转模式中,接受土地流转方主要是其他农户或者农民专业合作社,由于其自身实力有限,对同一块土地持续投入的资本是有限的,所以仅能带来集约地租部分的微量增长。但就农村土地信托模式而言,农业经营主体对于同一地块的持续投资能力不仅能带动集约地租的增加,更重要的是,其在追求规模化经营的同时也会不断开发更多次等级的农地,因而可能为农户带来更多扩展地租层面的收入增加。

2. 是否有利于克服农村土地信托中的"市场失灵"

科斯认为,市场交易中存在交易成本,这种成本包括确定买者与卖者、确定或协商价格、订立契约、监督契约各方的执行情况以及履行遵守契约等费用。如果交易成本比较低或比较适中,则市场机制足以完成生产和分配。但如果交易费用足够高,市场各方将不得不放弃交易退出市场,除非有外力介入将交易成本内化。[3] 在我国,农村土地信托的开展之所以不可能脱离地方政府而独立运行,其主要原因就在于农村土地信托过程中存在极高的交易成本,尤其是在事关农村土地信托公益目的实现的几个环

---

[1] 参见〔美〕小罗布特·B.埃克伦德、罗伯特·F.赫伯特《经济理论与方法史》(第五版),杨玉生等译,中国人民大学出版社2017年版,第127页。

[2] 参见〔美〕小罗布特·B.埃克伦德、罗伯特·F.赫伯特《经济理论与方法史》(第五版),杨玉生等译,中国人民大学出版社2017年版,第125~128页。

[3] 参见〔美〕斯坦利·L.布鲁、兰迪·R.格兰特《经济思想史》(第8版),邸晓燕等译,北京大学出版社2014年版,第263~264页。

第六章 风险调控视角下农村土地经营权信托之整体风险的法律应对

节,如果没有地方政府的参与,信托各方将不得不退出相关交易。详言之,农村土地信托中主要的交易成本包括以下几方面。

第一,土地归集的成本。在土地归集过程中至少在三个方面面临较高的交易成本。一是信息收集成本。信息是市场决策的前提,是市场交易的基础,如果交易双方缺乏充分的信息,将会导致交易的失败。在农村土地信托过程中,作为土地经营权主体的农户与作为受托方的信托公司之间存在明显的双向信息不对称。农户由于文化水平普遍不高,对现代金融交易,尤其是具有较高复杂性和抽象性的信托交易的知识掌握较少,处于对信托运行以及信托公司相关信息缺乏了解的境地,所以很难自主作出委托决策。对于信托公司而言,面对特定区域内大量的农户,其中谁有信托意愿、其愿意流转的耕地数量和质量等重要信息,虽不能说完全无法收集,但相关的收集成本必定不容小觑。二是谈判或协商成本。这一点对于信托公司尤为明显,仅以前述湖南益阳市草尾镇的数据来看,在持续性的土地流转中,当地约15000户农户参与信托,若要求信托公司逐一展开谈判协商,无论在时间成本还是人力成本上都将是巨大的耗费。三是土地动员成本。我国农村地区大多属于"熟人社会",加之从整体而言,农民在心理层面具有"风险厌恶"的选择偏好,对于陌生的信托公司往往具有较强的谨慎甚至排斥心理,这会使信托公司在土地动员过程中面临较大阻碍。况且土地动员的目的是成片化归集土地以利于后期规模化经营,不排除信托公司对特定区域农户动员的结果形成所谓"1∶99"的局面,即绝大多数动员成功但少部分农户拒绝流转,这对于信托公司而言显然是难以接受却又无力改变的。

第二,流转农地初始投资的成本。待流转农地若要作为农地规模经营的预备用地,前期需要进行必要的初始投资,包括土地整理、耕地质量提升以及农田基础设施投入等。这些投资都会产生相应的成本,但这种成本对于农村土地信托各方而言似乎都很难自愿承担。从农户的角度而言,待流转农地原本大多是闲置土地,对其而言成本收益都基本为零。其参与信托的动力在于流转能增加其收益而不改变其成本负担,若相关操作还意味着农户自身需增加成本支出,甚至成本可能在短期内超过收益,对于农户而言可能难以接受。对于承租土地的农业公司而言,一方面,租赁农地上的基础设施会被其视作"公共物品",很难激发其私人投资的意愿,另一方面,也更为重要的是,一般农地信托租赁期较短,多为3~5年,而这种初始投资的成本更类似于长期投资和"沉没成本",在中短期内很难完全收回,[①] 难以对农地租赁方产生投资激励。对于信托公司而言,虽然依据《信托法》第37条[②]的内容,从逻辑上这笔成本可以用信托财产支付或者从信托公司固有财产中支付,但是农村土地信托的信托财产是土地经营权,其自身并非通货,无法直接进行支付。若信托公司先行支付待产生信托收益后再优先受偿的话,则势必会减少农户的土地租金收入,鉴于农村土地信托收益的特殊性,此方法恐亦难以有效推行。

第三,农户收益刚性兑付的成本。在正常的市场逻辑下,农户信托收益来自其将土地委托给信托公司,由后者通过遴选将农地租赁给农业经营主体进行规模化经营,待产生收益后将其中一部分以土地租金形式支付给农户。但实践中这一市场逻辑不得不面对两方面的考验:一方面,在我国现实语境中,"农民利益保护"具有极强的敏感性,从各级政府到社会舆论都给予高度关注,这无形中在农户与信托公司之间形成了农户风险不必自担而信托公司租金必须支付的局面;另一方面,作为农地的实际经营方,大多数农业经营主体都尚处于发展阶段,自有资金并不雄厚,加之农业经营无法避免的自然风险、市场销售风险以及政策风险等,导致其并不能保证农地信托会有持续稳定的经营收益分配。两方面因素叠加,便使得向农户支付租金成为信托公司的一项特殊的风险成本。当该成本的不确定性足够大时便足以阻止绝大多数信托公司涉足农地信托领域。

3. 地方政府参与的实效:基于经验的观察

从农村土地信托的目标来看,显然不能认为其只是为了实现私主体的利益,无论是农地规模化经营还是为其提供辅助的金融支持都带有明确的公共利益性质。即便是农户收入的增长,其着眼点也不是个体农户而是作

[①] 参见南光耀、诸培新、王敏《政府背书下农地经营权信托的实践逻辑与现实困境——基于河南省D市的案例考察》,《农村经济》2020年第8期,第85页。

[②] 《信托法》第37条:"受托人因处理信托事务所支出的费用、对第三人所负债务,以信托财产承担。受托人以其固有财产现行支付的,对信托财产享有优先受偿的权利。"

第六章　风险调控视角下农村土地经营权信托之整体风险的法律应对

为一个整体的农民群体。而从农村土地信托中市场失灵的种种情形观之，其也不可能依靠市场化的信托主体来加以克服。这些都为地方政府介入农村土地信托奠定了理论和实践的基础。

表6-1是对现有部分农村土地信托模式中地方政府角色与作用的总结，对其加以审视将有助于我们从实践层面进一步认识地方政府的介入，对于农村土地信托目的之达成以及相关市场失灵之克服究竟意义几何。

表6-1　部分农村土地信托模式中地方政府的角色与作用

模式	委托人	受托人	受益人	土地归集	资金支持
沙县模式	村民委员会	地方政府设立的"信托公司"	农户、地方政府设立的"信托公司"	地方政府	地方政府及其设立的"信托公司"
草尾模式	农户或村民委员会	地方政府设立的"信托公司"	农户	地方政府	地方政府及其设立的"信托公司"
邓州模式	农户	政府设立的土地开发公司	地方政府、农户	地方政府	地方政府
宿州模式	地方政府	中信信托	地方政府	地方政府	信托公司
密云模式	土地股份合作社（农户）	北京信托	农户	土地股份合作社（农户）	信托公司
无锡模式	土地股份合作社（农户）	北京信托	农户	土地股份合作社（农户）	信托公司

从表6-1可以清楚地看到，"密云模式"和"无锡模式"无疑是最贴近现代信托理念的农地信托路径，其中基本排除了地方政府的具体参与。但是从实际效果观察，该模式与农村土地信托欲实现的目标却有一定的差距。根据研究统计，"密云模式""无锡模式"自实施以来总共实现农地流转面积分别为近2400亩和1700亩，[1] 以至于有学者指出，该模式由于仅仅局限于村民小组范围之内，农地流转规模较小，市场化程度也较低，完全不利于实现农业的规模化经营。[2] "宿州模式"从形式上看，由信托公司

---

[1] 参见苗绘《中国农村土地流转信托模式创新与机制研究》，河北大学博士学位论文，2021，第70页。

[2] 参见李泉、李梦、鲁科技《"三权分置"视域中的农村土地信托模式比较研究》，《山东农业科学》2019年第1期，第165页。

通过资金信托计划来为农地信托项目和农地受让方提供融资,地方政府依靠自身动员优势完成农地归集,似乎是在坚持市场化信托运行前提下兼顾地方政府的职能优势,但实际上该项目在开展半年后由于信托公司资金没能及时到位而不得不陷入搁置状态。① 反观"邓州模式"等政府参与环节较多的农地流转模式,从直观上与一般信托原理最为"格格不入",但其实施效果在某种意义上却是最贴近农村土地信托目的的一种运行模式。相关数据显示,河南邓州自2016年开始推行农地信托以来,仅仅3年时间,当地农地流转面积占比从35.4%提高到46.9%,累计投入约2.5亿元资金对农地进行整理和土壤质量改良,使耕地质量从原来的7~8级提高到6级,农户收入得到明显增加。② 而最早实施该模式的湖南省益阳市草尾镇从2011年至2019年实现农地流转约6万亩,当地70%的农户都参与到该农地信托模式当中。③

以上对既有农村土地信托模式的经验检视并不意味着本书倾向于认为现有模式中地方政府的角色定位具有当然的正当性,更不代表排斥和放弃对地方政府在农村土地信托中实然性功能与作用的进一步反思和改进。但是上述理论与实践的反差至少提醒研究者注意,对于判断地方政府在农村土地信托中的角色定位问题不能简单以且仅以现有法律制度为"标尺",进而加以简单肯定或否定,这极有可能造成"削足适履"的理论扭曲。

(三)农村土地经营权信托中地方政府角色的应然定位

通过前文的分析可以看到,在我国农村土地"三权分置"背景之下,农村土地信托作为农村土地流转制度改革的一种具体方式,对于政府权力的介入具有较强"路径依赖"。因而,中国的农村土地信托具体制度设计就不能一味移植或照搬西方模式,将地方政府完全排斥在外去寻求绝对的"市场化",这样无异于刻舟求剑、缘木求鱼。同时,也必须清楚地认识到,农村土地信托实践对于政府干预的制度性需求并不意味着地方政府可

---

① 参见裘文斐《首单土地信托因何搁浅》,《上海证券报》2014年3月19日,第3版。
② 参见南光耀、诸培新、王敏《政府背书下农地经营权信托的实践逻辑与现实困境——基于河南省D市的案例考察》,《农村经济》2020年第8期,第85页。
③ 参见苗绘、王金营《中国农村土地集合信托模式创新与保障机制研究》,《宏观经济研究》2021年第7期,第130页。

第六章　风险调控视角下农村土地经营权信托之整体风险的法律应对

以任意成为信托过程的当事主体,甚至全面以行政手段取代市场机制对农地资源进行配置。从应然的角度,农村土地信托中地方政府角色的定位主要包括以下几个方面的内容。

1. 尊重和保障土地承包经营权主体的意思自治

尊重土地承包经营权主体的意思自治就是遵循农户以土地经营权设立信托实现土地流转的自愿原则,是民法意思自治原则在土地经营权信托法律关系中的具体体现,也是尊重农户财产权的生动体现。尊重土地承包经营权主体的自主和自决权,就是尊重和保障他们利益的最好方式,因为"当事人比政府更为了解自己的利益所在"。[①] 按照古典经济学的观点,每个人首先和主要关心的是他自己,无论在哪一方面,每个人当然比他人更适宜和更能关心自己。[②] 基于"家长主义"的惯性,单纯从政府的角度考虑农村问题、提出对策,并要求农民接受这一安排,很多时候并不一定能反映农民的真实需求和真正保障农民的利益。因此,在农村土地经营权信托中,"必须始终铭记,农户是土地承包经营主体,决不能限制或强制农民流转承包土地。充分尊重农民意愿,切实保障农民权益,不刮风,不走偏,这是必须坚守的底线"。[③]

事实上,党和国家一直高度重视和关注农村土地流转中农民自主权的问题。在政策层面,先后多次出台政策文件,强调对农民意愿的尊重和保护。自1987年中共中央政治局通过的《把农村改革引向深入》报告规定,允许农民经集体同意后将土地转包他人以来,特别是随着1992年建立社会主义市场经济体制的重大决策,我国农村土地流转出现了政策变迁的关键节点。在这一阶段,国家政策转向了允许农民转包土地。同时,由于经济的快速发展,大量农村劳动力进城务工,农村耕地出现了严重的撂荒现象。面对这一新的情况,地方政府开始大力推动农村土地向工商企业流转。虽然地方政府

[①] 〔美〕罗伯特·A.希尔曼:《合同法的丰富性:当代合同法理论的分析与批判》,郑云瑞译,北京大学出版社2005年版,第10页。

[②] 参见〔英〕亚当·斯密《道德情操论》,蒋自强等译,商务印书馆1997年版,第282页。

[③] 《创新农业经营体制 增强农村发展活力》,人民网,http://opinion.people.com.cn/n/2013/0201/c1003-20395793.html,最后访问日期:2022年6月7日。

的大力推动在一定程度上促进了现代农业发展，但也出现了个别地方政府强制农民流转土地，从而侵犯农民权益的情况。强制农户进行耕地流转的行为，最具代表性的是"反租倒包"和"两田制"两种方式。① 1998年10月，党的十五届三中全会通过的《中共中央关于农业和农村工作若干重大问题的决定》明确提出"必须承认并充分保障农民的自主权""土地使用权的合理流转，要坚持自愿、有偿的原则依法进行，不得以任何理由强制农户转让";② 2001年12月30日，《中共中央关于做好农户承包地使用权流转工作的通知》（中发〔2001〕18号）强调"农户承包地使用权流转必须坚持依法、自愿、有偿的原则""土地使用权流转一定要坚持条件，不能刮风，不能下指标，不能强制推行""任何组织和个人不得强迫农户流转土地，也不得阻碍农户依法流转土地。由乡镇政府或村级组织出面租赁农户的承包地再进行转租或发包的'反租倒包'，不符合家庭承包经营制度，应予制止";③ 2009年中央一号文件《中共中央、国务院关于2009年促进农业稳定发展农民持续增收的若干意见》规定"坚持依法自愿有偿原则，尊重农民的土地流转主体地位，任何组织和个人不得强迫流转，也不能妨碍自主流转";④ 2014年中央一号文件《关于全面深化农村改革加快推进农业现代化的若干意见》提出"落实农村土地集体所有权的基础上，稳定农户承包权、放活土地经营权""土地流转和适度规模经营要尊重农民意愿，不能强制推动";⑤ 2016年10月30日，中共中央办公厅、国务院办公厅印发的《关于完善农村土地所有权承包权经营权分置办法的意见》强调"尊重农民意愿。坚持农民主体地位，维护农民合法权益，把选择权交给农民，发挥其主动性和创造

---

① 参见吴光芸、万洋《中国农村土地流转政策变迁的制度逻辑——基于历史制度主义的分析》，《青海社会科学》2019年第1期，第86~95页。
② 参见《中共中央关于农业和农村工作若干重大问题的决定》（1998年10月14日中国共产党第十五届中央委员会第三次全体会议通过）。
③ 参见《中共中央关于做好农户承包地使用权流转工作的通知》（中发〔2001〕18号）。
④ 《中共中央、国务院关于2009年促进农业稳定发展农民持续增收的若干意见》，农业农村部网站，https://www.moa.gov.cn/ztzl/yhwj/wjhg/201202/t20120215_2481459.htm，最后访问日期：2022年6月10日。
⑤ 《关于全面深化农村改革加快推进农业现代化的若干意见》，中国政府网，http://www.gov.cn/jrzg/2014-01/19/content_2570454.htm，最后访问日期：2022年6月10日。

第六章　风险调控视角下农村土地经营权信托之整体风险的法律应对

性，加强示范引导，不搞强迫命令、不搞一刀切"。① 在法律层面，多部立法均规定了农村土地流转应遵循包括"自愿"在内的原则。2002 年的《农村土地承包法》第 33 条明确规定土地承包经营权流转应当遵循的原则之一是"平等协商、自愿、有偿，任何组织和个人不得强迫或者阻碍承包方进行土地承包经营权流转"；② 2018 年修正的《农村土地承包法》第 38 条规定土地经营权流转应当遵循的原则包括"依法、自愿、有偿，任何组织和个人不得强迫或者阻碍土地经营权流转"；③ 2012 年《农业法》第 90 条④及 2018 年《农村土地承包法》第 57、第 60、第 65 条⑤还从责任方面对土地流转的

---

① 中共中央办公厅、国务院办公厅：《关于完善农村土地所有权承包权经营权分置办法的意见》，中国政府网，http://www.gov.cn/xinwen/2016-10/30/content_5126200.htm，最后访问日期：2022 年 6 月 10 日。
② 《农村土地承包法》（2002 年）第 33 条："土地承包经营权流转应当遵循以下原则：（一）平等协商、自愿、有偿，任何组织和个人不得强迫或者阻碍承包方进行土地承包经营权流转；（二）不得改变土地所有权的性质和土地的农业用途；（三）流转的期限不得超过承包期的剩余期限；（四）受让方须有农业经营能力；（五）在同等条件下，本集体经济组织成员享有优先权。"
③ 《农村土地承包法》（2018 年）第 38 条："土地经营权流转应当遵循以下原则：（一）依法、自愿、有偿，任何组织和个人不得强迫或者阻碍土地经营权流转；（二）不得改变土地所有权的性质和土地的农业用途，不得破坏农业综合生产能力和农业生态环境；（三）流转期限不得超过承包期的剩余期限；（四）受让方须有农业经营能力或者资质；（五）在同等条件下，本集体经济组织成员享有优先权。"
④ 《农业法》（2012 年）第 90 条："违反本法规定，侵害农民和农业生产经营组织的土地承包经营权等财产权或者其他合法权益的，应当停止侵害，恢复原状；造成损失、损害的，依法承担赔偿责任。国家工作人员利用职务便利或者以其他名义侵害农民和农业生产经营组织的合法权益的，应当赔偿损失，并由其所在单位或者上级主管机关给予行政处分。"
⑤ 《农村土地承包法》（2018 年）第 57 条："发包方有下列行为之一的，应当承担停止侵害、排除妨碍、消除危险、返还财产、恢复原状、赔偿损失等民事责任：（一）干涉承包方依法享有的生产经营自主权；（二）违反本法规定收回、调整承包地；（三）强迫或者阻碍承包方进行土地承包经营权的互换、转让或者土地经营权流转；（四）假借少数服从多数强迫承包方放弃或者变更土地承包经营权；（五）以划分'口粮田'和'责任田'等为由收回承包地搞招标承包；（六）将承包地收回抵顶欠款；（七）剥夺、侵害妇女依法享有的土地承包经营权；（八）其他侵害土地承包经营权的行为。"第 60 条："任何组织和个人强迫进行土地承包经营权互换、转让或者土地经营权流转的，该互换、转让或者流转无效。"第 65 条："国家机关及其工作人员有利用职权干涉农村土地承包经营，变更、解除承包经营合同，干涉承包经营当事人依法享有的生产经营自主权，强迫、阻碍承包经营当事人进行土地承包经营权互换、转让或者土地经营权流转等侵害土地承包经营权、土地经营权的行为，给承包经营当事人造成损失的，应当承担损害赔偿等责任；情节严重的，由上级机关或者所在单位给予直接责任人员处分；构成犯罪的，依法追究刑事责任。"

农村土地经营权信托的风险控制与法律构造

"自愿"原则提供了法律保障。

虽然党和国家在法律和政策层面不断强调农村土地流转中的"自愿"原则,但从多年来的农村土地流转实践来看,违背农户自愿原则的案例并不鲜见。针对实践中屡见不鲜的违背农户意愿的实例,有学者总结了其中的原因:第一,相较于传统的土地利用方式,土地的规模化经营更有利于地区财政收入增加和经济增长,因而地方政府具有"利益动因"强力推动农村土地流转;第二,在传统的"个人服从组织"观念和民主意识薄弱的影响下,相较于地方政府、农村集体经济组织或村民委员会,农民往往处于弱势地位,从而丧失发言权和自主权;第三,农村土地集体所有权主体的抽象性和模糊性,不仅带来了成员权利虚化的问题,也给地方政府、农村集体经济组织或村民委员会等组织强力介入农村土地流转埋下了伏笔。[①]

就土地经营权信托而言,强调对农户意愿的尊重和保护,是土地经营权信托目的之内在要求的体现。正如前文所言,土地经营权信托的目的具有"社会性",包括私益目的和公益目的。从私益目的角度看,就是要尊重和保障农户的意思自治,遵循自愿原则,保障农户的财产权,从而保障其实现基于土地经营权信托方式而产生的土地利益;从公益目的角度看,政府在土地经营权信托中应当积极作为,以促进农村土地信托流转。但是,这并不意味着公益目的就能凌驾于私益目的之上。因此,关于地方政府在农村土地经营权信托中的角色定位,首要的就是要承认土地信托中私益目的之生存空间,故应充分尊重和保障土地承包经营权主体,即农户的意思自治,不能强迫农户参与农村土地信托流转。

2. 地方政府不应成为土地经营权信托中任何一方的当事人

关于地方政府充当农村土地信托中委托人的问题及其消极影响,学界观点较为一致,即地方政府并非农村土地承包经营权的真实主体,从法理上其无权对非自身财产或财产性权利进行委托。即便将其视为农户的代理人,在类似安徽"宿州模式"的运行方式中也存在从村委会到乡镇政府再

[①] 参见徐卫《土地承包经营权集合信托模式的构建逻辑与制度设计——土地承包经营权实现方式的变革》,上海交通大学出版社2016年版,第104~109页。

第六章 风险调控视角下农村土地经营权信托之整体风险的法律应对

到区政府的多重代理关系,在如此冗长的代理链条之下,作为真正权利人的农户,其利益很容易被忽视甚至消解。对此前文已有较为详细的介绍,在此不再赘述。这里需要补充的是地方政府在作为农村土地信托的受托人及受益人时可能引起的更为深层次的问题。

对于地方政府作为农村土地信托的受托人,法学界的批评意见主要集中于其资质及能力方面,但尚有一些其他不良影响未引起足够注意。第一,在现有农村土地信托模式中,地方政府一般是通过整合当地财政资金、国有投资平台资金甚至是政府行政部门的专项资金来成立信托机构从事农地流转工作,在整个运行过程中基本不存在外来的金融支持和补充渠道。在现阶段地方政府财政吃紧及对地方投资平台资金监管日趋严格的背景下,这种单一资金来源的运营模式是否能够维持,值得引起高度关注。第二,纵观"沙县模式""邓州模式""草尾模式"等政府主导型的农村土地信托模式,往往是由受托人将受托流转的农地集中归整,在对其进行初始投资后一次性对外公开招租。这样处理会造成两方面的不经济后果。一方面公开招标的土地都是按照统一标准整理、开发和进行农田基础设施投资,这就使得土地之间的"级差"被抹去了。按照李嘉图的观点,农地与农地之间之所以会出现"地租"的不同,是因为它们在土地质量上存在"级差"。而这种统一开发、统一向市场投放的模式,无疑会消除耕地质量更高、位置更好的农户原本所应获得的"级差地租"。另一方面,从已公开的数据来看,无论是邓州市还是草尾镇,地方政府一次性投放的农地面积往往在上万亩,而在特定时间内有能力、有意愿参与承租的农业经营公司往往数量是既定的,这就会在短时间内造成农地供给需求间的极度不平衡。供给远大于需求,会造成地方政府"招租难"的现象,[①] 并进而影响农地租金价格。第三,地方政府通过设立"信托公司",间接成为农村土地信托的受托人,还会增加当地政府的政治风险。前已述及,由于农业经营具有较高的风险性,这种风险会由农业经营公司传递到政府设立的"信

---

① 参见南光耀、诸培新、王敏《政府背书下农地经营权信托的实践逻辑与现实困境——基于河南省 D 市的案例考察》,《农村经济》2020 年第 8 期,第 85 页。

托公司"。当农业经营公司无力支付农村土地信托收益的时候，对农户土地租金的兑付责任便转移到地方政府之上，这无疑会让地方政府面临较大的不稳定风险。

地方政府作为农村土地信托受益人角色同样存在容易被忽视的问题。按照正常逻辑，农村土地信托的收益作为经营收入，其中主要部分应由农业经营公司获得，农业经营公司将其中小部分拿出作为生产要素成本以地租形式支付给农户，再将更小的一部分作为相关手续费支付给信托公司。地方政府成为受益人就意味着既定的信托收益必须再分出一部分转移给政府，这无疑会挤占信托其他当事人的利益，尤其是农业经营公司的收益。当农业经营公司通过农村土地信托可获得的预期收益下降到一定程度时，会产生两种结果：要么农业经营公司"用脚投票"退出信托流转；要么农业经营公司通过转变农地用途突破或变相突破耕地红线的方式在流转农地上寻求更高利润的经营项目。显然，无论哪一种结果都是与农村土地信托目的及初衷背道而驰的。

3. 地方政府应作为土地经营权信托中"公共物品"的提供者

所谓"公共物品"，是指那些每个私人主体都对其有需求，但又无法由个人所提供的物品。公共物品的缺失是市场失灵的一个重要表现。回顾农村土地信托中市场失灵的情形，无论是交易成本的阻碍还是初始投资的缺失，乃至农户刚性兑付责任的存在，其背后都隐藏着公共物品供给不足这样一个共同的原因。因此，地方政府参与农村土地信托的应然性角色就是提供足够的"公共物品"，从而克服信托存续期间所存在的市场失灵问题，进而引导各方当事人共同实现农村土地信托目的。根据农村土地信托所需"公共物品"内容的不同，可将地方政府角色具体定位如下。

第一，地方政府应作为公共服务的提供者。农村土地信托中存在巨大的交易成本问题，导致信托当事人之间难以自由、自愿达成信托共识。此时政府的职责就是通过提供充分的公共服务去消除，或至少是"外化"这些交易成本，从而消除农村土地信托交易中的障碍。以前文所列举的交易成本内容为例，地方政府可从两个方面以相关公共服务来予以"消化"。首先，对于信息成本和谈判成本而言，其本质都是农村土地信托中农户与

第六章　风险调控视角下农村土地经营权信托之整体风险的法律应对

信托公司之间的信息不对称。地方政府可以通过建设信息网络平台的方式来解决信息不对称问题。通过充分借助与发挥网络平台在信息获取及交易匹配方面的优势，在农户信息方面，地方政府可以村集体经济组织为单位，将农户的农地信息、流转意愿及交易对价等关键性信息予以公开；在信托公司方面，当地政府可以将经过筛选或竞标的有资质参与本地农地流转的信托公司信息予以全面公示，达到信托当事各方只要有意愿就可通过平台了解其他当事人与信托交易有关的全部信息的状态，从而最大限度地填补横亘在信托当事人间的信息鸿沟。其次，对于消除动员成本而言，地方政府更是具有得天独厚的优势。由于历史因素和文化原因，我国农村地区的农民群体历来对于地方政府有着信赖甚至是"依赖"心理，以至于在有些地区进行农村土地信托实践过程中，农户在自身对于信托缺乏最基础了解的情况下，只是"跟随政府指导"就将农地流转出去。[1] 本书当然无意美化农户这种"无条件"的信赖心理，只是为了指出，在农民群体的动员方面，地方政府具有明显的体制性优势。在农村土地信托过程中，地方政府通过对这种优势的发挥即可为信托交易的达成提供重要的公共性服务。

第二，地方政府应作为农村土地初始投资的投资者。农村土地初始投资之所以会成为农村土地信托中的一种"公共物品"，是因为其对于信托参与各方而言都是存在需求的。例如，对农户而言，农村土地初始投资可以直接提升农地质量等级从而提高其出租的租金收入；对于信托公司而言，高等级的农地更便利其完成土地的租赁和流转；对于农业经营公司而言，更高等级的耕地质量就意味着更高的农业经营收益水平。但是，若要这三方主体将这种初始投资"内化"到自身的成本项中，则是任意一方都不愿意接受的。对农户而言，由于对自己零散、细碎的农地进行初始投资并不能直接换来土地租金成比例的提高，农地的租金只与整体成片流转土地的质量有关，并不取决于其中某一小块土地的质量，加之农户中普遍存

---

[1] 参见麻松林《我国农村土地信托制度构造研究》，西南政法大学博士学位论文，2018，第53页。

在"搭便车"的心理，因而其很难作出农地投资的个体化决策；在信托公司及农业经营公司这两方看来，农地初始投资直接改变了作为生产要素之土地的质量状况，而无论是信托公司还是农业经营公司都很难直接分享要素质量提升而引起的要素使用价格上涨的增值溢价，因为要素使用价格本质上只是要素所有权人基于要素出租、出借而产生的一种对价。尤其对于农业经营公司而言，对土地投资属于对固定成本投资，其作为中短期租约的租赁方，从经济理性的角度考虑，利润最大化的方法是将投资尽量放在人力成本、工具设备等可变成本的支出端，而尽量避免对固定成本进行投资。

地方政府基于两方面的激励而成为完成农地初始投资的最为合适的角色。一方面，来自体制层面的激励。正如有学者所言，"基层组织和村集体决策者要实现自身的利益目标，主要的途径则是执行上级政府的行政命令，以此来获取经济收益或职位晋升上的激励"。[①] 农村经济发展水平历来是上级政府对下级政府执政能力和成效的一项重要考核指标，该指标项下就包括农田基础设施投资、耕地质量、农地流转数量等具体内容。另一方面，来自经济层面的激励。从规范意义上而言，地方政府不应也不能参与农村土地信托的任何一个环节并从中获益，但这并不意味着促成农村土地信托流转这项工作不能给地方政府带来经济激励。有学者通过对河南省邓州市相关实践研究指出，当地政府通过积极促使农地流转并对土地进行综合整治，增加了耕地占补平衡指标的交易收入，还获得了大量建设用地指标。[②] 这不仅增加了地方政府的财政收入，而且为地方政府发展经济、加强城市建设换取了更多"辗转腾挪"的空间。

第三，地方政府应成为相关配套制度的供给者。农村土地信托实践的有效运行不能单凭《信托法》《信托公司管理办法》等现行制度。由于其涉及面较广，在不同层面都需要有对应的制度予以规范和保障，任何一方

[①] 曾红萍：《地方政府行为与农地集中流转——兼论资本下乡的后果》，《北京社会科学》2015 年第 3 期，第 83 页。

[②] 参见南光耀、诸培新、王敏《政府背书下农地经营权信托的实践逻辑与现实困境——基于河南省 D 市的案例考察》，《农村经济》2020 年第 8 期，第 87 页。

第六章 风险调控视角下农村土地经营权信托之整体风险的法律应对

面制度的缺失都可能会影响信托流转的整体效果。例如，从保障信托财产的独立性、保护善意第三人的利益以及维护信托交易安全与稳定的角度观之，亟须完善农村土地信托登记制度；从克服农村土地信托中刚性兑付的责任角度来看，迫切需要出台对应的农业经营保险制度和农村土地信托风险补偿基金制度；从大力促进农村土地信托发展，引入更多有实力、有经验的信托公司与农业经营公司的角度而言，有必要出台有针对性的财政补贴制度和税收优惠制度；站在保护流转土地农户利益的层面观察，可以积极探索土地租金预付制度，进一步完善农村社会保障制度……所有这些配套制度都是农村土地信托流转健康发展所需要的，同时也是农村土地信托实践中所缺失的，这就需要地方政府从制度供给者的角度来加以研究，并尽快出台相关制度，从而为农村土地信托的实践及推广营造有利的制度环境。

强国必先强农，农强方能国强。农业农村现代化是中国式现代化的关键组成部分。农村土地经营权信托一方面使农民作为受益人，获得了传统集约边际地租之外的扩展边际地租，成比例地增加了土地流转收益；另一方面，通过土地集约化和专业化利用，带动乡村产业振兴，提供了农民作为新型农业经营主体的就业保障，拓展了农民劳动增收的新渠道。以增加农民"外生收益、内生受益"双措并举，同时推进了农业高质高效发展、农民富裕富足两个层次的现代化。然而，这一制度在实践中并未发挥其应有的效能。

市场化是土地经营权信托作用的底层逻辑，地方政府是土地信托运行的重要保障。实践中地方政府角色的"越位"和"缺位"，归根结底是因为并未正确认识政府与市场间的关系。中国式现代化语境下，政府既非"全能"也非"失能"，而应当在理性的判断标准下，厘清和重塑公共物品供给者的应然定位，以法治为中轴线，串联起"强国家—强市场—强社会"的共治链条。从而为土地经营权信托的推行创造良好的市场和制度环境，以农业农村现代化和国家治理现代化子系统的协同调和，最终促进中国式现代化的整体实现。

二 农地"非粮化""非农化"风险的"内外协力"应对

正如前文所述,在严格意义上,"非粮化"与"非农化"并非相同的概念,两者具有一定的差异性,是不同的主体基于不同利益的考虑而实施的行为。农地"非粮化"背后的原因主要是农地粮食作物的比较收益较低;"非农化"的利益诉求则主要是资本进入农业领域的逐利逻辑和土地财政的驱动。一般认为,"非粮化"是指在农地利用中,不种植粮食作物的行为,但其农地利用行为还在"大农业"产业范围之内,如种植经济作物、发展养殖业等其他行为;"非农化"则是指完全改变土地用途,将农业用途的土地转变成非农业用途,用于非农业的生产经营行为。农村土地的"非粮化""非农化"利用,会给土地生产力带来极大影响。有学者引入"可逆性"这一概念来区分两者的影响程度,认为"非粮化"的可逆性程度高于"非农化",也就是说农地"非粮化"的耕地恢复成本、难度及对粮食安全保障的影响程度要小于农地"非农化"利用。[①] 但需要说明的是,虽然两者在原因、主体行为逻辑、对土地的影响等诸多方面存在一些差异,但从土地经营权信托目的、信托结构、风险后果、风险治理等方面看,两者也存在一些共同的特性。因此,下文在阐释过程中,并没有刻意区分"非粮化"和"非农化",而是将其置放在整体的风险治理框架中去讨论和分析。

与引致风险的经济因素和制度因素相对应,农村土地经营权信托中农地的"非粮化""非农化"风险应对也应当从内外部因素着手,形成信托内部规则优化和信托外部制度完善的协力。信托内部规则的优化是指通过优化土地经营权信托规则,强化权责条款对受托人的约束,激励以农户为当事人的自力监督,借力于制度内部设计,实现对相关主体行为的本源规制。信托外部制度的完善是指通过加强市场准入控制、严格农地利用监管、建立利益补偿机制等信托外部配套制度的完善,形成对农村土地信托运行的有力

---

① 参见匡远配、刘洋《农地流转过程中的"非农化"、"非粮化"辨析》,《农村经济》2018年第4期,第4页。

第六章 风险调控视角下农村土地经营权信托之整体风险的法律应对

支持,从而匡正农村土地信托实践中"非粮化""非农化"的错位,令其回归"趋粮化""趋农化"的本质,充分发挥农村土地信托制度的优势。

(一) 农地"非粮化""非农化"风险的后果

1. 个体理性与整体理性的零和博弈

在良好的制度运行状态中,个体理性与整体理性应当呈现"分散—集合"的逻辑关系,二者在目标上趋同,利益指向也趋于一致,经由个体理性指导下的微观行为达到宏观上的整体理性效果。然而,在目前的农村土地信托中,个体理性与整体理性却呈现零和博弈的对峙冲突之态。对农户而言,由于在很多农村土地信托模式中,其无法成为信托法律关系的一方当事人,基于对自身土地权益易被侵害的顾虑,往往不愿流转土地经营权;同时,在城镇化背景下,种植粮食通常不是农户的首选经营决策,农地弃耕抛荒现象日益凸显。对作为受托人的信托公司而言,制度安排引起的市场失序,使得正常经营状态下土地信托的"趋粮化"本质无法发挥,其个体理性由于行为失范而无限放大,出于经济利益的"少粮化""去粮化""非农化"经营屡见不鲜。在财政收入增长和地方经济发展的驱动下,地方政府对农地"非粮化""非农化"的监管可能存在一定程度的失灵。农户、信托公司、地方政府各有其个体的经济理性,在"非粮化""非农化"的态势下,三者因其指向不同而无法兼顾,更与稳定、有序、公平的社会整体理性相互背离,农村土地信托乃至整体的土地流转就可能陷于制度成本畸高、制度收益甚微的低效运行状态。

2. 农地增收与粮食安全的负向相关

农地增收与粮食安全本应呈现同步增益的正相关关系,通过农地增收提高农民种粮收益,从而激发农民积极投入粮食种植的生产积极性,进而巩固粮食安全、维护底线性的社会利益。然而当农地增收与商业经营挂钩,开发利用成为获取土地利益的更有效方式,"非粮化"不仅挤占了耕地空间而造成粮食产量的下降,还会破坏原有土地结构、降低耕地质量,[1]

---

[1] 参见李超、程锋《"非粮化"对耕作层破坏的认定问题思考》,《中国土地》2021年第7期,第14页。

诱发土壤退化，对耕作层造成不可逆的毁损。对地力的破坏会在根本上降低粮食生产率，造成粮食供给的持续性不足，使农地增收与粮食安全陷入负向相关的恶性循环。毫无疑问，农地的"非粮化""非农化"风险将危及我国的粮食安全保障。这是因为我国的粮情存在相当的特殊性，主要包括三个方面：一是中国粮食消费的数量巨大，人均粮食需求在人口大国、大米或者小麦生产大国中都是独一无二的；二是中国粮食消费的结构刚性大，南北方粮食消费具有相当的差异性，在很多老百姓心中相互替代的可能性很低；三是中国粮食生产潜力空间有限，这是由中国耕地、水资源的制约，加之农业科学技术并没有特别的突破等因素决定的。① 因此，防止农地的"非粮化""非农化"经营，是国家粮食安全战略的必然要求。

（二）农村土地经营权信托内部规则的优化

对于个体经济理性引发的市场失灵，应当遵循"从市场中来、到市场中去"的逻辑，通过优化市场规则，改变主体的成本收益结构，从而形成"依法而为"的行为激励。农村土地信托本质上是以交易双方的信赖为基础，以信托合同为表征的市场行为，因此应当以信托合同关系为视角，从优化现行信托法律规则入手，通过提高违约成本激励受托人遵守约定，避免"非粮化""非农化"等违法违约行为带来的交易成本。

1. 信托合同权责条款的约束

首先，受托人应受信义义务的约束，从而防止土地经营权的过度外流。《信托法》第 30 条规定："受托人应当自己处理信托事务，但信托文件另有规定或者有不得已事由的，可以委托他人代为处理。"受托人对信托财产进行"管理和处分"是信托的重要标志。有观点认为，如果受托人连最低限度的事务管理义务都不承担，则该信托实质上是对受益人的直接赠与，属于"名义信托"而归于无效。因此，农村土地信托中的受托人原则上应履行亲自管理处分信托财产的义务，而无权通过转让、设定抵押等方式再次流转土地经营权，从而实质上退出信托法律关系。同时，考虑到

---

① 参见肖顺武《中国粮食安全的倾斜性金融支持法律机制研究》，法律出版社 2019 年版，第 11~12 页。

第六章　风险调控视角下农村土地经营权信托之整体风险的法律应对

对土地经济效益最大化的追求，应当对亲自管理义务适当放宽，允许受托人将部分事务转由专业的农业经营主体承担。由谁履行义务和如何履行义务是两个层面的问题，一方面，这种转委托的实质是受托人履行管理义务的一种方式，并不构成对该义务的违反，仍为广义上善管注意义务的一环。另一方面，这也可以视作对受托人的适当授权，受托人享有挑选被授权人、确定授权的范围和条件、监督被授权人履责的权利。受托人也受到三重限制。一是必要性的限制。只有在信托合同明确约定或受托人无法亲自生产经营时，才得转委托，即转委托具有行为选择上的劣后性。二是转委托范围的限制。受托人仍需保留一定的管理义务，主要表现为向受益人进行利益分配的义务，此类具有裁量性功能的事务不得转委托。三是责任归属的限制。受托人在转委托中需要承担的法律责任依照其来源可分为两类：一是基于转委托法律关系的责任，即受托人在接受委托人的选任、指示和监督中是否尽到适当的注意义务；二是基于信托法律关系的责任，即若实际农业经营主体对受益人的利益造成损害，则受托人仍需承担最终责任。当然，受托人在履行对委托人或受益人的赔偿责任后享有向实际农业经营主体的追偿权。

其次，受托人应受善管注意义务的约束，将农地"趋粮化"经营确定为义务内容。善管注意义务是对受托人行为理性的要求，在美国信托法上表述为"谨慎投资人规则"（prudent investor rule），由三方面要素构成：一是注意（care），是指管理行为应当积极、勤勉、合理努力；二是技能（skill），是指受托人需达到所要求的专业能力水平；三是谨慎（caution），是指需要在信托财产的安全性和合理收益两方面充分注意。究其根源，善管注意义务是委托人对受托人信任和期许的反映，具体到农村土地信托领域，包含两方面内容：一是不违反法律的强制性规定和土地的基本功能，二是实现土地经济效益最大化。"趋粮化"一方面是出于粮食安全和土地合理利用的社会公益考虑；另一方面是出于保障信托的合法性和有效性、发挥农地基本用途以取得有效收益的经济利益衡量，理应被确定为善管注意义务的内容而为受托人所遵行。就其标准而言，一般信托中的善管注意义务采取一般管理人的客观标准，受托人只需达到社会一般人所应尽到的客观注意，该义务即告履行。农村土地信托中的受托人一般为信托公司，

279

其经过严格的资质审查、具备较高的合规判断和管理能力,因此,应当对其课以更高的行为标准,要求其尽到善良管理人的注意义务。此外,善管注意义务具有任意法的属性,可由当事人通过信托合同的约定予以减轻或排除,而农地的经营管理具有极强的社会公益属性,因此需对合同中当事人的意思自治进行适当限制,具体路径可适用民法中的诚实信用和公序良俗原则,对免责条款的效力作出认定。

2. 以农户为当事人的自力监督

学界对于农村土地信托的自益属性已经基本形成共识,认为应以农户为唯一受益人。[①] 这不仅使农民切实享有信托收益,充分发挥农地经济价值和社会保障功能,回应了"三权分置"和土地经营权信托的根本目的;而且促进了农地资源的合理配置,对粮食安全和社会稳定具有重大意义。[②] 在制度层面上,这一方面避免了农户"二级委托"而导致的法律关系多层化、复杂化,以及其他主体侵占农地收益的道德风险;另一方面也通过保障最终利益的直接归属,形成农户通过信托方式主动流转土地经营权,并积极监督受托人依法定用途合理利用土地的行为激励,极大地降低了制度实施成本。此外,出于交易成本和可操作性的考量,[③] 部分观点认为以单个农户为委托人并不恰当,但学者均未否认农户的委托人资格。农村土地信托在根本上是土地流转的一种方式,农户作为土地经营权的享有者担任信托关系中的委托人具有本源意义上的正当性。

因此,在信托法律关系中,农户可根据其受益人或委托人的身份,通过自力救济主张当事人权益,以此形成对受托人管理信托财产行为的监督,避免农地的"非粮化""非农化"倾向。正如前文所述,农村土地经营权信托具有公益和私益的双重目的,受托人对信托土地进行"非粮化""非农化"利用既有违土地经营权信托的私益目的,也有违土地经营权信

---

① 参见吴迪、陈耀东《宅基地使用权信托制度构建》,《河北法学》2021年第3期,第138页。
② 参见房绍坤、任怡多《新承包法视阈下土地经营权信托的理论证成》,《东北师大学报》(哲学社会科学版)2020年第2期,第44页。
③ 参见张娟《供给侧改革背景下的土地信托法律关系构造》,《青海社会科学》2017年第1期,第133页。

第六章 风险调控视角下农村土地经营权信托之整体风险的法律应对

托的公益目的，因而属于违反信托目的处分信托财产的行为。据此，农户可行使两种权利。一是撤销权。《信托法》第 22 条规定："受托人违反信托目的处分信托财产或者因违背管理职责、处理信托事务不当致使信托财产受到损失的，委托人有权申请人民法院撤销该处分行为，并有权要求受托人恢复信托财产的原状或者予以赔偿。"二是解任权。《信托法》第 23 条规定："受托人违反信托目的处分信托财产或者管理运用、处分信托财产有重大过失的，委托人有权依照信托文件的规定解任受托人，或者申请人民法院解任受托人。"对比而言，在行使条件上，二者均适用于受托人违反信托目的处分财产的行为，但解任权不以造成损失为必要。在行使方式上，解任权可以在事先有约定时直接向受托人主张，而撤销权则仅能以起诉的形式行使。虽有细微差别，但二者均是农户自力救济的有效手段，且以民事诉讼的形式增强了司法介入的主观能动性，实现了农地"非粮化""非农化"市场风险的内生型规制和向市民社会的本源回归。

（三）农村土地经营权信托外部制度的完善

微观的市场行为可通过市场规范约束，而宏观的市场秩序以及市民社会之外的政府行为则仅能通过外部制度加以调控和规制。在保障信托契约市场化的同时，以价值规律为手段提高粮食生产的比较收益，从而在尊重市场行为逻辑的基础上，提高"趋粮化"经营的利得性。政府应当遵循"补正"和"服务"的职能定位，通过严格监管对市场行为形成负向限制，通过利益补偿对主体选择形成正向激励，从而在匡正政府介入逻辑的基础上，因势利导，发挥"趋粮化"中的公权助力。

1. 加强市场准入控制

受托人在信托制度框架中居于核心地位，作为名义所有权人对信托财产具有管理及处分权限。这种对财产的排他性占有和自治性处分，使信托展现了极强的市场属性，而不宜被行政因素过度渗透。因此，政府设立的土地信托服务机构不具备担任受托人的正当性，应当以《信托法》中的专业化信托公司作为适格受托人。进一步，在正当性层面之外，由专业化信托公司担任受托人也能够满足适当性的要求。土地信托服务机构更多地发挥联通供求双方、协调交易服务的媒介作用，在本质上属于第三方服务平台。而专业化信托公司则能够作为市场主体现实参与交易活动，并发挥融资和经营的双重功能，即其既能作为金融机构发行资金信托计划，通过引入社会资本为农业生产提供资金要素；又能作为经营权利人从事农地经营，通过管理处分提高农地利用效率。

但同时，市场化程度较高的专业化信托公司也意味着更强的逐利冲动，需要通过更为严格的市场准入制度对其经营资格严加审查，防止以恶意投机为目的以及不具备农地经营能力的主体进入市场，对自利行为引发的"非粮化""非农化"风险进行源头控制。与"融资+经营"的双重功能相对应，理论上作为土地经营权信托受托人的专业化信托公司需要取得双重许可。一是经营信托业务的许可。《信托公司管理办法》第7条规定："设立信托公司，应当经中国银行业监督管理委员会批准，并领取金融许可证。"进行特别许可的依据是，公司的经营项目系关涉经济安全的金融事务，因而归属金融监管部门的管辖，以金融牌照为资格凭证。二是经营农地信托业务的许可。《农村土地承包法》第38条规定，土地经营权的受让方必须具有农业经营能力或者资质。农业经营属于事关稀有资源分配、粮食安全和农民权益保障的重大社会利益项目，需要采取核准主义，通过行政程序审核才得许可经营。农业经营属于政府农业农村主管部门的管辖范围，需另行颁发农业经营资格凭证。在审查中尤其应当注意对"农业经营能力或资质"的理解。实践中广泛存在不具备经营能力的主体，其由于政府背书而取得经营资质，不仅导致真正有竞争力的市场主体由于较高的地租价格而进入困难，[1] 而且背离了农地资源高效利用的制度目的。功能意义上的经营能力是指，经营主体能够根据经营目的组织相应生产要素，设置经营机关，聘用专业人员履职。[2] 应当以经营能力作为判断经营资质的前置性依据，维持经营能力法律状态与客观状态的统一。

关于在实践中作为受托人的专业化信托公司自身是否必须具有"农业经营能力或资质"，第五章"调适受托人义务"部分对此展开了讨论，并

---

[1] 参见熊万胜《地权的社会构成：理解三权分置之后农村地权的新视角》，《社会科学》2021年第5期，第75页。

[2] 参见童列春《论商事经营能力的形成》，《甘肃政法学院学报》2013年第3期，第79页。

第六章 风险调控视角下农村土地经营权信托之整体风险的法律应对

认为可通过对受托人亲自管理义务的重塑予以解决,一是允许受托人以不转移土地经营权权属的方式进行"管理",即可以采取出租等不转移土地经营权权属的方式交由第三方经营;二是第三方经营主体必须具有农业经营能力或资质,具体由农业农村主管行政部门审核认定。从《农村土地承包法》的立法精神来看,限定土地经营权流转中的受让方资格是严格保护耕地制度的内在要求,具有重要的现实意义。但这并不意味着在农村土地经营权信托中就必须机械、僵化地适用该限制性条款,因为利用信托机制的目的并不是让作为受托人的信托公司来实际经营农地,而是需要充分发挥信托的金融支持功能,促进农村土地的规模化流转,提高农地的经营效率。故不能仅仅因为信托公司不具有农业经营能力或资质就否定农村土地信托的实践意义,而应该通过制度设计解决这一问题。因此,应当对《农村土地承包法》第38条关于"受让方须有农业经营能力或者资质"的条款进行立法解释和灵活适用。在农村土地经营权信托中,可在信托设立时就在信托文件中明确规定,实际的农业经营主体必须具有"农业经营能力或者资质"的条件,并可以把是否符合该条件作为信托生效的要件之一。

2. 严格土地利用规划

我国管理土地资源的基本逻辑是,首先进行宏观的土地用途规划,依土地用途划分为农用地、建设用地和其他类型土地,或依土地功能划分为优化开发、重点开发、限制开发和禁止开发四种类型;在此基础上实施微观的土地用途管制,限制土地用途间任意相互转换。因此,土地利用规划在土地管理体系中起到指引作用,能够为土地利用和耕地保障提供制度理性和根本性的执法依据。而目前这一过程仍遵循政策执行的运行模式,法律层面的规制还有待进一步健全:《土地管理法》仅对土地利用规划作出原则性规定,具体实施层面的《土地利用总体规划管理办法》已经废止,而专门立法尚未出台。土地利用规划散见于各地方性法规中,缺乏中央层面的上位法依据。这使得我国土地资源的配置权完全为地方政府所垄断,[1]

---

[1] 参见张先贵《国土空间规划体系建立下的土地规划权何去何从?》,《华中科技大学学报》(社会科学版)2021年第2期,第84页。

土地利用规划对立法的要求较高，需要宏观的整体视角和科学的测度方法，而地方政府治理能力和资源的有限性往往并不具备上述要求，使规划指标的分配脱离地方实际[①]而科学性不足。此外，由于短视性和有限理性，地方政府往往倾向于追求经济利益，而牺牲耕地保障的社会目的。出于地方保护主义，以"命令—控制"的形式强制抬高耕地利用的准入门槛，甚至以此作为政府权力寻租的工具；或擅自变更土地利用规划、将农地用于非农化开发[②]等乱象层出不穷，土地规划和农地用途管制亟须制度理性的规约。

首先，应健全土地总体规划，将土地利用规划纳入国土空间规划体系，统筹种粮功能区地块的划建管护。2019 年修正的《土地管理法》第 18 条对建立国土空间规划体系作出立法确认，国土空间规划体系是一个"由各个层级、多种规划类型共同构成的空间规划体系",[③] 能够对土地利用规划、主体功能区规划等子类型起到整体统合的作用，在避免多规冲突的同时，也能在国土全境的范围内确定种粮区域，防止视角局限所致的比例失调。其次，应着重关注行政规划权行使的程序正义，完善土地利用规划的编制、实施和修改的法律程序；扩大和加深公众参与的广度和深度；通过备案、核准程序强化人大监督；通过违法性审查程序强化司法制约，保障规划全生命周期的民主性与科学性。最后，应当确认规划权在中央和地方间的分配方式。不同区域土地资源禀赋的差异以及不同的农地利用方式和农业发展需求，决定了土地利用规划主要属于地方性事务，而应由各地政府主要管辖。但这并不意味着中央层面规制力量的完全退出，各地规划的厘定需要统一的标准和技术性指引，应当以中央立法的形式确定规划指标的分配标准、规划实施的责任主体、利益相关主体的权利救济方式。这既能为地方立法提供宏观指导，也能保障总体规划的系统性以及与政策目标的一致性。

---

① 参见郭林涛《我国土地规划管理制度创新研究》，《中州学刊》2017 年第 9 期，第 43 页。
② 参见周世荣《土地隐性违法行为的表现形式和对策》，《中国土地》2017 年第 3 期，第 53 页。
③ 张京祥、夏天慈：《治理现代化目标下国家空间规划体系的变迁与重构》，《自然资源学报》2019 年第 10 期，第 2049 页。

3. 引入土地用途的第三方监督

在明确土地用途规划的前提下，需要严格土地用途管制，使宏观规划在微观层面得以落实。具体来说，即以作为受托人的信托公司、农地实际经营主体为对象，对其土地利用行为进行监督。在农村土地用途的监管或监督中，基本思路的设计应当以"社会""政府"两方为权力主体，从"受托人监督""金融监管""农地用途管制"三个角度切入，充分调动农地信托体系中的各方监督力量，在互动调适中实现治理资源的优化配置。

其中，第三方监督力量的引入尤为重要，即信托监察人制度。根据《信托法》第64条、第65条的规定，信托监察人是指由委托人或公益事业管理机构指定，以自己的名义、为维护受益人利益而实施信托的人。其是独立于受托人之外，对信托享有权力的第四方法律主体。[1] 信托的最终利益指向受益人，通常情况下应由其自行维护自身利益，但在受益人无法确定，或不具备监督条件与能力的场合，则必须以信托监察人作为受益人的替代，履行对受托人的监督职责。虽然我国《信托法》目前仅对公益信托中信托监察人的设置作出强制性要求，但其对受益人监督能力的补全作用和对受托人行为的外部监督效力，均与农村土地信托中"非粮化""非农化"的监督需求内在契合，而应予充分重视和运用。第五章"构建信托受益权的特别保护制度"中也论证了引入信托监察人制度的重要意义和主要设计思路。

对制度引入的正当性，有两种解释路径。一是农村土地信托本就具有公益信托的属性，必须设立信托监察人。公益信托以公益为目的，受益人范围不特定，设立和运作需要受公共事务主管机构监督；而农地信托以保障农民收入、土地规模化经营为目的，在广义上关涉"农民"这一发展共同体的经济发展权的实现，[2] 经事前批准才得以设立，并在经营中接受主管部门的持续监督，在目的、受益人范围、设立条件和经营管理方面均呈现公益信托的特性，因此，应当依法设立信托监察人。二是农村土地信托虽属于私益信托，但仍需要设立信托监察人。若采取形式主义的限缩认定

---

[1] 参见楼建波、刘杰勇《论私益信托监察人在我国的设计与运用》，《河北法学》2022年第3期，第29页。

[2] 参见孙佑海、王操《乡村振兴促进法的法理阐释》，《中州学刊》2021年第7期，第70页。

方式，土地经营权归属特定农户，流转所得财产收益也应由其确定取得，即农村土地信托仍是发生在特定受益人之上的私益信托。但即便如此，《信托法》也并未排除私益信托中信托监察人的设立。农村土地信托以农户为受益人，其在知识、技能等方面与专业化的信托公司存在巨大的信息逆差，处于明显的弱势地位，加之监督能力显著不足，所以需要引入信托监察人，以平衡法律关系中的力量对比，增强监督的有效性和强制力。

在为信托监察人的存在提供正当性基础后，更需回答的问题是如何使其发挥对"非粮化""非农化"利用的监督作用。具体而言，需要将农地用途监督内嵌于其权责配置中。在主体资格上，信托监察人原则上应由土地所有权主体担任。在委托人为土地所有权主体时，信托监察人可由村民委员会等农村自治性组织担任。但也可以考虑引入社会中间层主体作为成员一并担任监察人。社会中间层主体是"政府—市场"二元格局之外的主体，根据法律规定享有一定的经济权限，在职责范围内参与管理和协调经济的活动，为市场影响政府、政府干预市场提供服务，具体包括粮食产业协会、耕地保护协会等；也可鼓励设立专门的粮食安全审计机构。第三方的中立地位以及审计审查等专业化的服务技能，决定了其作为信托监察人的适格性。同时，其能够充分调动民间组织的内生性公共权力，使得政府与社会并行、软法与硬法兼施，形成土地用途监督合力。在主体地位上，信托监察人虽代行受益人的监督权，但是具有完全独立于受益人的地位，有权以自己名义、为受托人利益行使监督职责，不受委托人、受托人、受益人及其他任何主体的干涉。在权义内容上，应以义务为基点展开。信托监察人的根本性义务是维护受益人利益，而根据当然解释，农地的合规化、"趋粮化"利用是农户利益的重要方面。由此，信托监察人理应对土地用途实施监管。这一方面构成了监察人的忠实义务，即受益人利益最大化原则（best interest rule），当"非粮化""非农化"行为使得受托人利益乃至监管人自身利益与受益人利益相抵触时，应依照受益人之利益行事，制止其他利益的冲突行为；另一方面构成了信托监察人的注意义务，即以善良管理人的标准，勤勉、积极地尽到合理的努力，审慎、专业地监督信托运作，不仅要注意"非粮化""非农化"利用的安全问题，也有必要兼

第六章 风险调控视角下农村土地经营权信托之整体风险的法律应对

顾粮食种植的合理收益。以义务为基础便可派生出权利，为其监督职责的履行赋能。由于信托监察人是监督权的代行者，其应当享有受益人依照《信托法》第 49 条、第 20 条至第 23 条的同等权利，包括知情权、财产管理方法变更权、物权请求权、受托人的解任权等权利。权利的形式条件应当根据避免"非粮化""非农化"的规制需要加以细化，将受托人擅自改变农地用途的行为解释为"违反信托目的"或"不符合受益人的利益"的不当处分行为。受托人应当将农地利用情况形成说明文件，上报监察人接受其审核，同时根据受托人的主观故意程度，未能预见的特别事由导致的"非粮化""非农化"利用属于不可归责行为，监察人有权要求其调整管理方法；若受托人故意或发生重大过失则监察人有权申请解除受托人资格；此外，当其行为造成信托财产损失（如土质下降导致可耕种性减损）时，不论受托人主观状态，信托监察人都可依据监督权享有恢复原状请求权、损失补偿请求权、撤销请求权等。

4. 健全土地用途的政府监管

除上文中提到的第三方监督之外，受托人的土地利用行为更需要正式的监管机制，以刚性的国家强制加以约束，即需要进一步完善政府监管机制。"机制"是一个动态概念，是指有机体的内部构成和各要素间的相互关系。之所以以"机制"称之，是因为农村土地经营权信托领域的监管是一个复杂的范畴，并非在单轴上安排好纵向的监管体制就能解决问题，政府主管部门的核心功能应当侧重于"协调"，既要协调政府内部纵向和横向之间的科层关系，又要融通政府监管与信托监察人监督的外部关系，以及政府监管与受托人自我管理的外部监管与内部管理的关系。

首先，加强土地用途管制机构、职能及相关制度的全面统筹。长期以来，我国土地用途管制的职责被分散在国土、农业农村、城乡建设、环保、水利等多个部门，部门之间存在职能（权责）交叉、重叠等问题，在管制上形成合力较为困难。2018 年 3 月，作为自然资源机构改革的重要内容，党中央决定整合国土、城建等多个部门组建自然资源部，整合各管制主体力量，从而改变了过去"九龙治水"的管制模式。总体上，"目前正朝着更加完善的方向发展，但各项职能仍处于调整阶段，统一国土空间用

农村土地经营权信托的风险控制与法律构造

途管制制度完善尚需时日"。[1] 以农村土地信托中农地经营为例,"非粮化"主要涉及农业农村主管部门的监管,"非农化"则涉及自然资源部门的监管权限。在实践中"非粮化"与"非农化"往往交织在一起,因此在管制主体上就可能面临权责交叉和重叠的问题。在权力内容上,监管重心应当前置,在事前、事中对风险进行动态控制,避免事后规制的迟滞性所带来畸高的治理成本以及不可逆的耕地资源损害。具体而言,需要建立一体多端的"非粮化""非农化"风险管理机制。"多端"是指监管主体、监管受体均应设置完善的风险监测、预警、报告机制,且以市场主体的自我管理为主。监管部门应当鼓励、督促受托人设立"非粮化""非农化"风险的内部控制机制,信托公司的土地利用行为需要在主管机构处备案和公告,并将信托事务的运作情况说明、"非粮化""非农化"风险评估报告等形成书面文件,定期报送审查。此外,监管机构享有对土地利用行为的具体监督权,既包括常态化的定期检查,也包括随时的个案执法权。法律规则的结构由假定条件、行为模式、法律后果三要素构成,任一缺失即会造成逻辑链条的断裂,而法律后果更是法律强制力的源头。如果法律责任难以落实,则规则实效不足、权威尽失。因此,尤为需要落实行政处罚权,使违法行为人现实承担法律责任。除了直接的耕地破坏,对植树造林、挖塘养鱼等非种植行为,只要违背土地用途规划,均应视作"非粮化"的违法行为加以处罚。同时,应当厘清行政责任与民事责任之间的边界,损害赔偿责任对应违约行为,以信托合同为据;行政处罚对应行政违法行为,以监管条例为据。虽然"非粮化"利用行为往往呈现复合的违法性质,但监管机构仍无权针对合同履行情况进行检查,并以此为行政处罚的决定依据。"多端"调动的同时,更要兼顾"一体"。农村土地经营权信托中作为受托人的信托公司往往需要再次委托外部主体进行规模化经营,为其风险控制带来第二重隐患。政府应当充分发挥能动性,以公共治理资源与信托公司实施风险共管。重点在于建立双方的信息共享平台,双方应就所监测

---

[1] 田双清、陈磊、姜海:《从土地用途管制到国土空间用途管制:演进历程、轨迹特征与政策启示》,《经济体制改革》2020 年第 4 期,第 15 页。

第六章　风险调控视角下农村土地经营权信托之整体风险的法律应对

到的风险信息互动沟通，达到一定级别的风险时，监管机构应向信托公司及时作出预警，共同商议应急方案和处置办法。

其次，协调监管权力的横向配置关系。农村土地经营权信托涉及金融和土地利用两个领域，应当通过明晰权责边界实现土地监管与金融监管的体系间调适，使监管权力在横向得以合理分配。金融监管部门应以"风险预防"为轴心，对信托公司规模经营行为的适度性开展审查；土地管理部门应以"合理利用"为轴心，对信托公司土地利用行为的适当性开展审查。在此基础上，需要建立横向协调工作机制，促进部门间的治理信息整合和执法资源流通，在共同的公共政策目标下形成监管合力。当前部门间的联合行动主要以行政协议为合作基础，双方就共同管辖事项，在达成共识的基础上签订合作协议，采取一致的行政行为。[①] 在面对较为庞大的协调体量和较为复杂的协调事项时，这种以特定目标为指向的临时性合作机制的运行效率显著低下；且其作为同级行政主体之间的平等合约，权力结构较为分散；[②] 缺乏上级权威的介入，也使得双方依约履行的强制力不足，难以规避缔约后的机会主义风险。因此，需要以部际联席会议作为协同形式，具体包含结构性机制和程序性机制两部分。结构性机制为协同提供现实的组织载体，即一种常态化的工作制度，[③] 各部门之间以定期会议的形式交换监管信息，平等议定农村土地经营权信托领域的共同监管事项。其既非具象的组织实体，亦非临时性的监管合约，能够有效避免另设机构导致的组织成本以及分散、单次缔约所导致的协商成本，是效益最优的协调组织形式。程序性机制则是实施协同的技术手段，包含牵头部门的权限归属、会议的召集期限和方式、民主决策的程序及最终效力等，需单独制定联席会议章程加以明确。

最后，融通行政监管与第三方监督的关系。由国家监管部门构成的组

[①] 参见朱春奎、毛万磊《议事协调机构、部际联席会议和部门协议：中国政府部门横向协调机制研究》，《行政论坛》2015年第6期，第42页。

[②] 参见彭彦强《论区域地方政府合作中的行政权横向协调》，《政治学研究》2013年第4期，第48页。

[③] 参见周志忍、蒋敏娟《中国政府跨部门协同机制探析——一个叙事与诊断框架》，《公共行政评论》2013年第1期，第96页。

织化监管体系和以第三方为主体的信托监察人制度同属土地用途的外部介入方式,虽然具有正式和非正式的性质差异,但仍应当协调两者之间的关系,促进监管力量与监督力度的相互衔接。监察人作为信托的监督者,在本质上仍属于市场主体,无法保障其完全摒除个人私益、客观公正地为受益人和社会整体的利益服务。由此,谁来监督监督者的问题又浮上水面。毫无疑问,应当以单纯公共利益面向的国家监管机构为治理的最终源头,构建"土地用途监管机构—信托监察人—受托人"的三层传导机制。其中"信托监察人—受托人"环节已在前文中详述,此处着重阐述"土地用途监管机构—信托监察人"环节的运行逻辑。这既是以土地用途监管机构为监管主体、以信托监察人为监督受体的治理过程,也是二者同为外部干预主体,将软性和硬性治理资源传导和整合的过程,有助于社会治理和国家治理的衔接。具体有以下两处制度衔接点。一是信托监察人中介性的审查权。信托监察人可以是监管部门与受托人之间的中介和桥梁,受托人并不直接面对监管部门,而是以监察人为"代言人";监管部门可在监察人前期工作的基础上开展执法工作,使其起到"过滤器"和"缓冲带"的作用。具体而言,受托人对信托财产的重大处分行为,必须按规定向信托监察人备案;受托人就农地利用等信托事务所形成的报告,也应向信托监察人备案,并按规定报送行政主管机关备案或公示。二是监管机构对信托监察人的监督权。信托监察人从事与信托事务利益相冲突的行为,应当承担类似受托人的责任。此时应由国家监管机构作为监管主体,以信托监察人为对象,监督其监察职责的履行情况,并享有对违法行为的行政问责权。

5. 完善利益补偿机制

一直以来,我国的粮食生产补偿机制呈现"外生性"的特征,以个体农户为补偿对象,以中央政府的纵向补偿为主线,采取资金直补和政府定价的补偿形式。[①] 然而随着"三权分置"和农村土地流转改革的逐步深入,

---

① 参见赵惠敏《新时期粮食主产区利益补偿机制研究》,《社会科学战线》2021年第12期,第52页。

第六章 风险调控视角下农村土地经营权信托之整体风险的法律应对

土地经营权信托下的农地经营往往具有规模化、集约化的特点,且经营主体多为新型农业经营主体。单向、微观、分散和行政化的"输血"式补偿明显不能适应现代农业经营逻辑,粮食生产的利益补偿应当由"外生型"向"内生型"转变,通过高效的财政机制为粮食生产赋予"造血"能力。

首先,应当以实际经营农地的新型农业经营主体为补偿对象。新型农业经营主体本质上属于市场主体,具有逐利本性,但由于农地经营关乎社会公众利益,具有消费或使用上的非竞争性与获益上的非排他性,呈现一定的公共属性。因此,在一定程度上,新型农业经营主体所从事的是具有正外部性的经营行为。根据福利经济学的理论,政府应对此类产品的提供者给予合理补贴,从而内部化其外部成本,通过成本收益结构的平衡为其"趋粮化"生产行为提供持续激励。其次,应当遵循"纵横交错"的补偿路径。中央直补的纵向路径未充分发挥地方的积极性,造成了粮食生产能力与地方政府财力不匹配的"粮财倒挂"现象,以及粮食主产区与粮食主销区发展不均衡的"产销失衡"现象。不同地块的种植基础各异,不同作物的最优收益规模节点也不同,[1] 应当尊重生产规律与价值规律,允许受托人或新型农业经营主体根据土地禀赋开展多元利用。与此同时,建立横向财政转移支付机制,加大区域间的补偿力度,实现生产布局的总体协调优化。由中央制订省际转移支付方案,对投入责任主体、分担比例、基准系数、绩效评价标准和奖惩措施作出统筹规划。各地应制定相应资金管理办法,对管理职能部门,分配办法,预决算方式,拨付、结转、支出等使用程序,以及设立、调整、撤销等项目调整作出明确规定,规范财政转移支付资金的分配和使用。最后,应当采取市场化的补偿形式。行政化的补贴机制虽然能够推动政策效果快速显现,但是这种平衡收支的刚性手段存在较强的市场扭曲效应,容易引发经营者的过度依赖和逆向选择,[2] 利益补偿应当顺资源配置的市场之"势"而为,在市场力有不逮之处起到补缺

---

[1] 参见赵晓峰、刘子扬《"非粮化"还是"趋粮化":农地经营基本趋势辨析》,《华南农业大学学报》(社会科学版) 2021年第6期,第85页。

[2] 参见李乾《土地流转补贴的对象选择与效率差异分析——一个经济学分析框架》,《农村经济》2017年第3期,第98页。

而非替代的作用。

在价格调控上,应当以价值规律为据,运用经济杠杆,对价格实行间接调控。政府可在定价权限和范围内对基准价格、浮动幅度、差率大小作出规定,允许经营者根据自身生产和市场供求情况自行制定具体的销售价格,在稳定价格的同时营造有利的产销环境。也可从价格风险管理的角度入手,引入农产品价格保险、农产品收入保险、农业政策性保险等新型担保工具,多方联动为粮食价格保障提供有力的基础设施支持。在财政补贴上,一是资金补贴应当与生产者成本增减挂钩,在确立补偿标准时应当考虑时间成本和机会成本,即由物价变动引起的资金在不同时点上的价值量产差额,以及经营者放弃"非粮化"产业所引起的收益流失,使资金补贴力度与市场环境变化动态契合。二是寻求由直接补贴向间接补贴转变,如通过税收优惠政策,推动信托公司开展农村土地信托项目,激励新型农业经营主体从事"趋粮化"的经营业务;由政府主导设立风险补偿基金等风险补偿机制,实现粮食生产的弱质性风险的社会共担。

从风险社会理论的视角看,任何风险的治理或控制都是一项系统工程,应构建一种整体的风险治理框架,从农地"非粮化""非农化"风险的诱致因素入手,探寻农村土地信托内部规则优化和外部制度完善的协力应对之策,进而助力农村土地信托在扩大农村土地流转、实现规模化经营、促进农业现代化、保障相关主体权益等方面发挥更大的作用。

结　语

应当承认，农村土地信托作为农村土地流转方式的创新，虽经多年的探索和实践，仍然存在一些疑难问题亟须解决。2013年兴起的新型"金融化"农村土地信托，曾经一度"风生水起"，但遗憾的是，近年来在公开媒体上却鲜有关注和讨论的声音。究其原因，一方面与我国农村土地"三权分置"改革是一个渐进式进程有关，很多配套制度还有待进一步完善；另一方面也与对农村土地信托的风险认识及其治理框架构建还处在起步阶段有关，许多问题的研究还有待进一步深化。但是，依本研究的观点和立场来看，无论如何，并不能因为理论及实践中存在一些问题，就否定农村土地信托的制度价值和实践意义，而更应该"迎难而上"，检视制约或阻碍农村土地信托实践的制度根源和现实困境，探寻促进农村土地信托流转的对策。

就"三权分置"下农村土地经营权信托的正当性理据而言，本研究从内在动因、制度基础、现实逻辑等视角论证了农村土地经营权信托的正当性基础。具体来说，本研究运用信托机理，从理论上阐释了农村土地经营权信托所具有的财产转移、财产管理、集合管理以及金融功能，并通过与其他土地流转方式的比较，彰显了农村土地经营权信托的功能优势；从制度变迁与发展的视角，本研究认为农村土地的"三权分置"改革为农村土地经营权信托提供了充裕的制度空间；在实践逻辑方面，本研究总结了农村土地经营权信托在实践中的积极意义，从而为"三权分置"下农村土地经营权信托的正当性提供了实践依据。

在"三权分置"下农村土地经营权信托模式的选择方面，应摒弃早期

农村土地经营权信托的风险控制与法律构造

"平台型"农村土地信托模式，转而寻求新型"金融化"农村土地信托模式的优化。唯有如此，方能更好地彰显信托机理的功能优势，从而为拓展农村土地流转方式、促进农村土地规模化经营、实现农业现代化等目标贡献力量。在新型"金融化"农村土地信托模式的优化中，应重点从优化信托结构要素配置入手，包括信托主体的合理选择、信托财产从土地承包经营权向土地经营权的转向、信托财产的转移要件、信托目的的重塑等方面。第一，在信托主体的合理选择方面，委托人在理论上应为合法享有土地经营权的农户，但基于实际交易成本等方面的考虑，通过间接代理制度的设计，由集体经济组织、专业合作组织、村民委员会等组织担任委托人也是一种现实的选择，但地方政府作为委托人是不符合政府角色定位的。基于信托功能彰显的角度，受托人则应由专业的信托公司担任，地方政府设立的所谓"信托机构"并不符合《信托法》及相关监管政策的要求，也根本无法发挥信托机理的优势。受益人则只能由享有土地经营权的农户担任，这既是切实保障农户土地权益的必然要求，也是农村土地信托可持续发展的理性选择。第二，在信托财产方面，"三权分置"下农村土地信托的信托财产为土地经营权并无太大争议。基于土地经营权身份性的剥离，财产权属性的凸显，以土地经营权设立的农村土地信托也就更具有信托机理中的财产管理功能。第三，在信托设立中，土地经营权应转移给受托人，因而要构建土地经营权信托登记制度，这是信托财产独立性的体现，也是信托功能的要求。第四，"三权分置"下农村土地经营权信托的目的应摒弃单纯私益目的之立场，而将其重塑为"社会性目的"，即兼顾私益目的和公益目的。

从风险理论的角度来看，"三权分置"下农村土地经营权信托风险是指在特定的时期内，基于特定的信托结构、地方政府介入程度、相关经营主体面临的市场环境等条件或因素，农村土地经营权信托的预期结果偏离期望值或造成某些损失的可能性。在某种意义上，传统的"风险理论"主要着眼于对"风险"本身的认识，而对其在风险与社会系统、风险与风险分配、风险与风险调控等方面的关联认识还不够强。因此，对农村土地经营权信托风险的研判就不应该局限于传统"风险理论"的框架，而应将其

结　语

置于"风险社会"这一理论框架中。第一，根据风险的公共性程度，将农村土地经营权信托的风险大体分为两类。一是个体风险，主要包括信托要素配置失衡风险和农业经营主体经营失败风险。信托要素配置失衡风险主要表现在信托结构中主体资格错位、土地经营权转移标准不明确、信托目的定位模糊等诸多方面；农业经营主体经营失败风险主要表现为风险自担机制失灵、风险分散机制阻滞、风险分担机制不足等原因造成的经营失败。二是整体风险，主要包括地方政府角色定位失当风险和农地"非粮化""非农化"风险。地方政府角色定位失当风险主要表现为地方政府直接或间接介入信托结构成为信托主体的"越位"和对农户利益保护、受托人激励、公共物品供给等方面的"缺位"；农地"非粮化""非农化"风险则主要表现为"经济利益"驱动和"制度安排"影响等原因造成的农地"非粮化""非农化"。第二，在风险的治理逻辑方面，个体风险的治理逻辑主要是风险分配机制，即在风险既定的情况下，针对风险最后由谁承担进行分配的机制，在法律上一般是通过契约主体之间权利义务的配置以及侵权责任的设定等私法工具达到风险分配的效果；整体风险的治理逻辑则主要是风险调控机制，即在风险总量不确定的情况下，通过积极采取措施以调整、控制或减少风险总量的机制，在法律上一般是通过对主体资格、行为方式等进行管控等具有普遍管制性和约束力的公法手段来达到调整和控制风险的效果。

在土地经营权信托风险类型划分中，个体风险与整体风险是相对而言的。这是因为在我国当下的制度体系中，农村土地从来都不是单纯的"私物"，也不能把土地经营权简单地理解为"私权"。农村土地以及土地经营权信托具有相当的外部性效应，故农村土地相关主体所面临的风险就不可能在个体风险和整体风险之间作泾渭分明的界分，而只能大体上作一个相对的分类。就土地经营权信托风险及其治理而言，可以将相关风险进行类型化划分，但不应该将这些风险割裂开来，而应该从整体上去认识、研判、分析所存在的诸多风险，并在分类治理的基础之上构建一个系统性的治理框架。在土地经营权信托风险的系统性治理框架中，风险分配与风险调控也是相对而言的，但这并不意味着两者在治理风险的过程中就不会发

农村土地经营权信托的风险控制与法律构造

生交叉、重叠。事实上，当面临土地经营权信托风险时，在法律应对上就可能会交叉运用私法工具和公法手段。

在"三权分置"下的农村土地经营权信托中，基于风险分配视角的个体风险之法律应对，主要是通过《信托法》中关于信托当事人之间权利义务的规定以及合同当事人之间基于交易地位而对权利义务配置的重构来实现的。第一，关于信托要素配置失衡风险的法律应对，主要从厘清信托主体的资格、优化信托主体的权利义务配置、构建农村土地经营权信托登记制度、重塑土地经营权信托之信托目的等角度入手。首先，在信托主体资格方面，理论上应当承认农户作为委托人的法定地位。但在实际选择上，应赋予农户自主选择权，既可以采取由众多单一农户作为委托人的信托结构，也可以利用间接代理制度，由地方政府之外的其他组织担任委托人，包括集体经济组织、专业合作组织、村民委员会等自治性组织；受托人应由信托法意义上的专业化信托公司担任；受益人则必须且应当由享有土地经营权的农户担任。其次，重点是优化信托主体的权利义务配置，要强化委托人的信托解除权；调适受托人的义务，包括忠实义务的明确、谨慎义务的细化、分别管理义务的调整、亲自管理义务的重塑等；构建信托受益权的特别保护制度，主要通过创设受益人大会制度、设立信托监察人制度、引入惩罚性赔偿制度等方式实现。再次，要通过构建农村土地经营权信托登记制度，满足信托财产转移和信托财产独立性公示的内在要求。在登记模式选择上，应采取登记对抗主义；从信托登记的重要性及信托登记体系建设的角度看，由中信登公司作为土地经营权信托的登记机关更为合适。最后，将农村土地经营权信托的信托目的重塑为兼具私益和公益的社会性目的，主要是基于土地经营权信托所承载的利益诉求具有综合性的特质、土地经营权符合土地权利社会化的要求、有利于强化信托目的对受托人的约束、域外国家土地信托之目的具有借鉴意义等方面的原因。第二，关于农业经营主体经营失败风险的法律应对，主要是通过对其进行倾斜性金融财税支持来实现。倾斜性金融支持主要包括通过集合资金信托计划撬动社会资本进入农业领域、强化金融机构信贷支持、优化融资担保结构、强化农业保险协同等方式；倾斜性财税支持主要包括建立分层合理分担、补贴结构优化、机会获取公平、资金使用高效的财政补贴机制和进一步优化税收优惠制度等方式。

针对"三权分置"下农村土地经营权信托中整体风险的治理，一般需要采取具有普遍管制性和约束力的公法手段，如通过对主体资格、行为方式等进行管控从而达致调整和控制风险的效果。风险调控属于国家干预社会经济活动的具体形式之一，具有较强的公法色彩，但并不必然排斥运用一定的私法工具。第一，就地方政府角色定位失当风险的法律应对而言，首先要构建农村土地经营权信托中地方政府角色定位的评判标准和依据，主要包括三个方面：是否有助于农村土地经营权信托目的之实现；是否有利于克服农村土地经营权信托中的"市场失灵"；从实践的角度观察，地方政府参与农村土地信托的实效究竟如何。在此基础之上，地方政府的角色定位应基于尊重和保障土地承包经营权主体意思自治的前提，不应成为土地经营权信托中任何一方的当事人，而应作为土地经营权信托中"公共物品"的提供者，包括公共服务的提供者、农村土地初始投资的投资者、土地信托相关配套制度的供给者等。第二，就农地"非粮化""非农化"风险的法律应对来说，要努力形成信托内部规则优化和信托外部制度完善的协力。农村土地经营权信托内部规则的优化，主要包括信托合同权责条款的约束和以农户为当事人的自力监督两个方面；农村土地经营权信托外部制度的完善，主要通过加强市场准入控制、严格土地利用规划、引入土地用途的第三方监督、健全土地用途的政府监管、完善利益补偿机制等方式实现。

最后，本研究无意夸大土地经营权信托在农村土地流转、农地规模化经营、农业现代化及相关主体权益保障中的作用，但坚持认为"三权分置"下的农村土地经营权信托是一种重要的制度和实践创新，具有不可忽视的理论价值和现实意义。虽然，近年来理论和实务界对农村土地信托的关注和讨论热度有所下降，但并不能因此而否定其应有的功能和价值。在某种意义上，恰恰是有关问题的"悬而未决"导致此种局面和情况的发生。因此，从理论和实践层面看，更应该进一步深化对农村土地经营权信托相关问题的研究，努力破除和消解制约农村土地经营权信托的制度障碍和现实困境。另外，我国"三农问题"的解决从来都极具复杂性、综合性和系统性，任何一项制度或实践都不能离开"三农问题"的整体框架，都无法在"单打独斗"中发挥其应有的功能和优势。就法律层面而言，农村土地经营权信托问题涉及信托法、民法、农村土地承包法、金融法、财税法、行政法等诸多领域的法律制度，对农村土地经营权信托风险防范及其法律构造的研究，当然也离不开以上诸多领域法律制度的完善、优化及协同。总之，本研究旨在为"三权分置"下农村土地经营权信托的风险防范及法律构造问题，提供一种分析的视角和认识的逻辑，努力构建一种整体的风险认识及治理框架，从而试图为扩大农村土地流转、推动农地规模化经营、促进农业现代化、保障相关主体权益等目标的实现提供些许裨益。

参考文献

一 中文类参考文献

（一）著作类

〔英〕安东尼·吉登斯：《第三条道路——社会主义的复兴》，郑戈译，北京大学出版社2000年版。

〔英〕芭芭拉·亚当、〔德〕乌尔里希·贝克、〔英〕约翰特·房·龙：《风险社会及其超越：社会理论的关键议题》，赵延东、马缨等译，北京出版社2005年版。

〔德〕鲍尔/施蒂尔纳：《德国物权法》（上册），张双根译，法律出版社2004年版。

〔英〕彼得·斯坦、约翰·香德：《西方社会的法律价值》，王献平译，中国法制出版社2004年版。

卞耀武主编《中华人民共和国信托法释义》，法律出版社2002年版。

陈杰：《商业信托法律制度研究》，厦门大学出版社2016年版。

《邓小平文选》（第三卷），人民出版社1993年版。

〔美〕COSO委员会：《企业风险管理整合框架》，方红星、王宏译，东北财经大学出版社2005年版。

〔英〕D. J. 海顿：《信托法》，周翼、王昊译，法律出版社2004年版。

〔美〕E. 博登海默：《法理学：法律哲学与法律方法》，邓正来译，中国政法大学出版社1999年版。

方嘉麟：《信托法之理论与实务》，中国政法大学出版社2004年版。

费孝通：《乡土中国·乡土重建》，北京联合出版公司2018年版。
高海：《土地承包经营权入股合作社法律制度研究》，法律出版社2014年版。
高凌云：《被误读的信托——信托法原论》，复旦大学出版社2021年版。
高圣平、王天雁、吴昭军：《〈中华人民共和国土地承包法〉条文理解与适用》，人民法院出版社2019年版。
〔日〕关谷俊作：《日本的农地制度》，金洪云译，生活·读书·新知三联书店2004年版。
何宝玉：《信托法原理研究》，中国法制出版社2015年版。
何宝玉：《信托法原理研究》，中国政法大学出版社2005年版。
何宝玉主编《〈中华人民共和国农村土地承包法〉释义》，中国民主法制出版社2019年版。
黄薇主编《中华人民共和国民法典解读·物权编》，中国法制出版社2020年版。
黄薇主编《中华人民共和国〈民法典〉物权编释义》，法律出版社2020年版。
黄薇主编《〈中华人民共和国农村土地承包法〉释义》，法律出版社2019年版。
蒋云贵：《法律风险理论与法学、风险学范式及其实证研究》，中国政法大学出版社2015年版。
李蕊：《中国农地融资创新实践的法律回应》，法律出版社2019年版。
李燕燕主编《土地信托概论》，中国金融出版社2015年版。
〔美〕理查德·A. 爱波斯坦：《简约法律的力量》，刘星译，中国政法大学出版社2004年版。
刘云生：《农村土地股权制改革：现实表达与法律应对》，中国法制出版社2016版。
刘志仁：《农村土地流转中的信托机制研究》，湖南人民出版社2008年版。
〔美〕罗伯特·A. 希尔曼：《合同法的丰富性：当代合同法理论的分析与批判》，郑云瑞译，北京大学出版社2005年版。
〔美〕罗伯特·希斯：《危机管理》，王成等译，中信出版社2001年版。

参考文献

马建兵、王天雁:《农村土地信托法律问题研究——兼谈西部特殊性问题》,知识产权出版社2019年版。

孟强:《信托登记制度研究》,中国人民大学出版社2012年版。

〔日〕能见善久:《现代信托法》,赵廉慧译,中国法制出版社2011年版。

农业农村部农村合作经济指导司、农业农村部政策与改革司编《中国农村经营管理统计年报(2018年)》,中国农业出版社2019年版。

农业农村部政策与改革司编《2019年中国农村政策与改革年报》,中国农业出版社2020年版。

〔美〕诺思:《制度、制度变迁与经济绩效》,杭行译,格致出版社、上海人民出版社2008年版。

蒲坚:《解放土地:新一轮土地信托化改革》,中信出版社2014年版。

〔美〕P. 诺内特、P. 塞尔兹尼克:《转变中的法律与社会》,张志铭译,中国政法大学出版社2004年版。

全国人大《信托法》起草工作组:《〈中华人民共和国信托法〉释义》,中国金融出版社2001年版。

〔日〕三菱日联信托银行编著《信托法务与实务》,张军建译,中国财政经济出版社2010年版。

尚旭东:《农村土地经营权流转:信托模式、政府主导、规模经营与地方实践》,中国农业大学出版社2016年版。

〔美〕斯坦利·L. 布鲁、兰迪·R. 格兰特:《经济思想史》,邸晓燕等译,北京大学出版社2014年版。

苏力:《也许正在发生——转型中国的法学》,法律出版社2004年版。

孙立新:《风险管理:理论与实务》,经济管理出版社2019年版。

孙宪忠:《中国物权法总论》(第三版),法律出版社2014年版。

〔日〕田中和明、田村直史:《信托法理论与实务入门》,丁相顺、赖宇慧等译,中国人民大学出版社2018年版。

〔日〕田中英夫、竹内昭夫:《私人在法实现中的作用》,李薇译,法律出版社2006年版。

王铁雄:《财产权利平衡论——美国财产法理念之变迁路径》,中国法制出版社 2007 年版。

王志诚：《信托法》，五南出版社 2017 年版。

〔德〕乌尔里希·贝克：《风险社会》，何博闻译，译林出版社 2004 年版。

〔德〕乌尔里希·贝克：《风险社会：新的现代性之路》，张文杰、何博闻译，译林出版社 2018 年版。

〔德〕乌尔里希·贝克、〔英〕安东尼·吉登斯、斯科特·拉什等：《自反性现代化：现代社会秩序中的政治、传统与美学》，赵文书译，商务印书馆 2014 年版。

吴经熊：《法律哲学研究》，清华大学出版社 2005 年版。

〔美〕小罗布特·B. 埃克伦德、罗伯特·F. 赫伯特：《经济理论与方法史》（第五版），杨玉生等译，中国人民大学出版社 2017 年版。

肖顺武：《中国粮食安全的倾斜性金融支持法律机制研究》，法律出版社 2019 年版。

徐卫：《土地承包经营权集合信托模式的构建逻辑与制度设计——土地承包经营权实现方式的变革》，上海交通大学出版社 2016 年版。

〔英〕亚当·斯密：《道德情操论》，蒋自强等译，商务印书馆 1997 年版。

杨崇森：《信托法原理与实务》，台湾三民书局 2010 年版。

杨明国：《信托视野下中国农村土地流转研究》，电子工业出版社 2015 年版。

杨雪冬等：《风险社会与秩序重建》，社会科学文献出版社 2006 年版。

益阳市农村土地信托流转研究课题组：《农村土地信托流转实证研究》，湖南人民出版社 2013 年版。

英大国际信托有限责任公司课题组：《土地信托产品设计》，经济管理出版社 2017 年版。

于海涌：《英美信托财产双重所有权在中国的本土化》，中国政法大学出版社 2011 年版。

余卫明：《信托受托人研究》，法律出版社 2007 年版。

张淳：《中国信托法特色论》，法律出版社 2013 年版。

张军建：《农村土地承包经营权信托流转法律研究——信托流转与农地规模化、农业产业化和农村金融》，中国财政经济出版社 2017 年版。

张军建：《信托法基础理论研究》，中国财政经济出版社 2009 年版。

张淞纶：《财产法哲学》，法律出版社 2016 年版。

赵廉慧：《信托法解释论》，中国法制出版社 2019 年版。

〔英〕珍妮·斯蒂尔：《风险与法律理论》，韩永强译，中国政法大学出版社 2012 年版。

中国银行间市场交易商协会教材编写组：《金融市场风险管理：理论与实务》，北京大学出版社 2019 年版。

〔日〕中野正俊、张军建：《信托法》，中国方正出版社 2004 年版。

钟瑞栋、陈向聪编著《信托法》，厦门大学出版社 2007 年版。

周小明：《信托制度：法理与实务》，中国法制出版社 2014 年版。

（二）论文类

蔡立东：《从"权能分离"到"权利行使"》，《中国社会科学》2021 年第 4 期。

蔡立东、姜楠：《农地三权分置的法实现》，《中国社会科学》2017 年第 5 期。

岑剑：《美国土地信托的制度起源、基本架构及现实思考》，《世界农业》2014 年第 8 期。

常伟、马诗雨：《农地规模流转中的"非粮化"问题研究》，《农业经济》2020 年第 9 期。

陈敦：《土地信托与农地"三权分置"改革》，《东方法学》2017 年第 1 期。

陈敦：《我国农村土地信托委托人的法律地位研究》，载王保树主编《中国商法年刊》（2014 年卷），法律出版社 2014 年版。

陈杰：《论商业信托受托人义务的演变及对我国的启示》，《河北法学》2014 年第 3 期。

陈甦：《土地承包经营权继承机制及其阐释辩证》，《清华法学》2016 年第 3 期。

陈小君：《土地改革之"三权分置"入法及其实现障碍的解除——评〈农村土地承包法修正案〉》，《学术月刊》2019 年第 1 期。

陈小君：《土地经营权的性质及其法制实现路径》，《政治与法律》2018年第8期。

陈小君：《我国涉农民事权利入民法典物权编之思考》，《广东社会科学》2018年第1期。

陈小君、肖楚钢：《农村土地经营权的法律性质及其客体之辨——兼评〈民法典〉物权编的土地经营权规则》，《中州学刊》2020年第12期。

崔建军、张佩瑶：《系统性金融风险的动态演进——一个制度金融学的分析范式》，《经济学家》2021年第5期。

崔建远：《民法分则物权编立法研究》，《中国法学》2017年第2期。

崔建远：《物权编对四种他物权制度的完善和发展》，《中国法学》2020年第4期。

单平基：《"三权分置"中土地经营权债权定性的证成》，《法学》2018年第10期。

单平基：《土地经营权融资担保的法实现——以〈农村土地承包法〉为中心》，《江西社会科学》2020年第2期。

邸敏学、郭栋：《土地信托流转方式与马克思主义土地理论的发展》，《毛泽东邓小平理论研究》2016年第2期。

丁关良：《农地流转法律制度"完善"与"变法"孰强孰弱研究》，《农业经济与管理》2019年第1期。

丁关良：《土地经营权法律制度存在的疑难问题和解构设想》，《法治研究》2021年第5期。

丁文：《论"三权分置"中的土地承包权》，《法商研究》2017年第3期。

房绍坤：《民法典物权编用益物权的立法建议》，《清华法学》2018年第2期。

房绍坤：《〈农村土地承包法修正案〉的缺陷及其改进》，《法学论坛》2019年第5期。

房绍坤、林广会：《解释论视角下的土地经营权融资担保》，《吉林大学社会科学学报》2020年第1期。

房绍坤、任怡：《新承包法视阈下土地经营权信托的理论证成》，《东北师大学报》（社会科学版）2020 年第 2 期。

高帆：《中国农地"三权分置"的形成逻辑与实施政策》，《经济学家》2018 年第 4 期。

高飞：《承包地"三权分置"制度实施风险及其防范》，《地方立法研究》2022 年第 1 期。

高飞：《"三权分置"下土地承包权的性质定位及其实现研究》，《广西大学学报》（哲学社会科学版）2022 年第 1 期。

高飞：《土地承包权与土地经营权分设的法律反思及立法回应——兼评〈农村土地承包法修正案（草案）〉》，《法商研究》2018 年第 3 期。

高飞：《寻找迷失的土地承包经营权制度——以农地"三权分置"政策的法律表达为线索》，《当代法学》2018 年第 6 期。

高海：《论农用地"三权分置"中经营权的法律性质》，《法学家》2016 年第 4 期。

高圣平：《论承包地流转的法律表达——以我国〈农村土地承包法〉的修改为中心》，《政治与法律》2018 年第 8 期。

高圣平：《〈民法典〉与农村土地权利体系：从归属到利用》，《北京大学学报》（哲学社会科学版）2020 年第 6 期。

高圣平：《农村土地承包法修改后的承包地法权配置》，《社会科学文摘》2020 年第 1 期。

高圣平：《农地三权分置改革与民法典物权编编纂——兼评〈民法典各分编（草案）〉物权编》，《华东政法大学学报》2019 年第 2 期。

高圣平：《农地信托流转的法律构造》，《法商研究》2014 年第 2 期。

高圣平：《土地经营权登记规则研究》，《比较法研究》2021 年第 4 期。

耿卓：《农地三权分置改革中土地经营权的法理反思与制度回应》，《法学家》2017 年第 5 期。

公茂刚、李汉瑾：《中国共产党领导下农地金融发展研究》，《财政科学》2022 年第 3 期。

公茂刚、李汉瑾：《中国农业补贴政策效果及优化》，《学术交流》2022 年第 3 期。

公茂刚、王学真、李彩月：《"三权分置"改革背景下我国农村土地流转现状及其影响因素研究》，《宁夏社会科学》2019年第1期。

公茂刚、辛青华：《新中国农地产权制度变迁研究》，《经济问题》2019年第6期。

郭林涛：《我国土地规划管理制度创新研究》，《中州学刊》2017年第9期。

郭志京：《民法典视野下土地经营权的形成机制与体系结构》，《法学家》2020年第6期。

郭志京：《民法典土地经营权的规范构造》，《法学杂志》2021年第6期。

韩长赋：《中国农村土地制度改革》，《农业经济问题》2019年第1期。

韩松：《论民法典物权编对土地承包经营权的规定——基于"三权分置"的政策背景》，《清华法学》2018年第5期。

何国强：《风险社会、风险分配与侵权责任法的变革》，《广东社会科学》2018年第3期。

洪银兴、王荣：《农地"三权分置"背景下的土地流转研究》，《管理世界》2019年第10期。

侯东德、周莉欣：《风险理论视角下智能投顾投资者的保护路径》，《华东政法大学学报》2021年第4期。

侯卓：《重申量能课税的制度价值》，《法学》2022年第4期。

胡光志、陈雪：《我国农地流转信托制度的建构——以制度变迁为视角》，《江西社会科学》2015年第2期。

黄亚洲：《论〈民法典〉视域下土地经营权的物权属性》，《东南大学学报》（哲学社会科学版）2022年第A1期。

季奎明：《论信托的本质及其对传统物权体系的解构》，载王保树主编《商事法论集》（第12卷），法律出版社2007年版。

季奎明：《中国式信托登记的困境与出路——以私法功能为中心》，《政治与法律》2019年第5期。

江钦辉、魏树发：《〈民法典〉背景下农地经营权信托流转法律构造中的主体疑难问题》，《新疆社会科学》2022年第1期。

姜红利：《放活土地经营权的法制选择与裁判路径》，《法学杂志》2016 年第 3 期。

姜楠：《土地经营权的性质认定及其体系效应——以民法典编纂与〈农村土地承包法〉的修订为背景》，《当代法学》2019 年第 6 期。

姜雪莲：《农村土地承包经营权流转信托的法律问题——以中信安徽宿州农村土地承包经营权信托为中心》，《北方法学》2014 年第 8 期。

姜昭：《集合资金信托商事法律关系主体化研究》，《法学论坛》2015 年第 2 期。

匡远配、刘洋：《农地流转过程中的"非农化"、"非粮化"辨析》，《农村经济》2018 年第 4 期。

李超、程锋：《"非粮化"对耕作层破坏的认定问题思考》，《中国土地》2021 年第 7 期。

李国强：《论公有制经济基础上土地权利体系的构造逻辑——〈民法典〉背景下的解释基础》，《社会科学研究》2021 年第 6 期。

李国强：《论农地流转中"三权分置"的法律关系》，《法律科学》2015 年第 6 期。

李怀：《农地"三权分置"下乡村振兴实现的理论、困境与路径》，《农业经济问题》2022 年第 2 期。

李江一、秦范：《如何破解农地流转的需求困境？》，《管理世界》2022 年第 2 期。

李乾：《土地流转补贴的对象选择与效率差异分析——一个经济学分析框架》，《农村经济》2017 年第 3 期。

李蕊：《京津冀农业产业协同发展信托机制的法律构造》，《中国政法大学学报》2018 年第 1 期。

李蕊：《农地信托的法律障碍及其克服》，《现代法学》2017 第 4 期。

李曙光：《农村土地两个三权分置的法律意义》，《中国法律评论》2019 年第 5 期。

李停：《我国土地信托模式的选择与实践》，《华南农业大学学报》（社会科学版）2017 年第 4 期。

梁清华、王洲:《论土地经营权入股保底收益的法律实现路径》,《宏观经济研究》2020 年第 6 期。

林少伟:《我国农地信托之困境检视及出路探索》,载刘云生主编《中国不动产法研究》(2019 年第 2 辑),社会科学文献出版社 2020 年版。

林文声、朱烈夫、陈荣源:《欧美农业支持政策的资本化效应及其启示》,《农村经济》2021 年第 8 期。

刘冰:《农村承包土地经营权的破产处置》,《法学》2018 年第 4 期。

刘俊:《农村土地股份合作社成员财产权体系与权能》,《江西社会科学》2017 年第 11 期。

刘俊:《"三权分置"视角下农村股份合作社成员财产权完善的现实困境与法律进路》,《学术论坛》2019 年第 5 期。

刘锐:《后民法典时代土地权利体系化研究》,《中国土地科学》2021 年第 9 期。

刘士国、陈紫燕:《"三权分置"的理论突破与未来方向》,《探索与争鸣》2022 年第 6 期。

刘守英:《农村土地制度改革:从家庭联产承包责任制到三权分置》,《经济研究》2022 年第 2 期。

刘守英、高圣平、王瑞民:《农地三权分置下的土地权利体系重构》,《北京大学学报》(哲学社会科学版) 2017 年第 5 期。

刘同君:《论农民权利倾斜性保护的价值目标》,《法学》2022 年第 2 期。

刘云生:《土地经营权所涉无权占有类型区分与法律适用》,《法学家》2019 年第 2 期。

刘云生:《土地权利·身份脱域·社会转型》,载刘云生主编《中国不动产法研究》(2021 年第 2 辑),社会科学文献出版社 2022 年版。

刘云生、吴昭军:《农村土地股份制改革中的行为特征》,《求实》2016 年第 9 期。

刘云生、吴昭军:《政策文本中的农地三权分置:路径审视与法权建构》,《农业经济问题》2017 年第 6 期。

龙俊:《物权变动模式的理想方案与现实选择》,《法学杂志》2019 年第

7 期。

龙卫球：《民法典物权编"三权分置"的体制抉择与物权协同架构模式——基于新型协同财产权理论的分析视角》，《东方法学》2020 年第 4 期。

楼建波：《信托财产分别管理与信托财产独立性的关系——兼论〈信托法〉第 29 条的理解和适用》，《广东社会科学》2016 年第 4 期。

楼建波、刘杰勇：《论私益信托监察人在我国的设计与运用》，《河北法学》2022 年第 3 期。

罗必良、仇童伟：《中国农业种植结构调整："非粮化"抑或"趋粮化"》，《社会科学战线》2018 年第 2 期。

罗玉辉：《"三权分置"下中国农村土地流转的现状、问题与对策研究》，《兰州学刊》2019 年第 2 期。

马建兵、王旭霞：《农村土地信托受托人主体性分析及立法选择》，《社会科学家》2018 年第 12 期。

马俊驹、丁晓强：《农村集体土地所有权的分解与保留——论农地"三权分置"的法律构造》，《法律科学（西北政法大学学报）》2017 年第 3 期。

麻松林：《我国农村土地信托制度构造研究》，西南政法大学博士学位论文，2018。

苗绘：《中国农村土地流转信托模式创新与机制研究》，河北大学博士学位论文，2021。

苗绘、王金营：《中国农村土地集合信托模式创新与保障机制研究》，《宏观经济研究》2021 年第 7 期。

缪因知：《信托财产登记制度功能的实现路径》，《暨南学报》（哲学社会科学版）2022 年第 2 期。

南光耀、诸培新、王敏：《政府背书下土地经营权信托的实践逻辑与现实困境——基于河南省 D 市的案例考察》，《农村经济》2020 年第 8 期。

庞亮、韩学平：《构建我国农村土地信托制度的法律思考》，《科学社会主义》2012 年第 5 期。

彭小兵、朱江：《农村信贷与农业保险互动的收益分配机制——基于合作博弈 Shapley 值的分析》,《重庆大学学报》(社会科学版) 2019 年第 2 期。

彭小霞:《我国农村土地流转制度的功能检视及其改革路径》,《理论探索》2022 年第 1 期。

曲纵翔、董柯欣:《认知观念与制度语境:制度变迁的建构制度主义二阶解构——以农地产权"三权分置"改革为例》,《中国行政管理》2021 年第 8 期。

屈茂辉:《民法典视野下土地经营权全部债权说驳议》,《当代法学》2020 年第 6 期。

阮海波:《"趋粮化"抑或"非粮化":粮食安全的张力及调适》,《华南农业大学学报》(社会科学版) 2022 第 4 期。

宋志红:《民法典对土地承包经营制度的意义》,《农村经营管理》2020 年第 11 期。

宋志红:《农村土地制度改革中的效率与稳定问题探讨》,《中国国土资源经济》2016 年第 4 期。

宋志红:《再论土地经营权的性质——基于对〈农村土地承包法〉的目的解释》,《东方法学》2020 年第 2 期。

孙宪忠:《推进农地三权分置经营模式的立法研究》,《中国社会科学》2016 年第 7 期。

孙佑海、王操:《乡村振兴促进法的法理阐释》,《中州学刊》2021 年第 7 期。

谭贵华、吴大华:《农村承包地经营权抵押权的实现方式》,《农业经济问题》2020 年第 6 期。

谭启平:《"三权分置"的中国民法典确认与表达》,《北方法学》2018 年第 5 期。

涂圣伟:《中国农村土地金融发展的机理与风险》,《宏观经济研究》2016 年第 6 期。

涂爽、徐玖平、徐芳:《农村金融发展对农民收入的影响:基于收入结构的视角》,《农村经济》2022 年第 4 期。

王方、沈菲、陶启智：《我国农村土地信托流转模式研究》，《农村经济》2017年第1期。

王琳琳：《土地经营权入股法律问题研究》，《中国政法大学学报》2020年第6期。

王妍、孙正林、许为：《货币数字化背景下我国农村金融服务的可持续发展研究》，《求是学刊》2022年第2期。

温世扬、吴昊：《集体土地"三权分置"的法律意蕴与制度供给》，《华东政法大学学报》2017年第3期。

文杰：《"三权分置"视阈下农地信托法律规则之构建》，《法商研究》2019年第2期。

文杰：《"三权分置"下土地经营权入股公司的法律问题探讨》，《中国土地科学》2019年第8期。

文杰：《土地信托制度：农地承包经营权流转机制的创新》，《商业研究》2009年第4期。

吴光芸、万洋：《中国农村土地流转政策变迁的制度逻辑——基于历史制度主义的分析》，《青海社会科学》2019年第1期。

吴义龙：《"三权分置"论的法律逻辑、政策阐释及制度替代》，《法学家》2016年第4期。

习近平：《坚持把解决好"三农"问题作为全党工作重中之重举全党全社会之力推动乡村振兴》，《求是》2022年第7期。

席月明：《信托法学三十年的重要理论成果》，载中国人民大学信托与基金研究所编《中国信托业发展报告（2008）》，中国经济出版社2009年版。

席志国：《民法典编纂中集体土地权利体系新路径》，《国家行政学院学报》2018年第1期。

谢鸿飞：《〈民法典〉中土地经营权的赋权逻辑与法律性质》，《广东社会科学》2021年第1期。

谢静、马建兵：《论农村土地承包经营权信托受托人制度的重构——基于农地有效保护的再反思》，《中共山西省直机关党校学报》2017年第

1 期。

行伟波、张思敏：《财政政策引导金融机构支农有效吗？——涉农贷款增量奖励政策的效果评价》，《金融研究》2021 年第 5 期。

熊万胜：《地权的社会构成：理解三权分置之后农村地权的新视角》，《社会科学》2021 年第 5 期。

熊伟：《法治视野下清理规范税收优惠政策研究》，《中国法学》2014 年第 6 期。

徐刚：《解释论视角下信托登记的法律效力》，《东方法学》2017 年第 6 期。

徐海燕、冯建生：《农村土地经营权信托流转的法律构造》，《法学论坛》2016 年第 5 期。

徐海燕、张占锋：《我国土地经营权信托模式的法律思考》，《法学杂志》2016 年第 12 期。

徐卫：《土地承包经营权集合信托模式的构建逻辑与制度设计——契合土地流转目标的一种路径》，《暨南学报》（哲学社会科学版）2015 年第 2 期。

许明月：《改革开放 40 年我国农地制度的变迁与展望》，《东方法学》2018 年第 5 期。

叶兴庆：《集体所有制下农用地的产权重构》，《毛泽东邓小平理论研究》2015 年第 2 期。

殷勇：《农村土地信托流转调查与思考——以湖南省沅江市草尾镇为例》，《调研世界》2012 年第 6 期。

于飞：《从农村土地承包法到民法典物权编："三权分置"法律表达的完善》，《法学杂志》2020 年第 2 期。

袁泉：《土地经营权信托设立的理论构建——以"三权分置"为背景》，《西南政法大学学报》2017 年第 2 期。

袁泉：《中国土地经营权信托：制度统合与立法建议》，《重庆大学学报》（社会科学版）2018 年第 6 期。

岳意定、刘志仁、张璇：《国外农村土地信托：研究现状及借鉴》，《财经理论与实践》2007年第2期。

岳意定、王琼：《我国农村土地信托流转模式的可行性研究及构建》，《生态经济》2008年第1期。

曾宪才：《风险、个体化与亚政治：贝克风险社会理论视域下的社会状态与风险应对》，《社会政策研究》2021年第3期。

张红宇：《大国小农：迈向现代化的历史抉择》，《求索》2019年第1期。

张娟：《供给侧改革背景下的土地信托法律关系构造》，《青海社会科学》2017年第1期。

张守文：《论税法上的"可税性"》，《法学家》2000年第5期。

张素华、王年：《〈民法典〉视域下土地经营权担保规则之续造》，《中国政法大学学报》2022年第4期。

张晓娟：《三权分置背景下农村土地经营权抵押规则之构建》，《重庆社会科学》2019年第9期。

张勇、包婷婷：《农地流转中的农户土地权益保障：现实困境与路径选择——基于"三权分置"视角》，《经济学家》2020年第8期。

张占锋：《土地经营权实践中的政府角色——以安徽和湖南省土地经营权信托为例》，《世界农业》2017年第1期。

章正璋：《土地经营权性质之辨析》，《学术界》2022年第2期。

赵惠敏：《新时期粮食主产区利益补偿机制研究》，《社会科学战线》2021年第12期。

赵意焕：《中国农村集体经济70年的成就与经验》，《毛泽东邓小平理论研究》2019年第7期。

周春光、余嘉勉：《农地商事信托中农民利益保障规则的构造》，《农村经济》2021年第4期。

周世荣：《土地隐性违法行为的表现形式和对策》，《中国土地》2017年第3期。

朱冬亮：《农民与土地渐行渐远——土地流转与"三权分置"制度实践》，《中国社会科学》2020年第7期。

朱广新：《土地承包权与经营权分离的政策意蕴与法制完善》，《法学》

2015 年第 11 期。

（三）其他类

《不动产登记暂行条例》（2019 年修订）。

《高级农业生产合作社示范章程》（1956 年）。

《关于加强对工商资本租赁农地监管和风险防范的意见》（农经发〔2015〕3 号）。

《关于引导农村土地经营权有序流转发展农业适度规模经营的意见》（中办发〔2014〕61 号）。

国务院《"十四五"推进农业农村现代化规划》（国发〔2021〕25 号）。

《农村生产合作社示范章程》（1955 年）。

《农村土地经营权流转管理办法》（2021 年）。

《全国农村工作会议纪要》（1982 年）。

《乡村振兴战略规划（2018-2022 年）》（2018 年）。

《信托公司管理办法》（中国银行业监督管理委员会令〔2007〕第 2 号）。

《信托公司集合资金信托计划管理办法》（2009 年修订）。

中共中央办公厅、国务院办公厅《关于完善农村土地所有权承包权经营权分置办法的意见》（2016 年）。

《中共中央关于农业和农村工作若干重大问题的决定》（1998 年）。

《中共中央关于做好农户承包地使用权流转工作的通知》（中发〔2001〕18 号）。

《中共中央 国务院关于 2009 年促进农业稳定发展农民持续增收的若干意见》（2009 年）。

《中共中央 国务院关于加大改革创新力度加快农业现代化建设的若干意见》（中发〔2015〕1 号）。

《中共中央 国务院关于落实发展新理念加快农业现代化实现全面小康目标的若干意见》（中发〔2016〕1 号）。

《中共中央 国务院关于全面深化农村改革加快推进农业现代化的若干意见》（2014 年）。

《中共中央、国务院关于全面推进乡村振兴加快农业农村现代化的意见》

（2021年）。

《中共中央 国务院关于深入推进农业供给侧结构性改革加快培育农业农村发展新动能的若干意见》（中发〔2017〕1号）。

《中共中央、国务院关于实施乡村振兴战略的意见》（2018年）。

《中国信托登记有限责任公司监督管理办法》（2016年）。

《中华人民共和国民法典》（2020年）。

《中华人民共和国农村土地承包法》（2002年）。

《中华人民共和国农村土地承包法》（2018年修正）。

《中华人民共和国农民专业合作社法》（2017年修订）。

《中华人民共和国农业法》（2012年修正）。

《中华人民共和国土地管理法》（2019年修正）。

《中华人民共和国宪法》（2018年修正）。

《中华人民共和国信托法》（2001年）。

《中华人民共和国证券投资基金法》（2015年修正）。

《中央企业全面风险管理指引》（2006年）。

二 外文类参考文献

Alon Kaplan, *Trusts in Prime Jurisdictions*, Cambridge: Kluwer Law International, 2000.

Bogaerts T. Williamson I. P., Fendel E. M., "The Roles of Land Administration in the Accession of Central European Countries to the European Union," *Land Use Policy*, Vol. 19, 2002.

Bryan A. Garner, Editor in Chief, *Black's Law Dictionary*, 9th ed., Thomson Reuters, 2009.

Charles Chancellor, Wlliam Norman, James Farmer and Ellen Coe, "Tourism Organizations and Land Trusts: A Sustainable Approach to Natural Resource Conservation?," *Journal of Sustainable Tourism*, Vol. 19, 2011.

Karen A. Gray, "Community Land Trusts in the United States," *Journal of Community Practice*, Vol. 16, 2008.

Maurizio Lupoi, *Trust: A Comparative Study*, Translated by Simon Dix, Cambridge: Cambridge University Press, 2000.

Meagan Roach, "Local Land Trusts: A Comparative Analysis in Search of an Improved Template for Land Trusts," *Wm. & Mary Envtl. L. & Poly Rev.* 2013-2014, 2014.

J. E. Stiglitz and A. Weiss, "Credit Rationing in Markets with Imperfect Information," *American Economic Review*, Vol. 71, No. 3, 1981.

William M. McGovern, Sheldon F. Kurtz and David M. English, *Principles of Wills, Trusts and Estates*, St. Paul: West Group, 2012.

后　记

本书是在我主持的国家社会科学基金项目（编号：17BFX200）结项成果的基础上修改而成的。虽然我尽可能地对有关内容进行了一定的修改和完善，但自感学术积淀不足、学力不够，加之本选题兼具理论与实践性质，需要综合运用法学、经济学及社会学等诸多学科的知识，因此不免为没能拿出更高学术水平的作品而深感忐忑。

特别感谢我的硕士和博士阶段的导师李昌麒教授。恩师已于2023年1月5日驾鹤西去。记得早在2020年10月，恩师就专门打电话询问课题的进展，并督促我尽快完成结项成果的撰写。如今，恩师已不在人世，而我再也无法感受老师的慈祥、聆听老师的教诲、接受老师的批评或赞许。无论如何，我取得的点滴进步都离不开恩师的关心和帮助，唯有永记在心，继续努力，不断前行。

衷心地感谢所有给予我指导、帮助和关心的师长。西南政法大学卢代富教授、岳彩申教授、盛学军教授、谭启平教授、徐以祥教授、张志辽教授、邓纲教授、王煜宇教授、叶明教授、黄茂钦教授、杨惠教授等诸位老师，不仅在学业和工作上给予我无私的指导和帮助，在课题研究和书稿修改过程中也提出了许多宝贵的意见，这对课题的顺利推进、本书的完善起到了非常关键的作用。

感谢诸位学长、学友的关心、鼓励和帮助。西南政法大学甘强教授、陈治教授、王冬副教授、肖顺武教授、张波副教授、叶世清副教授、龚暄杰副教授、万江教授、李满奎教授、谭贵华副教授、杨青贵副教授等，不仅在平时的工作和生活中给予我诸多关心和帮助，在课题研究和本书的修改过程中也提供了不少关心和支持。还有其他学长、学友，虽未能一一列出名字，但永远铭记。

另外，西南政法大学2021级经济法学硕士研究生袁瑞璟、刘欣然、周雅娟对课题的顺利完成与本书的修改和完善贡献颇多，协助我完成了大量文献、资料的收集整理和文稿校对工作，尤其是本书的文献综述和实践考察部分，汇聚了以上三位同学的努力和付出。在此，向她们表示我最诚挚的谢意。当然，文责自负，书中出现的任何错误或疏漏都与她们无关。

感谢西南政法大学将本书纳入"西南政法大学新时代法学理论研究丛书"予以出版。

感谢社会科学文献出版社法治分社总编辑刘骁军及编辑易卉、刘扬为本书出版所付出的辛劳。

最后，必须感谢家人的理解、包容和支持。

图书在版编目(CIP)数据

农村土地经营权信托的风险控制与法律构造 / 曹泮天著 . --北京：社会科学文献出版社，2025.1.
(西南政法大学新时代法学理论研究丛书). --ISBN 978-7-5228-4345-2

Ⅰ.D922.324

中国国家版本馆 CIP 数据核字第 2024NR4375 号

西南政法大学新时代法学理论研究丛书
农村土地经营权信托的风险控制与法律构造

著　　者 / 曹泮天

出 版 人 / 冀祥德
责任编辑 / 易　卉　刘　扬
责任印制 / 王京美

出　　版 / 社会科学文献出版社·法治分社（010）59367161
　　　　　地址：北京市北三环中路甲 29 号院华龙大厦　邮编：100029
　　　　　网址：www.ssap.com.cn
发　　行 / 社会科学文献出版社（010）59367028
印　　装 / 三河市龙林印务有限公司

规　　格 / 开　本：787mm×1092mm　1/16
　　　　　印　张：20.5　字　数：313 千字
版　　次 / 2025 年 1 月第 1 版　2025 年 1 月第 1 次印刷
书　　号 / ISBN 978-7-5228-4345-2
定　　价 / 128.00 元

读者服务电话：4008918866

版权所有 翻印必究